WOHNMOBIL-TOURGUIDE

Werner K. Lahmann

DIE SCHÖNSTEN ROUTEN DURCH KALIFORNIEN UND DAS CANYONLAND

Amerika, du hast es besser als unser Kontinent, der alte,
hast keine verfallenen Schlösser und keine Basalte.
Dich stört nicht im Innern, zu lebendiger Zeit,
unnützes Erinnern und vergeblicher Streit.

Johann Wolfgang von Goethe

001us Abb.: la

DIE SCHÖNSTEN ROUTEN DURCH

KALIFORNIEN UND DAS CANYONLAND

Impressum

Werner K. Lahmann

Die schönsten Routen durch Kalifornien und das Canyonland

erschienen im Reise Know-How Verlag Peter Rump GmbH, Bielefeld
Osnabrücker Straße 79, 33649 Bielefeld

Herausgeber: Klaus Werner

Gestaltung: K. Werner
Fotos: siehe Bildnachweis S. 285
Karten: der Verlag, National Park Service

Druck und Bindung: Wilhelm & Adam, Heusenstamm

ISBN 978-3-8317-1840-5
Printed in Germany

Dieses Buch ist erhältlich in jeder Buchhandlung Deutschlands, Österreichs, der Schweiz, Belgiens und der Niederlande. Bitte informieren Sie Ihren Buchhändler über folgende Bezugsadressen:

Deutschland: Prolit GmbH, Postfach 9, D-35461 Fernwald (Annerod)
sowie alle Barsortimente
Schweiz: AVA-buch 2000, Postfach 27, CH-8910 Affoltern
Österreich: Mohr Morawa Buchvertrieb GmbH, Sulzengasse 2, A-1230 Wien
Niederlande, Belgien: Willems Adventure, www.willemsadventure.nl

Wer im Buchhandel trotzdem kein Glück hat, bekommt unsere Bücher auch über unseren Büchershop im Internet: www.reise-know-how.de

Wir freuen uns über Kritik, Kommentare und Verbesserungsvorschläge, gerne per E-Mail an info@reise-know-how.de.
Alle Informationen in diesem Buch sind vom Autor mit größter Sorgfalt gesammelt und vom Lektorat des Verlages gewissenhaft bearbeitet und überprüft worden. Da inhaltliche und sachliche Fehler nicht ausgeschlossen werden können, erklärt der Verlag, dass alle Angaben im Sinne der Produkthaftung ohne Garantie erfolgen und dass Verlag wie Autor keinerlei Verantwortung und Haftung für inhaltliche und sachliche Fehler übernehmen. Die Nennung von Firmen und ihren Produkten und ihre Reihenfolge sind als Beispiel ohne Wertung gegenüber anderen anzusehen. Qualitäts- und Quantitätsangaben sind rein subjektive Einschätzungen des Autors und dienen keinesfalls der Bewertung von Firmen oder Produkten.

INHALTSVERZEICHNIS

Kartenverzeichnis

VORWORT

Wer an Bora Bora denkt (mein heimlicher, großer Urlaubswunsch!), der denkt an Palmen, weiße Strände und wohlige Wärme. Bei Norwegen dagegen fallen einem unweigerlich Fjorde, Wikinger, Stabkirchen und auch die riesigen Gletscher und kahlen Hochebenen im Landesinnern ein. Wer aber an Kalifornien denkt, der denkt an Hollywood, die Cable Car und die Lombard Street in San Francisco, aber auch an den Grand Canyon - obwohl dieser in Arizona liegt - und an Las Vegas - trotz seiner Lage inmitten der Wüste von Nevada. Für viele Menschen ist der gesamte Westen der Vereinigten Staaten mit den Stränden des Pazifik, dem Hochgebirge der Sierra Nevada, den heißen Wüsten und herrlichen Nationalparks „ein kalifornischer Traum".

Beeindruckt schon der Osten der Vereinigten Staaten durch seine Größe und Superlative, so ist der Westen einfach umwerfend. Der Besucher ist immer wieder von der unendlichen Größe und Weite dieser Landschaft fasziniert. Man fährt tagelang durch die steinige Halbwüste von Nevada und sieht nichts als Geröll und kurzes Gestrüpp. Die Nationalparks sind von bezaubernder Schönheit und die Canyons Zeugen von gewaltigen Naturkräften, die unsere Erde in Jahrtausenden aufgewühlt, zerklüftet und verändert haben. Ganz klein steht man am Abgrund des Grand Canyon, bestaunt die goldschimmernden Felsnadeln im Bryce Canyon oder steht fassungslos vor den viertausend Jahre alten Mammutbäumen im Yosemite Park. In diesem Buch möchte ich Ihnen Vorschläge machen, wie Sie die herrlichen Landschaften im Wohnmobil am besten erleben.

Man kann die USA nicht während eines einzigen Urlaubs kennenlernen und auch nicht während zwei oder drei. Ich selbst bereise die Vereinigten Staaten seit 1963, bin über einhundertmal von Zürich nach New York und auf diversen weiteren Flügen nach Kalifornien oder Florida geflogen, außerdem habe ich drei Jahre in den USA gelebt und gearbeitet - ich darf sagen, dass ich das Land kenne, und wenn Sie von dem Amerika-Wohnmobil-Virus infiziert werden, können Sie das sicher auch irgendwann von sich behaupten.

Die USA sind mit 9,6 Mio. km² Fläche etwa 25-mal so groß und haben mit ihren ca. 300 Mio. Einwohnern knapp viermal so viele wie Deutschland. Allein Kalifornien ist mit 411.047 km² Fläche größer als die gesamte Bundesrepublik - nur, um Ihnen eine Vorstellung von den unglaublichen Dimensionen dieses Landes zu geben.

Die Geschichte der Vereinigten Staaten ist kurz, aber aufregend und unzählige Einwanderer- sowie Cowboy- und Indianer-Filme erzählen von den Anfängen der Nation. Der „Goldrausch" von 1848 trieb viele Abenteurer in den Westen und noch heute zeugen Geisterstädte von diesem Teil der amerikanischen Vergangenheit. Der große Bürgerkrieg von 1861 bis 1865 (Civil War) beendete 1865 die Sklaverei und 1908 wurde der Grundstein für die später weltbekannte Filmmetropole Hollywood gelegt. Mit dem Projekt des „Space Shuttle" (Raumfähre Columbia) begann 1981 ein neuer Abschnitt in der Weltraumfahrt und seit 2009 gibt es den ersten farbigen Präsidenten der Vereinigten Staaten – sicher der Beginn einer neuen Ära!

„Amerika, du hast es besser als unser Kontinent, der alte, hast keine verfallenen Schlösser und keine Basalte", meinte Goethe, aber dafür gibt es beeindruckende Canyons, Berge und faszinierende Landschaften. Auf den in diesem Buch beschriebenen Routen treffen wir auch auf Spuren der Ureinwohner, ihre steinernen Dörfer und heiligen Stätten.

Burgen, Schlösser und „Basalte" sucht man zwar vergebens, dafür findet man aber im ganzen Land gute Campingplätze mit sehr ordentlichen sanitären Einrichtungen. Das Verkehrsaufkommen ist außerhalb der Ballungsgebiete gering und es fährt sich recht entspannt – ein kleiner Trost für die gewaltigen Strecken, die man zwischen zwei Sehenswürdigkeiten zurücklegen muss. Letzteres sollte man bei der Streckenplanung berücksichtigen und daran denken, neben dem Fahren genügend Zeit zum Verweilen, Staunen und Wandern einzuplanen. Bei aller Freiheit im Wohnmobil sollte man eben doch eine Reiseroute ausgearbeitet haben, denn die Stunden im Ausland sind kostbar. In diesem Buch wurde bewusst darauf verzichtet, dem Leser Tagestouren vorzuschlagen. Teilen Sie unseren Routenvorschlag in Teilabschnitte auf, die Ihren eigenen Ansprüchen und Anforderungen gerecht werden

Ich wünsche Ihnen eine gute Reise und erlebnisreiche Tage. Wenn Sie feststellen, dass Angaben in diesem Tourguide nicht mehr stimmen – denn wie schnell verändern sich z. B. Preise oder Öffnungszeiten –, schreiben Sie bitte mir (werner.lahmann@arcor.de) oder dem Verlag (info@reise-know-how.de), denn wir möchten diesen Reisebegleiter für Wohnmobilisten ständig verbessern und Ihren speziellen Bedürfnissen anpassen.

Gute Reise!

Werner K. Lahmann

GPS-Koordinaten

*Alle GPS-Koordinaten in diesem Buch sind als **geografische Koordinaten** (Länge/Breite; Lat./Lon.) in Dezimalgrad (hddd,ddddd) angegeben, also z. B. N48,62893° W1,50748° (= 48,62893°N 1,50748°W).*

***Kartendatum** ist grundsätzlich WGS84.*

***Nutzung der GPS-Koordinaten:** Wer ein GPS-Gerät oder Navigationssystem benutzt, das Wegpunkt-Eingaben akzeptiert, der kann sich von diesem Gerät direkt zu den jeweiligen Punkten führen lassen. Praktisch alle GPS-Handgeräte bieten diese Möglichkeit, während die Navigationssysteme leider oft nur Eingaben von Adressen akzeptieren. Garmin-Geräte der NÜVI-Serie akzeptieren aber auch Eingaben in Dezimalgrad (hddd,ddddd), wie sie in diesem Buch verwendet werden.*

Sehr hilfreich kann es sein, wenn Sie bereits bei der Reisevorbereitung (oder sogar unterwegs per Notebook) mit einer digitalen Karte arbeiten. Dann brauchen Sie für einen gesuchten Punkt nur die Koordinaten einzugeben, damit das Programm Ihnen diesen Punkt genau auf der Karte anzeigt. Gegebenenfalls können Sie sich dann den entsprechenden Kartenausschnitt ausdrucken lassen und auf die Reise mitnehmen.

***Koordinaten im Internet:** Unter www.reise-know-how.de finden Sie auf der Buchseite zu diesem Wohnmobil-Tourguide alle Stellplatzkoordinaten zum kostenlosen Download auf den PC. Von dort können Sie mit der entsprechenden Software (z. B. MapSource) sämtliche Punkte auf der Karte anzeigen lassen und die gesamte Liste per Datenkabel auf Ihr GPS-Gerät übertragen. So ersparen Sie sich die mühsame Eingabe per Tastatur. Und zudem rechnet das Gerät die Koordinaten automatisch in das richtige Format um!*

Preisangaben und Entferungen

***Preise** verändern sich ständig – und leider fast immer nach oben! Die in diesem Buch angegebenen Preise sind vom Sommer 2009, werden aber in den folgenden Jahren vermutlich höher sein. Als Anhaltspunkt und zur groben Planung der Finanzen sind die Angaben aber dennoch nützlich. Alle Angaben sind natürlich in US$, für eine grobe Umrechnung in Euro nimmt man etwa drei Viertel des Dollar-Preises (s. S. 20).*

*Die **Entfernungen** sind in diesem Buch in Meilen (mi) angegeben. Das mag zunächst ungewohnt erscheinen, aber bereits nach einem Tag hat man sich daran gewöhnt, weil alle Hinweisschilder an den Highways und auch die Angaben auf dem Tacho des Wagens ebenfalls in Meilen angegeben sind. Doch Vorsicht: 100 Meilen hört sich nach nicht viel an – es sind aber 160 Kilometer!*

Bewertungssystem

Im amerikanischen Westen gibt es furchtbar viel zu sehen. Um die Auswahl zu erleichtern, wurde Sehenswertes im Buch mit Sternen versehen, die Kategorisierung ist aber subjektiv und hängt von den persönlichen Interessen des Besuchers ab.

**** = darf auf keinen Fall ausgelassen werden*

*** = sollte man besuchen bzw. anschauen*

** = sehenswert, könnte aber als Erstes dem Rotstift zum Opfer fallen*

003us Abb.: la

004us Abb.: la

005us Abb.: la

002us Abb.: la

PRAKTISCHE REISETIPPS VON A BIS Z

ANREISE

Die meisten Leute fliegen nach Amerika, einige fahren mit dem Schiff, gelaufen ist bisher noch keiner, denn selbst wer über Russland und Alaska einreisen würde, müsste dabei noch die Beringstraße überwinden, eine 85 km breite Meerenge zwischen Cape Nunyamo in Sibirien und der Seward-Halbinsel in Alaska. Fast wäre es aber wirklich ohne Schiff gegangen, denn ein französischer Ingenieur schlug im Jahre 1905 erstmals einen rund 100 km langen Tunnel vor. Zar Nikolai II. stimmte zu, aber der Erste Weltkrieg und die Oktoberrevolution ließen das Projekt scheitern. Trotzdem können die Fußgänger immer noch hoffen: Wenn die Temperatur unter minus 70 °C fällt und es dann lange genug so kalt bleibt, kann die Beringstraße auch mal zufrieren!

FLUG

Günstige Flüge hängen von der Reisezeit, der Reisedauer, der Fluggesellschaft und der Leistungsfähigkeit Ihres Reisebüros ab. Die von uns ausgesuchten Flugplätze werden von allen großen Fluggesellschaften angeflogen, der Hin- und Rückflug kostet 450 bis 550 Euro (Sommer 2009), Schnäppchen können noch billiger sein. Ein Nonstop-Flug dauert etwa 14 Stunden, trotzdem ist man um 15 Uhr in Los Angeles, wenn man um 10 Uhr in Frankfurt abfliegt: Auf dem Flug nach Westen wird die Zeitdifferenz von 9 Stunden zwischen Deutschland und der Westküste der USA abgezogen. Beim Rückflug wird die Zeitdifferenz addiert und man kommt erst am nächsten Tag in Frankfurt an.

Die Freigepäckgrenze ist von Fluggesellschaft zu Fluggesellschaft unterschiedlich. Standard sind zwei Gepäckstücke pro Person mit einem Gewicht von jeweils maximal 23 kg, aber auch wirklich maximal! Wiegt der Koffer 24 kg, so sind 100 Euro an Gebühren fällig. Aber bitte: Zwei Erwachsene und ein Kind haben zusammen 138 kg Freigepäck, das ist eine ganze Menge, es muss nur alles richtig auf die Koffer oder Reisetaschen verteilt sein.

Packen Sie **Flüssigkeiten** oder **Gels auf keinen Fall ins Handgepäck,** sondern immer ins aufzugebende Gepäck. Im Handgepäck dürfen Sie einen Klarsichtplastikbeutel mit Reißverschluss und einem Fassungsvermögen von knapp 1 quart (1 l) mitführen. Dieser Klarsichtbeutel darf nur Flüssigkeits- oder Gelbehälter mit einem Fassungsvermögen von jeweils höchstens 3 ounces (100 ml) enthalten und jeder Reisende darf nur einen solchen Beutel mit sich führen. **Von der Regel ausgenommen sind:** Säuglings- oder Babynahrung bzw. Muttermilch, wenn Sie mit einem Kleinkind reisen, Medikamente, Flüssigkeiten (einschließlich Wasser, Säfte oder Flüssignahrung) oder Gelees für Diabetiker sowie für andere medizinische Bedürfnisse. Mitgeführte, unter dieser Ausnahmeregelung zugelassene Gegenstände müssen allerdings einem Sicherheitsbeamten gegenüber **deklariert** und **zur Überprüfung vorgelegt** werden. Ebenfalls nicht im Handgepäck zulässig sind Messer, Scheren und andere Gegenstände, die als Waffe dienen könnten. Feuerzeuge dürfen generell nicht ins Reisegepäck.

Wundern Sie sich nicht, wenn Sie bei der Kontrolle aufgefordert werden, auch die **Schuhe auszuziehen:** Schuhe werden jetzt zusammen mit dem Handgepäck geröntgt.

SCHIFF

Wer viel Zeit oder sehr viel Gepäck hat, wie z. B. ich nach einem dreijährigen USA-Aufenthalt, wird die Überfahrt vielleicht auch mit dem Schiff machen. Die traditionelle Schiffspassage von Bremerhaven nach New York wurde zwar bereits vor vielen Jahren eingestellt, aber von Southampton fährt regelmäßig die Reederei Cunard (www.cunard.de) in die USA: Die Queen Mary 2 verbindet als einziger Oceanliner unserer Zeit regelmäßig Europa und Amerika, allerdings fährt sie nach New York und nicht an die Westküste. Eine einfache Fahrt kostet ab 1190 €.

Die Schiffspassage von der oder zur amerikanischen Westküste kann nur mit einem Frachtschiff unternommen werden. Die Fahrt von Genua nach Los Angeles dauert einen Monat und kostet 2755 Euro (www.frachtschiffreisen-pfeiffer.de). Für die Mehrkosten gegenüber der Flugreise kann man aber auch einfach durch DHL (20 kg für 64 €) oder einen anderen Logistiker seine Sachen nach Los Angeles oder San Francisco schicken lassen und statt der teuren Schiffpassage doch lieber auf den Flieger zurückgreifen.

DIPLOMATISCHE VERTRETUNGEN

AMERIKANISCHE BOTSCHAFTEN

- **Embassy of the United States,** Konsularabteilung, Clayallee 170, D-14195 Berlin, Tel. +49 (0)30 2385174, http://germany.usembassy.gov
- **U.S. Consulate General,** Visaabteilung, Gießener Str. 30, D-60435 Frankfurt/Main, Tel. +49 (0)69 75350, Fax 75352277
- **U.S. Consulate General,** Visaabteilung, Königinstr. 5, D-80539 München, Tel. +49 (0)89 28880, Fax 2809998
- **Embassy of the United States,** Sulgeneckstr. 19, CH-3007 Bern, Tel. +41 (0)31 3577011, http://bern.usembassy.gov
- **Embassy of the United States,** Boltzmanngasse 16, A-1090 Wien, Tel. +43 (0)1 313390, Fax 3100682, embassy@usembassy.at, www.usembassy.at

VERTRETUNGEN IN DEN USA

- **German Embassy,** 4645 Reservoir Road NW, Washington, DC 20007, Tel. (202) 298-4000, Fax 298-4245, www.germany.info
- **Embassy of Switzerland,** 2900 Cathedral Avenue NW, Washington, DC 20008, Tel. (202) 745-7900, Fax 387-2564, www.swissemb.org
- **Austrian Embassy,** 3524 International Court NW, Washington, DC 20008, Tel. (202) 895-6700, Fax 895-6750, www.austria.org
- **Consulate General of the Federal Republic of Germany,** 6222 Wilshire Boulevard, Suite No. 500, Los Angeles, CA 90048, Tel. (323) 930-2703, Fax 930-2805
- **Consulate General of the Federal Republic of Germany,** 1960 Jackson Street, San Francisco, CA 94109, Tel. (415) 775-1061, Fax 775-0187
- **Consulate General of Switzerland,** 11766 Wilshire Boulevard, Suite 1400, Los Angeles, CA 90025, Tel. (310) 575-1145, Fax 575-1982
- **Consulate General of Switzerland,** 456 Montgomery Street, Suite 1500, San Francisco, CA 94104-1233, Tel. (415) 788-2272, Fax 788-1402
- **Consulate General of Austria,** 11859 Wilhsire Boulevard, Suite 501, Los Angeles, CA 90025, Tel. (310) 444-9310, Fax 477-9897
- **Consulate General of Austria,** 41 Sutter Street, Suite 501, San Francisco, CA 94104, Tel. (916) 951-8911, Fax 444-7835

EINKAUFEN

Die amerikanischen **Lebensmittel** sind von hervorragender Qualität und nicht viel teurer als bei uns. In den großen Supermärkten gibt es einfach alles und das Einkaufen ist auch für Besucher, die sich mit der Sprache noch etwas schwer tun, ganz einfach. Auf den meisten Lebensmittelverpackungen sind Hinweise für Allergiker angegeben, also ob z. B. Laktose oder Nüsse enthalten sind. Dennoch sollte man im Zweifel einen genaueren Blick auf die Inhaltsstoffe werfen. Auch auf koschere Lebensmittel wird auf der Verpackung hingewiesen.

Wal-Mart ist die größte **Supermarktkette** der Welt und preiswert. Andere Supermarktketten in Kalifornien sind K-Mart, Food 4less (günstige Lebensmittel), Albertsons (etwas teurer), Ralph's (etwas teurer) u. a.

In den USA gibt es kein Ladenschlussgesetz und somit auch keine gesetzlich geregelten **Öffnungszeiten.** Die Supermärkte öffnen zwischen 6 und 10 Uhr und schließen zwischen 19 und 24 Uhr. Es gibt auch zahlreiche Supermärkte, die an allen Tagen rund um die Uhr geöffnet sind. Sie kürzen ihre Öffnungszeiten oft mit **„7/7“** (7 von 7 Tagen) bzw. **„24/24“** (24 von 24 Stunden) ab.

Die Preise in den Geschäften sind immer **Nettopreise,** d. h., sie erhöhen sich um die Verkaufssteuer **(Sales Tax),** die je nach Bundesstaat zwischen 3 und 7,25 % beträgt. Auf Preisschildern liest man deshalb häufig „XX $ plus Tax“. Der Sales Tax ist aber nicht immer

Preisbeispiele Lebensmittel (Frühjahr 2009)

- *Ribeye Steak:* *5,99 $/lb*
- *Rinderhack:* *3,90 $/lb*
- *Fisch:* *4,99 $/lb*
- *Mischbrot:* *3,95 $*
- *Mineralwasser:* *1,17 $/Gal.*
- *Butter:* *3,49 $/lb*
- *Margarine:* *1,49 $/lb*
- *Käse:* *6,99 $/lb (Swiss)*
- *Salami:* *2,59 $/11 oz*
- *Eier:* *2,50 $/18 St.*
- *Cola:* *3,50 $/12 Dosen*
- *Orangensaft:* *1,99 $/2 l (0,52 Gal.)*
- *Bier:* *11,00 $/18 Dosen*
- *Wein:* *3,99 $/0,75 l (0,2 Gal.)*
- *Milch:* *3,49 $/Gal.*
- *Bananen:* *0,79 $/lb*
- *Erdbeeren:* *2,50 $/lb*
- *Kartoffeln:* *0,99 $/lb*
- *Tomaten:* *2,99 $/lb*
- *Äpfel:* *1,99 $/3 lb*
- *Brokkoli:* *2,69 $/Kopf*
- *Marmelade:* *2,04 $/333 g (11,75 oz)*
- *Schokoriegel:* *0,65 $*

ausgeschildert und erscheint manchmal auch nur auf dem Kassenbon. Einige Bundesstaaten wie z. B. Oregon und Montana haben keine Verkaufssteuer.

In den gesamten USA darf **Alkohol** nur an Personen ab 21 Jahren verkauft oder ausgeschenkt werden. In Utah und Kalifornien ist Bier an Tankstellen und in Lebensmittelgeschäften erhältlich, wobei der Alkoholgehalt maximal 4 Vol.-% betragen darf. Stärkere Biere sowie Wein und Spirituosen dürfen nur in staatlich lizenzierten **liquor stores** verkauft werden. Für alkoholische Getränke in Restaurants gelten gesonderte Regeln: Restaurants müssen zum Alkoholausschank staatlich lizenziert sein („licensed to serve liquor").

Es gibt in den USA keine einheitliche **Pfandregelung,** in Kalifornien und Oregon gilt aber bereits seit 1987 die Dosenpfandregelung, die unter dem Namen **Container deposit legislation** oder kurz „bottle bill" bekannt ist: 5 cent pro Dose, 10 cent für Flaschen über 24 fl.oz (fluid ounce), das entspricht knapp 710 ml.

Als einziger US-Bundesstaat bietet **Louisiana** in etwa 1000 Geschäften die Möglichkeit des steuerfreien Einkaufs für ausländische Besucher **(tax free shopping).** Ansonsten gibt es tax free shops nur auf den **Flughäfen.** Man zeigt beim Kauf den Reisepass vor und bittet um einen Beleg für die Steuerrückerstattung **(Tax Refund Voucher).** Bei der Ausreise gibt es dann die Sales Tax zurück.

EINREISEBESTIMMUNGEN

VISUM

Reisende aus Deutschland, Österreich und der Schweiz benötigen zur Einreise in die USA unter bestimmten Voraussetzungen kein Visum, dafür sorgt das **Visa Waiver Program** („Programm für visumfreies Reisen", http://travel.state.gov/visa/temp/without/without_1990.html).

Das VWP gilt für Touristen und Geschäftsreisende bei einer Aufenthaltsdauer von max. 90 Tagen, außerdem muss man im Besitz eines Rückflugtickets und natürlich eines gültigen Reisepasses (maschinenlesbar, s. S. 17) sein.

Voraussetzung für das VWP ist außerdem, dass man mit einem Transportunternehmen einreist, das vertraglich an das Programm zur Visumbefreiung angeschlossen ist. Dies sind die meisten Flug- und Schifffahrtsgesellschaften. Wenn Ihr Transportunternehmen dem Programm nicht angeschlossen ist, benötigen Sie ein Visum. Dies gilt auch für die Einreise mit einem privaten Flugzeug, einem privaten Schiff oder einer Militärmaschine.

Am 1. August 2008 wurde das Electronic System of Travel Authorization (ESTA) eingeführt. Es ist mit dem VWP verbunden und seit Januar 2009 ist die Nutzung obligatorisch. Spätestens 72 Stunden vor der Abreise müssen Reisende im Internet eine Berechtigung zur Reise im Rahmen des VWP beantragen. Die Onlineanmeldung erfolgt unter **https://esta.cbp.dhs.gov.**

Der Antrag kann auch von einer dritten Person eingereicht werden, also z. B. vom Reisebüro, und wird auch für Kinder benötigt, die noch kein eigenes Flugticket haben. Nach der Absendung des Onlineantrags vergibt das System eine Auftragsnummer, die man sich notieren sollte. In der Regel erhält der Antragsteller sofort eine Antwort, spätestens jedoch nach 72 Stunden. Diese Antwort, die Einreisegenehmigung, muss man natürlich ausdrucken und mitnehmen. Sie gilt zwei Jahre für unbegrenzte Einreisen in die USA.

Um ohne diese elektronische Reiseerlaubnis in die USA einzureisen, benötigt man ein **Visum,** das man rechtzeitig vor der Reise beim Amerikanischen Generalkonsulat beantragen muss (107,42 €, etwa 28 Tage Wartezeit). Das elektronische Antragsformular findet man unter http://evisaforms.state.gov, persönliche Visa-Anfragen und Terminvereinbarungen kann man ausschließlich beim Visainformationsdienst unter der deutschen Servicenummer 0900-1-850055 (1,86 €/Min.) bzw. für Anrufer aus dem Ausland unter der Telefonnummer +49 (0)9131-772-2270 tätigen. Bei letzterer ist der Service nur auf Englisch und für jeden Anruf wird eine Gebühr von 15 € erhoben, die mit Kreditkarte bezahlt wird.

EINREISEKONTROLLE

Für die Einreise in die USA benötigt man die **Einreisegenehmigung** des ESTA (bzw. ein **Visum**) und einen **Reisepass,** der mindestens für die Dauer des geplanten Aufenthaltes gültig sein muss. Die visumfreie Einreise in die USA ist nur noch mit dem **maschinenlesbaren Reisepass** (bordeauxfarben) möglich, das gilt auch für Kinder. Darüber hinaus werden der neue maschinenlesbare Kinderpass und maschinenlesbare vorläufige Reisepässe für eine Einreise ohne Visum akzeptiert: Reisepässe, die **nach dem 25. Oktober 2005** ausgestellt wurden, müssen über ein **digitales Lichtbild** verfügen. Die bordeauxfarbenen, maschinenlesbaren deutschen Reisepässe (Europapässe) erfüllen dieses Kriterium bereits und berechtigen weiterhin bis zum Ablauf ihrer Gültigkeit zur visumfreien Einreise in die USA im Rahmen des Visa Waiver Program. Reisepässe, die **nach dem 25. Oktober 2006** ausgestellt wurden, müssen zusätzlich über biometrische Daten in Chipform verfügen (der sogenannte ePass).

Bei der Einreise in die USA wird von allen Passagieren ein **digitaler Fingerabdruck** und ein digitales Porträtfoto angefertigt und jeder Ankommende nach seiner **Adresse** in den USA, dem **Zweck seines Besuches** (geschäftlich oder privat), der **Länge des Aufenthaltes** und anderen Einzelheiten gefragt.

Hinweis

Die neuen Röntgengeräte in den USA sind nicht mehr „film-safe", d. h. Filme u. Ä. immer ins Handgepäck tun, denn die Röntgenstrahlen dieser Geräte beschädigen die Filme nicht.

Abstand halten

Achtung: Vor dem Schalter an der gelben Linie warten, bis der Vorgänger abgefertigt ist, sonst gibt es einen Anpfiff!

Der Holiday-Inn-Trick

Bei unserer Antwort auf die Frage nach der Adresse in den USA kam der Kontrolleur ins Schleudern: Wir hätten keine Adresse in den USA, sagten wir. Wir hätten in Los Angeles ein Wohnmobil gemietet und mit dem seien wir vier Wochen „on the road". Das sei doch nicht verboten, oder? Nein, das sei zwar nicht verboten, aber eine Adresse in Kalifornien müssten wir schon haben, sonst gäbe es keine Einreise. Wir waren irritiert: „Wir haben aber keine Adresse, wir leben im Wohnmobil ..."

Als der gute Mensch nach fünfzehn Minuten begann, die nächsten Wartenden abzufertigen, musste uns etwas einfallen. Meine Frau hatte eine Idee. „Komm wir gehen", sagte sie. Hinten in der Schalterhalle nahm sie die Einreisepapiere und schrieb unter „Adresse" den Namen des einzigen Hotels, das sie kannte: Holiday Inn, Los Angeles.

Nachdem der adressenhungrige Passkontrolleur mit diesem Trick überlistet war, klappte dann alles wie am Schnürchen.

Tipp

Geben Sie sich bei der ganzen Einreise- und Zoll-Prozedur gelassen und höflich, um zu einem möglichst reibungslosen Ablauf beizutragen.

HAUSTIERE

Im EU-Heimtierausweis müssen die **Kennzeichnung** des Tieres (durch Mikrochip oder Tätowierung) und eine gültige **Tollwutimpfung** (Erstimpfung mindestens 21 Tage vor Grenzübertritt) eingetragen sein. Außerdem ist eine **Gesundheitsbescheinigung** nötig, aus der hervorgeht, dass Hund oder Katze keine auf den Menschen übertragbare Krankheiten haben. Genaue Auskunft, auch über die Einfuhr anderer Tiere, erhält man beim Animal and Plant Health Inspection Service (APHIS).

› **USDA-APHIS Veterinary Services,** National Center for Import and Export (NCIE), Unit 40, 4700 River Road, Riverdale, MD 20737, Tel. +1 (301) 734-8364, APHIS.Web@aphis.usda.gov

ZOLLBESTIMMUNGEN

Bei der Einreise in die USA unterliegt Reisegepäck für den persönlichen Gebrauch keinen Beschränkungen. **Zollfrei** sind pro Erwachsenem ab 21 Jahren: 1 Liter Alkohol, 200 Zigaretten oder 50 Zigarren (keine kubanischen) oder 2 kg Tabak sowie Geschenke bis insgesamt 100 Dollar. Flüssigkeiten aber immer in den Koffer packen und auf gar keinen Fall ins Handgepäck!

Ein generelles **Einfuhrverbot** gilt für Fleisch und Fleischprodukte jeder Art, frische Lebensmittel, Süßigkeiten mit Alkoholfüllung, Pflanzen und Feuerzeuge. Medikamente, die abhängig machende Stoffe oder Betäubungsmittel enthalten, sind nur mit ärztlichem Attest und nur in Mengen für den persönlichen Bedarf erlaubt. Und dass Feuerwerkskörper und Waffen aller Art nicht eingeführt werden dürfen, versteht sich wohl von selbst.

FERIEN UND FEIERTAGE

FEIERTAGE

› **New Years Day** (1. Januar)
› **Martin Luther King Day** (3. Montag im Januar)
› **Presidents' Day** (3. Montag im Februar)
› **Good Friday** (Karfreitag, nicht überall ein Feiertag)
› **Easter Sunday** (Ostermontag ist kein Feiertag)
› **Memorial Day** (letzter Montag im Mai)

- **Independence Day** (Unabhängigkeitstag/Nationalfeiertag, 4. Juli)
- **Labor Day** (1. Montag im September)
- **Columbus Day** (2. Montag im Oktober)
- **Veterans Day** (11. November)
- **Thanksgiving** (4. Donnerstag im November)
- **Christmas Day** (Weihnachten, 25. Dezember; der 26.12. ist kein Feiertag)

In den USA ist an gesetzlichen Feiertagen, die auf ein Wochenende fallen, entweder der vorhergehende Freitag oder der nachfolgende Montag arbeitsfrei, das gilt aber nicht für Ostersonntag!

FERIENTERMINE

Die Ferientermine sind, wie auch bei uns, in den einzelnen Bundesstaaten etwas unterschiedlich und sie variieren auch von Jahr zu Jahr. Generell verläuft die Sommerferienzeit aber von Mitte Juni bis einschließlich erste Septemberwoche. Die Woche vor und nach Ostern sowie die Zeit von Mitte Dezember bis zum zweiten Januar sind ebenfalls schulfrei. In den Sommerferien haben die meisten großen Firmen Betriebsferien, sodass die Campingplätze an den touristisch interessanten Stellen knapp werden können: so z. B. im Yosemite Park, am Grand Canyon und anderen besonders schön gelegenen Plätzen.

GAS

Die **Gasversorgung** des Wohnmobils erfolgt aus zwei 11-kg-Propangasflaschen, die aus sicherheitstechnischen Gründen in einem separaten und belüfteten Teil außerhalb des Wohnbereiches aufgestellt sein müssen. Sie verbergen sich hinter einer der von außen zugängigen Klappen. Leere Gasflaschen können auf vielen Campingplätzen (auf fast jedem KOA-Platz) und bei etlichen Tankstellen umgetauscht oder neu befüllt werden (ca. 16 $ pro Füllung), an denen Schilder wie „Propane" oder „LP Gas" auf diesen Service aufmerksam machen. Moderne Wohnmobile haben eine Duomatic-Armatur, die, wenn eine Flasche leer ist, automatisch auf die andere Flasche umschaltet. Bei einem normalen Campingurlaub reichen die beiden Gasflaschen des Wohnmobils für einen vierwöchigen Urlaub, auch wenn es mal kalt wird und man heizen muss. Bei der Wagenübernahme sind immer beide Flaschen voll. Man sollte in diesem Zusammenhang beachten, dass an der Tankstelle grundsätzlich die Pilotflammen von Heißwasserboiler und Heizung ausgestellt sein müssen, wegen der Brand- und Explosionsgefahr.

Reisende, die mit einem deutschen Wohnmobil unterwegs sind, dürfen einen entsprechenden Adapter nicht vergessen. Erhältlich ist dieser für 40 Euro z. B. bei der Firma SeaBridge (www.sea-bridge.de).

Die neuen US-Dollar-Noten

006us Abb.: la

GELD UND FINANZEN

Die Währung in den Vereinigten Staaten ist der **US-Dollar** (USD, $). 1 USD entspricht in etwa 0,70 Euro (Sommer 2009). Den jeweils aktuellen Wechselkurs findet man im Internet www.oanda.com.

Es gibt **Scheine** zu 1, 2, 5, 10, 20, 50, 100, 500 und 1000 Dollar. Im Unterschied zum Euro sind diese Scheine alle gleich groß, also aufpassen beim Wechselgeld! Farblich hat sich in den letzten Jahren einiges getan, die vorherrschende Farbe ist zwar immer noch Grau, es gibt aber einen Hauch von Hellgrün und Rosa und eine Fünf der 5-Dollar-Note erstrahlt sogar in kräftigem Violett.

100 Cent sind ein Dollar. Es gibt **Münzen** zu 1, 5 (Nickel), 10 (Dime), 25 (Quarter) und 50 Cent, letztere ist sehr selten. Ebenfalls selten, aber als Zahlungsmittel zugelassen, ist der „Silberdollar", eine silberne 1-Dollar-Münze. Die wichtigste Münze ist der **Quarter,** man benötigt ihn für Münzgeräte aller Art, z. B. Waschmaschinen, Trockner und Duschen auf den Campingplätzen.

Es ist ratsam, sich vor der Reise einen Vorrat an 1-Dollar-Scheinen zu beschaffen, z. B. für den Gepäckkarren am Flugplatz oder ein Getränk am Kiosk.

BANKEN

Banken findet man überall. Dort kann man **Reiseschecks** einlösen (oft muss der Reisepass vorgelegt werden) und erhält gegen Vorlage einer Kreditkarte ebenfalls Bargeld. Öffnungszeiten sind in der Regel von 9 bis 14 oder 16 Uhr.

Bargeld bekommt man auch an den **Bankautomaten**, den sogenannten „Automatic Teller Machines“ (ATM), und zwar auch mit der europäischen **EC-Karte,** wenn der Automat das **Maestro-Logo** aufweist.

KREDITKARTEN

Wer in den USA keine Kreditkarte besitzt, wird schief angeschaut und gilt als nicht kreditwürdig! Außerdem ist der Besitz einer Kreditkarte sicherer als Bargeld. Mit den beiden gängigen Karten **Mastercard/Eurocard** und **VISA** kann man fast überall bezahlen. Ausnahmen sind eigentlich nur staatliche Campingplätze, Fast-Food-Restaurants und Andenkenbuden. Die Akzeptanz von **Diners Club** und **American Express** ist nicht überall gewährleistet. American Express findet sich mehr im oberen Preissektor, also bei höherpreisigen Hotels und Restaurants sowie Fluggesellschaften und Autovermietern. Auch ist es ratsam, gleich mit zwei Kreditkarten auf Reise zu gehen. Wer sich mit Mastercard/Eurocard und VISA-Card ausrüstet, ist gut versorgt.

VERLUST VON GELD UND KREDITKARTE

Sollten einem trotz aller Vorsicht einmal sein Geld und seine Kreditkarten abhanden kommen und man damit sozusagen mittellos werden, kann einem eventuell eine Kooperation der **ReiseBank** mit der **Western Union** helfen. Dazu muss dann allerdings eine gute Seele in Deutschland bei der ReiseBank (an Bahnhöfen, Flugplätzen und Grenzübergängen) Geld einzahlen, das man dann wenige Minuten später bei einer Filiale der Western Union (gibt es fast in jeder mittleren Stadt in den USA) abholen kann. Für 500 € kostet dieser Service z. B. 30 €. Man kann den Geldtransfer auch online mittels Kreditkarte durchführen. Weitere Auskünfte dazu erhält man in Deutschland unter Tel. 01805 225822 oder www.reisebank.de sowie in den USA unter Tel. 1-800-2255-2274 oder im Internet unter www.westernunion.com (klares Menü zum Geldtransfer online, auch auf Deutsch).

Bei Verlust der Maestro-(EC-) oder der Kreditkarte gilt für die **Kartensperrung** die folgende **deutsche Zentralnummer:** Tel. 011-49-116116. Für **österreichische** und **schweizerische Karten** gelten:

- **Maestro-Karte:** (A) Tel. 011-43-12048800, (CH) Tel. 011-41-442712230; UBS 011-41-800888601; Credit Suisse 011-41-800800488
- **MasterCard/VISA:** (A) Tel. 011-43-1717014500 (MasterCard) bzw. Tel. 011-43-171111770 (VISA); (CH) Tel. 011-41-589588383 für alle Banken außer Credit Suisse, Corner Bank Lugano und UBS
- **American Express:** (A) Tel. 011-49-6997971000, (CH) Tel. 011-41-446596333
- **Diners Club:** (A) Tel. 011-43-15013514, (CH) Tel. 011-41-448354545

Wenn man den Verlust seiner Kreditkarten, Travellerschecks oder Travellerscheckkarten **in den USA** melden möchte, gelten die folgenden gebührenfreien Telefonnummern:

- **Kreditkarten:** American Express: Tel. (800) 528-4800, Diners Club: Tel. (800) 234-6377, MasterCard/EuroCard: Tel. (800) 826-2181, Visa: Tel. (800) 336-8472
- **Travellerschecks:** American Express: Tel. (800) 221-7282, MasterCard: Tel. (800) 223-9920, Thomas Cook: Tel. (800) 223-7373, Visa: Tel. (800) 227-6811

GEOGRAFIE UND ROUTENPLANUNG

Der Westen der Vereinigten Staaten ist geografisch durch zwei von Nord nach Süd verlaufende Gebirgszüge geprägt, die **Rocky Mountains** und, nahe an der Küste, die **Sierra Nevada.** Dazwischen liegt eine riesige „Hochebene", das **Great Bassin** („Großes Becken"), das aber nur durch die beiden riesigen Bergzüge als Becken bzw. Hochebene bezeichnet werden kann. Es ist übersät mit Dreitausendern und hat eine Ausdehnung von etwa 2000 mal 1000 km. Am östlichen Rand befindet sich der **Great Salt Lake** („Großer Salzsee") mit Salt Lake City. Der See hat eine Fläche von 4400 km² und ist damit achtmal so groß wie Deutschlands größter See, der Bodensee.

Ganz im Westen, direkt am Pazifischen Ozean, zieht sich ein weiterer Gebirgszug von Norden (Seattle) nach Süden (San Diego), die **Coast Ranges,** ebenfalls mit Bergen über 2000 m. Eingeschlossen von den Bergketten der Sierra Nevada und der Coast Ranges liegt das lang gestreckte **San Joaquin Valley** mit den Städten Redding, Sacramento, Stockton, Fresno und – ganz im Süden – Bakersfield. Das fruchtbare Tal ist ungefähr 650 km lang und knapp 100 km breit und wird zum Teil künstlich bewässert, wozu ein gigantisch langer Kanal das Wasser von Nordkalifornien nach Südkalifornien bringt. Das Kanalsystem ist 715 km lang und wurde in den Jahren 1938 bis 1951 gebaut.

In Kalifornien gibt es zwischen den Coast Ranges und der Küste einen ganz schmalen, flachen Streifen, auf dem der legendäre **Coast Highway One** verläuft, der eine ganze Reihe schöner Badeorte am Pazifik verbindet. Weiter nördlich, in Oregon, ist der Coast Highway teilweise in die dort schroff ins Meer abfallenden Berge hineingesprengt – ein besonders schöner Abschnitt des Highway One (Route 2).

Am Südausläufer der Sierra Nevada befindet sich mit ihren ca. 35.000 km² Fläche die **Mojave-Wüste.** Sie beginnt im Westen an der Ostflanke der Sierra Nevada und reicht im Osten bis weit nach Arizona hinein. Die Wüste wird von den drei großen Fernstraßen – I15 (Las Vegas), I40 (Albuquerque) und I10 (El Paso) – durchzogen. Zur Mojave-Wüste gehören das Death Valley („Tal des Todes"), die Stadt Las Vegas und der Joshua Tree National Park. In der Wüste findet

007us Abb.: la

▲ *Die Fernstraßen im amerikanischen Westen sind schier endlos*

man auch viele Geisterstädte (ghost towns), die sich nach der Beendigung des Gold Rush in der Wüste nicht mehr halten konnten, z. B. Ballarat, Randsburg und Calico.

All diese geografisch sehr unterschiedlichen Gebiete sind Teil der in diesem Buch beschriebenen Rundreisen.

Bei der **Planung** der Reise sollte man die riesigen Entfernungen in den USA auf keinen Fall unterschätzen. In diesem Tourguide wurde bewusst auf eine konkrete Tagesplanung verzichtet und es werden stattdessen Routen vorgeschlagen, die die wichtigsten Sehenswürdigkeiten Kaliforniens und des Canyonlands einschließen und deren Einteilung dem Leser selbst überlassen bleibt. Je nachdem, wie viele Reisetage zur Verfügung stehen, können natürlich auch mehrere Touren kombiniert werden (mit Ausnahme von 1 und 5, 2 und 4 bzw. 5 sowie 3 und 4). Man muss nur bedenken, dass am Anfang und am Ende jeder Tour eine Stadt angesteuert werden muss, die einen (möglichst internationalen) Flugplatz und eine Wohnmobil-Vermietstation hat. Die hier vorgestellten Touren sind nach diesen Kriterien zusammengestellt, aber man sollte bedenken, dass man die teilweise beachtlichen **Rückführungskosten** bei one-way rental vermeiden kann, wenn man das Wohnmobil selbst wieder zum Ausgangspunkt zurückbringt. Wenn man z. B. von Las Vegas auf der Interstate 15 nach Los Angeles zurückfährt, sind das 250 mi, die man gut in 3,5 bis 4 Stunden schaffen kann. Das kostet sicher einen Urlaubstag, aber die Rückführungsgebühren liegen in einer Größenordnung von ca. 375 Dollar.

Die Routen dieses Tourguides verlaufen bewusst über **touristisch interessante Straßen** (vergleichbar mit den deutschen „grünen Straßen"). Man benötigt zwar z. B. für die Fahrt auf der kurvenreichen Küstenstraße bedeutend länger, als wenn man auf der Interstate 5 von Los Angeles nach San Francisco düst, aber wer lediglich schnell von A nach B kommen will, benötigt eine Straßenkarte und keinen Reiseführer.

GESUNDHEIT

Die ärztliche Behandlung in den USA ist ausgezeichnet - aber eben sehr teuer. Der Abschluss einer **Auslandskrankenversicherung** ist deshalb nicht nur ratsam, sondern eigentlich unverzichtbar. Die Kreditkartenunternehmen und Automobilklubs bieten ihren Mitgliedern Vorzugstarife für diese Versicherung an, bei den „Gold"-Versionen der Kreditkarten ist der Auslandskrankenschutz im Jahresbeitrag inbegriffen.

ÄRZTLICHE VERSORGUNG

Es gibt im ganzen Land genügend Ärzte (physicians) und Zahnärzte (dentists), aber es ist trotzdem schwer, einen Termin zu bekommen. Ohne Anmeldung in eine Arztpraxis zu spazieren, ist zwecklos, man benötigt einen ortsansässigen Fürsprecher, also Hotel- oder Campingplatzpersonal oder einen Parkranger. Bei akuten Beschwerden oder Verletzungen - eigentlich geht man im Ausland ja auch nur dann zum Arzt - kann man den **emergency room** („Notaufnahme") eines Hospitals aufsuchen. Wenn klar ist, dass die Behandlung bezahlt wird, wird man gut versorgt. Wer nicht bezahlen kann, muss auch schon mal damit rechnen, abgewiesen zu werden.

APOTHEKEN

In den amerikanischen Apotheken (drugstore) gibt es alle Medikamente, die man von zu Hause kennt, teilweise haben sie zwar andere Namen, die Wirkstoffe sind aber die gleichen. Rezeptpflichtige Medikamente sind auch in den USA rezeptpflichtig (prescription drugs), also muss man vorher zum Arzt.

Es ist empfehlenswert, dringend benötigte Medikamente aus Deutschland mitzubringen. Enthalten diese Medikamente Morphine oder andere Bestandteile, die unter das Betäubungsmittelgesetz fallen, wird bei der Einreise eine **englischsprachige ärztliche Bescheinigung** über die medizinische Notwendigkeit der Medikamente verlangt. Bei der Zollerklärung sind Medikamente unbedingt aufzuführen.

Ist es absehbar, dass man in den USA Medikamente benötigt, sollte man sich von seinem Arzt ein englischsprachiges **internationales Rezept** ausstellen lassen.

Medikamente werden in den USA in sogenannten **drugstores** vertrieben, die entweder eigene Läden bilden (und dann im Prinzip alles verkaufen) oder aber Unterabteilungen von Supermärkten sind.

In den USA sind weitaus mehr Arzneimittel als in Deutschland ohne ärztliches Rezept verfügbar. Zur Einlösung eines **ärztlichen Rezepts** (prescription) muss man sich an einen gekennzeichneten Raum (pharmacy) im drugstore wenden, der an eine europäische Apotheke erinnert.

BARRIEREFREIES REISEN

Menschen mit einer Behinderung (disabled/handicapped persons) können generell mit der **Hilfsbereitschaft** und dem **Respekt** der Amerikaner rechnen. In den USA tragen lobenswerterweise fast sämtliche öffentliche Einrichtungen den Bedürfnissen von Menschen mit Behinderung Rechnung. Neben eigens ausgewiesenen Parkplätzen gibt es Rampen, behindertengerechte Toiletten und oftmals werden sogar Rollstühle zur Verfügung gestellt, z. B. in Museen und Vergnügungsparks.

INFORMATIONSSTELLEN

FREMDENVERKEHRSAMT

- **DiscoverAmerica,** LLC 1100 New York Avenue, NW, Suite 450, Washington, DC 20005, www.discoveramerica.com/de
- **Visit USA Committee Germany e. V.,** c/o Wiechmann Tourism Service, Mainzer Landstraße 176, 60327 Frankfurt a. M., Tel. (0700) 03968411, info@vusa-germany.de, www.vusa-germany.de

INTERNETSEITEN

- **www.discoveramerica.com/de:** offizielle Seite des amerikanischen Fremdenverkehrsamtes
- **www.amerika-auf-einen-blick.de:** viele statistische Angaben und Links zu Land- und Städtekarten
- **www.utah.travel:** viele nützliche Informationen, nicht nur für Utah
- **www.100us-hits.de:** viele Details zu allen amerikanischen Bundesstaaten
- **www.camping-usa.com:** Informationen über Camping und Campingplätze in den USA
- **www.koa.com:** Website von Kampgrounds of America

KARTEN UND REISELITERATUR

- **USA 7, Südwest (1 : 1.250.000),** Reise Know-How Verlag, 2009
- **USA 6, Kalifornien (1 : 850.000),** Reise Know-How Verlag, 2008
- **USA – Der ganze Westen,** Dr. Hans-R. Grundmann, Reise Know-How Verlag, 2008
- **Frommer's Best RV & Tent Campgrounds,** Menusha Ridge Press, 2007
- **Trailer Life RV Parks Directory,** Trailer Life Publishers, 2009
- **Woodall's North American Campground Directory,** Woodall's Publications Corp., 2008

MASSE UND GEWICHTE

Ob Weinflasche, Heftpflaster oder Temperatur – in den USA gibt es andere Maßeinheiten. Hier eine Zusammenstellung der gebräuchlichsten Maße:

- yard (1 yd = 91,44 cm)
- inch (1 in = 2,54 cm)
- foot (1 ft = 30,48 cm)
- mile (1 mi = 1,609 km)
- pound (1 lb = 453 g)
- ounce (1 oz = 28,35 g)
- quart (Volumeneinheit, 1 qt = 0,94 l)
- pint (1 pt = 0,47 l)
- gallon (1 gal = 3,78 l)
- acre (1 acre = 0,41 ha)
- square mile (1 square mile = 2,6 km²)
- degrees Fahrenheit (33.8° F = 1 °C)

PANNE UND UNFALL

AUTOMOBILKLUBS

Der amerikanische Partner des ADAC ist die **American Automobile Association (AAA).** Informationsmaterial wird nicht nach Deutschland verschickt, vom deutschen ADAC bekommen Klubmitglieder aber auf Anforderung sehr gutes und ausführliches Material über die angegebene Route. ADAC-Mitglieder erhalten in den USA bei Vorlage der ADAC-Klubkarte oder ADAC-Kreditkarte mit dem „Show your Card"-Logo zahlreiche AAA-Vergünstigungen. Mitgliedern des Automobilclubs von Deutschland (AvD), des Schweizer ACS oder des ÖAMTC aus Österreich stehen diese Leistungen ebenso zur Verfügung.

- **ADAC-Mitgliederservice:** Tel. +49 (0)89 76766632, www.adac.de
- **AvD-Mitgliederservice:** Tel. +49 (0)180 2162516, www.avd.de
- **ACS-Mitgliederservice:** Tel. +41 (0)31 3283111, www.acs.ch

- **ÖAMTC-Mitgliederservice:** Tel. +43 (0)810 120120, www.oeamtc.at
- **American Automobile Association,** 1000 AAA Drive, Heathrow, FL 32746, www.aaa.com

NOTRUFNUMMERN

Die allgemeine Notrufnummer (emergency number) in den USA ist die **911.** Mit ihr ruft man in dringenden Fällen Polizei, Notarzt oder Krankenwagen.

- **Notrufnummer in deutscher Sprache:** Tel. 1-888-222-1373
- **AAA-Notruf:** Tel. 1-800-222-4357
- **ADAC-Notruf** (München): Tel. 011-49-89-222222
- Die **Wohnmobilvermieter** geben den Kunden die Notrufnummer(n) ihrer Servicestellen.

POST

Neben vielen kleineren und internationalen Anbietern (z. B. United Parcel Service/UPS und FedEx) ist das **US Post Office** der größte nationale Anbieter in den Vereinigten Staaten.

Die Geschäftsstellen des US Post Office sind in der Regel immer zwischen 8.30 und 17.30 Uhr geöffnet. Diese Zeiten variieren jedoch von Stadt zu Stadt. Vereinzelt gibt es sogar Postämter, die 24 Stunden geöffnet haben.

Standard-Briefe bis 28,35 g (1 oz) und Postkarten nach Europa werden für ein Porto von 94 ct befördert. Briefmarken bekommt man in Postämtern, vielen Supermärkten sowie manchmal in Touristenshops oder auch an Automaten, dort allerdings mit einem Preisaufschlag.

Briefe und Postkarten nach Deutschland, Österreich oder in die Schweiz sind durchschnittlich eine Woche unterwegs.

Die Postleitzahl heißt übersetzt zip code und steht hinter dem Ortsnamen und der Abkürzung für den Bundesstaat. Eine korrekte Anschrift sieht so aus: Mr. and Mrs. D. Bean, 24 White Lane, Norwalk, CA 52751. Die komplette Postleitzahl besteht eigentlich aus neun Zahlen. Die ersten fünf Zahlen sind die Postleitzahl, die durch Bindestrich abgetrennten letzten vier Zahlen sind eine Sortierhilfe für die Post. Werden nur die ersten fünf angegeben, kommt die Post aber auch an.

REISEZEIT UND KLIMA

Die in diesem Buch beschriebenen Touren führen in recht unterschiedliche **Klimazonen.** An der Küste ist es im Sommer schön warm, die Wassertemperatur steigt aber nur selten über 19 Grad Celsius. In den Bergen liegt im Winter Schnee, oft bis in den Frühling hinein,

▲ *Im Frühling liegt oben in den Bergen der Schnee noch meterhoch*

und die Pässe sind häufig noch gesperrt, wenn an der Küste schon gebadet wird. Die Wüstenregionen sind trocken und im Sommer sehr heiß. Außerdem muss man beachten, dass im Sommer (den Ferienmonaten) einige interessante Stellen überlaufen sind (z. B. der Yosemite Park). Eine „beste Reisezeit“ gibt es deshalb nicht. Wer das Hochgebirge und die Wüste auf einer Tour besuchen möchte, sollte im Frühjahr reisen und die Tour so wählen, dass die Hochgebirgstouren am Ende der Reise liegen. Zur Orientierung kann man sagen, dass das Klima in Südkalifornien mit dem mediterranen Klima der italienischen Mittelmeerküste vergleichbar ist.

Die empfohlene **Kleidung** richtet sich jeweils nach der ausgewählten Tour: Badeklamotten für die Küste, Wanderstiefel für die Berge. Im Übrigen ist man mit ordentlicher, legerer Kleidung überall richtig angezogen.

REISEKOSTEN

Ich werde oft gefragt, was so eine Wohnmobilreise durch die USA kostet. Das ist schwer zu sagen, denn die Kosten hängen einmal von den persönlichen Bedürfnissen ab (fährt man im kleinen Camper, übernachtet man wild usw.) und auch davon, ob man zum Beispiel bei den Flugtickets oder der Wagenmiete ein Schnäppchen macht.

Beispiel einer Reisekostenrechnung

Im Folgenden sollen die Reisekosten überschlagen werden, die man für zwei Erwachsene und ein elfjähriges Kind auf Route 5 für vier Wochen in der Saison (Juni) einkalkulieren muss.

› *Flug Frankfurt – Phoenix:*	*1200 €*
› *Wohnmobil (21 Fuß) für 4 Wochen, unbeschränkte Meilen:*	*2650 €*
› *Zusatzversicherung CDW/VIP:*	*235 € (300 $)*
› *Zuschlag für one-way rental*	*160 € (200 $)*
› *Spritkosten für 2400 mi:*	*500 € (680 $)*
› *Campingplatzgebühren (25 Übernachtungen):*	*570 € (730 $)*
› *Eintrittskosten Nationalparks und Attraktionen:*	*360 € (460 $)*
› *Verpflegung:*	*1500 € (2040 $)*
› *Sonstiges:*	*1000 € (1360 $)*
› ***Summe:***	***8200 €***
› ***weitere Optionen:*** *Skywalk des Grand Canyon:*	*235 € (300 $)*
und Grand-Canyon-Rundflug:	*435 € (590 $)*

Zum Vergleich: *Bei Route 1 zahlt man bei der gleichen Personenzahl für drei Wochen rund 6000 €.*

Natürlich sind die Kosten auch davon abhängig, wie viele Parks und Attraktionen man besuchen will – allein der Skywalk Grand Canyon West kostet ein kleines Vermögen. Die Route 1 entlang der Küste von Los Angeles nach San Francisco kann man durchaus mit einem normalen Reisebudget finanzieren, bei der Route 5 durchs Canyonland entstehen recht große Kosten, wenn man die ganze Tour mit einem Urlaub abdecken und alle Attraktionen sehen oder mitmachen möchte.

SICHERHEIT

Trotz etlicher Horrormeldungen, die durch die Presse gingen, sind die USA ein **sicheres Reiseland.** Der beste Schutz vor Spitzbuben ist der gesunde Menschenverstand.

Neugierige (oder auch wissbegierige), mit Kameras behängte Touristen sind in allen Armenvierteln dieser Welt gefährdet, würde doch die Kamera, auf dem Schwarzmarkt versilbert, das Leben für die nächste Woche sichern. Also sollte die Kamera unauffällig in einem Rucksack getragen und unsichere Viertel nur betreten werden, wenn es unbedingt notwendig ist. Auch sollte man in größeren Städten nicht unbedingt nachts durch die Straßen spazieren, es sei denn, es sind große, helle Straßen wie z. B. 5th Avenue in New York.

Waldbrände und Erdbeben

Immer wieder liest und hört man von verheerenden Waldbränden in Kalifornien. Das Land ist im Sommer völlig ausgedörrt und es genügt ein glimmender Zigarettenstummel, um einen riesigen Brand zu entfachen. An der gesamten Westküste gelten daher strenge Brandverhütungsvorschriften und an den Straßen stehen Warnschilder (high, medium oder low), die unbedingt beachtet werden müssen. Campfeuer sind nur an den dafür vorgesehenen Feuerstellen erlaubt und glimmende Zigarettenkippen dürfen nicht einfach auf den Boden geworfen werden. Echte Kerzen am Weihnachtsbaum sind übrigens auch nicht erlaubt, aber im Wohnmobil verzichtet man – aus Platzgründen – vermutlich wohl sowieso auf diesen Brauch.

Kalifornien ist eine der seismologisch aktivsten Regionen weltweit. Der Süden des US-Staats wird jedes Jahr von etwa 10.000 Erdbeben erschüttert. Die meisten sind jedoch so schwach, dass sie gar nicht spürbar sind. Die Einheimischen sind an kleine Erdbeben gewöhnt und regen sich erst auf, wenn es richtig scheppert. Bereits die Schulkinder erhalten „Erdbeben-Unterricht" und müssen ein emergency kit (Notfallversorgung) in der Schule haben. Alle neueren Häuser sind erdbebensicher gebaut, auch die Holzhäuser, sodass es hier erst bei stärkeren Beben zu Schäden kommt. Bei einem Erdbeben ist der sicherste Ort übrigens der Türrahmen.

Übernachten Sie zu Ihrer Sicherheit am besten generell nur auf ausgewiesenen Campingplätzen – vor allem in den Städten. In Großstädten mit besonders heißem Pflaster gibt es manchmal auch bewachte Campgrounds.

Bei Wanderungen oder Ausflügen das Wohnmobil immer gut abschließen. Wertgegenstände sollten nicht von außen sichtbar sein. Teure Kameraausrüstungen sollten generell lieber in einem unauffälligen Tagesrucksack verstaut sein als in speziellen Kamerataschen.

Die meisten **Gewaltverbrechen** sind mit Situationen verbunden, in die ein Tourist normalerweise nicht kommt oder nicht kommen muss. Wer sein Auto in einer finsteren Nebenstraße parkt, um die, zugegeben sehr hohen, Parkgebühren im Parkhaus zu sparen, muss sich nicht wundern, wenn er bei der Rückkehr sein Auto ohne Räder oder gar nicht wiederfindet. Die „Problemviertel" einer Stadt erkennt man schon rein äußerlich recht gut.

Die in diesem Buch beschriebenen Routen durch Kalifornien und das Canyonland führen überwiegend durch dünn besiedelte ländliche Gebiete und durch Nationalparks, wo Gewaltkriminalität fast unbekannt ist. Achten Sie trotzdem überall auf Ihre Geldbörse – **Taschendiebe** gibt es überall!

STRASSENVERKEHR

ALKOHOL AM STEUER

Betrunkene Autofahrer haben die amerikanischen Polizisten gar nicht gern. Die Strafgrenze für Blutalkohol liegt bei 0 Promille. „Alkoholsünder" müssen mit hohen Geldstrafen oder Führerscheinentzug rechnen. Diese sehr strengen Strafen werden auch gegenüber ausländischen Autofahrern durchgesetzt. Gegen dieses Gesetz verstößt auch, wer eine geöffnete Flasche mit einem alkoholischen Getränk im Auto hat, theoretisch also auch die geöffnete Weinflasche im Kühlschrank des Wohnmobils. (Das würde aber sicher nur ein übereifriger, beförderungswütiger Polizist ahnden.) Auch gegenüber Drogen gilt diese strenge zero-tolerance policy. Wer geschnappt wird, wird ziemlich hart bestraft und darf das Land nie wieder betreten.

ANSCHNALLPFLICHT

In den USA besteht Anschnallpflicht auf Vorder- und Rücksitzen. Kinder unter 6 Jahren müssen auf dem Rücksitz in einem entsprechenden **Kindersitz** platziert werden. „Entsprechend" heißt der Größe und dem Gewicht angepasst (steht auf der Zulassungsplakette). Mieten kostet ca. 5 $ pro Tag, daher sollte man evtl. den eigenen Sitz mitnehmen.

GESCHWINDIGKEITSBEGRENZUNG

Die Höchstgeschwindigkeit ist jeweils ausgeschildert. Auf Interstate Highways darf man je nach Bundesstaat 55–75 mph (89–121 km/h) bzw. außerhalb von Städten auf freien Strecken 65 mph (105 km/h) fahren, auf US- und State Highways 55 mph (89 km/h), in Ortschaften 25–30 mph (40–48 km/h). Einfach auf die Schilder **„Speed Limit"** achten, dann kann nichts passieren.

MAUT

Viele Brücken, Tunnelanlagen und einige Highways sind privat finanziert und daher gebührenpflichtig. Diese Straßen sind dafür meist auch sehr gut ausgebaut und gepflegt. Die Benutzung von Brücken kostet zwischen 2 und 5 $, normale Highways zwischen 1 und 4 $ an jeder Auffahrt. Halten Sie dafür immer ein paar Quarter (Vierteldollar-Stücke) bereit. Es gibt in der Regel auch eine „manned lane" mit einem Kassierer, der auch Scheine annimmt und Wechselgeld zurückgibt, am Automaten (nur Münzen!) geht es aber schneller. Die Unsitte der „Straßenmaut" ist an der Ostküste sehr verbreitet, an der Westküste sind die Highways jedoch (noch) gebührenfrei.

POLIZEIKONTROLLE

Polizeikontrollen in den USA laufen im Gegensatz zu Mitteleuropa etwas anders ab. Wenn sich ein Polizeiauto mit Blaulicht oder Sirene nähert, halten Sie an, stellen den Motor ab, öffnen das Wagenfenster und legen beide Hände auf das Lenkrad. Die „Cops" legen Wert darauf, Ihre Hände deutlich sehen zu können.

STRASSEN

In den USA gibt es 6.430.000 km Straßennetz, davon verlaufen 68.400 km als Superhighways quer durch ganz Nordamerika. Man unterscheidet auch hier verschiedene Straßentypen:

Interstate Highways, Abkürzung **I** (z. B. I10 von Jacksonville in Florida nach Los Angeles), entsprechen den europäischen Autobahnen. Sie sind durch rot-blaue Schilder mit weißer Schrift gekennzeichnet, bieten die schnellsten Verbindungen, sind aber nicht immer landschaftlich reizvoll.

Die Nord-Süd-Verbindungen tragen ungerade, die Ost-West-Verbindungen gerade Nummern.

Federal Highways, Abkürzung **US** (z. B. US101), entsprechen unseren mehrspurigen Schnellstraßen. Sie sind durch weiße Schilder mit schwarzem Rand und schwarzer Schrift gekennzeichnet.

State oder **Provincial Highways (SH)** sowie **State Roads (SR)** sind untergeordnete Straßen und entsprechen unseren Bundesstraßen. In Landkarten sind sie mit einem Kreis gekennzeichnet, die genaue Art der Beschilderung obliegt dem jeweiligen Bundesstaat. **Country Roads** wiederum sind Landstraßen.

Die **Richtungsbenennung** der Highways erfolgt nach den Himmelsrichtungen und nicht nach Städten, wie zum Beispiel in Deutschland. Will man in Deutschland etwa von Freiburg an die Nordsee fahren, so folgt man der Autobahnauffahrt „A5 Karlsruhe“ und muss dafür wissen, dass Karlsruhe nördlich von Freiburg liegt. Will man in den USA von Lost Hills, Kalifornien, nach Sacramento fahren, so folgt man der Autobahnauffahrt „I5 North“.

Der **Zustand** der normalen Straßen in den USA ist (mal abgesehen von New York City, das aber ja an der Ostküste liegt und in den hier beschriebenen Routen nicht vorkommt) in der Regel gut bis sehr gut (vor allem bei den Interstate Highways). Kleine Bergstraßen sind dagegen oft schmal, kurvenreich und vom Belag so abgefahren, wie man das auch bei unseren Bergstraßen kennt. Wirklich schlecht und in der Regel von Wohnmobilen nicht befahrbar, sind dirt roads (Schotterwege), mit den für diese Straßen charakteristischen Querrillen (Waschbrett). Auskunft über den Straßenzustand erhält man im Internet unter www.dot.ca.gov/hq/roadinfo/hwytables.htm.

VERKEHRSREGELN

Die Verkehrsregeln in den USA sind den deutschen sehr ähnlich. Es gibt jedoch einige Abweichungen, die man unbedingt beachten sollte:

All Stopps

Eine Besonderheit – insbesondere in Wohngebieten zu finden – sind Stoppzeichen mit dem Zusatzvermerk „4 Way“ oder „All Way“. Sie bedeuten, dass man aus jeder Richtung kommend an dieser Kreuzung zuerst **vollständig zum Stehen** kommen muss. Dann kann derjenige, der zuerst die Kreuzung erreicht hat, als erster weiterfahren. Erreichen zwei Fahrzeuge gleichzeitig die Kreuzung, muss man sich durch Zeichen verständigen.

Schulbusse

Schulbusse – in der Regel gelb – haben einen besonderen Status und außerhalb der Ferien verkehren früh morgens, mittags und am späten Nachmittag unzählige von ihnen. **Haltende Schulbusse** dürfen **nicht überholt** werden, auch nicht aus der Gegenrichtung. Hält man sich nicht daran, so sind die Strafen überaus hoch.

Rechtsabbiegen

In allen US-Staaten (außer in New York) ist **an roten Ampeln** Rechtsabbiegen erlaubt, aber erst nach vollständigem Stopp und der Vergewisserung, dass keine Fußgänger oder andere Verkehrsteilnehmer behindert werden. (Ausnahme: bei Verkehrszeichen mit einem durchgestrichenen Rechtsabbiegerpfeil oder der Aufschrift „No Turn On Red".)

Car Pool Lane

Car Pool Lanes heißen Fahrspuren auf Interstate Highways, die nur von Bussen, Taxis und Autos mit mindestens zwei oder drei Insassen benutzt werden dürfen. Solche Fahrspuren sind ausgeschildert und mit Rauten markiert.

No Littering

Wer seinen **Müll** aus dem Autofenster entsorgt (sei es auch nur eine Zigarettenkippe) muss mit einer empfindlichen Strafe rechnen, wenn er erwischt wird. Die Höhe ist regional sehr unterschiedlich und reicht von „billigen" 50 $ bis zu 1500 $!

Hydranten

An Hydranten herrscht ein striktes Parkverbot.

Tipp

Eine **vollständige Sammlung** der amerikanischen Verkehrsregeln findet man in dem eBook „Autofahren in Amerika" von Michael Baldershausen, bestellbar unter www.baldershausen.com/Auto_in_USA.html.

SPEZIELLE HINWEISSCHILDER

› Dead End/No Through Street	Sackgasse
› Detour	Umleitung
› Dip	Bodensenke
› Flagman Ahead	Achtung: Straßenarbeiter mit roter Warnflagge
› Handicapped Parking	Parken nur für Behinderte
› Maximum Speed (mph)	Höchstgeschwindigkeit
› Men Working	Achtung: Straßenarbelten
› Merge	einfädeln
› No Passing	Überholverbot
› No RV's	keine Wohnmobile
› No U-Turn	Wenden verboten
› Pedestrian X-ing	Fußgängerüberweg
› Restricted Parking Zone	zeitlich begrenztes Parken
› Right Of Way	man hat Vorfahrt

› Road Construction Ahead	Vorsicht: Baustelle
› Slippery When Wet	bei Nässe Rutschgefahr
› Speed Limit (mph)	Geschwindigkeitsbeschränkung
› Tow Away Zone	parkende Autos werden abgeschleppt
› U-Turn	Wendemöglichkeit
› Watch For Pedestrians	auf Fußgänger achten
› Yield	Vorfahrt beachten

STROM

Die elektrische Spannung beträgt 110 bis 125 Volt Wechselstrom, 60 Hertz. Die amerikanischen Stecker haben zwei flache Stifte bzw. zwei flache Stifte und einen dicken, runden Stift als Schutzkontakt (Masse). Man sollte also unbedingt einen **Adapter** mitnehmen. Für den Stromanschluss auf dem Campingplatz befindet sich eine Kabeltrommel im Zubehör des Wohnmobils.

TANKEN

Tankstellen sind im ganzen Land in ausreichender Zahl vorhanden. Sie sind in der Regel von Montag bis Freitag zwischen 7 und 22 Uhr geöffnet. Münztankstellen gibt es nur wenige, Kreditkarten werden an fast allen Tankstellen angenommen. Bei vielen Tankstellen muss man vor dem Tanken bezahlen. Die Kraftstoffpreise schwanken – genau wie in Deutschland – täglich.

Beim Tanken bitte nicht erschrecken, der Benzinpreis bezieht sich immer auf eine Gallone, was etwa 3,8 Litern entspricht. Die aktuellen Spritpreise gibt es kann man im Internet unter www.westkueste-usa.de/mn_Benzinpreise.php finden.

Alle Benzinsorten sind bleifrei und Mid/Plus in der Regel für alle Mietwagen geeignet. Im April 2009 sahen die Preise durchschnittlich wie folgt aus:

- › Regular (87 Oktan): 2,20 $
- › Mid oder Plus (89 Oktan): 2,35 $
- › Premium (92 Oktan): 2,38 $
- › Diesel oder Gasoil: 2,24 $

TELEFON UND INTERNET

Die USA und Mexiko haben ein einheitliches Telefonsystem mit zehnstelligen Telefonnummern. Jeder Bundesstaat hat eine oder mehrere dreistellige Vorwahlnummern **(area codes),** z. B. gilt für die Gegend um San Francisco die Vorwahl 415. Es folgt eine weitere, dreistellige

Vorwahlnummer für das Dorf, den Landkreis oder den Stadtteil, z. B. die Nummer 386 für die Nordwestküste von San Francisco. Als Letztes folgt die vierstellige **Rufnummer** des Teilnehmers, z. B. die Nummer 3330 für das Cliffhouse-Restaurant in San Francisco. Die komplette Nummer lautet dann: (415) 386-3330. Nach diesem Schema sind alle amerikanischen Telefonnummern aufgebaut. **Ortsgespräche** kosten in der Regel einen Quarter, dafür wird nur die siebenstellige Rufnummer gewählt.

Alle Gespräche über den regionalen area code hinaus sind „Ferngespräche" und müssen **zusätzlich mit der Ziffer 1 vorgewählt** werden. Das gilt ebenfalls für die gebührenfreien 800er-Nummern, bei denen nicht der Anrufer, sondern der Angerufene die Kosten trägt, zum Beispiel Reservierungsnummern für Hotels und Campingplätze. Ruft man also das Cliffhouse-Restaurant in San Francisco von Los Angeles aus an, so ist die Nummer 1-415-386-3330.

009us Abb.: la

▲ *Die amerikanischen pay phones haben in der Regel weder Dach noch Wände*

Die **Ländervorwahl** für die USA ist die 001. Das Cliffhouse-Restaurant erreicht man von Deutschland aus mit der Nummer 001-415-386-3330, die 1 vor der 415 entfällt dabei.

Aus den USA öffnet man den Zugang zum internationalen Telefonnetz mit der **011.** Dann folgt der Ländercode, also **49** für Deutschland, **41** für die Schweiz oder **43** für Österreich. Die „00" der Vorwahl entfällt. Den ADAC-Notruf in München erreicht man also unter der Nummer 011-49-89-222222.

Von öffentlichen Münzfernsprechern, den **pay phones,** kann man nur bei Ortsgesprächen die Nummer direkt wählen. Fern- und Überseegespräche laufen über den sogenannten operator (Vermittlung), den man erreicht, indem man die „0" wählt. Dieser Service ist teuer, man braucht einen Eimer voll „Quarters" und es ist auch bei guten Englischkenntnissen nicht sehr angenehm.

Wer vom pay phone anrufen muss, sollte sich eine **phone card** kaufen (zum Beispiel im Supermarkt). Man wählt dann zunächst die Nummer 800 für die Sprachauswahl (nur selten deutsch) und gibt dann nach Anweisung die Kartennummer und dann die komplette Rufnummer ein. Pay phones sind in der Regel draußen aufgebaut, ohne Telefonzelle.

Ich selbst habe meist mit der VISA-Karte über die Telefongesellschaft **AT&T** telefoniert: 1-800-2255288 für AT&T, dann die „1" für Kreditkartengespräche, dann die komplette Rufnummer (also z. B. 011-49-89-222222), dann die Kreditkartennummer und das Verfallsdatum. Kreditkartenanrufe sind allerdings deutlich teurer als Anrufe über eine phone card.

800er-Nummern in den USA können auch vom Ausland angewählt werden mit (001-800er-Nummer). Der Anruf kostet aber die normale Telefongebühr.

R-Gespräche, bei denen der Angerufene die Kosten übernimmt, wählt man (wie beispielsweise nach Deutschland) mit 1-800-292-0049 und der Rufnummer inkl. Vorwahl (ohne die Null).

Um sich Telefonnummern besser merken zu können, hat es sich eingebürgert (ganz langsam auch in Deutschland), statt der Zahlen **Buchstabenkombinationen** entsprechend der Belegung auf dem Handy anzugeben. Die obige AT&T-Nummer ist laut Handybelegung CALL ATT (2255288).

HANDYS

Wenn Sie einen Amerikaner bitten, Ihnen sein „Handy" zu leihen, wird er Sie ganz unverständlich anschauen. Das Wort ist eine deutsche Erfindung, in England und USA heißen diese Geräte mobile phone (England) oder cellular phone, kurz **cell phone.**

Deutsche Handys funktionieren auch in den USA! Allerdings nur, wenn sie Triband- oder Quadband-Handys sind. Eine **SIM-Karte** mit amerikanischer Rufnummer oder auch ein komplettes Handy mit US-SIM-Karte gibt es bei www.cellion.de.

Viele Autovermieter vermieten auch amerikanische cell phones und vor Ort kann man sonst an der nächsten Tankstelle oder im Supermarkt ein Wegwerfhandy kaufen **(disposable cell phone).** Es kostet zwischen 10 und 20 Dollar und ist mit einem bestimmten Betrag aufgeladen. Wenn der Betrag verbraucht ist – oder bei der Abreise –, kommt es einfach in den Mülleimer. Darüber freut sich die Umwelt zwar nicht gerade, aber es ist eine gute Lösung für Touristen.

INTERNET

Wer ein Notebook hat, sollte es unbedingt mitnehmen, denn auf den meisten privaten Campingplätzen gibt es WLAN-Anschluss und man hat damit Zugriff auf das Internet, zum Beispiel für Reservierungen und Ähnliches. Die Netzverbindung gibt es allerdings oft nur im Bereich des Restaurants bzw. des Haupthauses. Manchmal wird zum Einloggen ein Code verlangt, den man an der Rezeption erfragen kann. Zu beachten ist natürlich, dass das Netzteil des Notebooks „weltbereichstauglich" ist, also mit Stromspannungen zwischen 110 und 240 V und 50 bis 60 Hz umgehen kann. Das sollte aber eigentlich Standard sein. Und natürlich sollte man den Steckeradapter nicht vergessen!

TEMPERATUR

Die Temperatur wird in Grad Fahrenheit (° F) angegeben. Die Umrechnungsformel lautet (Grad F – 32): 1,8 = Grad C. Wasser kocht hier also bei 212° F (100 °C x 1,8 + 32 = 212). Einen guten Annäherungswert erhält man durch die Faustformel „Grad Fahrenheit minus 30 und davon die Hälfte". Ein Beispiel: 74° Fahrenheit minus 30 = 44. Davon nun die Hälfte sind 22 °C (nach der genauen Formel: 23,3 °C).

ÜBERNACHTEN

CAMPINGPLÄTZE

Die Amerikaner lieben mobile Ferien. Mit ihren Wohnwagen ziehen sie von einem Campingplatz zum anderen durch die Landschaft, aber man sieht auch junge Amerikaner, die mit Zelten unterwegs sind.

Die meisten Campingplätze in den USA sind für Wohnmobilisten, die ohnehin den bei Weitem größten Anteil der Campingplatzbenutzer ausmachen, eingerichtet – meist mit Wasser- und Stromanschluss, zuweilen mit einer Feuerstelle für jeden Standplatz. Full hook-up beinhaltet neben Wasser und Strom eine eigene Abwasserversorgung. Auch Holztische mit Bänken findet man an vielen Stellplätzen vor. Und die Enge, die auf vielen europäischen Campingplätzen die Regel

▼ *Nationalpark-Campingplätze befinden sich meist in einer besonders schönen Umgebung*

010us Abb.: la

ist, würde den Amerikanern sehr unbequem vorkommen: Dort sind die Stellplätze immer ausreichend groß.

Die meisten und schönsten Campingplätze liegen natürlich dort, wo die Touristen sind: in den Nationalparks, an Seen oder am Meer. Die **Campinggebühren** sind auf **öffentlichen Plätzen** recht niedrig (15 $), auf Privatplätzen zum Teil recht hoch. Die **KOA-Plätze** z. B. sind sehr gepflegt, kosten allerdings im Schnitt 40 $ und mehr pro Nacht und Fahrzeug. Hat ein Platz **besondere Einrichtungen** aufzuweisen (z. B. ein Thermalschwimmbad) oder liegt er an einer touristisch besonders interessanten Stelle (z. B. mitten in Las Vegas) können es auch ein paar Dollar mehr sein. Im **Durchschnitt** sollte man aber mit 33 $ pro Übernachtung rechnen, wobei der Preis in der Regel pro Wohnmobil gilt. Auf den privaten Plätzen gibt es in der Regel Warmwasserduschen, Münzwaschmaschinen, Trockner und full hook-up, d. h. Strom, Wasser und Abwasser direkt am Stellplatz. Bei den meisten amerikanischen Wohnmobilen kann man nämlich den Schmutzwasser- und Toilettenabfluss direkt mit einem Schlauch an den Abwasseranschluss anschließen. Chemietoiletten sind dort eher unbekannt.

Viele private Campingplätze sind zu Ketten zusammengeschlossen. Die größte Kette ist **KOA** (Kampgrounds Of Amerika, www.koa.com – 450 Plätze), andere sind z. B. **Good Sam** (goodsamclub.com) oder **Go Camping America** (www.gocampingamerica.com). Angeschlossene Campingplätze bieten immer einen gewissen Standard, sodass man hier in der Regel gut aufgehoben ist. Die Ketten vergeben Karten, mit denen man auf ihren Plätzen 10 % Preisnachlass bekommt. Früher waren diese Karten kostenlos, jetzt kostet die KOA-Value-Kard 24 $ pro Jahr, die von Good Sam 19 $. Ob sich die Ausgabe lohnt, zeigt sich erst nach der Reise, es sei denn, man weiß bereits vorher, dass

011us Abb.: la

▶ *Die Ausfahrt des Normandy Farms Campground*

man auf mehr als drei KOA-Plätzen übernachten will. Viele deutsche Reiseveranstalter stellen ihren Kunden die KOA-Karte kostenlos zur Verfügung. Kataloge über alle Campingplätze einer Kette erhält man ebenfalls vom Reiseveranstalter, vom Wohnmobilvermieter oder auf den Campingplätzen dieser Kette.

Die Amerikaner sind große Outdoorfans. In den Schulferien strömen riesige Touristenschwärme in die Nationalparks, an die Strände, in die Vergnügungsparks und an alle schönen Orte der Vereinigten Staaten. Sie kommen mit gigantischen Kühltaschen, Unmengen Cola und Eistee und ihren unvermeidlichen barbecues und belegen alle schönen Plätze schneller, als man gucken kann. Es empfiehlt sich deshalb, während der amerikanischen Schulferien – und das ist praktisch der ganze Sommer – in den besonders gefragten Orten Reservierungen zu machen. Dazu gehört z. B. der Yosemite National Park, die beiden Campingplätze im Death Valley, der gesamte Yellowstone National Park oder der Platz am Grand Canyon.

Reservierungen kann man bei allen privaten und bei einigen staatlichen Campingplätzen machen, und zwar telefonisch oder per E-Mail. Viele Plätze haben auch Reservierungsformulare auf ihren Internetseiten.

Bereits von Europa aus kann man einen bzw. mehrere der KOA-Campingplätze per Fax reservieren (Fax +1 (0)800-81-74230). Auf Anfrage bekommen Sie Unterlagen zurückgefaxt, in die Sie die gewünschten Daten eintragen können, das kostet ein paar Dollar Bearbeitungsgebühr.

Für staatliche Campingplätze in den **Nationalparks** gibt es eine zentrale und kostenlose **Reservierungsnummer** des US National Park Service, unter der man für jeweils einen Tag im Voraus einen Campingplatz in einem der Nationalparks buchen kann (Tel. 1-800-365-2267). Bei Reservierungen muss man zu einer bestimmten Uhrzeit vor Ort sein, sonst wird der Platz weitervergeben – es sei denn, man hat eine garantierte Reservierung mit Angabe der Kreditkartennummer gemacht. Wenn man in diesem Falle nicht erscheint, steht dafür der Stellplatzpreis auf der nächsten Kreditkartenabrechnung. Also lieber rechtzeitig anrufen und stornieren.

Einige Begriffe sollten einem in diesem Zusammenhang vertraut sein: Der Campingplatz ist der campground (nur KOA schreibt es **K**ampground!). Der Stellplatz auf dem Campingplatz ist die campsite und eine pull through site ist ein Stellplatz, in den man von einer Seite hinein- und zur anderen Seite wieder hinausfahren kann, das ist angenehm für besonders große Wohnmobile oder auch für Fahranfänger.

Wildes Campen ist in Amerika nicht üblich und auch nicht gern gesehen. Verboten ist es generell auf Privatland, in den Nationalparks und auf den Parkplätzen und Straßen der Innenstädte. Eine Ausnahme bilden lediglich die großflächigen Waldgebiete der National Forests. Hier darf man sich auch abseits der Straßen und der ausgewiesenen Campingplätze irgendwo in der Natur ein stilles Plätzchen für die Nacht suchen – vorausgesetzt, man verlässt den Ort so, wie man ihn vorgefunden hat. Auch in anderen ländlichen Bereichen wird eine Übernachtung geduldet, auf Privatgelände muss man selbstverständlich den Eigentümer um Erlaubnis bitten – aber die „ländlichen Bereiche" gehören natürlich in der Regel alle irgendjemand! Will man auf einem Tankstellengelände übernachten, fragt man den Tankwart, übernachtet man auf dem Parkplatz eines Supermarktes, so sollte man zu Beginn der Öffnungszeit verschwunden sein. Auf public land ist wildes Campieren erlaubt, sofern es nicht ausdrücklich verboten ist (No Overnight Parking), aber wer erkennt schon public land? Dass man in allen Fällen keinen Schmutz hinterlässt, ist selbstverständlich. Im Übrigen rate ich von wildem Campieren schon aus Sicherheitsgründen ab. Auf Campingplätzen ist man relativ sicher, auf bewachten oder beleuchteten Plätzen kann man getrost sofort in Tiefschlaf fallen.

Hier zusammengefasst die Einrichtungen eines guten Campingplatzes: große, abgeteilte Stellplätze, einige als pull through, full hook-up (d. h. Strom, Wasser, Abwasser an jeden Stellplatz, teilweise auch Kabelfernsehanschluss), saubere Sanitäranlagen mit Warmwasserduschen, (Münz-)Waschmaschinen und Trockner, Ver- und Entsorgungsstelle (dump station), Kinderspielplatz, Beleuchtung und Kiosk/Restaurant.

MOTELS

Auch Wohnmobilfahrer müssen ab und an in einem Hotel oder Motel schlafen, wenn zum Beispiel der interessante Ort nicht mit dem Wohnmobil erreichbar ist, wenn es in der Nähe partout keinen Campingplatz gibt oder wenn der Campingplatz nicht genehm ist. (Sie sehen, ich bin kein Freund vom „Wilden Campen".) Teure Hotels findet man überall, Vorbestellung benötigt man nur in großen Städten wie Los Angeles, San Francisco oder auch in Las Vegas. Unterwegs und für den „normalen" Geldbeutel tut es auch ein Motel oder Motor Inn der mittleren oder unteren Preisklasse (40–60 $ bzw. 60–100 $).

Ein **Motel** ist ebenerdig oder zweistöckig, wobei alle Zimmer von außen unkontrolliert erreichbar sind. Das Auto steht in der Regel vor der Zimmertür. Es gibt keine Gastronomie und keine alkoholischen Getränke, höchstens manchmal morgens einen Kaffee aus dem Pappbecher. (Ein Zimmer der Kette **Motel 6** kostet 40 bis 60 Dollar und ist gar nicht schlecht.)

Ein **Motor Inn** unterscheidet sich nicht sehr vom Motel, ist aber vom Standard etwas höher angesiedelt. Der Zugang zu den Zimmern erfolgt oft durch die Rezeption. Frühstück gibt es auch hier nicht.

Immer gut aufgehoben ist man in der mittleren Preisklasse (60–120 $) bei Best Western, Days Inn, Holiday Inn und vielen anderen.

WILDES CAMPEN

Wildes Campieren (dispersed camping) ist im innerstädtischen Bereich in Parks, auf Plätzen und Straßen **verboten.**

In den **Nationalparks** und **National Forests** hingegen darf man auch außerhalb der Campingplätze übernachten, wenn es nicht ausdrücklich verboten ist (Schilder „No Camping" oder „No Overnight Parking"). Auch dort gilt aber der Respekt vor dem Privateigentum: Auf privatem Boden (private property) darf man natürlich nicht campen.

Das Übernachten auf **Rastplätzen** der Interstate Highways ist in unserem Reisegebiet nur in Arizona, Nevada, Utah und Oregon gestattet.

URLAUBSAKTIVITÄTEN

ANGELN

In den meisten Nationalparks bieten sich gute Angelmöglichkeiten, aber es ist stets eine (oft kostenlose) **Angellizenz** (fishing license) des Parks oder des betreffenden Bundesstaates erforderlich. Überall bestehen Angelvorschriften über Art und Größe der Fische, die geangelt werden dürfen, die Menge, die pro Tag und Angler gefischt werden darf, die zulässigen Angelgeräte sowie Informationen über Schonzeit und Angelgewässer. Die Lizenz und ein Auszug aus den Angelvorschriften sind in den Besucherzentren, Rangerstationen, häufig in den Lebensmittelgeschäften und gelegentlich an Tankstellen erhältlich.

BADEN

Bei Kalifornien denkt man sofort an herrliche Strände und Planschen im Pazifik, doch das Wasser ist auch im Sommer relativ **kalt:** Die 18 °C werden nur selten überschritten, und das auch nur in den Monaten Juli, August und September!

An fast allen Stränden ist das **„Oben-ohne"-Sonnen verboten.** Urlauberinnen, die sich nicht daran halten, werden gnadenlos zur Kasse gebeten. Auch **Kinder** dürfen nicht nackt am Strand rumlaufen, selbst kleine Mädchen müssen ein Top tragen und Babys zumindest eine Windel. Diese Regeln gelten auch für Schwimmbäder und Hotelpools. Auch das **Umziehen** der Badesachen unter einem Handtuch wird schon als öffentliches Ärgernis angesehen, gehen Sie unbedingt in vorhandene Umkleidekabinen. Ein Schild mit der Aufschrift **„Clothing Optional Beach"** weist jedoch einen FKK-Strand aus!

Sex am Strand ist streng verboten und bringt neben einer saftigen Geldstrafe mindestens einen Tag Haft. Da der Genuss von **Alkohol** in der Öffentlichkeit generell verboten ist, gilt das also natürlich auch am Strand (und auch für Ausländer)!

Im Großraum Los Angeles ist mittlerweile an fast allen Stränden auch das **Rauchen verboten.** Verstöße dagegen werden z. B. in Santa Monica mit 250 Dollar Strafe belegt!

Und bitte **keine deutschen Badehosen** an Kaliforniens Stränden! Männer sollten ihre typisch deutsche, superenge Badehose lieber nicht tragen, denn erstens fällt man damit unangenehm auf und zweitens wird man auch schon mal des Strandes verwiesen.

WANDERN

Wandern (hiking, back packing) ist die verbreitetste Aktivität in den Nationalparks. Gut markierte und unterhaltene Wanderwege, an denen sich in Abständen kleine, einfache Zeltplätze befinden, führen in die entlegensten Gebiete des Parkhinterlands (backcountry).

Für mehrtägige Wanderungen, Bergbesteigungen, Kletter- und Gletschertouren sowie für das Entfachen von Feuer im Parkhinterland bedarf es einer kostenlosen Bewilligung der Parkverwaltung. Ansonsten gelten hier die gleichen Verhaltensregeln wie in Europa.

FAHRRAD FAHREN

Entgegen vieler Vorurteile kann man in den USA sehr wohl mit dem Rad fahren. Von der Adventure Cycling Association gibt es gutes Info- und Kartenmaterial über mögliche Radtouren in den USA (www.adventurecycling.org).

Auch in den Nationalparks und in den Bergen sind die Mountainbiker unterwegs, Radwege entlang den Bundesstraßen oder innerhalb der Städte wird man dagegen vergeblich suchen.

GOLF

Über 25 Millionen US-Amerikaner spielen regelmäßig Golf und der Boom hält weiter an. Viele öffentliche Golfplätze bieten die Gelegenheit zum Golfen und die Clubs stehen Gastspielern gegen eine Gebühr stets offen. Nur selten wird ein Handicap-Nachweis verlangt und die einzige Vorgabe auf den Plätzen ist ein schnelles Spiel, damit mehr Golfer abschlagen können. Sie werden begeistert sein von den Golfplätzen in Arizona und Nevada, die oftmals mitten in die Wüstenlandschaften hineingebaut wurden. Nicht weniger spektakulär sind die Glanzstücke entlang der Pazifikküste in Kalifornien.

NATIONALPARKS

In den Vereinigten Staaten (einschließlich Alaska) gibt es 49 Nationalparks (national parks). Die bekanntesten sind der Yellowstone National Park, der Grand Canyon National Park und die Everglades in Florida. Der erste Nationalpark wurde bereits 1872 in den USA gegründet, es war der Yellowstone Park.

Alle national parks sind gut erschlossen und mit dem Auto bzw. Wohnmobil gut zu erkunden. Am Eingang des Parks bekommt man eine Karte (park map folder), auf der alle Fahr- und Wanderwege sowie alle Sehenswürdigkeiten eingezeichnet sind.

Der Besuch der meisten Nationalparks ist gebührenpflichtig. Die Gebühr wird pro Fahrzeug erhoben und beträgt zwischen 5 und 20 Dollar für einen Aufenthalt von einem bis sieben Tagen, bezahlt wird an den Eingangsstationen. Wer mehrere Parks besuchen will, kann für 50 Dollar den **National Park Pass** kaufen. Dieser „Pass" im Format einer Kreditkarte kann bei jeder Eingangsstation erworben werden und gilt für ein Jahr. Er ist auf den Unterzeichner ausgestellt und nicht übertragbar, schließt aber alle Fahrzeuginsassen mit ein. Der Pass berechtigt zum freien Zutritt zu allen Parks des National Park System, er hat aber keine Gültigkeit für zusätzliche Eintrittspreise innerhalb eines Parks wie für Höhlentouren, Wildwasserfahrten und Ähnliches.

Information

National Park Service, Headquarters, 1849 C Street NW, Washington, DC 20240, Tel. (202) 208-6843, www.nps.gov

Literaturtipp

Alle Nationalparks der USA sind ausführlich im „Geo-Guide USA-Nationalparks" (RV Verlag, 1991) beschrieben (allerdings nur mit etwas Glück im Antiquariat erhältlich) oder im „National Geographic Traveler. USA-Nationalparks" (National Geographic Verlag, 2007)

VERHALTENSHINWEISE

ALKOHOL

Generell gilt in den gesamten USA, dass **Alkohol** nur an Personen ab 21 Jahren verkauft oder ausgeschenkt werden darf. Das Trinken von Alkohol **in der Öffentlichkeit** ist untersagt, auch müssen Flaschen oder Dosen diskret verpackt sein, was mithilfe der berühmten „braunen Tüten" geschieht.

Im Auto gehört Alkohol immer in den Kofferraum, da sonst der Verdacht besteht, der Fahrer könnte während der Fahrt getrunken haben. Auch der Beifahrer darf keinen Alkohol trinken und geöffnete Alkoholflaschen (Bier, Wein ...) darf man generell nicht im Auto haben – auch nicht im Kühlschrank des Wohnmobils, da versteht die Polizei keinen Spaß.

GÄHNEN

Anders als in Mitteleuropa wird beim Gähnen die Hand nicht vor den Mund gehalten! Man sollte also nicht gleich denken, ein gähnender Gesprächspartner wäre sehr unhöflich.

ESSGEWOHNHEITEN

In Amerika ist nicht das Mittagessen die bedeutendste Mahlzeit des Tages, sondern das Abendessen (dinner). Zum **Frühstück** gibt es Fruchtsaft, Kaffee und Toast mit Marmelade oder hashbrowns (eine Art Kartoffelpuffer), cereals (Cornflakes, Haferflocken oder Ähnliches), pancakes (Eierpfannkuchen) mit Sirup sowie Eier mit Schinken oder Speck (ham and eggs). Man sollte unbedingt wissen, wie die Zubereitungsarten der Eier genannt werden: Bei sunny side up bekommt man normale Spiegeleier, bei over easy oder over sind die Spiegeleier auf beiden Seiten gebraten und scrambled eggs sind Rühreier.

Das **Mittagessen** (lunch), das zwischen 11 und 14 Uhr eingenommen wird, ist eine Angelegenheit zwischen Tür und Angel. Es gibt belegte Brötchen oder Burger, Suppe oder Salat und dazu große Mengen kaltes Wasser, Fruchtsaft oder Kaffee.

Das **Abendessen** (dinner) ist die Hauptmahlzeit des Tages. Es besteht aus den auch bei uns üblichen Vor-, Haupt- und Zwischengerichten. Nur nimmt man das Essen, weil man mittags wenig gegessen hat und nach den Cocktails endlich etwas in den Magen bekommen will,

Wir haben Durst

Als Wohnmobilfahrer haben wir mit dem Mangel an Getränken keine Probleme: Der Kühlschrank ist voll, der nächste Rastplatz bereits angekündigt und so nehmen wir bald mitten in der glühenden Wüste einen kühlen Schluck.

Die Amerikaner sind ein „trinkfreudiges" Volk, vor allem der Konsum an Eiswasser erstaunt europäische Mägen immer wieder. Wasser wird zu jeder Mahlzeit getrunken und auch die Kinder gedeihen – mit (Leitungs-)Wasser in der Babyflasche!

Das zweite Getränk, das in großen Mengen durch amerikanische Kehlen rinnt, ist Kaffee, oder zumindest das, was man hier als Kaffee bezeichnet. Man trinkt ihn eigentlich immer: morgens, mittags, abends, vor- oder nach dem Essen, und kaum bei Freunden oder Geschäftspartnern eingetreten heißt es schon: „Have a cup of coffee!" Der amerikanische Kaffee ist allerdings sehr leicht und bringt europäische Geschmacksnerven nicht unbedingt in Ekstase.

Neben Wasser und Kaffee werden in den USA ungeheure Mengen Soda und Milchmixgetränke getrunken und natürlich Coca Cola oder Pepsi. Teetrinker kommen nicht so recht auf ihre Kosten, denn der amerikanische Tee ist meist noch schlechter als der Kaffee. Im Sommer trinkt man auch ihn geeist.

Während man all diese harmlosen Getränke überall zu kaufen bekommt, muss man für die Beschaffung der meisten alkoholischen Getränke schon etwas mehr Mühe aufwenden. Diese gibt es nur in Bars, Cocktail-Lounges, speziellen „liquor stores" und Lokalen mit Alkohollizenz. Es kann schon vorkommen, dass man in einem gar nicht schlechten Restaurant zum Steak ein Wasser oder eine Cola trinken muss, weil das Restaurant keine Lizenz zum Alkoholausschank hat.

Bier und Wein gibt es manchmal auch in Supermärkten, sodass die Beschaffung dieser Getränke relativ einfach ist. Es gibt unzählige Biersorten, die meisten werden in Milwaukee gebraut und tragen deutsche Namen. Auch dieses Getränk ist – ähnlich wie der Kaffee – viel dünner als bei uns daheim. Der Wein dagegen, besonders der aus Kalifornien, ist gut oder sogar ausgezeichnet – so lange man ihn nicht, wie viele Amerikaner, mit Zucker süßt oder mit Eiswürfeln kühlt.

ziemlich früh ein: zwischen 17 und 20.30 Uhr, durchschnittlich aber um 19 Uhr.

In den **Restaurants** der USA wartet jeder geduldig, bis die Empfangsdame einem einen Platz anweist. Das geht sehr akkurat zu: Leute, die nicht zusammengehören, werden nie an einen Tisch gesetzt. Aus diesem Grund bilden sich zuweilen – gerade vor feineren Restaurants – lange Schlangen. Bei der Bestellung sollte man dem Ober gleich sagen, wenn man getrennte Rechnungen wünscht, sonst geht alles auf einen Deckel. Wenn man sich auf den Standpunkt stellt, dass man nicht nach Amerika gefahren ist, um vornehm und gut zu essen – so lange man nur nicht verhungert –, dann mag dies zwar kulinarisch bedenklich sein, doch ökonomisch ist es sehr vernünftig. Gepflegt auswärts zu essen ist in Amerika nämlich nicht billig. Da ist man natürlich im Wohnmobil fein raus: Man kocht, was gefällt, isst, wann es passt, und geht nur zu besonderen Anlässen ins Restaurant. Dort werden allerdings außer dem Preis für das Essen noch 15 % **Trinkgeld** erwartet, welches man normalerweise beim Verlassen auf dem Tisch liegenlässt. Nur in Selbstbedienungsrestaurants hätte diese Sitte keinen Sinn: Das Geld käme allein dem nächsten Gast zugute.

Cafés, so wie man sie von Deutschland her kennt, gibt es in den USA übrigens nur vereinzelt.

RAUCHVERBOT

Seitdem die Gesetzgebung hinsichtlich des Tabakkonsums immer restriktiver wird, haben Raucher in den USA nichts mehr zu lachen – **„No smoking"** lautet die oberste Regel so gut wie überall in den Vereinigten Staaten. An öffentlichen Orten ist das Rauchen zunehmend unüblich oder ganz verboten. In Flughäfen und Bahnhöfen, Ämtern und anderen öffentlichen Gebäuden herrscht bereits striktes Rauchverbot. Nur wenige Flughäfen haben sogenannte smoking lounges, oft an ein Restaurant gekoppelt, in denen man rauchen darf.

Inzwischen muss man auch **im Freien** oder in der eigenen Wohnung mit Verboten rechnen. Nichtrauchermietverträge sind längst keine Seltenheit mehr und wenn der Nachbar sich über Rauch beschwert, der von draußen in sein Fenster zieht, sollte man auch den Rauchplatz vor der Haustür aufgeben. Der Zug am Glimmstängel gilt oft als Charakterschwäche, schlechtes Benehmen und Rücksichtslosigkeit gegenüber anderen.

TRINKGELD

Die Angestellten im Dienstleistungsbereich erhalten oft nur den gesetzlich vorgeschriebenen Mindestlohn, deshalb haben Trinkgelder (tip) in den USA einen anderen Stellenwert als bei uns und das deutsche Aufrunden genügt meist nicht. Folgende Beträge werden normalerweise **empfohlen:**

Bedienung im Restaurant: 10 bis 15 %, Zimmermädchen: 1 bis 2 $ pro Tag, Hotelgepäck: 1 $ pro Stück, Taxifahrer: 1 bis 2 $ pro Fahrt, Parkplatzwächter (beim valet parking) ab 2 $.

VER- UND ENTSORGUNG

Niemals sollte man die Inhalte seines Wohnmobils wild entsorgen. Das ist nicht nur verboten, sondern schadet auch der Umwelt und ist einfach eine Ferkelei! **Ver- und Entsorgungsstellen** gibt es auf fast allen Campingplätzen und an etlichen ausgewiesenen Orten wie Tankstellen, RV-Supplier u. Ä. Eine Auflistung findet man im Internet unter www.rvdumps.com/dumpstations.

Bevor man außerhalb eines Campingplatzes frei übernachtet, sollte man sicherstellen, dass der Abwassertank und die Toilette noch genügend Kapazität haben, um bis zur nächsten Entsorgungsstelle über die Runden zu kommen.

Das **Trinkwasser** in USA ist von hervorragender Qualität und kann überall bedenkenlos getrunken werden.

VERSICHERUNG

Eine **Reiserücktrittskostenversicherung** ist dann nützlich, wenn man die Reise oder Teile davon stornieren muss. Da man vorher nicht weiß, was so alles passieren kann, ist diese Versicherung sehr nützlich und gar nicht so teuer. Sie liegt etwa bei 60 €. Eine **Reisegepäckversicherung** ist abhängig von dem zu versichernden Wert des Gepäcks und der Reisedauer und kostet um die 50 €. Ob sie sinnvoll ist oder nicht, muss aber jeder selbst entscheiden. Eine **Auslandskrankenversicherung** sollte man hingegen auf jeden Fall haben. Man wird im Ausland als Privatpatient behandelt, die Rechnung reicht man dann bei der Versicherung zu Hause ein und erhält einen Teil der Auslagen erstattet. Für genauere Informationen sollte man auf jeden Fall vorher seine Krankenversicherung kontaktieren. Angaben zur **Haftpflichtversicherung** für das Wohnmobil finden Sie auf S. 54.

WOHNMOBILE

Motorhome, mobilhome, campmobil, RV (recreational vehicle) sind alles Bezeichnungen für die komfortablen Eigenheime auf Rädern. Der in Amerika gebräuchliche Ausdruck ist **RV.** Es gibt die Fahrzeuge in drei Varianten: van conversion, pick-up camper und motorhome –

▲ *Ein amerikanischer caravan oder auch travel trailer genannt*

alles Fahrzeuge mit eigenem Antrieb. Wohnanhänger heißen hier caravan oder travel trailer, sind aber nicht sehr häufig zu finden.

Ein **van conversion** ist mit dem europäischen Campingbus vergleichbar. Es ist ein umgebauter Lieferwagen (van) mit Herd, Spülbecken, Kühlschrank und Standheizung sowie manchmal auch mit tragbarer Toilette. Diese Fahrzeuge haben ein erhöhtes Dach oder ein Hubdach und manchmal Klimaanlage, die dann aber auf dem Campingplatz an die Stromversorgung angeschlossen werden muss. Van conversions sind handlich, besonders auf Parkplätzen, und verbrauchen weniger Sprit, sind aber eigentlich nur für zwei Personen angenehm zu fahren, obwohl sie für drei Personen angeboten werden. Das gilt übrigens für alle Wohnmobile: Man sollte immer eine Version nehmen, die für mindestens eine Person mehr als die eigentliche Teilnehmerzahl vorgeschlagen ist, weil es sonst zu eng wird. Und befreundeten Paaren möchte ich raten, lieber zwei kleine als ein großes Fahrzeug zu mieten: Zu viert mehrere Wochen in einem engen Wohnmobil hält man auch bei guten Nerven nur schwer aus.

Pick-up camper sind Wohnkabinen, die auf einen pick-up truck, also einen Wagen mit Ladefläche, aufgesetzt sind. Der Vorteil ist, dass man den Wagen normal verwenden und ihn zur Urlaubsfahrt mit wenigen Handgriffen zum Wohnmobil umbauen kann. Die Wohnkabinen sind ähnlich eingerichtet wie beim van conversion. In dem Teil, der sich über dem Fahrerhaus befindet, sind die Betten untergebracht. Der Rest der „Wohnung“ ist so groß wie es die Größe des Kleinlasters gestattet.

Motorhomes sind die Wohnmobile, die gemeinhin in den USA als RV bezeichnet werden (obwohl van conversions und pick-up camper auch recreational vehicles sind). Es gibt sie in vielen Größen, von 5,5 m bis 11 m Länge und darüber. Die Länge wird dabei von Stoßstange zu Stoßstange gemessen. Einige der großen Modelle haben seitliche Auszieheinheiten (slide-out units), die den Wohnraum auf dem Campingplatz enorm vergrößern. Auch die großen Wohnmobile sind dank Servolenkung, Bremskraftverstärker und automatischem Getriebe (haben Mietfahrzeuge fast immer, mit Schaltgetriebe kann aber bestellt werden) sehr leicht zu fahren und die amerikanischen Straßen sind ja auch entsprechend ausgelegt. Wer jedoch ausschließlich im Hochgebirge der Sierra Nevada auf kleinen, kurvenreichen Straßen herumkurvt, sollte lieber zu einer kleineren Variante greifen.

Alle Wohnmobile sind komfortabel eingerichtet: Sie haben ein Doppelbett im Alkoven oder als Hubbett im Fahrerhaus und ein oder zwei Betten, die aus den Sitzbänken entstehen sowie, bei den längeren Modellen, ein mehr oder weniger großes zusätzliches Bett. Der Küchenblock hat einen mehrflammigen Gasherd, ein Waschbecken mit Wasserhahn (warmes/kaltes Wasser), eine Dunstabzugshaube, einen Kühlschrank und manchmal auch einen Backofen und/oder eine Mikrowelle. Alle Wohnmobile haben eine feste Toilette mit Waschbecken und meist auch einer Dusche, die allerdings nicht sehr groß ausfällt.

Der Wohnteil und das Führerhaus gehen ineinander über, sodass die Fahrersitze oft als „Sessel" im Wohnzimmer fungieren. Da die Sitze an den Tischen mit Sicherheitsgurten versehen sind, dürfen sie auch während der Fahrt benutzt werden. Viele Wohnmobile haben eine Klimaanlage, die auf dem Campingplatz an das Stromnetz angeschlossen wird und so die ganze „Wohnung" angenehm kühl hält. Bei full hook-up erfolgt die Frischwasserversorgung direkt aus der Wasserleitung und die Abwässer laufen direkt in das Abflussrohr.

013us Abb.: la

▶ *So oder ähnlich sehen amerikanische motorhomes aus*

Ohne diesen Anschluss erfolgt die Wasserlieferung aus einem recht großen Frischwassertank und die Abwässer werden in einem Tank aufgefangen.

Zu den RVs zählen auch die **5th-Wheeler** oder **Super Travel Camper,** die von einigen Vermietern angeboten werden. Das sind riesige Wohnanhänger, die wie ein Sattelschlepper auf der Ladefläche eines Kleinlasters aufliegen. Das Raumangebot ist sehr groß, das Gespann fährt sich deutlich besser als ein Wohnanhänger und auf dem Platz angekommen, kann man das Zugfahrzeug abkoppeln und zum Einkaufen oder für Besichtigungsfahrten benutzen. Einige dieser Super Travel Camper kann man auf dem Campingplatz zu beiden Seiten mit slide-out units verbreitern, dann fühlt man sich wirklich wie in einem kleinen Haus.

Einige Wohnmobile haben einen eigenen Generator. Damit ist man bezüglich Klimaanlage, Bügeleisen u. Ä. unabhängig vom Stromanschluss oder sogar unabhängig von einem Campingplatz. Dabei sollte man jedoch beachten, ob und zu welchen Zeiten der Generator benutzt werden darf – wegen der Geräuschbelästigung!

Wer im Winter auf Campingtour geht, sollte sicherstellen, dass das Wohnmobil auch wintertauglich ist, d. h., dass Fenster, Belüftung und Heizung entsprechend sind. Hier sollte man auch vorher überschlagen, ob man mit einer Füllung der Doppelgasflaschen auskommt und wo sich gegebenenfalls eine Gasfüll- oder Tauschanlage befindet.

Um beweglicher zu sein, ziehen Wohnmobilisten mit großen Mobilen häufig noch einen normalen Pkw hinter sich her **(motorhome towing).** Dieses „small car“ ist in einigen Fällen auch schon mal ein Mercedes oder Chevy.

Der **Spritverbrauch** ist natürlich auch bei den Wohnmobilen abhängig von der persönlichen Fahrweise und der Topografie der Landschaft. In den Bergregionen der Sierra Nevada wird man immer mehr verbrauchen als auf dem Highway von Los Angeles nach San Francisco. Eine ganz grobe Regel besagt, dass der Spritverbrauch in Liter pro 100 km (ca. 62 mi) gleich der Länge des Fahrzeugs in Fuß ist. Demnach verbraucht ein 21'-RV (ca. 7 m) auf 100 km etwa 21 l (5,5 gal). Manche Leute schaffen es auch mit 14 l (3,7 gal) Diesel, andere brauchen 35 l (9,2 gal). Am Spritverbrauch wird sich in naher Zukunft etwas ändern, denn auch Wohnmobile müssen künftig mit spritsparenden Motoren ausgerüstet werden.

Die **technische Ausrüstung** eines Wohnmobils gleicht einem Hightechgerät. Bei der Fahrzeugübergabe an der Mietstation bekommt man zwar eine Bedienungsanleitung, im Fall eines Problems sieht es aber ziemlich düster aus. Wichtig ist die Servicenummer, unter der der Vermieter erreichbar ist und telefonische Beratung geben kann. Die meisten Wohnmobile haben ein **control panel,** an dem man die wichtigsten Funktionen ablesen kann. Dies sollte man sich genau erklären lassen. Wichtig ist der Ladezustand der Batterien. Jedes Wohnmobil hat zwei 12-Volt-Batterien, eine für den Motor und eine für den Wohnteil. Wenn man also z. B. zu viel Strom verbraucht hat und die Batterie leer ist, heißt das nicht, dass der Wagen am nächsten Morgen nicht startet: Die Starterbatterie ist von der „Ebbe" nicht betroffen. Die Wohnraumbatterie wird bei der Fahrt und/oder von der Stromversorgung auf dem Campingplatz wieder aufgeladen. Frischwasser- und Abwassertank haben jeweils Füllstandsanzeiger, die man ebenfalls am Panel ablesen kann.

Die **Heizung** ist eine komplizierte Angelegenheit: Die Warmluft wird in einem Gasbrenner erzeugt und durch einen Ventilator an verschiedene Stellen im Wohnraum und im Bad geführt (kleine, runde Öffnungen dicht über dem Boden). Die Temperatur wird über einen Raumthermostat gesteuert, den man entsprechend einstellen muss (Schalter mit Stellungen „Aus", „Warmwasser", „Heizung", „Warmwasser und Heizung"). Dazu gibt es dann noch einen Temperaturregler, mit dem man die gewünschte Temperatur einstellen kann. Wenn die Heizung nicht funktioniert, hat das meist einen ganz einfachen Grund: Der Thermostat ist nicht eingeschaltet bzw. nicht auf die richtige Temperatur eingestellt, die Gasflasche ist leer bzw. das Ventil nicht geöffnet oder die Batterie ist nicht in Ordnung.

Ähnliches gilt für die **Wasserversorgung.** Das Wasser wird mittels einer Tauchpumpe, die sich im Wassertank befindet, in die Leitung gepumpt. Sie schaltet sich ein, sobald ein Wasserhahn aufgedreht oder die Toilettenspülung betätigt wird. Nach dem Zudrehen des Wasserhahnes schaltet die Pumpe automatisch aus. Warmwasser wird im Warmwasserboiler bereitet, dazu muss die Pilotflamme im Boiler brennen. Sie wird per Knopfdruck gezündet (das sollte man sich unbedingt zeigen lassen). Sofern die Pilotflamme brennt, gibt es an den Wasserhähnen auch warmes Wasser. Die Befüllung des Wassertanks erfolgt durch einen Stutzen an der Seitenwand. Bei den amerikanischen Wohnmobilen kann man dort auch einen Druckwasserschlauch anschließen und ihn mit dem „city water"-Anschluss des Stellplatzes verbinden. Dieser Wasserschlauch muss sich im Zubehör des RV befinden.

Die **Wasserentsorgung** ist weniger Hightech. Spül-/Waschwasser (gray water) und Toilettenwasser (black water) laufen in separate, recht große Tanks und dann in einen gemeinsamen Abwasserstutzen (zeigen lassen!). Vor der Vereinigung haben beide Ausläufe separate Schieber. Irgendwo im Außenbereich des Wohnmobils, meist in der hohlen Stoßstange, befindet sich ein kräftiger und nach Gebrauch nicht sehr edel riechender Schlauch, den man über den Ausflussstutzen schiebt. Das andere Ende steckt man in das Abflussrohr (bei full hook-up) oder in das Abflussloch der Entsorgungsstelle (dump station). Nun öffnet man erst den einen, dann den anderen Schieber und entleert so die beiden Tanks. Bei der **Full-Hook-Up-Versorgung** laufen die Abwässer direkt in den Abfluss, denn man entfernt den dicken Schlauch erst wieder beim Verlassen des Campingplatzes. (Einige deutsche Campingplätze bieten diesen Service jetzt auch an.)

Jedes Wohnmobil hat einen **Kühlschrank.** Er lässt sich von Netzbetrieb (in den USA 110–120 V) auf Batteriebetrieb oder Gasbetrieb umschalten. Während der Fahrt sollte der Kühlschrank auf „Batterie" gestellt sein, damit er von der Bordelektronik gespeist werden kann. Auf Camping- oder Parkplätzen wird der Schalter einfach auf „Gas" gestellt, der Kühlschrank schaltet sich dann automatisch auf Gasbetrieb um (natürlich nur, wenn das Gasventil geöffnet ist). Auf Campingplätzen mit Stromanschluss sollte der Kühlschrank auf „110 V" (Netzbetrieb) gestellt werden, um Gas zu sparen. Die Kühlschränke arbeiten in der Regel gut und zuverlässig, nur die Türverriegelungen sind manchmal weniger stabil. Man sollte deshalb bei der Übernahme darauf achten, dass die Türverriegelung am Kühlschrank auch wirklich funktioniert. Nichts ist ärgerlicher als ein Kühlschrank, der sich bei einer Kurvenfahrt öffnet und seinen Inhalt auf dem Boden des Wohnmobils verteilt!

Übrigens: Hinter all dem Komfort der amerikanischen Modelle und deren vielen technischen Rafinessen müssen sich die deutschen Wohnmobile nicht verstecken!

FAHRZEUGMIETE

Vermieter vor Ort

Wer als Europäer in Amerika im Wohnmobil unterwegs ist, reist in der Regel wohl mit einem Mietwagen. Es gibt etliche Vermieter von Wohnmobilen, an dieser Stelle sollen aber nur die aufgeführt werden, die an den Start- und Zielorten der in diesem Buch beschriebenen Routen Vermietstationen haben: in diesem Fall die drei großen Vermieter Cruise America, El Monte und Moturis sowie der kleine Vermieter Road Bear RV.

Unter „Öffnungszeiten" sind die Zeiten angegeben, in denen die Station geöffnet ist. Diese Zeiten sind nicht die Abhol- oder Rückgabezeiten! Diese entnehmen Sie bitte den Reisedokumenten. Im Allgemeinen ist es so, dass man die Wohnmobile nachmittags abholen und vormittags zurückgeben kann. Einige Vermieter organisieren und zahlen für Anreisende aus Übersee die erste Übernachtung in einem nahe gelegenen Hotel

Cruise America (www.cruiseamerica.com) ist der größte Vermieter mit dem besten Preis-Leistungs-Verhältnis. Die Wagenflotte besteht aus über 4000 Wohnmobilen und es gibt 126 über das ganze Land verteilte Mietstationen (einschließlich Kanada).

(Kosten für one-way rental zwischen den von uns angesteuerten Orten: 375 $. Kosten bei Anmiete aus Deutschland s. S. 53.)

› **Las Vegas:** 6070 Boulder Highway, Las Vegas, NV 89124, Tel. (702) 456-6666. Geöffnet Mo.–Sa. 9–16.30 Uhr, So. und feiertags geschlossen. GPS: N36.0914° W115.0407°. Entfernung vom Flugplatz: 7 mi.

- **Los Angeles:** 2233 E 223rd Street, Carson, CA 90810, Tel. (310) 522-3870. Geöffnet Mo.-Sa. 9-16.30 Uhr, So. und feiertags geschlossen. GPS: N33.82461° W118.23309°. Entfernung vom Flugplatz: 16 mi.
- **San Francisco:** 796 66th Avenue, Oakland, CA 74621, Tel. (510) 639-7125. Geöffnet Mo.-Sa. 9-16.30 Uhr, So. und feiertags geschlossen. GPS: N37.75564° W122.20293°. Entfernung vom Flugplatz: 17 mi.
- **Phoenix:** 11 West Hampton Avenue, Mesa, AZ 85210, Tel. (480) 464-7300. Geöffnet Mo.-Sa. 9-16.30 Uhr, So. und feiertags geschlossen. GPS: N33.38924° W111.83251°. Entfernung vom Flugplatz: 14 mi.

El Monte (www.elmonterv.com) ist ein Schweizer Unternehmen, das in den USA 15 Stationen betreibt. Die Wagenflotte besteht aus 2000 Wohnmobilen.

(Kosten für one-way rental zwischen den von uns angesteuerten Orten: 250 $. Kosten bei Anmiete aus Deutschland s. S. 53.)

- **Las Vegas:** 13001 Las Vegas Blvd South, Las Vegas, NV 89124, Tel. (702) 269-8000. Geöffnet Mo.-Sa. 8-17 Uhr, So. 8-16 Uhr, feiertags geschlossen. GPS: N35.94989° W115.17731°. Entfernung vom Flugplatz: 5 mi.
- **Los Angeles:** 12818 Firestone Blvd Santa Fe Springs, CA 90670, Tel. (562) 404-9300. Geöffnet Mo.-Sa. 8-17 Uhr, So. 8-16 Uhr, feiertags geschlossen. GPS: N33.89992° W118.05898°. Entfernung vom Flugplatz: 26 mi.
- **San Francisco:** 6301 Scarlett Ct., Dublin, CA 94568, Tel. (925) 803-0331. Geöffnet Mo.-Sa. 8-17 Uhr, So. 8-16 Uhr, feiertags geschlossen. GPS: N37.70249° W121.90629°. Entfernung vom Flugplatz: 34 mi.
- **Phoenix:** 3020 E Bell Road, Phoenix, AZ 85032, Tel. (888) 337-2214. Geöffnet Mo.-Sa. 8-16 Uhr, So. und feiertags geschlossen. GPS: N33.64039° W112.01524°. Entfernung vom Flugplatz: 18 mi.

Moturis (www.moturis.com) ist der am längsten tätige Vermieter in den USA. Die Wagenflotte dieser Firma besteht aus etwa 2000 Wohnmobilen und über das ganze Land verteilt werden 23 Mietstationen unterhalten.

(Kosten für one-way rental zwischen den von uns angesteuerten Orten: keine Extrakosten. Kosten bei Anmiete aus Deutschland s. S. 53.)

- **Las Vegas:** 6590 Boulder Highway, Las Vegas, NV 80022, Tel. (800) 559-8228. Geöffnet Mo.-Fr. 9-17 Uhr, Sa., So. 9-12 Uhr, feiertags geschlossen. GPS: N36.08113° W115.03018°. Entfernung vom Flugplatz: 7 mi.
- **Los Angeles:** 12624 Rosecrans Ave, Santa Fe Springs, CA 90670, Tel. (888) 547-1777. Geöffnet Mo.-Fr. 9-17 Uhr, Sa. 9-12 Uhr, So. und feiertags geschlossen. GPS: N33.75208° W118.06325°. Entfernung vom Flugplatz: 11 mi.
- **San Francisco:** 420 San Leandro Blvd, San Leandro, CA 94577, Tel. (877) 562-7566. Geöffnet Mo.-Fr. 9-17 Uhr, Sa./So. 9-12 Uhr, feiertags geschlossen. GPS: N37.72971° W122.16728°. Entfernung vom Flugplatz: 30 mi.
- **Phoenix:** 10255 W Papago Fwy., Avondale, AZ 85323, Tel. (800) 874-3326. Geöffnet Mo.-Fr. 9-17 Uhr, Sa., So. 9-12 Uhr, feiertags geschlossen. GPS: N33.46077° W112.2798°. Entfernung vom Flugplatz: 18 mi.

Road Bear RV (www.roadbearrv.com) ist ein kleiner Vermieter mit nur fünf Mietstationen in den USA, wurde aber wegen seines hohen Qualitätsniveaus mehrfach ausgezeichnet.

(Kosten für one-way rental zwischen den von uns angesteuerten Orten: 200 $. Kosten bei Anmiete aus Deutschland siehe Kasten.)

- **Las Vegas:** 4730 Boulder Highway, Las Vegas, NV 89121, Tel. (866) 491-9853, Geöffnet Mo.-Fr. 8-17 Uhr, Sa. 8-13 Uhr, So. und feiertags geschlossen. GPS: N36.11821° W115.07091°. Entfernung vom Flugplatz: 5 mi.
- **Los Angeles:** 28404 Roadside Drive, Agoura Hills, CA 91301, Tel. (818) 865-2925, Geöffnet Mo.-Fr. 8-17 Uhr, Sa. 8-13 Uhr, So. und feiertags geschlossen. GPS: N34.14288° W118.74585°. Entfernung vom Flugplatz: 40 mi.
- **San Francisco:** 847 Industrial Parkway West, Hayward, CA 94544, Tel. (866) 491-9853, Geöffnet Mo.-Fr. 8-17 Uhr, Sa. 8-13 Uhr, So. und feiertags geschlossen. GPS: N37.6222° W122.05777°. Entfernung vom Flugplatz: 25 mi.

Anbieter zu Hause

Wenn man das Wohnmobil bereits in Europa anmietet, ist das günstiger als vor Ort in den USA und im Falle einer Reklamation hat man es mit einheimischen Partnern zu tun. Man kann die Wohnmobile in jedem Reisebüro oder bei verschiedenen Reiseveranstaltern mieten. Ein sehr umfangreiches Programm hat z. B. Canusa Touristik GmbH & Co. (Nebendahlstraße 16, 22041 Hamburg, www.canusa.de) und auch Flywest (Im Kästenbusch 14, 67434 Neustadt an der Weinstraße, www.flywest.de) hat ein ordentliches Programm. Es gibt aber deutliche Preisunterschiede zwischen den Vermietern, daher lohnt

Zusammensetzung des Mietpreises bei Anmietung in Deutschland

- *Grundpreis: ca. 1300 € (ca. 1830 $) für 3 Wochen im Mai*
- *Gesetzliche Haftpflichtversicherung: immer im Grundpreis enthalten*
- *Zusatz-Haftpflichtversicherung 1–3 Mio. $: in der Regel inkl.*

Die folgenden Kosten werden vor Ort bei Wagenübernahme gezahlt (z. B. per Kreditkarte):

- *Kaskoversicherung (CDW) mit 500 bis 3000 $ Selbstbeteiligung: in der Regel inkl.*
- *CDW/VIP-Versicherung ohne Selbstbehalt: 10–12 $ pro Tag*
- *Preparation fee (Bereitstellungsgebühr): 100 $*
- *Personal Kit (Bettzeug und Handtücher): 50 $/Person*
- *Kitchen Kit (Küchenutensilien): 100 $*
- *Freimeilen: z. B. 180 $ für 500 mi*
- *Zusatzmeile: 0,30 $*
- *one way charge (Rückführungsgebühr): 300 $*
- *Endreinigung: 80 $*
- *VAT (Mehrwertsteuer): 5–8 %, abhängig von der Region*

Tipp für Raucher

Um sich hinterher Scherereien zu ersparen, fragen Sie beim Ausleihen von Fahrzeugen immer nach (in die AGBs schauen!), ob das Rauchen im Fahrzeug erlaubt ist!

es sich, zu vergleichen. Generell liegen aber die Preise der europäischen Anbieter deutlich unter den amerikanischen Direktpreisen – und zwar bis zu 700 €!

Der Mietpreis setzt sich aus verschiedenen Teilen zusammen, wobei die verschiedenen Anbieter oft gewisse Teile in den Grundpreis integrieren. Man muss also genau hinschauen, was im Preis wirklich enthalten ist und welche Leistungen hinzukommen.

Versicherungen

Man fährt entspannter, wenn man eine gute Versicherung hat, kann dabei aber auch übertreiben. Welche Versicherungen sind für die Wohnmobilreise in den Vereinigten Staaten Vorschrift, welche Zusatzversicherungen sind sinnvoll? Hier sollte man die Bedingungen der Anbieter genau vergleichen.

Haftpflicht: Alle in Nordamerika gemieteten Fahrzeuge sind haftpflichtversichert, allerdings nur bis zu dem in dem entsprechenden Bundesstaat vorgeschriebenen Betrag. Das ist mitunter sehr wenig. Bei Fahrzeugen, die bei deutschen Veranstaltern angemietet sind, ist in der Regel eine **Zusatz-Haftpflichtversicherung** über ein oder drei Millionen Dollar inbegriffen.

Kaskoversicherung: CDW (collision damage waiver) ist in der Regel im Mietpreis enthalten, aber mit unterschiedlicher Selbstbeteiligung von 500 bis 3000 $.

CDW/VIP-Versicherung: Dabei handelt es sich um eine Zusatzversicherung, die man vor Ort abschließen kann, um die Selbstbeteiligung herabzusetzen (z. B. auf 500 oder sogar 0 $). Sie kostet 10 bis 12 $ pro Tag. Bei 21 Reisetagen sind das 252 $, das ist viel Geld und auch diese Zusatzversicherung deckt nicht alle Schäden ab. Leider bleiben die Schäden, die am häufigsten passieren, unversichert: Schäden am Dach, z. B. durch einen Ast, und Schäden im unteren Bereich, z. B. durch Ankratzen an einem Bordstein o. Ä.

Mietbedingungen

Die Mietbedingungen sind bei amerikanischen und europäischen Anbietern in etwa gleich, jedoch gibt es Unterschiede in den Details – damit buhlen die Vermieter um die Gunst der Kunden – deshalb sollte man die Mietbedingungen vor Vertragsabschluss aufmerksam studieren.

Das **Mindestalter** für Fahrer ist 21 Jahre. Die europäische **Fahrerlaubnis** Klasse B/BE und C1/C1B (alte Klasse 3) wird anerkannt. Bei den meisten Vermietern beträgt die **Mindestmietdauer** 7 Tage. Die Reservierung sollte möglichst vorgenommen werden. Bei der Buchung wird eine **Anzahlung** von 25 % der Mietkosten erhoben, manchmal auch eine Pauschale von z. B. 500 €. Der Restbetrag ist in der Regel 30 Tage vor Mietbeginn fällig. Bei einem Rücktritt vom Vertrag gibt es nicht das gesamte bereits gezahlte Geld zurück, daher ist der Abschluss einer Reiserücktrittskostenversicherung empfehlenswert.

Eine Kaution von z. B. 500 € ist durchaus üblich, sie wird bei ordnungsgemäßer Rückgabe des Wagens zurückgezahlt.

Für verschuldete **Unfallschäden** haftet der Mieter bei vertragsgerechter Nutzung des Fahrzeugs nur für Reparaturkosten bis zu der vereinbarten Höhe der Selbstbeteiligung pro Schadensfall. Bei vorsätzlicher und grob fahrlässiger Verursachung des Schadens, insbesondere bei alkoholbedingter Fahruntüchtigkeit, zahlt die Versicherung nicht. Die genauen Bedingungen für die Versicherungen sollte man aber unbedingt vor dem Anmieten erfragen.

Bei einigen Touristikunternehmen ist eine komplette Küchenausrüstung mit Geschirr, Besteck und anderen Arbeitsgeräten für die Zahl der gebuchten Reiseteilnehmer im Mietpreis enthalten, andere kassieren dafür Zuschläge. Schlafsäcke, Kopfkissen und Bettzeug müssen jedoch in der Regel extra bezahlt werden. Diese Teile können Sie nach Beendigung der Reise behalten. Das sagt Ihnen zwar meist keiner, ist aber so!

In der Regel gelten bei den Wohnmobilvermietern folgende **Routenbeschränkungen:** Fahrten nach Mexiko sind nur in Regionen, die an der amerikanischen Grenze liegen, erlaubt und müssen vorher beim Vermieter angemeldet werden. Es ist eine Zusatzversicherung (ca. 20 $/Tag) erforderlich. Fahrten durch das Death Valley sind im Juli und August nicht erlaubt, im Mai, Juni und September nur auf eigenes Risiko. Man darf mit gemieteten Wohnmobilen auch keine Schotter- und Forststraßen fahren. Und sollten Sie sich auf Ihrer Reise an die Ostküste verirren: Fahrten nach Manhattan (New York) sind generell verboten.

Die Fahrzeugübernahme

Aus versicherungstechnischen Gründen darf man in Nordamerika nach einem internationalen Flug ein Wohnmobil erst **am nächsten Tag** übernehmen. Bitte berücksichtigen Sie dies bei der Reiseplanung. Außerdem erfolgt die Übernahme der Wohnmobile in der Regel nur nachmittags (Ausnahmen sind möglich, jedoch nur gegen eine Extragebühr), die Rückgabe dagegen erfolgt morgens. Der Vermieter bucht deshalb in der Regel für die erste Nacht ein **Hotel** und holt den Kunden am Flugplatz ab. Der Kunde sollte sich dort irgendwie „sichtbar" machen, z. B. durch einen Zettel mit dem Logo des Veranstalters. Der Abholer hält seinerseits oft ein Schild mit dem Logo des Vermieters oder dem Namen des Kunden in die Höhe.

Am nächsten Morgen wird man zur vereinbarten Zeit abgeholt (dazu sollten Sie sich rechtzeitig in der Hotellobby einfinden). Die Fahrzeit zur Mietstation kann bis zu einer Stunde dauern.

In der **Mietstation** steht das reservierte Auto bereit. Falls der gebuchte Typ nicht vorrätig ist, wird der nächst größere Wagen zum selben Preis angeboten. Das ist in den meisten Fällen angenehm, hat aber auch Nachteile, wenn man viele enge Bergstraßen fahren muss.

Bei der Unterzeichnung des Mietvertrages hat man die Möglichkeit, noch eventuelle **Zusatzleistungen** wie z. B. Versicherungen abzuschließen. Alle Zusatzleistungen sind in Landeswährung zuzüglich der ortsüblichen Steuern bei Übernahme des Fahrzeugs direkt an den Vermieter zu zahlen. Die Zahlungen dieser Leistungen sowie die Sicherheitshinterlegung können Sie per **Kreditkarte** leisten. Der Betrag für die Sicherheitshinterlegung wird in den meisten Fällen bei Übernahme eingezogen und bei der Rückgabe wieder erstattet. Eventuell dadurch entstehende Währungsverluste gehen zu Lasten des Mieters.

Die **Einweisung** erfolgt bei den meisten Stationen in deutscher Sprache, es wird empfohlen, dass alle Reiseteilnehmer diese Einweisung aufmerksam verfolgen, denn oft genug passiert es später, dass der Fahrer fragt: Wie war das noch?

Mieter und Vermieter besichtigen den Wagen gemeinsam von außen und innen und alle Schäden werden in ein **Protokoll** eintragen. Man sollte tunlichst darauf achten, dass alle Kratzer und Beulen sowie alle Steinschlagbeschädigungen der Windschutzscheibe (auch kleine Stellen!) ins Protokoll aufgenommen werden.

Beim Mieten eines Wohnmobils beachten

- *Haben die Reifen genügend Profil, ist ein Reserverad vorhanden, funktioniert der Wagenheber?*
- *Ist eine Bedienungsanleitung für das Fahrzeug vorhanden?*
- *Stromkabel und Wasserschlauch vorhanden, beide mit funktionierenden Anschlüssen?*
- *Funktionieren Wasserpumpe und ggf. Klimaanlage?*
- *Wie wird die Warmwasserbereitung eingeschaltet?*
- *Wie wird der Kühlschrank von Strom auf Gasbetrieb umgeschaltet, funktioniert der Gasbetrieb?*
- *Wie erfolgt die Umschaltung auf die Reserveflasche? Falls der Wagen mit Duomatic-Gasversorgung ausgestattet ist: Sind beide Gasflaschen voll?*
- *Wie funktioniert das Thetford-Cassetten-WC?*
- *Funktionieren alle Blinker und Lichter?*
- *Halten die Türverschlüsse von Kühlschrank und Kleiderschrank? (Das ist bei Kurvenfahrten wichtig!)*
- *Wo sind Reserverad, Wagenheber und Werkzeug?*
- *Wie löst man das Reserverad aus der Halterung?*
- *Wo sind der Ölmessstab und der Einfüllstutzen für das Öl?*
- *Wo sind Füllstutzen und Absperrventil des Gastanks bzw. wo sind die Gasflaschen?*
- *Wo sind die Schieber für den Abwassertank?*
- *Ist die Haushaltsausstattung komplett?*

Erster Einkauf von Lebensmitteln

Das Personal der Vermietstation zeigt Ihnen gern den Weg zum nächstgelegenen Supermarkt mit einem für das Wohnmobil ausreichenden Parkplatz. Bis die Reise dann endgültig losgehen kann, wird es Nachmittag sein und Sie sollten sich für die erste Etappe nicht zu viel vornehmen.

Die **Fahrzeugrückgabe** ist genau so einfach, wie die Übernahme, die Stimmung ist jedoch ganz anders: Man kennt jetzt das Fahrzeug, muss sich nicht mehr mit allen Sinnen auf das (meistens) unbekannte Fahrzeug konzentrieren und ist wehmütig gestimmt, weil diese eindrucksvolle Reise nun zu Ende ist.

Bei der Rückgabe wird das Personal das Fahrzeug inspizieren, um mögliche Kratzer oder Beschädigungen zu registrieren. Bei kleinen Kratzern oder Dellen wird kein Aufstand gemacht, größere Schäden müsste man ohnehin wegen der Versicherung melden.

Da die Rückgabe in der Regel vormittags erfolgt, ist es ratsam, die letzte Nacht auf einem Campingplatz in der Nähe der Vermietstation zu verbringen.

Wohnmobilüberführung

Die Wohnmobilverleiher müssen ihre Flotte ständig genau managen, d. h., wenn es durch viele one-way rentals bei einigen Mietstationen zu „Staus" kommt oder im Winter die Wagen in die wärmeren und häufiger besuchten Gegenden im Süden verlegt werden müssen, werden für Reisende, die in die gewünschte Richtung fahren, **Sondertarife** angeboten. So spart sich der Vermieter das Anheuern von Fahrern für die Überführung des Wohnmobils und der Reisende macht vielleicht ein echtes Schnäppchen. Es lohnt sich deshalb bei Reisen im Frühjahr oder im Spätherbst, bei den Vermietern (auch bei den deutschen) nach entsprechenden Spezialtarifen zu suchen. Da gibt es z. B. Überführungen von Chicago nach Kalifornien im März für den sehr günstigen Preis von 99 € pro Person!

WOHNMOBIL KAUFEN ODER MITBRINGEN?

Es gibt ja glückliche Menschen, die mehrere Monate Campingurlaub in den USA machen können. Für diese stellt sich die Frage, ob es nicht besser wäre, in Amerika ein Wohnmobil zu kaufen und es dann nach der Reise wieder zu verkaufen. Das lohnt natürlich nur, wenn der Wertverlust deutlich geringer ist, als der Mietpreis. Zu bedenken ist auch, dass die An- und Abmeldeprozedur sowie das Kaufen und Verkaufen einige Zeit in Anspruch nehmen. **Cruise Amerika** bietet hier die Möglichkeit, dort ein Wohnmobil zu kaufen und nach Beendigung der Reise für 60 % vom Kaufpreis wieder zurückzugeben, mit Rückkaufgarantie – ein faires und angenehmes Angebot, das durchaus geprüft werden sollte (www.cruiseamerica.com/rent).

Ähnliche Überlegungen gelten für Reisende, die ein eigenes Wohnmobil besitzen. Bei ihnen lohnt es sich, das eigene Fahrzeug mitzunehmen, wenn die Transportkosten geringer sind, als die Miete.

Touristen können ihr Fahrzeug für 12 Monate **zollfrei** nach Nordamerika einführen, technische Änderungen sind nicht erforderlich. (Ab einer Aufenthaltsdauer von 91 Tagen benötigt man jedoch ein Besuchervisum.) Man braucht allerdings einen **Stromtransformator** (110 Volt auf 220 Volt/1500 Watt, ca. 180 €) und einen **Adapter** zum Füllen deutscher Gasflaschen oder zum Anschluss amerikanischer Gasflaschen an den deutschen Anschluss (ca. 40 €).

Der **Beförderungspreis** richtet sich natürlich nach der Größe des Fahrzeugs, für ein 5,5 m langes Wohnmobil muss man mit etwa 1800 € für eine Strecke rechnen. Der Transport findet von Hamburg nach Port Huemene bei Los Angeles statt. (Anmeldung des Transports zwei Monate vor Reisebeginn, Anlieferung des Wohnmobils in Hamburg, Abholung ein bis zwei Tage nach Ankunft der Ladung in Los Angeles. Weitere Informationen bei www.seabridge-tours.de.)

AUTOVERMIETUNG

Auch als Wohnmobilfahrer habe ich schon mehrmals einen Leihwagen benutzen müssen, z. B. um kleine Fototouren auf für Wohnmobile untauglichen Straßen zu unternehmen. In allen größeren Orten und an allen Flughäfen kann man Autos mieten. Dazu benötigt man eine gültige Fahrerlaubnis und den Personalausweis. Akzeptiert werden natürlich die Karten der Mietwagenorganisationen wie Hertz, Europcar usw., aber auch die gängigen Kreditkarten wie Mastercard und Visa.

ZEITVERSCHIEBUNG UND ZEITANGABE

Im Westen der USA gibt es zwei Zeitzonen: die **Mountain Time** und **Pacific Time,** der Zeitunterschied beträgt eine Stunde. Die Mountain Time ist 8 Stunden früher als die Mitteleuropäische Zeit (MEZ, Greenwich). Die Pacific Time ist 9 Stunden früher als MEZ.

Wenn es in Mitteleuropa 15 Uhr ist, stehen in Los Angeles um 6 Uhr morgens die Frühaufsteher auf. Rufen Sie also ihren Erbonkel nicht vormittags um 11 Uhr an, denn der liegt dann gerade im Tiefschlaf (2 Uhr nachts) und wäre sicher sehr böse!

Zur Pacific Time gehören Kalifornien, Nevada, Oregon und Washington, zur Mountain Time gehören z. B. Arizona, New Mexico, Utah, Colorado.

Die **Sommerzeit** (in den USA als „Daylight Saving Time" oder kurz als „DST" bezeichnet) beginnt in den meisten US-Staaten und Territorien jedes Jahr am 2. Sonntag im März um 2 Uhr morgens und endet am 1. Sonntag im November, ebenfalls um 2 Uhr morgens.

In Hawaii, American Samoa, Guam, Puerto Rico, den Virgin Islands und in Arizona (mit der Ausnahme der Navajo Indian Reservation, die auf Sommerzeit umstellt) gibt es keine Umstellung auf Sommerzeit. Dadurch, dass Arizona sich nicht der Sommerzeit anpasst, gilt hier im Sommer die gleiche Zeit wie in den Staaten mit Pacific Time (da es dort die Sommerzeit gibt). Arizona hat dann also für eine Weile die gleiche Uhrzeit wie z. B. Kalifornien.

Die Amerikaner zählen die Stunden ihres Tages nur von 1 bis 12 und fangen dann wieder von vorn an. Zur Unterscheidung von Vormittag und Nachmittag setzen sie für den Vormittag **am** (Ante Meridiem) hinzu und für Nachmittag **pm** (Post Meridiem). So absonderlich ist das gar nicht, denn auch in Deutschland ist es absolut gängig, zumindest im Bereich der Alltagssprache lediglich das 12-Stunden-System zu nutzen. Ich treffe mich jedenfalls mit meinen Freunden um vier Uhr nachmittags oder um acht Uhr abends und nicht um 16 oder 20 Uhr.

DIE STADT DER ENGEL, BADESTRÄNDE UND DER LEGENDÄRE HIGHWAY ONE

Die Stadt Los Angeles, geprägt von der Traumfabrik Hollywood und seinen schönen Stränden mit den schönen Menschen, ist fast schon ein Mythos und San Francisco sicher die schönste der drei großen Städte an der Westküste. Ein Erlebnis ganz besonderer Art ist aber vor allem die Verbindungsstraße zwischen diesen beiden Metropolen, der legendäre Highway One. „Der Weg ist das Ziel“, das kann man hier wörtlich nehmen, denn die Strecke am Meer entlang offenbart immer wieder einen fantastischen Ausblick und bringt den Fahrer dazu, fast an jeder Haltebucht eine kleine Pause einzulegen, um diese herrliche Natur zu genießen. Highlights sind außerdem die Badeorte Malibu, Santa Monica, Santa Barbara und Carmel und der unglaubliche Streckenabschnitt von Big Sur – 443 Meilen schönster Naturerlebnisse!

024us Abb.: la

ROUTE 1

AUF DEM HIGHWAY ONE VON L.A. NACH SAN FRANCISCO

STRECKENVERLAUF

Strecke:
Los Angeles – Santa Barbara (124 mi) – Morro Bay (120 mi) – Monterey (114 mi) – Santa Cruz (42 mi) – San Francisco (43 mi)

Streckenlänge: 443 mi

LOS ANGELES

ÜBERNAHME DES WOHNMOBILS

Nach der Ankunft am Flughafen und der Erledigung der Einreiseformalitäten benutzt man den Transferbus des vom Vermieter vorgebuchten Hotels und übernachtet in diesem **Hotel.** Am nächsten Morgen wird man von einem Wagen des Wohnmobilvermieters abgeholt und zur Vermietstation gebracht. In der Mietstation wird das Wohnmobil genau erklärt, in der Regel in deutscher Sprache. Alle Kratzer werden in ein **Protokoll** eingetragen (aufpassen, dass auch alles eingetragen wird!) und dann muss noch kurz die Kreditkarte gezückt werden: Da der Wagen in der Regel in Deutschland bezahlt

Allmorgendliches Tanken!

Nicht vergessen: Jeden Morgen wird getankt (Wasser und Kraftstoff) und der Schmutzwassertank entleert! Man weiß nämlich nie, was kommt: Hat der nächste Campingplatz eine Dump-Station, gibt es Frischwasser oder fährt man gar durch eine Gegend mit wenig Tankstellen?

Ich hatte einmal die eiserne Regel nicht beachtet und obwohl ich wusste, dass der Tank nur noch halb voll war (er war ja noch halb voll!), setzte ich die Fahrt auf der Wüstenstraße fort, umzukehren wäre ja albern – dachte ich. Aber die Straße wurde immer schlechter. Bald war sie fast unbefahrbar und ich hatte Mühe, unser riesiges Wohnmobil durch die Sandverwehungen zu steuern. Die Nadel der Benzinuhr stand jetzt kurz vor der Null!

Zum Glück ging die Straße stetig leicht bergab, sodass ich nur im Standgas fahren musste, gerade genug, um das Fahrzeug in Bewegung zu halten und die Klimaanlage laufen zu lassen.

Und ich fuhr und fuhr. Alle zwei Minuten schauten meine beiden Beifahrer besorgt auf die Nadel der Benzinuhr, die sich langsam, aber stetig dem absoluten Ende näherte und irgendwann begann die Temperatur im Wagen anzusteigen, denn der höllischen Julisonne war auch die Klimaanlage letztlich nicht gewachsen.

Die Straße nahm kein Ende. Nach jeder Biegung folgte eine weitere und zu allem Unglück standen wir plötzlich vor einer Wegegabelung ohne Wegweiser. Ich kam mir vor wie der Pilger in der Wüste: Der eine Weg führt zur Oase (Tankstelle), der andere ins sichere Verderben, kein Auto weit und breit, kein Dorf, kein Rauchsignal, kein Benzin, nur drückende Hitze. Schöne Aussichten!

Mit recht viel Glück haben wir es überlebt, aber seitdem beginnt keine Fahrt ohne randvoll gefüllten Tank!

Los Angeles International Airport

Der Los Angeles International Airport ist ein internationaler Flughafen, der die Stadt Los Angeles und die umliegenden Gebiete in Südkalifornien bedient. Er ist einer der größten Flughäfen der Welt.

Adresse: *Los Angeles International Airport, 1 World Way, Los Angeles, CA 90045*
Koordinaten: *N33.9425° W118.40806°*
Tel. *(310) 646–5252 (24-Std. Bandansage)*
Internet: *www.lawa.org, infoline@lawa.org*
Ortszeit: *MEZ -9*
Lage: *24 km südwestlich von Los Angeles*
Durchschnittliche Flugzeiten: ab Frankfurt: 11,5 Std., ab Wien: 14 Std. (einschließlich Zwischenlandung), ab Zürich: 12,5 Std.
Transfer zwischen den Terminals: *Ein kostenloser, rollstuhlzugänglicher Shuttlebus verkehrt alle 12–15 Min. zwischen allen Terminals.*
Anfahrt mit Pkw: *Der Flughafen liegt am Pacific Coast Highway (Highway One) und am Highway 42, in der Nähe der Freeways 405 und 105 (Highway One geht nördlich vom Flughafen in den Lincoln Boulevard und südlich davon in den Sepulveda Boulevard über). Von Los Angeles kommend nimmt man den Freeway 405 nach Süden, biegt entweder auf den Highway 42 oder den Freeway 105 West ab und folgt den Schildern zum Flughafen. Da es zu Stoßzeiten auf dieser Strecke oft zu Staus kommt, sollte man genügend Zeit einkalkulieren.*
Wohnmobil-Mietstationen:

- *Cruise America Los Angeles, 2233 E 223rd Street, Carson, CA 90810, Tel. (310) 522–3870*
- *El Monte Los Angeles, 12818 Firestone Blvd, Santa Fe Springs, CA 90670, Tel. (562) 404–9300*
- *Moturis Los Angeles, 12624 Rosecrans Ave, Santa Fe Springs, CA 90670, Tel. (888) 547–1777*
- *Road Bear RV Los Angeles, 28404 Roadside Drive, Agoura Hills, CA 91301, Tel. (818) 865–2925*

Geld und Telekommunikation: *Geldautomaten befinden sich in den Ankunfts- und Abflugsbereichen aller Terminals. Wechselstuben stehen in den Abflugshallen aller Terminals sowie in der Ankunftshalle des Tom-Bradley-International-Terminals und den Terminals 2, 5 und 7 zur Verfügung. Ein Postamt befindet sich im TBI-Terminal. Briefmarkenautomaten und Briefkästen sind über den gesamten Flughafen verteilt.*

wird, wird hier nur noch die **Kaution** hinterlegt, das heißt, es wird ein Abdruck der Kreditkarte gemacht. Dieser Zettel wird bei ordnungsgemäßer Rückgabe des Wagens zerrissen, sodass keine finanzielle Belastung erfolgt.

Ganz in der Nähe des Internationalen Flughafens von Los Angeles gibt es einen Campingplatz direkt am Meer.

1 Dockweiler Beach RV Park **(s. S. 80)**

DIE STADT LOS ANGELES *

In Los Angeles gibt es keine öffentlichen Verkehrsmittel wie U-, S- oder Straßenbahn. Busse verkehren zwar im Stadtzentrum, jedoch hat man als Ortsfremder kaum eine Chance, sich damit zurechtzufinden. So ist also jeder auf das Auto angewiesen. Los Angeles hat auf den Individualverkehr gesetzt – und verloren, denn die bis zu zehn Fahrspuren breiten Autobahnen sind in den Spitzenzeiten morgens und abends total verstopft. Nicht wegen eines Unfalls oder

Los Angeles
Sacramento/ San Francisco
2 LA North KOA
Santa Barbara
San Fernando
Burbank
Glendale
Pasadena
Universal Studios
Warner Bros. Studios
Norton Simon Museum
Santa Monica Mountains
West Hollywood
Beverly Hills
Alhambra
Downtown
El Monte
West Covina
Walnut
Santa Monica
Culver City
Pico Rivera
Hacienda Heights
Venice Beach
Inglewood
South Gate
Los Angeles International Airport
1
Dockweiler Beach RV Park
Hawthorne
Downey
Brea
Norwalk
Fullerton
Manhattan Beach
3 Anaheim Harbor RV Park
Redondo Beach
Lakewood
Knotts Berry Farm
Anaheim
Disneyland
Carson
Torrance
Crystal Cathedral
Rancho Palos Verdes
Long Beach
Aquarium
Garden Grove
Queen Mary
Long Beach
Santa Ana
SANTA MONICA BAY
SAN PEDRO BAY
Costa Mesa
Huntington Beach
Newport Beach
EMERALD BAY
SAN PEDRO CHANNEL
0
20 km

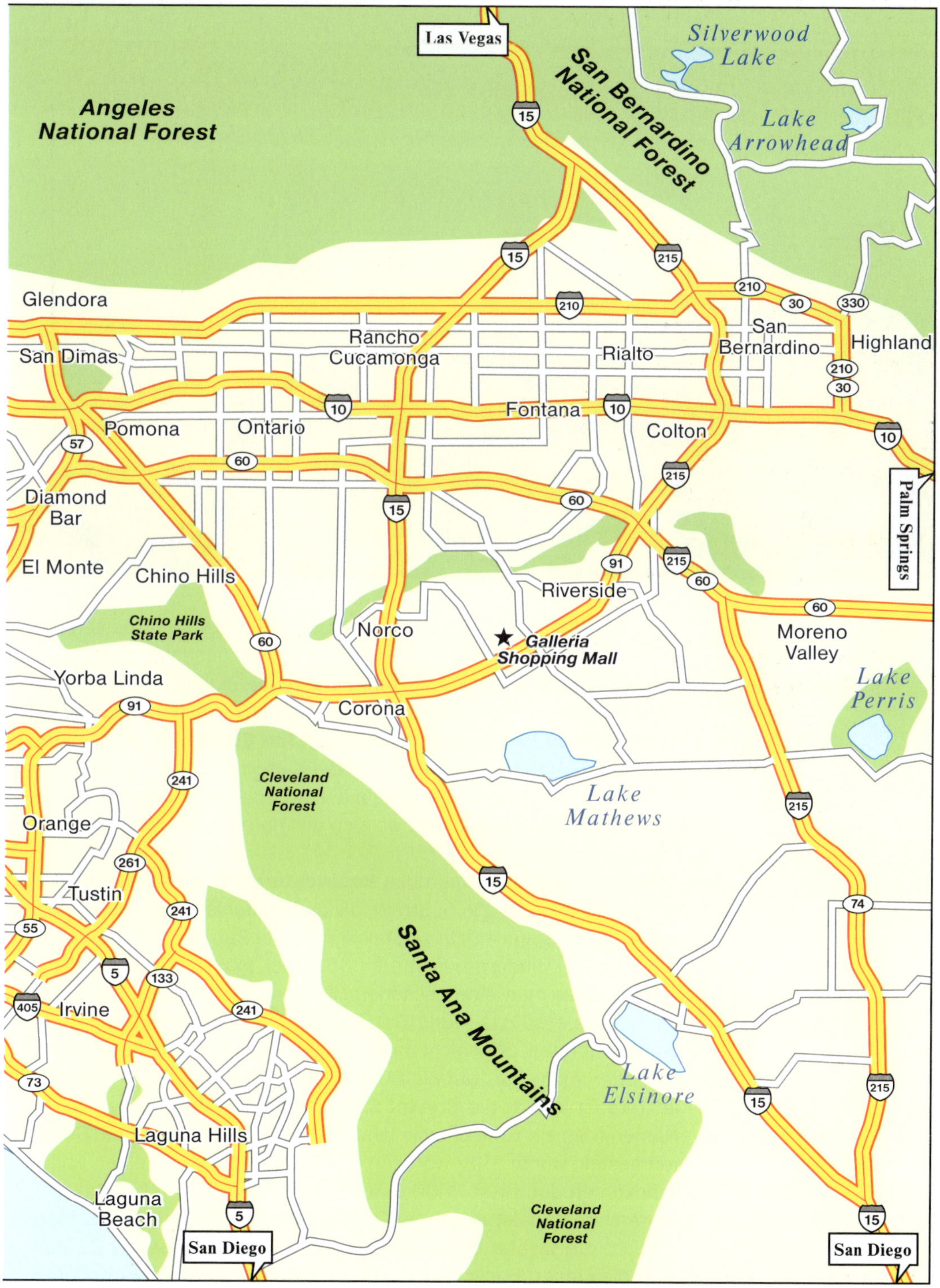
Las Vegas
Angeles National Forest
San Bernardino National Forest
Silverwood Lake
Lake Arrowhead
Glendora
San Dimas
Rancho Cucamonga
Rialto
San Bernardino
Highland
Fontana
Pomona
Ontario
Colton
Diamond Bar
Palm Springs
El Monte
Chino Hills
Riverside
Chino Hills State Park
Norco
Galleria Shopping Mall
Moreno Valley
Yorba Linda
Corona
Lake Perris
Cleveland National Forest
Lake Mathews
Orange
Tustin
Santa Ana Mountains
Irvine
Lake Elsinore
Laguna Hills
Laguna Beach
Cleveland National Forest
San Diego
San Diego

015us Abb.: kd

▲ *Blick auf Los Angeles mit den Hochhäusern von Downtown L. A.*

einer Baustelle, nein, sie sind einfach voll. Die Abgase verpesten die Luft und bescheren der Stadt den berühmt-berüchtigten Smog und die Autobahnen – oft vier bis fünf Etagen übereinander – sind auch nicht besonders schön anzuschauen, obgleich die Linienführung des berühmtesten Verkehrsknotenpunkts, **„The Stack“,** als architektonische Schönheit betrachtet wird: Bei diesem „Stapel“ handelt es sich um eine Autobahnkreuzung mit vier Etagen im Nordwesten von Downtown Los Angeles, dort wo sich der Harbor und der Santa Ana Freeway kreuzen.

Auf jeden Fall kann man das **Bonaventure Hotel** an der Figueroa Street zwischen 4. und 5. Straße als architektonische Schönheit bezeichnen. Es ist ein mächtiger, hochmoderner Bau, der aus mehreren glänzenden Zylindern besteht. Im 35. Stock gibt es ein Restaurant, von dem aus man einen schönen Blick auf die umliegenden Turmbauten wie etwa das World Trade Center (nicht zu verwechseln mit dem berühmten, aber nicht mehr existierenden in New York), die City Hall oder auch „nur“ auf die St. Paul's Cathedral hat. Berühmter als letztere ist jedoch die **Crystal Cathedral**** in Garden Grove. Ihren Namen trägt sie zu Recht, sie besteht nur aus Glas und einem Stahlrohrgestell, wurde 1984 von dem amerikanischen Architekten Philip Johnson erbaut, fasst 3000 Gläubige und zählt zu den beachtlichsten Architekturleistungen der letzten Jahre in Südkalifornien. Man erreicht die Crystal Cathedral vom Garden Grove Freeway 22 aus über die Abfahrt Euclid Street. Die vierzig Meter hohe supermoderne

Glaskonstruktion mit dem bizarren Glockenturm ist von der 22 aus (von Long Beach kommend) an der linken Seite zu sehen.

Um sich in Los Angeles zurecht zu finden, muss sich auch der Besucher die großen **Autobahnen** gut einprägen, damit er überhaupt eine Chance hat, in dem Wirrwarr ans Ziel zu kommen. Hier ist ein Navi wirklich hilfreich!

Die erste dieser Super-Autobahnen, der Pasadena Freeway 110, wurde 1940 eröffnet. Er führt vom Los Angeles Harbor bis nach Pasadena am Fuße der San Gabriel Mountains und ist 53 km lang. Inzwischen ist das gesamte Autobahnnetz von Los Angeles über 1000 km lang.

Etwa parallel zur US110 verlaufen die I710 (der Long Beach Freeway), die SR19 (Rosemead Blvd) und die SR605, der San Gabriel River Freeway. Rechtwinklig dazu verlaufen die SR22 (Garden Grove Freeway), die SR91 (Redondo Beach/Artesia Freeway), die I10 (Santa Monica/San Bernadino Freeway), die SR60 (Pomona Freeway) und die I210 (Foothill/Ventura Freeway). Etwa diagonal dazu verlaufen die I405 (San Diego Freeway), die I5 (Santa Ana/Golden Gate Freeway) und den US101 (der Hollywood Freeway). Wer sich dieses Straßennetz einprägen kann, wird in Los Angeles zumindest nicht verloren gehen!

Alle Autobahnen sind echte „Freeways“, nämlich gebührenfrei, wie alle Autobahnen in Kalifornien. Die lästigen Zahlstationen der Ostküste (toll plaza) sind hier unbekannt.

Natürlich ist Los Angeles nicht nur Hollywood. Es gibt so viel in dieser Stadt zu sehen, dass man Monate braucht, um alles richtig kennenzulernen.

Ich möchte den vielen Büchern und Stadtführern von Los Angeles keinen weiteren hinzufügen, aber einige der **interessantesten Plätze** möchte ich dennoch aufzählen. Je nach vorhandener Zeit sollten Sie sich die einzelnen Ziele vornehmen, hinfahren (Parkplätze sind überall vorhanden) und einfach schauen und sich freuen. Doch bedenken Sie die riesigen Abstände in dieser Stadt: Von Hollywood bis Disneyland sind es fünfzig Kilometer!

Informarion

Downtown Los Angeles Visitor Information Center, 685 Figueroa St (zwischen Wilshire Blvd und 7th St), Los Angeles, CA 90017, Tel. (213) 689-8822, www.discoverlosangeles.com, geöffnet werktags 9–17 Uhr

2 Los Angeles North KOA (s. S. 80)

Sehenswertes

Queen Mary und Spruce Goose: Der wohlvertäute Superluxusdampfer, jetzt Hotel und Museum, und das Superflugzeug befinden sich beide am Pier J in Long Beach am Ende des Long Beach Freeway, 1126 Queen's Highway, Long Beach, CA 90802, N33.75269° W118.19071°, Tel. (800) 437-2934 oder (562) 435-3511, tägl. 10–17 Uhr, Eintritt 13,95 $ pro Person.

Fisherman's Village, ein künstlich angelegtes Fischerdorf mit hervorragenden Spezialitätenrestaurants und dem größten Jachthafen der Welt (Marina del Rey) sowie die Halbinsel **Palos Verdes** auf der gegenüberliegenden Seite mit dem Marineland of the Pacific, N33.81278° W118.45278°, Tel. (213) 823-4511

Griffith Park: Der größte Stadtpark Kaliforniens lädt zu vielen abwechslungsreichen Aktivitäten ein. Es gibt einen Zoo mit 2000 Tieren (5333 Zoo Drive, täglich 10–17 Uhr, Eintritt: 8,25 $), ein Observatorium (2800 East Observatory Road,

Sept.-Juni Di.-Fr. 14-22 Uhr, Sa./So. 12.30-22 Uhr, Mo. geschlossen, Juli-Sept. täglich 12.30-22 Uhr, Eintritt frei) und man hat einen schönen Blick auf die Stadt (N34.12059° W34.12059°, Parkplatz Observatorium).

Crystal Cathedral: Kirche aus Glas und Stahlrohrgestell (s. S. 66)

DIE BERÜHMTEN STRÄNDE

Los Angeles – das bedeutet aber nicht nur Großstadtdschungel, sondern auch Pazifik und 160 km Sandstrand. Den sollte man genießen. Die **Beach Area** erstreckt sich von Newport Beach im Südosten bis über Malibu im Westen hinaus, Huntington Beach, Sunset-, Long-, Redondo-, Hermosa- und Manhattan Beach sind die Strandabschnitte dazwischen, der „Strand der Strände" jedoch ist Venice Beach in Santa Monica. Hier wimmelt es von Beach Boys und Beach Girls, die auf Rollerskates, Fahrrädern oder bei einem Spaziergang die Strandpromenade bevölkern.

Das Stadtviertel **Venice Beach** wurde 1905 erbaut und sollte ein europäisches Flair bekommen, wobei sich die Bauherren von Venedig inspirieren ließen. Die Gegend um den Venice Boardwalk, die bei den Einheimischen als „Venice Beach" bekannt ist, zieht Einheimische und Touristen gleichermaßen an. Hier finden ständig Partys mit unzähligen Straßenkünstlern, Jongleuren, Wahrsagern, Straßenmusi-

▼ *Naturstrand bei Laguna Beach*

016us Abb.: kd

kern, Schlangenbändigern und Feuerschluckern statt. Am benachbarten Muscle Beach („Muskelstrand“) prahlen die Bodybuilder mit ihren geölten Prachtkörpern.

Damen „oben ohne“ sieht man aber auch in Santa Monica nicht. Die nackten Mädchen auf der Harley Davidson sieht man auch hier nur auf Postern.

Sonne, Strand und Palmen, das ständige Tosen des Pazifik, fröhliche Menschen, Junge und Alte – das ist Kalifornien, das ist der Strand von Los Angeles.

HOLLYWOOD *

1781 gründete ein Franziskanerpater die Mission „El Pueblo de Nuestra Senora la Reina de los Angeles de Porciuncula“, zu deutsch „Das Dorf unserer Frau Königin der Engel von Porciuncula“. Heute sagt man kurz Los Angeles.

Los Angeles ist keine Stadt im europäischen Sinne. Es ist eine Steinwüste, ein Häusermeer aus Beton und Asphalt, durchzogen von achtspurigen Autobahnen. Die Stadt ist ein Bündel von 94 Kleinstädten, die durch die vielen Autobahnen zerteilt sind und sich nie zu einem urbanen Zentrum zusammenschließen konnten. Als Urlauber sollte man sich darüber nicht echauffieren: Man muss ja nicht die Häuserwüste erkunden, sondern kann sich auf die vielen schönen Dinge konzentrieren, die es in Los Angeles zu sehen gibt, und es gibt derer viele. Diese Stadt ist wahnsinnig, aber schön, wenn man sie länger kennt.

Vom Dockweiler Beach RV Park (s. S. 80) aus fährt man zunächst nördlich auf dem Pacific Coast Highway, nimmt in Santa Monica den Freeway I10, wechselt auf die US110 und später auf den US101, um so zum **Hollywood Boulevard** ** zu kommen, der Hauptstraße des Stadtteils Hollywood.

Hollywood – wie oft haben viele Leser davon geträumt! Viel ist von dem alten Glanz allerdings nicht geblieben: Namensschildchen der Schauspieler, die am **Walk of Fame** ** in den Bürgersteig eingelassen sind, Hand- und Fußabdrücke der Stars vor dem Eingang zum Premierenkino **Grauman’s Chinese Theatre** (6925 Hollywood Boulevard) und schmucke Fassaden längst verlassener Filmstudios. Diese sind – wie auch die Schauspieler – in die Vorstädte abgewandert.

Hollywood war in den Jahren des Ersten Weltkrieges zum größten Filmproduktionszentrum der Welt geworden. Aus einem technischen Kuriosum – den „Lebensrädern“ und der „Laterna Magica“ – hatte sich der **Film** sehr schnell zu einer einträchtigen Industrie entwickelt. Kurz nach dem Krieg begannen die amerikanischen Konzerne Goldwyn-Mayer, Paramount u. a. mit den europäischen Filmgesellschaften, unter denen die Ufa die größte Kapitalkonzentration besaß, um die Vorherrschaft auf dem Weltmarkt zu kämpfen.

017us Abb.: la

▲ *Das weltberühmte Hollywood Sign in den Hollywood Hills*

Von Jahr zu Jahr wurden mehr Filme produziert, die Zahl der Filmtheater stieg sprunghaft an. Allein in Deutschland wurden im Jahre 1922 474 Filme hergestellt. Deutschland stand damit hinter den USA in der Weltfilmproduktion an zweiter Stelle. Die teuersten und formal gekonntesten Filme jedoch entstanden in der „Traumfabrik" Hollywood und die amerikanischen Filmbosse verstanden es meisterhaft, Menschen als Filmdarsteller zu entdecken, sie genau im Rahmen ihres (oft beschränkten) Könnens einzusetzen und sie mithilfe weltweiter Werbeaktionen als „Stars" zu propagieren. Aber die Amerikaner erkannten, dass sie die europäische Filmproduktion nicht matt zu setzen vermochten, daher gingen sie daran, in Hollywood eine europäisch orientierte Produktion aufzuziehen.

Was an Regisseuren und Schauspielern in Europa Rang und Namen hatte, erhielt dollarschwere Angebote. Nur zwei europäische Darsteller blieben länger: Greta Garbo, die jahrelang der Weltstar Nr. 1 blieb, bis sie 1941 freiwillig abtrat, und Emil Jannings, der aber mit Beginn der Tonfilmära nach Deutschland zurückkehrte, weil er die amerikanische Sprache nicht beherrschte.

Filme wie „Die Meuterei auf der Bounty" (1935) und „Vom Winde verweht" (1939) sind unvergessen. Gleiches gilt für „Die Fabeln von King Kong" (1933), dem man heute noch in den Universal Studios begegnet.

Nach 1945 hatte Hollywood den Kampf gegen den neuen Gegner **Fernsehen** endgültig verloren. Nach und nach verblasste der Ruhm dieser Filmstadt, der 1910 so stürmisch begonnen hatte, als Thomas Edison das kinematografische Patentmonopol besaß und die sogenannten „unabhängigen Produzenten" scharf bekämpfte. Diese unabhängigen Produzenten, die damals im ganzen Land verstreut arbeiteten, zogen sich vor der Übermacht der „Großen" an die Westküste und die Nähe der mexikanischen Grenze zurück und entdeckten in der Nähe von Los Angeles eine verlassene Farm, auf der sie begannen, ihre Filmaufnahmen zu machen. Der Name dieser Farm war „Stechpalmenwald" – Hollywood.

BEVERLY HILLS ★★

Dieser bekannte Stadtteil (N34.06667° W118.4°) von Los Angeles liegt auf hügeligem Gelände und beherbergt vor allem elegante Häuser mit prachtvollen Gärten. Die Straßen sind von Palmen und gepflegten Vorgärten gesäumt. Mit dem **Rodeo Drive** verfügt der Ort über eine der teuersten Einkaufsstraßen der Welt. Beverly Hills hat ca. 35.000 Einwohner und ist als Domizil prominenter US-amerikanischer Schauspieler, Regisseure und wohlhabender Einwohner von Los Angeles bekannt. Viele Schauspieler haben allerdings Beverly Hills verlassen, ihre Villen sind aber deshalb nicht weniger attraktiv und von anderen Reichen und Neureichen besetzt.

018us Abb.: la

Das Witch House in Beverly Hills

Kinder verkaufen an jeder Straßenkreuzung „How to see the Star Homes"-Karten. Die meisten dieser Stars haben ihr home zwar längst auf dem Friedhof, man findet aber sicher einige nette Anwesen, z. B. das **Witch House,** Ecke Carmelita Avenue und Walden Drive, ein verschrobenes Haus, das 1921 für Filmaufnahmen in Culver City gebaut und dann acht Jahre später an den jetzigen Ort gebracht wurde (N34.06894° W118.41122°).

Da die engen, schmucken Straßen dieses Nobelviertels aber **für Wohnmobile gesperrt** sind, bleibt dem Wohnmobilfahrer nur die Teilnahme an einer der zahlreichen Sightseeingtouren, die überall am Hollywood- oder Sunset Blvd angeboten werden. Diese – besonders die im offenen Doppeldeckerbus – sind aber sehr zu empfehlen, denn so lernt man Beverly Hills am besten kennen. Man fährt auf dem Sunset Boulevard und über den Rodeo Drive, bestaunt bei 9641 Sunset Boulevard das berühmte Beverly Hills Hotel und sieht die pompösen Villen berühmter Leute.

Hollywood Double Decker Fun Tour

Ganzjährig täglich alle 1½ Stunden ab Grauman's Chinese Theater, 6925 Hollywood Blvd, Tel. (800) 959–3131, info@starlinetours.com, www.starlinetours.com, Erw. 15 $, Kinder 13 $

UNIVERSAL STUDIOS ***

Ein Besuch der Universal Studios lohnt sich sehr (nicht nur für Kinder). Um hinzukommen, fährt man auf dem US101 bis Universal City und nimmt dort den Exit „Universal Studio Tour".

Im Eintrittspreis der Studios inbegriffen ist eine Fahrt mit der Entertainment Tram durch mit Filmtricks angefüllte Studios, dabei sieht man King Kong, wird von Riesenhaien angegriffen oder in einem Bergwerk fast verschüttet – ein netter Gag aus der Pappmascheewelt des Films. Die Tour dauert zweieinhalb Stunden, wobei man im Außengelände z. B. das Haus von Herman Monster („The Monsters") sehen kann oder „Miss Mona's Chicken Ranch".

Universal Studios

70 Universal Studios Plz., Universal City, CA 91608, N34.13537° W118.35161°, Tel. (810) 777–6727, www.universalstudioshollywood.com, tägl. 10–18 Uhr, Eintritt 67 $ für alle Personen, die größer sind als 1,22 m, 57 $ für Personen kleiner als 1,22 m, Parken 17 $ für RVs

› Routenplan Seite 288

Disneyland, das Reich von Mickey Mouse, Tigger und Co.

019us Abb.: la

DISNEYLAND ★★★

Am Ende der Katella Avenue, kurz vor dem Harbor Blvd, liegt Disneyland, die Heimat von Mickey Mouse und seinen Freunden. Wer Spaß an sowas hat oder mit Kindern reist, sollte einen Besuch in diesem **Vergnügungspark** nicht missen. Aber man muss auf jeden Fall die Dimensionen beachten: An einem Tag kann man nur eine Sektion des Parks sehen und auch davon meist nur einen geringen Teil. Ich kenne Leute, die verbringen ihren ganzen Urlaub hier, und die Umgebung ist auch darauf eingestellt: Vom sehr guten Campingplatz über einfache und bessere Motels bis hin zum Superhotel ist alles zu haben – und für Disney-Fans würden wir einen mehrtägigen Urlaub durchaus empfehlen.

Ähnlich wie in Disney World in Florida gibt es auch hier verschiedene „Länder“, die unterschiedlichen Themen gewidmet sind. Da gibt es die „Main Street USA“ und dann – wie auch in Orlando – die Abschnitte „Adventureland“, „Frontierland“, „Fantasyland“ und „Tomorrowland“ sowie „Mickey's Birthdayland“. Besonders die Kinder haben hier großen Spaß und die tägliche Mickey Mouse Parade mit all den bunten Figuren erfreut Jung und Alt.

Walter (Walt) Elias Disney (1901–1966) hatte die Idee für seine berühmte Maus auf einem Flug von New York nach Hollywood. Sein Freund und Partner Ub Iwerk, mit dem er ein kleines Trickfilmstudio in Hollywood besaß, zeichnete die Maus und nannte sie zunächst „Mortimer“. Walt Disneys Frau jedoch fand diesen Namen gar nicht schön und benannte die Figur kurzerhand in „Mickey“ um. Am 18. November 1928 trat Mickey Mouse in New York City dann zum ersten Male in Erscheinung: Im Colony Theater am Broadway hatte der Film „Steamboat Willy“ Premiere, in dem Mickey als Leichtmatrose auftrat und das Publikum sofort zum Lachen brachte. Dies war die Geburtsstunde einer der wohl bekanntesten Comicfiguren – der Siegeszug um die ganze Welt begann und der Grundstein des riesigen Disney-Imperiums war gelegt. Bald bekam Mickey einige Freunde: Donald Duck, Goofy, Minnie Mouse und viele weitere Charaktere erfreuten fortan die Fans.

Disneyland, das Reich von Mickey Mouse und seinen Freunden feierte 2005 sein 50. Jubiläum und ist nach wie vor einer der bekanntesten Freizeitparks weltweit. Der Park in Anaheim war der **erste Disney Park** der Welt und setzte Maßstäbe für Themenparks allgemein. Hier gilt das Motto: „Hier verlassen Sie das Heute und betreten die Welt von gestern, morgen und der Fantasie“!

Disneyland Park Anaheim

1313 S Harbor Boulevard, Anaheim, CA 92803, N33.80944° W117.91889°, Tel. (714) 781-4000, www.disneyland.com, tägl. 9–22 Uhr, Tagesticket 69/59 $ (Erwachsene/Kind)

DISNEY'S CALIFORNIA ADVENTURE PARK ★★★

Nicht weit entfernt befindet sich Disney's California Adventure Park (Adresse wie Disneyland), ein pompöser Park mit den **moderneren Fahrgeschäften** (Weltraum!). Es gibt fünf Bereiche: „Buena Vista Street“, „The Golden State“, „Hollywood Pictures Backlot“, „Paradise Pier“ und „A Bug's Land“. Die beliebtesten Attraktionen sind der freie Fall im „Twilight Zone Tower of Terror“, ein virtueller Flug über Kalifornien im „Soarin' Over California“ und die Fahrt durch das Land der Monster in „Monsters Inc.“ Einige Besucher halten diesen Park wegen der moderneren Fahrgeschäfte sogar für besser als den traditionellen Disney-Park. Ein Tagesticket kostet 59/49 $ (Erwachsene/Kind), ein „Park Hopper Ticket“ für beide Parks kostet für drei Tage 179 $ (Kinder von 3 bis 9 Jahre 149 $).

Knott's Berry Farm ★

Knott's Berry Farm ist ein weiterer Vergnügungspark, nur knapp zehn Autominuten von Disneyland entfernt. Er war der erste Themenpark in Kalifornien und wurde 1928 eröffnet. Mit 165 Attraktionen bietet er Spaß für die ganze Familie.

› 8039 Beach Boulevard, Buena Park CA 90620, N33.8429° W117.99687°, Tel. (714) 220-5200, www.knotts.com, Sept.–Juni Mo.–Fr. 10–18 Uhr, Sa./So. 10–22 Uhr, Juli–August Mo.–Fr. 9–22 Uhr, Sa./So. 9–24 Uhr, Eintritt 51,99/22,99 $, Parken 15 $

3 Anaheim Harbor RV Park ***(s. S. 80)***

AUF DER KÜSTENSTRASSE NACH SANTA BARBARA (124 miles – mile 124)

Auf dem Highway One, dem Pacific Coast Highway, geht es nordwärts in Richtung Santa Barbara mit dem Fernziel San Francisco. In Santa Monica, dem letzten Stadtteil von Los Angeles, trifft die „Küstenstraße“ dann direkt auf die Küste – und dort verläuft diese Tour auch bis auf wenige Ausnahmen.

Malibu ist ein typischer kalifornischer Badeort mit großen weißen Sandstränden und entsprechendem bunten Treiben in den Sommermonaten, der sich über etliche Kilometer entlang dem Pacific Coast Highway erstreckt. Der Ort hat 12.000 Einwohner, darunter viele Schauspieler und Schriftsteller. Es gibt keinen eigentlichen Stadtkern, aber das Zentrum der Aktivitäten ist sicher der weit ins Meer herausragende hölzerne Pier mit Alice's Restaurant, wo man sehr gut essen kann (Dinner ca. 25 $ pro Person ohne die Getränke).

Die Fahrt geht an der Küste entlang, links der Pazifik und schöne Strände, rechts die Ausläufer der Santa Monica Mountains. Bei Oxnard trifft der Highway One auf den US101, dem er von hier bis hinter Santa Barbara folgt. In Rincon Point kann man den US101 verlassen, um einige Meilen auf einer noch schöneren Straße zu fahren: Ein blauer Wegweiser lockt auf den „Scenic Drive“ SR192, der über 15 points of interest („Sehenswürdigkeiten“) direkt zur Mission von Santa Barbara führt. Auf dieser Strecke kommt man durch den Teilort Montecilo, von dem man sagt, dort wohne „das alte Geld“. Und arm sieht es da wahrlich nicht aus. Weiter unten breitet sich die Altstadt von Santa Barbara aus, die heute unter Denkmalschutz steht.

Die Stadt **Santa Barbara** hat sich ihre spanisch-mexikanischen Wurzeln bewahrt. Am Hang der Santa-Yuez-Berge begegnet man in üppigen subtropischen Gärten den ersten spanischen Häusern. Eine schöne Stadt mit weit verstreut stehenden Häusern im spanischen Stil in weiß und ocker, mit karminroten Dächern, von schlanken Palmen überragt.

Santa Barbara wurde 1786 gegründet, bei einem Erdbeben 1925 stark beschädigt und hat heute knapp 90.000 Einwohner und keine Industrie. Hier ist es in erster Linie schön – ein Seebad mit Flair, in dem man seinen Urlaub verbringen könnte. Man flaniert durch die Straßen, sitzt in einem der vielen hübschen Restaurants am Cabrillo Blvd oder faulenzt an einem der schönen Strände (die schönsten von Kalifornien). Oder man spaziert auf der markierten Red Tile Tour durch die Altstadt: Die „Rote-Ziegel-Tour“ führt den Besucher zum County Courthouse, zur City Hall, zum Camino Cielo und die Einkaufsstraße State Street hinunter, um dann zwischen Canon Perdido Street und De la Guerra Street links in den El-Paso-Komplex einzubiegen, den man aber in Damenbegleitung wegen der vielen, schönen

020us Abb.: la

Boutiquen meiden sollte! Alles stammt aus der Zeit, als Kalifornien noch eine mexikanische Provinz war. Über die malerische Los Olivos Street kommt man zur Old Mission Santa Barbara, der „Königin der Missionen".

Am 4. Dezember 1786 gegründet, war sie die zehnte spanische Mission an der Westküste. Die ersten neun wurden von Pater Junipero Serra gegründet, Santa Barbara entstand zwei Jahre nach seinem Tod durch seinen Nachfolger Pater Fermin Francisco de Lasuen – sie gilt heute als die schönste.

Information

Santa Barbara Visitor Center, 1 Garden St, gegenüber vom Chase Palm Park, Tel. (805) 965-3021, tourism@santabarbaraca.com

4 El Capitan State Park ***(s. S. 80)***

DER SCHÖNE STRAND VON MORRO BAY

(120 miles – mile 244)

Der legendäre Highway Number One ist vom Ozean geprägt, der hier jetzt streckenweise tief unten brodelt und an anderen Stellen friedlich zum Baden einlädt. Steil und eng folgt die Straße den Windungen der zerklüfteten Küste.

Etwa 8 mi hinter dem El Capitan State Beach, gleich hinter dem Gaviota-Pass (280 m!) trennen sich die beiden Küstenstraßen, der Highway One biegt nach links ab, der US101 geht geradeaus weiter. Von letzterem zweigt nach 8 mi die SR246 ab, auf der man nach ca. 3 mi den kleinen Ort **Solvang** **, angekündigt als „Solvang – Denmark in California", erreicht.

▲ *Sonnenuntergang am Highway One*

Information

Solvang Visitors Bureau, 1511-A Mission Dr, P.O. Box 70, Solvang, CA 93464, Tel. (805) 688-6144, www.solvangusa.com

Royal Copenhagen Inn

1579 Mission Drive, Solvang, CA 93463, Tel. 1-800-624-6604, ab 79 $

5 Morro Dunes Travel Trailer Park & Resort Campground (s. S. 80)

6 Santa Margarita KOA (s. S. 81)

Zunächst einmal ist man verwirrt: Man parkt auf dem Marktplatz einer dänischen Stadt mit riedgedeckten Häusern, Windmühlen, bunt bemalten Fachwerkhäusern und dänischen Ladenschildern. In den heimeligen und sauberen Läden findet man dänisches Buttergebäck, wunderbares dänisches Brot, Käse, Mandelkringel und echtes Kopenhagener Porzellan.

Solvang heißt auf Dänisch „sonnige Wiese“ und wurde im Jahre 1911 von einer Gruppe dänischer Lehrer gegründet, die in dieser Gegend einen Ort suchten, um eine Volksschule zu bauen. Sie bauten die Schule und später das Atterdag College und die ganze Stadt. 3700 Einwohner gibt es jetzt und 2700 von ihnen sind dänischer Abstammung. Es gibt den Hans Christian Andersen Park und Rassmussen's Haushalts- und Strickwarenladen. Gut essen kann man überall und wer eine Übernachtung buchen möchte, kann dies im Royal Copenhagen Inn im Zentrum der Stadt tun, „a danish style village hotel“. Das Solvang Visitors Bureau liegt gleich nebenan, ebenfalls mitten in der Stadt. Um Solvang herum gibt es zahlreiche Weingüter, von denen man einige besichtigen kann.

Auf dem US101 geht es dann weiter, jetzt nicht am Meer entlang, sondern durch die Salomon Hills bis Santa Maria und erst dann wieder zurück ans Meer zu den wunderschönen Stränden Pismo Beach und Shell Beach. Für die nächsten 9 mi handelt es sich bei US101 und Highway One wieder um dieselbe Straße. In San Luis Obispo (wo sich die Mission San Luis befindet), zweigt der Highway One nach links ab und man erreicht nach 14 mi **Morro Bay** *, das in keinem Reiseführer erwähnt wird, aber einen sehr schönen RV Park direkt am Meer und einen schönen, breiten Strand auf einer von Sanddünen geprägten Halbinsel hat. Die Sehenswürdigkeit hier ist Morro Rock, bekannt als „Gibraltar des Pazifik“. Dabei handelt es sich um einen gewaltigen, konischen Felsen, der sich fast 200 m aus dem Meer erhebt und wie eine uneinnehmbare Festung der starken Brandung trutzt.

021us Abb.: la

Der schöne Strand von Morro Bay

MONTEREY (114 miles – mile 358)

Bei Morro Bay beginnt das schönste Teilstück des Pacific Coast Highway, wie der Highway One hier heißt. Die bis nahe ans Meer reichenden Santa-Lucia-Berge zwingen die Straße zu endlosen Kurven im steil abfallenden Vorgebirge: Die Fahrbahn ist schmal und teilweise ohne Seitenbefestigung und es geht bergauf und bergab. Für große Wohnmobile, und das sind in Amerika solche über neun Meter Länge, ist diese Strecke nicht ganz einfach zu fahren, aber man kann immer wieder Pausen einlegen, um an den überall angelegten Haltepunkten den Blick auf den Ozean mit der weit heranrollenden Brandung zu genießen, die sich an den Felsklippen bricht. Die Fahrt auf dieser Strecke ist eines der größten Erlebnisse, die man als Autofahrer in den USA haben kann.

Was für Ludwig II. von Bayern Schloss Neuschwanstein, war für den amerikanischen Zeitungskönig William Rudolph Hearst (1863–1951) sein **Hearst Castle** *. Dieses 30 Millionen Dollar teure Schloss wurde zwischen 1919 und 1947 gebaut. Es hat einhundert Räume und liegt oberhalb des kleinen Küstenortes San Simeon, 190 mi nördlich von Los Angeles. Das Castle ist von dem riesigen Parkplatz an der Küstenstraße aus nur mit Besichtigungsbussen zu erreichen und diese Touren sind immer ausverkauft, obwohl man sehr darüber streiten kann, ob man dieses Schloss unbedingt sehen und mindestens einen halben Urlaubstag dafür opfern muss. Es werden drei Touren angeboten, wobei Tour 1 ist die interessanteste ist. Sie zeigt die Gärten, die Fremdenzimmer und das Hauptstockwerk im Schloss. Die ganze Anlage ist eine Ansammlung schlossähnlicher Gebäude verschiedener europäischer Stilrichtungen mit Marmorfiguren, Springbrunnen, riesigen Schwimmbecken und wunderschön gepflegten Palmen- und Blumengärten. Das „verrückteste Bauwerk Amerikas" liegt auf einem 530 m hohen Berg mit einem schönen Ausblick auf San Simeon und den Pazifik.

Hearst Castle
750 Hearst Castle Road, San Simeon, CA 93452, N35.68556° W121.16833°, Tel. (800) 444-4445, tägl. außer Thanksgiving, 25. Dez. und 1. Jan. von 8.20–15.20 Uhr, Eintritt 20/10 $

Das pompöse Hearst Castle steht völlig im Gegensatz zum nächsten Ziel am Pacific Coast Highway: **Big Sur** ***. Dabei handelt es sich um einen 90 mi langen, wilden und atemberaubenden Küstenstreifen zwischen Carmel und San Simeon, an dem sich der Highway One, die majestätischen Santa Lucia Mountains auf der rechten, die felsenreiche Pazifikküste auf der linken Seite, entlangwindet. Der Name setzt sich aus dem englischen Wort big („groß") und dem spanischen Wort sur („Süden") zusammen und bedeutet also „Großer Süden". Big Sur ist weltweit für seine spektakuläre Schönheit bekannt. Hiking, Rucksackwandern und Fahrten entlang der herrlichen Küste sind die Hauptattraktionen für die Besucher dieser Region, berühmt ist auch die spektakuläre Bixby Bridge. Aber Vorsicht beim Fahren! Der Highway One ist eine der schönsten und besten Straßen der Welt, aber die scharfen Kurven und steilen Strecken erlauben keine hohen Geschwindigkeiten.

◀ *Solvang – Dänemark in Kalifornien!*

097us Abb.: la

Noch 25 mi sind es bis zu dem kleinen, aber wunderschönen Küstenort **Carmel** *** (N36.55° W121.91667°), der 1904 von einigen wenigen Schriftstellern und Künstlern gegründet wurde. Heute hat der Ort 4000 Einwohner und besteht fast nur aus Boutiquen, Restaurants und Wohnhäusern aller Stilrichtungen, die den Geschmack und Geldbeutel des jeweiligen Besitzers charakterisieren. Auch Doris Day wohnt hier – niemand weiß jedoch, wo – und Clint Eastwood war von 1986 bis 1988 sogar Bürgermeister von Carmel.

Ein Bummel durch dieses Städtchen ist erfrischend und man findet manche Kleinigkeit zum Mitnehmen. Wer hier Quartier nehmen will, sollte für ca 120,71 $ pro Doppelzimmer im Carmel Inn absteigen. Das ist preiswert und das Wirtshaus liegt direkt im Zentrum dieses gemütlichen Dörfchens. Ohne Vorbestellung hat man jedoch keine Chance!

An der Rio Road liegt die Mission von Carmel, deren genaue Bezeichnung, Mission San Carlos Borromeo del Rio Carmelo, sowohl den Amerikanern als auch den Besuchern zu lang ist. Sie wurde 1771 von Pater Junipore Serra gegründet, der hier auch 1784 seine Ruhestätte fand. Die im spanischen Stil erbaute Kirche liegt inmitten eines subtropischen Gartens mit violetten und glühend roten Bougainvillen, indischen Cannas und der elfenbeinfarbenen „Our Lord's Candle".

7 Big Sur Campground & Cabins **(s. S. 81)**

Carmel Inn
Junipero Ave/5th Ave, Carmel, CA 93923, Tel. (831) 624-1900

Hinter Carmel sollte man den Highway One kurz verlassen, um die Sehenswürdigkeiten des **17-Mile Drive** * nicht zu verpassen. Am Pacific Grove Gate entrichtet man 8 $, für die man dann durch den dichten Del-Monte-Wald mit seinen Kiefern und Zypressen fahren darf, vorbei an Villen und unzähligen Golfplätzen, die einem einen Blick auf das Leben der wohlhabenden Amerikaner – the happy few – gewähren. Die schönsten Punkte der Strecke sind Lone Cypress und Seal Rock.

An der **Seal Rock Picnic Area** sollte man auf jeden Fall halten, auch wenn einem der Sinn nicht nach Picknick steht. Dort auf den vorgelagerten Klippen kann man aus ziemlicher Nähe die Seelöwen beobachten und mit dem Teleobjektiv gute Fotos machen. Und weiter auf dem 17-Mile Drive findet man am **Cypress Point** eine unberührte Landschaft gewaltiger, beeindruckender Bäume. Auf den Granitklippen der hier steil abfallenden Küste wachsen prächtige Exemplare der Monterey-Zypresse. **The Lone Cypress,** die über 200 Jahre alte, einsame Zypresse, ist das Wahrzeichen dieser Gegend, weltberühmt und viel fotografiert. Mit breit gefächerter Krone erhebt sie sich einsam auf einem Felsen mitten in der Brandung.

▲ *Berühmt und oft fotografiert – die Lone Cypress*

▶ *Die Pazifikküste bei Santa Cruz*

Auf dem 17-Mile Drive geht es weiter bis zum malerischen Fischereihafen **Monterey** (N36.6° W121.88333°). Hier schlendert man gemütlich über Fisherman's Wharf und trinkt dann in einem der kleinen Restaurants einen Kaffee. Wer rechtzeitig am Morgen dort ist, kann auch die Fischerboote besichtigen und das Ausladen der nächtlichen Beute beobachten. Monterey, was auf Spanisch „Königsberg" heißt, hat gut 30.000 Einwohner und beherrbergt das weltbekannte Monterey Bay Aquarium.

Monterey Bay Aquarium

886 Cannery Row, Monterey, CA 93940, Tel. (866) 963-9645, equarist@mbayaq.org, www.mbayaq.org, täglich 10-18 Uhr, Eintritt 29,95/17,95 $

SANTA CRUZ ★

(42 miles - mile 400)

Am nördlichen Ende der Bucht von Monterey liegt Santa Cruz (nicht zu verwechseln mit der Insel vor Santa Barbara). Diese quirlige Stadt, die im Einzugsgebiet von San Francisco liegt, ist durch den **Santa Cruz Beach Boardwalk** bekannt, den einzigen **Amüsierpark** der Westküste mit Karussells und allem, was dazugehört, der direkt am Ozean liegt. 1907 wurde hier ein großes Kasino errichtet, das heute Teil des Unterhaltungsparks ist. Ansonsten kann man noch schön über die Hauptgeschäftsstraße **Pacific Avenue** bummeln und sich die **Town Clock** im Zentrum ansehen oder die schönen **Strände** genießen. Von Santa Cruz geht es nun für weitere 43 mi über den Highway One bis nach **San Francisco,** dem Startpunkt der Route 2.

Information

Santa Cruz County Conference and Visitors Council, 1211 Ocean St, Santa Cruz, CA 95060, N36.96667° W112.03333°, Tel. (831) 425-1234, Fax (831) 425-1260, comments@santasruz.org, www.santacruz.org

8 New Brighton State Beach Campground (s. S. 81)

9 Santa Cruz/ Monterey Bay KOA (s. S. 81)

10 Camping Butano State Park (s. S. 81)

Anschlussroute

Endpunkt dieser Route und Startpunkt für Route 2 ist San Francisco (43 miles - mile 443).

023us Abb.: la

STELLPLÄTZE ENTLANG DER ROUTE

Stellplatz

1 *Dockweiler Beach RV Park*

N33.92877° W118.43463°

Einer der wenigen Plätze direkt am Meer. Reservierung (10 $) empfohlen. **Lage/Anfahrt:** Den Highway One in Richtung Norden und dann den Highway 42 in Richtung Westen bis Playa del Rey; **Platzanzahl:** 117; **Ver-/Entsorgung:** Strom, Trinkwasser, Abwasser, full hook-up; **Sicherheit:** umzäunt, beleuchtet; **Preise:** 41–45 $/Fahrz.; **Max. Stand:** unbegrenzt; **Geöffnet:** ganzjährig; **Kontakt:** 12001 Vista del Mar, Playa del Rey, CA 90293, Tel. (800) 950–7275, rvpark.pci@netzero.com, www.beaches.co.la.ca.us

Stellplatz

2 *Los Angeles North KOA*

N34.4388° W118.27555°

Ein ruhiger Platz, eingebettet in die Berge des südkalifornischen Soledad Canyon. **Lage/Anfahrt:** I5 North, dann SR14 North bis Exit „Soledad Canyon Road". **Ver-/Entsorgung:** full hook-up; **Preise:** 28 $/Fahrz.; **Geöffnet:** ganzjährig; **Kontakt:** 7601 Soledad Canyon Road, Acton, CA 93510, Tel. (661) 268–1214, Fax (661) 268–1691, www.koa.com, info@losangeleskoa.com

Stellplatz

3 *Anaheim Harbor RV Park*

N33.82° W117.9158°

Guter Platz, recht belebt, da er nahe am Disney-Park liegt. **Lage/Anfahrt:** 1 Meile nördlich von Disneyland den South Harbour Blvd hinauf; **Ver-/Entsorgung:** Strom, Trinkwasser, Abwasser, Chemie-WC; **Sicherheit:** umzäunt, beleuchtet; **Preise:** 51 $/Fahrz.; **Max. Stand:** unbegrenzt; **Geöffnet:** ganzjährig; **Kontakt:** 1009 S Harbor Blvd, Anaheim, CA 92805, Tel. (714) 535–6495, Fax (714) 535–4239, info@anaheimharborrvpark.com

Stellplatz

4 *El Capitan State Park*

N34.46° W120.024°

Ein angenehmer „Badeplatz" am Wasser. Im Sommer Reservation empfohlen. **Lage/Anfahrt:** Auf einer Halbinsel zwischen US101 und dem Meer, 17 mi westlich von Santa Barbara; über den US101 bis zum Wegweiser mit der Aufschrift „El Capitan"; **Ver-/Entsorgung:** Strom, Trinkwasser, Abwasser; **Preise:** 11–25 $/Fahrz.; **Max. Stand:** 7 Tage; **Geöffnet:** 1.4.–30.11.; **Kontakt:** 10 Refugio Beach Rd, Goleta, CA 93117, Tel. (805) 968–1033, info@parks.ca.gov, www.parks.ca.gov

Stellplatz

5 *Morro Dunes Travel Trailer Park & Resort Campground*

N33.37797° W120.86222°

Schöner, gut geführter Platz direkt am Meer. **Lage/Anfahrt:** In Morro Bay; vom Highway One auf den Highway 41 in Richtung Meer; **Platzanzahl:** 153; **Ver-/Entsorgung:** Strom, Trinkwasser, Abwasser; **Preise:** 40 $/Fahrz.; **Max. Stand:** unbegrenzt; **Geöffnet:** ganzjährig; **Kontakt:** 1700 Embarcadero, Morro Bay, CA 93442, Tel. (805) 772–2722, morrodunes@sbcglobal.net, www.morrodunes.com

Stellplatz

6 *Santa Margarita KOA*

N35.37943° W120.56172°

Der Platz liegt am Santa Margarita Lake, wo u. a. Bootsfahrten angeboten werden, gegenüber gibt es einen Reitstall. **Lage/Anfahrt:** In Santa Margarita fährt man von der US101 an der Estrada Avenue rechts ab und nach 9,5 mi links auf die Santa Maria Lake Road; **Ver-/Entsorgung:** full hook-up; **Preise:** 35,10 $; **Max. Stand:** unbegrenzt; **Geöffnet:** ganzjährig; **Kontakt:** 4765 Santa Margarita Lake Road, Santa Margarita, CA 93453, Tel. (800) 562-5619, Fax (805) 438-3576, reservations@smlcamp.com, http://koa.com/where/ca/05224

Stellplatz

7 *Big Sur Campground & Cabins*

N36.11932° W121.63122°

Platz in einer wunderschönen Umgebung; in der Hochsaison etwas voll. **Lage/Anfahrt:** 25 mi südlich von Carmel unterhalb des Highway One, auf dem Highway One ausgeschildert; **Ver-/Entsorgung:** Strom, Trinkwasser, Abwasser; **Preise:** 40-58 $/Fahrz.; **Max. Stand:** unbegrenzt; **Geöffnet:** ganzjährig; **Kontakt:** 47000 Highway One, Big Sur, CA 93920, Tel. (831) 667-2322, www.bigsurcamp.com

Stellplatz

8 *New Brighton State Beach Campground*

N36.98° W121.93635°

Einer der wenigen Plätze direkt am Wasser! **Lage/Anfahrt:** 4 mi vor Santa Cruz; Highway One bis Exit New Brighton/Park Avenue; **Platzanzahl:** 82; **Ver-/Entsorgung:** Strom, Trinkwasser, Abwasser; **Preise:** 25-35 $/Fahrz.; **Geöffnet:** ganzjährig; **Kontakt:** 1500 Park Avenue, Capitola, CA 95010, Tel. (831) 464-6330, info@parks.ca.gov, www.parks.ca.gov

Stellplatz

9 *Santa Cruz/Monterey Bay KOA*

N36.92623° W121.84517°

Relativ teurer Platz, auf dem aber besonders für Kinder viel angeboten wird. **Lage/Anfahrt:** Über den Highway One; 10 mi südlich von Santa Cruz biegt man links auf die San Andreas Road ab, dort befindet sich nach 3 mi links der Platz; **Ver-/Entsorgung:** full hook-up; **Preise:** 84 $ pro Nacht (!); **Geöffnet:** ganzjährig; **Kontakt:** 1186 San Andreas Road, La Selva Beach, CA 95076, Tel. (800) 562-7701, Fax (831) 722-0989, santacruz@koa.net, http://koa.com/where/ca/05113

Stellplatz

10 *Camping Butano State Park*

N37.232° W122.35917°

Einfacher State-Park-Platz, aber von „reserve america" empfohlen. **Lage/Anfahrt:** 17 mi südlich von Half Moon Bay rechts vom Highway One in die Pescadero Road abbiegen, nach 3 mi rechts in die Cloverdale Road und dann noch 5,5 mi bis zum Platz; **Ver-/Entsorgung:** nur Wasser; **Anzahl Stellplätze:** 21; **Preise:** ca. 10 $; **Geöffnet:** ganzjährig; **Max. Stand:** 14 Tage; **Kontakt:** 1500 Cloverdale Rd Pescadero, CA 94060, Tel. (650) 879-2040, www.reserveamerica.com

› Routenplan Seiten 288, 286

SAN FRANCISCO, REDWOOD-BÄUME, VULKANE UND WEIN

Die Fortsetzung des legendären Highway One über San Francisco hinaus ist mindestens so schön wie der südliche Abschnitt. Die Küste von Oregon ist herrlich und Seattle eine tolle Stadt, doch all das zu beschreiben, würde den Rahmen dieses Buches sprengen. Einen kleinen Abstecher nach Oregon leisten wir uns aber, um einige der Sehenswürdigkeiten im Norden und Nordosten von San Francisco zu besuchen. Die riesigen Redwoodbäume an der Küste sind beeindruckend, aber bei Crescent City müssen wir die Pazifikküste dann endgültig verlassen. Im Inland erwartet den Besucher dafür eine durch hohe Berge und frühere Vulkantätigkeit geprägte Landschaft. Man kann Höhlen besuchen, durch enge Lavaröhren krabbeln, den kreisrunden Crater Lake bestaunen und zum Abschluss die schönen kalifornischen Weine direkt beim Erzeuger genießen.

014us Abb.: la

ROUTE 2

NÖRDLICH VON SAN FRANCISCO

STRECKENVERLAUF

Strecke:
San Francisco – Fort Bragg (170 mi) – Redwood National Park (181 mi) – Oregon Caves National Park (122 mi) – Crater Lake (127) – Lava Beds National Monument (120 mi) – Lassen Volcanic National Park (183 mi) – Lake Tahoe (180 mi) – Sacramento (115 mi) – Napa Valley (60 mi) – San Francisco (50 mi)

Streckenlänge: 1308 mi

SAN FRANCISCO ★★★

Es führen viele Wege nach San Francisco, am besten nimmt man auch hier die Küstenstraße Highway One, auf der man die Stadt in dem Vorort Pacifica erreicht. Dort gibt es einen Campingplatz am Meer (Exit „Monterey Drive“).

⓫ ***San Francisco RV Resort (s. S. 116)***

Über die Highways One, I280 und US101 kommt man direkt ins Zentrum. Es gibt auch einen Stadt-Campingplatz, von dem eine Shuttleverbindung ins Zentrum besteht. Der Platz liegt im Candelstick Park an der San Francisco Bay.

⓬ ***Candelstick RV Park (s. S. 117)***

San Francisco International Airport

Der Flugplatz von San Francisco liegt 21 km südlich der Innenstadt in einem aufgeschütteten Bereich der Bucht von San Francisco.
Adresse: *San Francisco International Airport, P.O. Box 8097, San Francisco, CA 94128-9916*
Koordinaten: *N37.61889° W122.375°*
Tel. *(650) 8762377 oder (650) 8218211 (Flughafen-Informationen), Fax (650) 8214004*
Internet: *www.flysfo.com*
Ortszeit: *MEZ -9*
Lage: *21 km südlich vom Stadtzentrum San Francisco*
Durchschnittliche Flugzeiten: *ab Frankfurt: 11 Std., ab Wien oder Zürich: 14 Std.*
Transfer zwischen den Terminals: *Der neue automatische Shuttlezug AirTrain mit den zwei Routen Red Line und Blue Line verkehrt rund um die Uhr zwischen den Terminals, Parkplätzen und der BART-Station. Die Blue Line fährt zusätzlich noch zum Mietwagenzentrum.*
Anfahrt mit Pkw: *Vom Stadtzentrum San Franciscos kommend, nimmt man die Route 101 nach Süden und folgt den Schildern zum Flughafen. Um zum Mietwagenzentrum zu gelangen, biegt man links auf die Interstate 380 ab und dann rechts auf den South Airport Boulevard. Um zu den Langzeitparkplätzen zu gelangen, nimmt man die Route 101 in Richtung Süden bis zur Ausfahrt „San Bruno Avenue/San Francisco International Airport", biegt links ab und folgt den Schildern zum Flughafen.*
Wohnmobil-Mietstationen:

- *Cruise America San Francisco, 796 66th Ave, Oakland, CA 74621, Tel. (510) 639-7125*
- *El Monte San Francisco, 6301 Scarlett Ct., Dublin, CA 94568, Tel. (925) 803-0331*
- *Moturis San Francisco, 420 San Leandro Blvd, San Leandro, CA 94577, Tel. (877) 562-7566*
- *Road Bear RV San Francisco, 847 Industrial Parkway West, Hayward, CA 94544, Tel. (866) 491-9853*

Geld und Telekommunikation: *Geldautomaten und Wechselstuben (Öffnungszeiten: täglich 6.30–22.30 Uhr) stehen in allen Terminals im Check-In- und Ankunftsbereich zur Verfügung und in Terminal 3 gibt es eine Bank (Öffnungszeiten: Mo.–Fr. 8–16 Uhr, Sa. 8–12 Uhr). Briefkästen und Briefmarkenautomaten sind über den gesamten Flughafen verteilt. Mobiltelefone können auf der Ebene 1 (Ankunft) der Einstiegsbereiche A, B, C, E und F der inländischen Terminals und auf den Ebenen 2 und 3 der Abflugsbereiche A und G im internationalen Terminal gemietet werden. Ein Postamt findet man in Terminal 3.*

Wer es nicht aushält und gleich die **Golden Gate Bridge** sehen möchte, fährt auf der SR1 oder dem US101 ganz durch die Stadt hindurch bis zum Nordende und landet dann automatisch auf der riesigen Brücke. (Achtung: Der Rückweg, also in die Stadt hinein, kostet 5 $ Brückenmaut!) Auf der anderen Seite biegt links eine kleine, kurvenreichen Nebenstraße wieder in Richtung Golden Gate Bridge ab, dabei kommt man aber an den **Cavillo Point,** von wo aus man den „berühmten" Blick auf San Francisco mit der gigantischen Golden Gate Bridge im Vordergrund hat. Hier jedoch erlebt man in den Sommermonaten – von Mai bis September – fast stets eine Enttäuschung, denn die wohlbekannten Postkarten werden immer im Winter gemacht: die Brücke verbirgt sich den Sommer in dichtem Nebel, der ständig vom Pazifik in die San Francisco Bay hereindrückt und natürlich auch den Blick auf die Stadt arg verschleiert. Wer hier die Brücke im Sommer fotografieren kann, ist ein Glückspilz.

025us Abb.: la

▲ *Die Transamerica Pyramid, eines der Wahrzeichen von San Francisco*

Dieser Nebel ist auch Schuld daran, dass es die Stadt San Francisco erst seit 1776 gibt. Die **Spanier** hatten die Möglichkeit, die sich ihnen hier bot, glatt übersehen. Immer, wenn sie von San Diego aus nordwärts segelten, lag dort diese dichte Nebelbank und versperrte die Einsicht in die Bucht. Das ist auch heute oft noch so. Es dauerte 200 Jahre, bis das erste spanische Schiff unter Kapitän de Ayala die Einfahrt in die Bay entdeckte. Damals schrieb man das Jahr 1775 und bereits ein Jahr später wurde die Mission San Francisco de Asis gegründet, aus der sich dann alsbald eine blühende Küstenstadt entwickelte, die 1847 ihren heutigen Namen erhielt. Natürlich half auch hier der Goldrausch der Jahre 1848 bis 1851 dem lebhaften Aufschwung. Allein im Jahre 1849 wuchs die Stadt um 40.000 Einwohner. Am 17. April 1906 kam dann das große Erdbeben, welches 80 Prozent der Stadt in Schutt und Asche legte. 30.000 Häuser fielen zusammen oder verbrannten bei dem anschließenden verheerenden Großfeuer, doch aus den Trümmern entstand innerhalb von fünf Jahren ein neues San Francisco, die Stadt, die jetzt im Nebel vor einem liegt.

San Francisco befindet sich im nördlichen Teil einer etwa 12 km breiten Halbinsel, die im Osten von der San Francisco Bay und im Westen vom Pazifik begrenzt wird. Diese Wasserfläche und die kühle Meeresströmung an dieser Stelle des Pazifik wirken wie eine riesige Klimaanlage: Die Winter in San Francisco sind mild und die Sommer angenehm kühl, sodass man in der Stadt nur wenige Klimaanlagen sieht. Allerdings gibt es dafür den berüchtigten „Sommernebel", der die Fotografen auf dem Cavillo Point so ärgert. Diese Nebel entstehen dadurch, dass ständig die kühle Meeresluft auf die warme Luft des Festlands stößt.

In San Francisco kann man Wochen oder gar Monate verbringen, daher sollen hier nur die Sehenswürdigkeiten aufgezählt werden, die man bei einem kurzen Besuch unbedingt anschauen sollte. Im Zentrum benutzt man dafür streckenweise am besten den Bus oder die Cable Car. Mutige Leute fahren aber auch mit dem Wohnmobil mitten in die Stadt hinein – das ist hier nicht außergewöhnlich und es wimmelt von RVs. An der Ecke Taylor/North Point Street gibt es einen **Parkplatz,** auf dem die Chance groß ist, einen Platz zu erschwinglichen Preisen zu bekommen. Von dort sind es nur zwei Blocks ans Meer zur **Fisherman's Wharf,** dem Touristenzentrum am Hafen mit

Restaurants, Verkaufsbuden, Gauklern, Musikanten und was sonst noch zum „Touristenrummel“ gehört.

Nicht weit entfernt liegt der Pier 33. Von dort starten die Schiffe zur Insel **Alcatraz,** jener zwei Kilometer nördlich der Stadt gelegenen Insel, die noch bis 1963 als Gefängnis diente. Alle Großen der amerikanischen Unterwelt wurden hier „beherbergt“: Auch Al Capone und Robert Stroud, der „Birdman“, saßen hier ein.

Den schönsten Blick auf Alcatraz Island hat man vom oberen Ende der Gefällestrecke der **Lombard Street.** Die Bewohner von San Francisco nennen sie die „krummste Straße der Welt“. Blumengeschmückt und mit roten Backsteinen gepflastert windet sich die Straße in zehn Haarnadelkurven mit einem starken Gefälle von der Hyde Street herunter zur Learenworth Street. Ein nicht endender Strom von Touristenautos quält sich hier tagtäglich hinunter, obgleich die Parallelstraßen einen ganz normalen Verkehr zulassen. Aber das ist halt nicht so spaßig.

Oben in der Hyde Street ist auch eine der schönsten Steilstrecken der **Cable Car.** Mit dieser alten Straßenbahn muss jeder Besucher einmal fahren! Der Kabelfabrikant Andrew Smith Hallidie hatte im Jahr 1870 die Idee zu dieser von unterirdischen Kabeln angetriebenen Straßenbahn und bereits 1873 war die erste Teilstrecke in Betrieb. Heute sind die bunten Wagen der Cable Car ein Wahrzeichen von San Francisco und die letzten drei Teilstrecken stehen unter Denkmalschutz.

Die **Antriebskabel** der Cable Car verlaufen in einem Kanal unterhalb der Straße über Seilrollen und bewegen sich ununterbrochen mit einer gleichmäßigen Geschwindigkeit von etwa 20 Stundenkilometern. In jeder Cable Car gibt es außer dem Schaffner noch einen „Gripman“, den Greifermann, der mit einer seltsamen Klemmvorrichtung den Wagen an das Seil anhängt, um dann mit „Seilgeschwindigkeit“ die steilen Berge herauf- oder herunterzufahren. An den Haltestellen wird der Wagen vom Seil gelöst und mit einer riesigen Handbremse zum Stillstand gebracht. Das Ganze geschieht mit großem Gepolter und Gebimmel, macht Mordsspaß und ist hoffnungslos unwirtschaftlich – aber umweltfreundlich. Die schönste Strecke ist von Fisherman's Wharf über die Hyde und Powell Street zur Market Street, vorbei am oberen Teil der Lombard Street. Interessant ist es auch, an einem der turntables, den Drehscheiben am Ende jeder Fahrstrecke, zuzuschauen, wie Gripman und Schaffner, meist unter Mithilfe der Fahrgäste, ihr viktorianisches Gefährt in die neue Fahrtrichtung drehen. Die Kabel der drei Linien werden im

Visitor Information Center

900 Market Street, San Francisco, CA 94102-2804, N37.78508° W122.48211, Tel. (415) 391-2000, Fax (415) 362-7323, info@onlyinsanfrancisco.com, www.onlyinsanfrancisco.com

▼ *Oben an der Hyde Street ist eine der schönsten Steilstrecken der Cable Car*

026us Abb.: la

Maschinenhaus der Cable Car Barn Ecke Washington und Mason Street zentral angetrieben. Wer genügend Zeit hat, kann dieses Depot und das dazugehörige **Cable Car Museum** besichtigen.

Die Straßen von San Francisco winden sich wie Achterbahnen über die siebzig Hügel der Stadt. Vom tiefsten Punkt der Lombard Street kann man nach Osten hin wieder steil zum 90 m hohen Telegraph Hill mit dem 64 m hohen **Coit Memorial Tower** emporwandern (oder -fahren). Oben vom Turm hat man einen herrlichen Rundblick über die Stadt und die San Francisco Bay (Eintritt 3 $). Der Turm wurde 1934 zum Andenken an die Freiwillige Feuerwehr errichtet, die im alten, stark brandgefährdeten San Francisco große Taten vollbrachte. Gestiftet wurde er von Lillie Hitchcock Coit, einer vermögenden Lady, die eine große Verehrerin der tapferen Feuerwehrleute von San Francisco war.

An der Grant Avenue liegt in Höhe der Washington Street das Viertel **Chinatown.** Man erreicht es leicht mit der Cable Car und kann hier bei einem Bummel über die Grant Avenue die chinesischen Tempel, Teehäuser, Apotheken und Kuriositäten bewundern. Nirgends wohnen außerhalb von China in einer Stadt so viele Chinesen (ca. 70.000) wie hier in San Francisco und wer gern Chinesisch essen geht, findet hier eine große Auswahl guter Restaurants.

Drei Straßenzüge westlich von Chinatown befindet sich **Nob Hill,** der „Hügel der Vornehmen". Auf dem größten der siebzig Hügel San Franciscos bauten früher die reichen, „vornehmen" Leute ihre Häuser. Besonders vornehm ist es hier heute nicht mehr, aber man hat wieder einen schönen Blick über die Stadt.

Das **Fairmont Hotel** an der Ecke California Street ist aus der gleichnamigen Fernsehserie bekannt. Wer es sich leisten kann, im Restaurant im obersten Stock des Fairmont zu speisen, hat natürlich das besondere Erlebnis, „über den Dächern von San Francisco" zu sein.

Noch einmal zwei Straßenzüge weiter westlich, an der California Street gleich hinter dem Huntington Park, steht die **Grace Cathedral,** eine „alte gotische Kirche", erbaut 1963!

Zum **Civic Center** gelangt man mit dem Bus oder auch mit dem Wohnmobil. Den Mittelpunkt bildet die weiträumige, baumbestandene Civic Center Plaza. Um diesen Platz herum gruppieren sich die Hochhäuser des Behördenviertels, die Stadthalle mit dem 92 m hohen Rathausturm, das Opernhaus, die Stadtbücherei und die Davies Symphony Hall, mit über 3000 Sitzplätzen einer der größten Konzertsäle der Welt – hier ist das San Francisco Symphony Orchestra zu Hause. Der Platz ist trotz der vielen modernen Bauten ringsum interessant anzuschauen und im Sommer sitzen auf den Stufen der Denkmäler und Brunnen gut gekleidete Bänker beim Lunch aus der Papiertüte.

Die Fahrt vom Civic Center zum **Alamo Square** ist einfach: Man fährt nur die Fulton Street westwärts und trifft genau auf den Park. An der Steiner Street befindet sich eine der schönsten Zeilen viktori-

anischer Häuser mit hübschen, altmodisch verspielten und in zarten Farben von Türkis über Elfenbein bis Rosa gehaltenen Fassaden, die sogenannten **„Painted Ladies".** An der ansteigenden Straße stehen die Häuser treppenförmig versetzt und man erlebt hier jene Verspieltheit, die San Francisco noch heute von der Monotonie anderer amerikanischer Städte abhebt.

▲ *Die berühmten „Painted Ladies" an der Steiner Street*

Auch den Weg zur **Mission Dolores** findet man sehr einfach: Vom Alamo Square geht es die Steiner Street bergauf bis zur 16. Straße und dann links auf der 16. bis zur Dolores Street. Hier stehen in einem kleinen Park die beiden Kirchen der Mission. Die alte, aus Luftziegeln gebaute Kirche von 1791 und die neuere in andalusisch-mexikanischem Barock. Pater Junipero Serra gründete hier im Jahre 1776 die Mission San Francisco de Asis. Um das Missionsgebäude herum siedelte sich ein kleines Dörfchen mit dem Namen „Yerba Buena" an, aus dem sich in den Jahren des Goldrausches die Stadt entwickelte. Man steht hier also am oder im Ursprung der Stadt San Francisco.

An einem schönen Sommertag sollte man den Besuch des Japanischen Teegartens im **Golden Gate Park** nicht versäumen, der sich im Nordwesten der Stadt zwischen Fulton Street und Lincoln Way befindet und vom Highway One durchquert wird (N37.76841° W122.48211°). Romantische Wege über Brücken und Bögen, vorbei an plätschernden Brunnen und Bächen, führen durch einen Park mit Blumen und Kräutern, der zur Zeit der Kirschbaumblüte besonders reizvoll ist. In den japanischen Teehäusern wird dazu Tee gereicht (Eintritt 4 $).

Was ist ein schöner, erlebnisreicher Tag ohne ein schönes Abendessen? Aus den vielen Tausend Möglichkeiten in San Francisco empfehlen wir zwei: **Scoma's** an der Fisherman's Wharf und das **Cliff House** direkt am Pazifik (mein Lieblingsrestaurant dort!). Der Weg zum Cliff House ist einfach, aber auch recht lang: Im Zentrum sucht man sich den Geary Blvd, der von Ost nach West mitten durch das Zentrum verläuft. Auf ihm geht es dann immer geradeaus zum Meer und geradewegs zum Restaurant. Unter 45 Minuten wird man die Strecke aber kaum schaffen, obgleich die Straße wie mit dem Lineal gezogen von Ost nach West verläuft. Im Cliff House selbst sollte man vorher eine Reservierung tätigen oder man muss in der netten Cocktailbar auf seinen Tisch warten. Das hübsche Restaurant direkt am Ozean wurde 1858 erbaut und ist besonders wegen des Ausblicks auf die vorgelagerten Seal Rocks beliebt, die von Mai bis Oktober von Hunderten von Seelöwen bewohnt werden. Im Cliff House isst man natürlich besonders gut Fisch, aber auch hervorragende Steaks und andere Herrlichkeiten. Für ca. 40 $ pro Person hat man einen sehr schönen Abschluss seines Aufenthalts in San Francisco.

Seine letzten Stunden in San Francisco kann man aber natürlich auch am **Strand** verbringen oder man geht erst zum Strand und dann zum Essen – das ist wahrscheinlich die beste Variante. Einen schönen Strand findet man im Norden der Stadt, indem man gleich hinter der Golden Gate Bridge links ab auf der SR1 zum Samuel P. Taylor State Park fährt. Aber auch südlich vom Cliff House gibt es einen schmalen Strandabschnitt.

Sehenswertes

Cable Car Museum, 1201 Mason Street, San Francisco, CA 94108, Tel. (415) 474-1887, tägl. 10-17 Uhr, Apr.-Sept. bis 18 Uhr, Eintritt frei

Essen

Scoma's Restaurant, Pier 47 on Al Scoma Way, San Francisco, CA 94133, Reservierung unter Tel. (800) 644-5852. Für ein Aged Filet Mignon zahlt man 44 $, Grilled Pacific Red Snapper gibt es für 27 $, Broiled Cheeseburger für 16 $ und ein Glas Chardonnay schlägt mit 10 $ zu Buche.

Cliff House, 1090 Point Lobos, San Francisco, CA 94121, Reservierung unter Tel. (415) 386-3330. Ein Menü (Vorspeise, Hauptgericht, Nachtisch) gibt es ab 35 $, eine Flasche Wein ab 14 $ und Irish Coffee ab 5 $

AUF DEM HIGHWAY 101 NACH FORT BRAGG

(170 miles - mile 170)

Die Reise geht auf dem Highway 101 weiter nach Norden. Man verlässt San Francisco auf dem US101 über die Golden Gate Bridge, die in dieser Richtung gebührenfrei ist (von Norden kommend 5 $). Kurz hinter der Brücke sollte man am Wegweiser nach Sausalito den US101/Highway One kurz verlassen, um die kleine Künstlerstadt **Sausalito** zu besuchen. Von dem hübschen Ort mit dem riesigen Bootshafen hat man besonders am Abend einen wunderschönen Blick über die Bay und auf das Lichtermeer von San Francisco. Aber auch am Tage lohnt sich dieser kleine Abstecher und ein Bummel durch die kleinen Sträßchen mit den netten Boutiquen und Restaurants ist sehr erfrischend.

Wieder auf dem Highway One geht es weiter zwischen Meer und recht hohen Bergen gen Norden. Der „Big Mountain" z. B. ist immerhin 900 m hoch. Sonoma Coast State Beach und Schooner State Beach sind die schönsten Strände in diesem Abschnitt.

Der kleine Küstenort **Point Arena** (N28.76306° W123.69528°) liegt 120 mi nördlich von San Francisco. Er hat nur knapp 500 Einwohner, besitzt aber den höchsten Leuchtturm der gesamten Westküste der USA: Er hat eine Höhe von 34,5 m.

Weitere 50 mi nördlich kommt man nach **Fort Bragg** (N39.44222° W123.8025°), eine Stadt mit etwa 7000 Einwohnern, die wegen ihres malerischen Ausblicks auf den Pazifik und die raue Northern California Coast ein beliebtes Touristenziel ist.

13 *Pomo RV Park & Campground* ***(s. S. 117)***

Information

Mendocino Coast Chamber of Commerce, 332 Main Street, P.O. Box 1141, Fort Bragg, CA 95437, Tel. (707) 961-6300

▼ *Der große Sporthafen von Sausalito*

028us Abb.: la

REDWOOD NATIONAL PARK ★★★

(181 miles – mile 351)

45 mi nördlich von Fort Bragg, in Leggett, stößt der Highway One wieder auf den US101 und verläuft mit ihm gemeinsam. Bis Arcata (102 mi) macht die Straße einen Bogen ins Landesinnere, um sich dann aber wieder an die Küstenlinie anzuschmiegen. Nach weiteren 34 mi befindet man sich in dem kleinen Ort Orick und mitten im Redwood National Park.

Hier, entlang der „Traumstraße" 101, grenzt ein schmaler Streifen jahrhundertealter Wälder direkt an den Pazifik: Der Redwood National Park, der 429 km² Redwood-Wald schützt, erstreckt sich über 80 km entlang der Küste. Früher gab es von der Grenze zu Oregon bis südlich von San Francisco riesige Redwood-Wälder. Der heutige Wald stellt nur noch 2 % der ursprünglichen Fläche dar, denn auch hier hat der Mensch um die Jahrhundertwende gewütet und durch rigoroses Abholzen großen Schaden angerichtet. Das sehr widerstandsfähige, rote Holz brachte hervorragende Gewinne und so wurde munter drauflosgehackt. Dass wir uns heute noch an den Riesen erfreuen können, verdanken wir der 1918 entstandenen „Save the Redwoods"-Liga, die große Teile des verbliebenen Waldes aufkaufte und dafür sorgte, dass dieser nicht den gefräßigen Sägen zum Opfer fiel.

▼ *Vor den Baumriesen im Redwood National Park kommt man sich ganz klein vor*

029us Abb.: la

Am 2. Oktober 1968 wurde das Gebiet dann zum **Nationalpark** ernannt und 1978 vom Kongress um 194 km² meist abgeholzter Fläche erweitert. Hier wird jetzt systematisch aufgeforstet, aber es werden erst unsere Ur-Ur-Enkel sein, die sich dort an neuen Redwoods erfreuen können.

Die Küsten-Redwoods sind die **größten Bäume der Erde.** Höhen von über 100 m sind nicht selten und um diese Bäume zu umspannen, bedarf es etlicher ausgewachsener Männer. Im südlichen Teil des Parks steht der 600 Jahre alte **„Tall Tree"** ★★★ – der größte, bekannte Baum der Welt, mit 112,1 m Höhe und 13,5 m Umfang! Die Küsten-Redwoods können über 2000 Jahre alt werden, das Durchschnittsalter liegt aber bei 500 bis 700 Jahren, und auch das ist ganz schön alt!

Krankheiten kennen die glücklichen Riesen nicht und auch von Insekten oder Schädlingen werden sie nicht befallen. Eigentlich kann sie nur Feuer vernichten, aber auch das nur in jungen Jahren, denn später schützt die 30 cm dicke, weiche, faserige Rinde auch vor diesem Element. Feuer, also Waldbrände im Redwood-Wald, fördern sogar das Wachstum, da nur das Unterholz verbrennt, nicht aber die Giganten. Ist die Außenhaut jedoch erst einmal beschädigt, dringt das Feuer auch ins Innere des Baumes und nicht selten findet man Redwoods mit heiler Außenschicht, die aber innen völlig ausgebrannt sind.

Der hier im Nationalpark wachsende Redwood ist der **Coast Redwood** oder Sequoia sempervirens. Man nennt ihn wegen seiner ungeheuren Größe auch Mammutbaum. Ihn gibt es nur hier, an den Westhängen der Sierra Nevada hingegen findet man den **Sierra Redwood** (Sequioadendron giganteum), der aber nicht weniger gigantisch in den Himmel ragt.

Kurz vor Orick liegt links der Straße das Redwood Information Center. Hier bekommt man Kartenmaterial und nützliche Hinweise für den Besuch des Parks. Und wer hier übernachten möchte, geht auf den benachbarten „Campingplatz“ entlang der Straße (N41.27925° W124.09418°). Der **Stone Lagoon Campground** ist nicht schön, aber direkt am Wasser und da es im ganzen Land nur wenige Plätze gibt, die wirklich direkt am Strand liegen, kann man hier schon mal eine Nacht am Pazifik verbringen. Die Wohnmobile stehen hier auf einer Nebenspur des US101 in einer Reihe parallel zum Highway. Es gibt einige Plumpsklos, sonst nichts, dafür ist der Parkstreifen kostenlos. Wenige Meilen weiter gibt es einen einfachen, richtigen Campingplatz, den Elk Prairie Campground. Einen schönen KOA-Platz gibt es am nördlichen Ausgang des Redwood-Parks bei Crescent City. Im Redwood Information Center bekommt man auch Informationen über die vielen **Wanderwege** ins Gebirge (höchster Berg ist der Schoolhouse Peak mit 944 m) und am Pazifik entlang. Zwischen Ende Mai und September kann man hier auch Tickets für eine Fahrt nach **Tall Trees Grove** kaufen. Außer diesem Pendelbus sind auf der 19 km langen, unbefestigten Straße keine Fahrzeuge erlaubt. Am Ende der Autofahrt beginnt ein Rundgang von 4 km durch einen Baumriesen-Hain, wobei man hier dem schon erwähnten „Tall Tree“, dem größten Baum der Erde begegnet.

⑮ *Crescent City Redwoods KOA (s. S. 117)*

Redwood Information Center

Am US Highway 101 in Orick, Tel. (707) 464-6101 (extension 5265 verlangen!), täglich 9–17 Uhr, außer Thanksgiving, Weihnachten und Neujahr

⑭ *Elk Prairie Campground (s. S. 117)*

Der erste Halt im Park gilt **Lady Bird Johnson Grove** ***, einem wahren Juwel des Parks. Auf einem 1,5 km langen Rundgang durch den Wald spürt man die Kühle und Feuchtigkeit der Luft, sieht die Sonnenstrahlen spärlich durch das Geäst der Bäume dringen und genießt die Ruhe. Trotz der vielen Besucher ist es hier fast andächtig und man staunt über einen ausgehöhlten, aber noch lebenden Baum

Redwood NP, Nord
Richtung Oregon 10mi 16km
Gasquet Mountain 2620ft 799m
USFS Ranger Station
GASQUET
Panther Flat
Signal Peak 2055ft 626m
Redwood Highway
Smith River
North Bank Road
Walker Rd
Lake Earl Drive
Ruby
Van Deventer County Park
Lake Talawa
Lake Earl
LAKE EARL STATE WILDLIFE AREA
Lake Earl State Wildlife Area Hauptquartier
Old Mill Road
Florence Keller County Park
Simpson-Reed Grove
Information
Hiouchi Information Center
HIOUCHI
SISKIYOU MOUNTAINS
Dead Lake
Point St. George
Northcrest Dr.
Elk Valley Road
JEDEDIAH SMITH REDWOODS STATE PARK
Stout Grove
Douglas Park Road
Craigs Creek Mountain 2195ft 669m
SMITH RIVER NATIONAL RECREATION AREA
Six Rivers National Forest
Castle Rock
CRESCENT CITY
Parkhauptquartier Information 2nd and K Streets
Leuchtturm Battery Point
Pier
Aubell
Howland
Hill Road
Für Wohnmobile/ Wohnwagen nicht empfehlenswert
South Fork Road
Humbold Road
Whaler Island
Crescent Beach
Crescent Beach Education Center
REDWOOD NATIONAL PARK
Vista Point
Canthook Mountain 2719ft 829m
Strecke nach dem Cescent-Beach-Picknickplatz für Wohnwagen nicht empfehlenswert
Enderts Beach Road
Crescent Beach Overlook
Mill Creek
Nickel Creek
Enderts Beach
Coastal Trail
LITTLE RATTLESNAKE MOUNTAIN
Big Flat
DEL NORTE COAST REDWOODS STATE PARK
Sister Rocks
Damnation Creek Trail
Pigeon Roost 3257ft 993m
Wilson Creek
PACIFIC OCEAN
COAST RANGE
Aussichtspunkt
Footsteps Rocks
DeMartin
Wilson Creek
Redwood Hostel (AYH)
Yurok Loop
False Klamath Cove
Lagoon Creek
Norden
Coastal Tr.
0 5 Kilometer
0 5 Miles
Klamath Overlook
REQUA
Wanderweg
unbefestigte Straße
offizielle Grenze des Redwood National Park
Gebiet des Nationalparks
Gebiet des State Park
Picknickplatz
Lehrpfad
Angeln
barrierefrei
Zugang für Boote
Campingplatz
einfacher Zeltplatz
Flint Ridge
Radarstation aus dem Zweiten Weltkrieg
KLAMATH
Turwar Creek
Red Mountain 4265ft 1300m
Alder Cp.Rd
Old Douglas Memorial Bridge
High Bluff Overlook
Klamath River
KLAMATH GLEN
Waukell Creek
McGarvey Creek
Coastal Drive

Redwood NP, Süd
Grants Pass
OREGON
IDAHO
Eureka
Salt Lake City
Reno
Green River
Sacramento
NEVADA
UTAH
CALIFORNIA
San Francisco
Las Vegas
Colorado
Santa Maria
ARIZONA
Phoenix
Los Angeles
Yuma
Tuscon
San Diego
500 km
MEXIKO
Coastal Drive
McGarvey Creek
Klamath River
Butler Creek
101
Coastal Trail
Newton B. Drury Scenic Pkwy
Prairie Creek
Fern Canyon
PRAIRIE CREEK REDWOODS STATE PARK
Gold Bluffs Beach
Cal-Barrel Road
(für Wohnwagen gesperrt)
GOLD BLUFFS
Prairie Creek Visitor Center
Big Tree Wayside
Elk Prairie
14
May Creek
Davison Rd
(für Wohnw. gesperrt)
Lost Man Creek
(für Wohnwagen nicht empfohlen)
HOLTER RIDGE
Grenze des Redwood National Park
PACIFIC OCEAN
Coastal Trail
Lady Bird Johnson Grove
Lost Man
Orick Rodeo Grounds
ORICK
Redwood Information Center
Redwood Creek Trail
(für Nachtfahrten Genehmigung nötig)
101
Freshwater Lagoon
Stone Lagoon
Redwood Creek Overlook
Elam
HUMBOLDT LAGOONS STATE PARK
2100ft 640m
McArthur
Stone Lagoon
Stone Lagoon Boat-in Camp
Information
Redwood Creek
Bald Hills
Dry Lagoon Beach
Tall Trees Access (nur mit Genehmigung)
Dolason Prairie
44 Camp
Tall Trees Grove
Dolason Prairie Trail
Tall Trees Trail
Emerald Ridge Trail
(für Wohnmobile/Wohnwagen nicht empfehlenswert)
Redwood Highway
REDWOOD NATIONAL PARK
HARRY A. MERLO STATE RECREATION AREA
Big Lagoon
Bridge Creek
BRIDGE CREEK RIDGE
Rodgers Peak 2745ft 837m
Schoolhouse Peak 3097ft 944m
Big Lagoon Beach and County Park
Childs Hill Prairie
Richtung Weitchpec
101
PATRICK'S POINT STATE PARK
Lyons Ranch
Schoolhouse Prairie
Patricks Point Drive
Redwood Creek
TRINIDAD STATE BEACH
TRINIDAD
Richtung Eureka 21 mi 33 km

und generell über diesen überdimensionalen Wald. Die Präsidentengattin „Lady Bird" Johnson, nach der die Gegend benannt ist, war 1968 zur Eröffnung des Nationalparks hier.

Etwa 5 km weiter muss man den US101 unbedingt verlassen und links auf den **Newton B. Drury Scenic Parkway** *** einbiegen. Er mündet nach 9 mi wieder in den US101, aber diese 9 mi führen durch den schönsten Teil des Nationalparks mit endlos in den Himmel ragenden Bäumen, farn- und moosbewachsenen gefallenen Stämmen und andächtiger Stille. Wie im Märchenwald kommt man sich vor – ganz klein, umgeben von majestätischen Riesen.

Früher war der Scenic Parkway Teil des US101, dann hat man aber den Highway außen herumgeleitet, um diesen tollen Abschnitt nur den Besuchern des Parks zu widmen. Kurz hinter der Abzweigung kann man bei **Elk Prairie** die frei laufenden Roosevelt-Hirsche beobachten, sofern sie sich zeigen.

Nach dem man am Prairie Creek Visitor Center vorbeigefahren ist, gibt es am rechten Straßenrand eine Parkbucht und einen Hinweis auf den **„Big Tree"** ***. Ein kurzer Pfad führt zu dem Giganten, der 93 m hoch in den Himmel ragt. Sein Alter wird auf 1500 Jahre geschätzt. Der freundliche Ranger im Visitors Center markiert die Stelle auf der Landkarte mit dem Hinweis: „1500 years old, 304 feet tall, 21.6 feet diameter, make a photo!" Also machen Sie ein Foto, die anderen Besucher tun es auch.

Kurz hinter dem kleinen Ort Klamath führt die Requa Road links ab zum **Klamath Overlook** *. Dort unten gibt es einen Park- und Picknickplatz mit einem sehr schönen Blick auf den Ozean und die Mündung des Klamath River. Am Crescent Beach Information Center hat man das Ende des Park erreicht.

Visitor Information Center

Redwood National and State Parks, 1111 Second Street, Crescent City, CA 95531, Tel. (707) 464-6101, Fax (707) 464-1812

OREGON CAVES NATIONAL MONUMENT **

(122 miles – mile 473)

In Crescent City verlassen wir den legendären Highway One/101. Er führt in bekannter Schönheit an der Küste weiter hinauf bis Seattle in Washington – das wäre dann aber eine ganz andere Reise! Auf der hier beschriebenen Route macht man aber nur einen kleinen Abstecher nach Oregon und nimmt dafür ab Crescent City den US199 in Richtung Medford. Nach 55 mi zweigt in dem winzigen Ort Cave Junction rechts die SR46 mit dem Hinweisschild „Oregon Caves National Monument" ab.

Oregon Caves National Monument gehört nicht zu den ganz großen Attraktionen des Landes. Die Höhlen sind bei Weitem nicht mit

030us Abb.: la

▲ *Oregons Küste ist wirklich beeindruckend*

den Carlsbad-Höhlen in New Mexico zu vergleichen, aber sie sind interessant und nicht so sehr überlaufen, wie andere Sehenswürdigkeiten des Landes. Vielleicht ist diese Tour aber gerade deshalb empfehlenswert. Die SR46 macht zwar zunächst einen sehr passablen Eindruck, wird dann aber sehr **eng und kurvenreich,** sodass sie **für Wohnwagengespanne gesperrt** ist und auch großen Wohnmobilen (um die neun Meter!) wird von dieser Fahrt abgeraten. Die Gespannfahrer haben es da besser, sie lassen ihren Hänger einfach auf dem Parkplatz am Besucherzentrum stehen und fahren nur mit dem Zugwagen hoch. 20 mi sind es bis zu dem Parkplatz am Ende der Straße. Die Höhle liegt auf einer Höhe von 1226 m an der Spitze einer abgelegenen, bewaldeten Schlucht. Sie wurde im Jahre 1874 vom Jäger **Elija Davidson** entdeckt, als er der Spur eines Bären folgte. Da sein Hund dem Bären in die Höhle folgte, drang auch Davidson in die Höhle vor, wobei er sie mit seinen Streichhölzern notdürftig beleuchtete. Als die Streichhölzer alle waren, stand er in totaler Finsternis da. Glücklicherweise konnte er sich am Plätschern eines Flüsschens orientieren – dem heutigen Styx River, der durch die Höhle hindurchfließt – und so kam er unbeschadet zurück nach draußen.

Heute ist es für die Besucher nicht mehr so schlimm, denn die Höhlen sind beleuchtet. Dennoch kann die Tour durch die Höhle Konditionsschwachen, Herzkranken und Gehbehinderten nicht empfohlen werden. Für eine Besichtigung muss man sich einer 75-minütigen Tour mit einem Führer der Oregon Caves Company anschließen

(8,50 $/6 $). Unten in der Höhle ist es kalt (5 °C), auch wenn die Sonne draußen alles fast zum Kochen bringt. An einigen Stellen sind die Gänge so schmal, dass man sich wie ein Aal hindurchwinden muss. Führungen finden von 8.30 bis 18 Uhr statt. Kindern unter 6 Jahren ist der Zugang zur Höhle nicht gestattet.

Der **Ghost Room** (Geistersaal) ist mit 76 m Länge der größte Raum der Höhle. Hier gibt es die wundersamsten Gebilde aus Stalagmiten und Stalaktiten mit Namen wie Banana Grove oder Grand Column zu sehen.

Wieder an der Oberfläche kann man im **Oregon Caves Chateau** direkt am Höhlenausgang einkehren oder auch übernachten.

Oregon Caves National Monument

19000 Caves Highway (SR49), Caves Junction, OR 97523, Tel. (541) 592-2100, www.oregoncaves.com, N42.09854° W123.40725°

Oregon Caves Visitor Center

201 Caves Highway, Caves Junction, OR 97523, Tel. (541) 592-4076, caves@cavenet.com

Oregon Caves Chateau

P.O. Box 1824, Cave Junction, OR 97523, Tel. (877) 245-9022, caves@cavenet.com, Zimmer 160 $. Das Chateau ist ein schöner, rustikaler, sechsstöckiger Bau mit einem sehr gepflegten Restaurant mit Panoramablick. Im Sommer sind Reservierungen zu empfehlen.

16 Grayback Campground ***(s. S. 117)***

CRATER LAKE NATIONAL PARK – DIE PERLE DES KASKADENGEBIRGES (127 miles – mile 600)

Beim **Crater Lake National Park** *** (N42.90869° W122.14351°) in Oregon handelt es sich um einen **See,** der sich in einem ruhenden Vulkan befindet, der zum „Ring of Fire“ gehört – dem Ring von Vulkanen um den Pazifik. Der Name des Vulkans ist **Mt. Mazama** und im Gegensatz zu Mt. Saint Helens weiter im Norden schläft er schon sehr lange. Sein letzter Ausbruch erfolgte im Jahre 4860 v. Chr. Er war jedoch gewaltig: Man schätzt, dass er fünfzigmal stärker war als die Eruption von Mt. Saint Helens im Jahre 1980. Riesige Mengen Asche und Gestein wurden in den Himmel geschleudert, wodurch sich auf dem Gipfel eine große, schüsselförmige Caldera, ein kesselartiger Vulkankrater, bildete. Sie ist fast kreisrund, mit einem Durchmesser von 8 km. Die Caldera füllte sich über die Zeit mit Regen- und Schmelzwasser und bildete so den **Crater Lake.** Der See ist 589 m tief, der Felsring um ihn herum ragt 600 m über den Wasserspiegel empor. Mit 589 m ist der „Kratersee“ der tiefste See der Vereinigten Staaten. Die lavabedeckten Flächen des Kraters sind jetzt mit Hem-

Crater Lake NP
Bald Crater
6478ft
1975m
Desert Cone
6672ft
2034m
PUMICE DESERT
0 1 2 3 4 5 Kilometer
0 1 2 3 4 5 Miles
Norden
CRATER LAKE NATIONAL PARK
Pacific Crest National Scenic Trail
Red Cone
7363ft
2245m
Red Cone Spring
Grouse Hill
7412ft
2260m
(nur Wanderer)
Cleetwood Trail
(zum Tourboot-Anleger)
Llao Rock
8049ft
2453m
Steel Bay
Pumice Point
Cleetwood Cove
Palisade Point
Rim Drive (nur im Sommer)
North Junction
7025ft
2142m
Llao Bay
Merriam Point
-1788ft
-545m
Merriam Cone
-486ft
-148m
Wineglass
Devils Backbone
Grotto Cove
Williams Crater
Hillman Peak
8151ft
2484m
Watchman Overlook
WIZARD ISLAND
6940ft
2116m
The Watchman
8013ft
2442m
Steel Channel
-96ft
-29m
Crater Lake
Skell Head
Cloudcap Bay
Cloudcap Overlook
7960ft
2427m
SCOTT BLUFFS
Fumerole Bay
Governors Bay
-1548ft
-472m
Pumice Castle
Sentinel Rock
Rim Drive (nur im Sommer)
Discovery Point
7100ft
2165m
Rim Village
Rim Village Café und Souvenirshop
Sinnott Memorial Overlook
Rim Village Visitor Center
Crater Lake Lodge
Danger Bay
ANDER ON BLUFFS
Kerr Notch
Phantom Ship Overlook
Phantom Ship
Chaski Bay
Dutton Cliff
8106ft
2471m
KERR VALLEY
Garfield Peak
8054ft, 2455m
Sun Notch
Applegate Peak
8126ft, 2477m
Lady of the Woods Loop
Visitor Information
Castle Crest Wildflower Trail
VIDAE RIDGE
DUTTON RIDGE
Little Castle Creek
Castle Creek
Steel Information Center
Parkhauptquartier
6450ft
1966m
Munson Point
6944ft
2117m
Rim Drive (nur im Sommer)
Grayback Drive one way
Lost Creek
Sand Creek
Wheeler Creek
Whitehorse Pond
Südeingang (Annie Spring)
Annie Creek Restaurant und Souvenirshop
Godfrey Glen Trail
Annie Creek Canyon Trail
GRAYBACK RIDGE
Mazama Village
6004ft
1830m
Arant Point
6800ft
2073m
Quillen Pond
Annie Creek
Sun Creek
East Fork
Crater Peak
7263ft
2214m
Pole Bridge Creek
Union Peak
7709ft
2350m
Grants Pass
OREGON
IDAHO
Eureka
Reno
Salt Lake City
NEVADA
UTAH
Green River
Sacramento
San Francisco
CALIFORNIA
Las Vegas
Colorado
Santa Maria
ARIZONA
Phoenix
Los Angeles
San Diego
Yuma
Tuscon
500 km
MEXIKO

031us Abb.: la

▲ *Der Crater Lake – mit 589 m der tiefste See der USA*

locktannen und Kiefern bewachsen, der Krater ist heute bis hinauf zum Kraterrand in 2000 m Höhe mit dem Auto befahrbar.

Das Außergewöhnliche am Crater Lake ist seine **tiefblaue Farbe.** Da der See keinen Zufluss und auch keinen Abfluss hat, gibt es in ihm kaum schwebende Partikel, die das Wasser trüben könnten. Das Wasser ist so klar, dass das Sonnenlicht noch bis in Tiefen von 130 m vordringen kann.

Der See wurde erst relativ spät entdeckt, denn die Indianer, die ihn sehr wohl kannten, verschwiegen ihn den weißen Eindringlingen. Erst 1853 entdeckte John Wesley Hillman mit einer kleinen Gruppe von Goldsuchern den versteckt gelegenen See, obgleich sie viel lieber eine Goldmine gefunden hätten.

Das erste Foto des Sees entstand 1874, der Fotograf Peter Britt bannte es auf die Platte. Seitdem ist der See millionenfach abgelichtet worden, aber das wahre Blau des Crater Lake bringt keiner auf Zelluloid. Man muss diesen See gesehen haben, um die Schwärmerei derer zu verstehen, die oben waren.

Hinauf kommt man heute recht leicht, dank der Bemühungen eines Mannes namens William G. Steel, der jahrelang darum kämpfte, dass das Gebiet um den See herum staatlich geschützt würde. Am 22. Mai 1902 wurde schließlich ein 742 km² großes Gebiet um den See herum zum **Nationalpark** erklärt. Steel wurde der erste Aufseher des Parks. Er ließ bereits 1918 den Rim Drive bauen, eine Straße oben auf dem Rand des Kraters und rund um den See, die es einem heute ermöglicht, mit dem Auto direkt an den Kraterrand heranzufahren und mit größtem Staunen den ersten Blick auf den Crater Lake werfen zu können.

Von den Oregon Caves zum Crater Lake National Park fährt man über die US199 und dann fünf Abfahrten auf der I5 South zur SR62, die direkt zum Kratersee führt. Bei Mazama Village zweigt links die Zubringerstraße zum Krater ab, dort befindet sich auch der Südeingang, wo man einen Obolus von 10 $ entrichten muss. Oben am Kraterrand befindet sich im Rim Village das Visitor Information Center, gegenüber liegt der Castle Crest Wildflower Trail und direkt am Krater findet man die Crater Lake Lodge, den Sinnott Memorial Overlook mit fantastischem Blick in den Krater und auf die Insel Wizard Island am westlichen Rand des Sees sowie die Rim Village Information und einen Picknickplatz.

Wenn man den See im Uhrzeigersinn umfährt, gelangt man zunächst zum **Discovery Point:** An dieser Stelle entdeckten die Goldsucher 1853 den See. Den schönsten Blick hat man beim nächsten Stopp, **The Watchman,** wenn man sich nicht scheut, den Aufstieg zu dem Wachturm in 2446 m Höhe zu unternehmen. **Hillman Peak** ist der nächste Haltepunkt auf der Fahrt um den Crater Lake herum. Die Spitze dieses ehemaligen Vulkans, der zu der Gruppe von Vulkanen gehört, aus denen Mt. Mazama ursprünglich bestand, liegt 600 m über dem See (2484 m ü. M.) und ist damit die höchste Stelle des Rim Drive. Von hier hat man wieder einen tollen Blick über den See und auf die Insel **Wizard Island.** Diese runde Insel ragt 200 m aus dem Wasser empor und hat die Form eines spitzen Zaubererhutes – daher der Name. Eigentlich ist sie ein Aschekegel, der lange nach dem Einsturz des Mt. Mazama ausgestoßen wurde. Man kann den kreisrunden Krater des Kegels von oben deutlich erkennen.

Vorbei an der Abzweigung zum Nordausgang des Nationalparks gelangt man zum **Cleetwood Trail Head.** Von hier aus kann man zum See heruntersteigen, das sind zwar nur eineinhalb Kilometer, zurück ist es aber sehr anstrengend, denn der Pfad führt sehr steil bergauf. Warum man da runterkraxeln sollte? Nun, unten gibt es eine Bootsanlegestelle und Rundfahrten auf dem See, die ein ganz besonderes Erlebnis sind. Das Boot fährt im Sommer von 9 bis 15 Uhr stündlich – was „Sommer" heißt, hängt allerdings vom Wetter ab. Die Passage geht hinüber zu Wizard Island und Leute mit viel Energie können das Boot dort zunächst einmal zurückfahren lassen und den Krater erklimmen. Der Weg windet sich von der Bootslandestelle durch einen Hemlocktannenwald 1440 m steil zum Krater hinauf. Oben wird man durch einen wunderschönen Blick belohnt, der natürlich – innerhalb des großen Kraters – ganz anders ist, als vom Rim.

Zurückschwimmen muss man auch nicht, das nächste Boot bringt die Besucher wieder zurück zum Cleetwood Trail. Feste Schuhe, eine Jacke, eventuell einen Snack und ein Getränk sollte man dabeihaben, denn es gibt hier sonst keine Verpflegung.

Skell Head heißt der nächste Aussichtspunkt, dann kommt rechts die Abzweigung zu **Cloudcap,** einem herrlichen Aussichtspunkt auf 2460 m Höhe. Links unten liegt Phantom Ship, gegenüber Wizard Island und schräg rechts erblickt man auf der gegenüberliegenden Seite Llao Rock (2453 m Höhe). Man fährt die kurze Stichstraße zurück und hat dabei Mount Scott vor sich, den höchsten Berg im Park (2721 m). **Pumici Castle** und **Castle Rock** sind die beiden nächsten Haltepunkte.

Bei **Kerr Notch** verweilt man am **Phantom Ship Overlook.** Links unten sieht man eine kleine Insel aus bizarr geformtem, erosionsfestem Tiefengestein, die 50 m aus dem See hervorragt und bei etwas Fantasie einem Schiff ähnlich sieht. Kerr Notch ist eines jener von Gletschern geformten Täler, in die man weit eindringen kann, und zwar auf der Stichstraße zu **The Pinnacles,** einer Landschaft aus unendlich vielen Türmen aus gehärteter vulkanischer Asche, die wie Kirchtürme aussehen und im Sonnenschein in verschiedenen Farben funkeln. Die Strecke ist leicht zu fahren, es geht immer bergab, dann steht man plötzlich vor einem Canyon, aus dem die „Kirchturmspitzen" heraufragen. Der Abstecher ist aber 10 km lang, one way!

Jetzt muss man den 2471 m hohen Berg Dutton Cliff weiträumig umfahren, bei **Sun Notch** ist man dann wieder an einem Aussichtspunkt am See.

Der Rim Drive führt auf einer Höhe von 2000 m als Ringstraße rings um den See herum und ist 53 km lang. Beide Straßen, Rim Drive und die Zufahrtsstraße, sind **im Winter geschlossen** und auch im Juli kann es passieren, dass man nur den westlichen Teil des Sees besuchen kann, weil die Ostseite des Kraters noch tief im Schnee versunken ist. Auf dem Campingplatz unten am Diamond Lake hatte ich am 6. Juli nachts noch –2 °C!

Crater Lake Visitor Center

Crater Lake National Park, P.O. Box 7, Crater Lake, OR 97604, Tel. (541) 594-3100, Fax (541) 594-3010

Von der Verblüffung beim ersten Anblick des kreisrunden, tiefblauen Sees bis zu einem tieferen Verständnis der geologischen Kräfte, die den Kratersee geschaffen haben und vielleicht auch dem physikalischen Verständnis für die tiefblaue Farbe – Crater Lake ist immer ein Erlebnis.

Zum Übernachten ist der Diamond Lake Campground mit herrlichen Stellplätzen für Wohnmobile zu empfehlen. Er liegt zwar 32 mi nördlich vom Crater Lake, der **Diamond Lake** ** in einer Höhe von 1727 m ist aber so schön, dass es eine Sünde wäre, diesen kleinen Abstecher nicht zu machen. Eine kleine Verbindungsstraße führt vom Nordende des Crater Lake direkt zum Diamond Lake und damit direkt zum Zeltplatz, der am östlichen Ufer des Sees liegt. Man sitzt vor dem Wohnmobil und blickt auf den See, der einige Meter weiter unten liegt. Gegenüber steigen die bewaldeten Hänge langsam an und in der Ferne sieht man den schneebedeckten Mount Bailey (2550 m). In der fishing season gibt es zahlreiche kleine Boote auf dem See, denn es gibt hier dreihuntert- bis vierhunderttausend Regenbogenforellen, die man, sofern man sich eine Angellizenz besorgt, für das

Abendessen fangen kann. Die Angellizenz gibt es in dem winzig kleinen Besucherzentrum direkt am See. Informationen erhält man unter Tel. (541) 793-3310.

Es gibt eine kleine Straße zur anderen Seite des Sees, von hier aus hat man einen schönen Blick in Richtung Osten mit dem Mount Thielsen im Hintergrund. 3060 m ist er hoch und hat im Gegensatz zu Mt. Bailey eine spitze, ausgefranste Kuppe.

⑰ ***Diamond Lake RV Park (s. S. 117)***

LAVA BEDS NATIONAL MONUMENT ★

(120 MILES - MILE 720)

Auf der SR62 geht es nun wieder zurück nach Kalifornien, also nach Süden. Man folgt zunächst der SR62 bis Klamath Falls (55 mi), fährt dann auf der SR39 bis Merrill und dann auf der SR139 bis kurz vor Newell. Dort gibt es einen Wegweiser, der einen rechts über die Hill Road zum Lava Beds National Monument dirigiert (N41.76667° W121.53333°).

Die eindrucksvolle **Vulkanlandschaft** aus erstarrten Lavaströmen auf dem Modoc-Plateau kann mit einer auffallend großen Dichte an Lavaröhren und lang gestreckten Höhlen aufwarten, die sich vor allem im Südteil des Gebiets als unterirdische Hohlräume durch die Landschaft ziehen. Es gibt sehr enge Röhren, durch die sich der Besucher regelrecht hindurchzwängen muss, andere haben einen Durchmesser von mehreren Metern und sind bis zu 100 m lang. Ein großer Teil der Röhren ist erschlossen und für Besucher freigegeben, eiserne Leitern helfen beim Einstieg. Zwei der Röhren können nur im Rahmen einer Führung besichtigt werden.

Während die Lavaröhren mehr im Süden des Schutzgebiets zu finden sind, befindet sich im Norden der Kegel des Medicine-Lake-Vulkans, durch dessen Ausbrüche die Röhren in den vergangenen zwei Millionen Jahren entstanden sind. Die Lavafelder sind kaum von Pflanzen bewachsen, die einzigen Lebewesen weit und breit (mit Ausnahme der Besucher) sind Eidechsen, Klapperschlangen und Fledermäuse.

⑱ ***Indian Well Campground (s. S. 118)***

Das Monument ist ganzjährig geöffnet, wegen der Höhenlage wird es aber überwiegend im Sommerhalbjahr besucht. Es gibt ein Besucherzentrum und einen kleinen, einfachen Campingplatz. Der nächste KOA-Campingplatz befindet sich in Mount Shasta.

⑲ ***Mount Shasta City KOA (s. S. 118)***

Zur Weiterfahrt nimmt man den Südausgang des Parks und fährt auf der Hill Road bis zur SR139. Das ist ein kleiner Umweg, fährt sich aber besser als die kleinen Gebirgsstraßen der direkten Verbindung. Bei Adin bleibt man rechts und wechselt auf den US299, der später die SR89 kreuzt. Dort biegt man links ab auf die SR89 und ist nach 15 mi am Lassen Volcanic National Park. Besonders der Streckenabschnitt auf der SR89 führt durch eine sehr abwechslungsreiche Gegend, wobei man den markanten Gipfel des Lassen Peak mit 3187 m

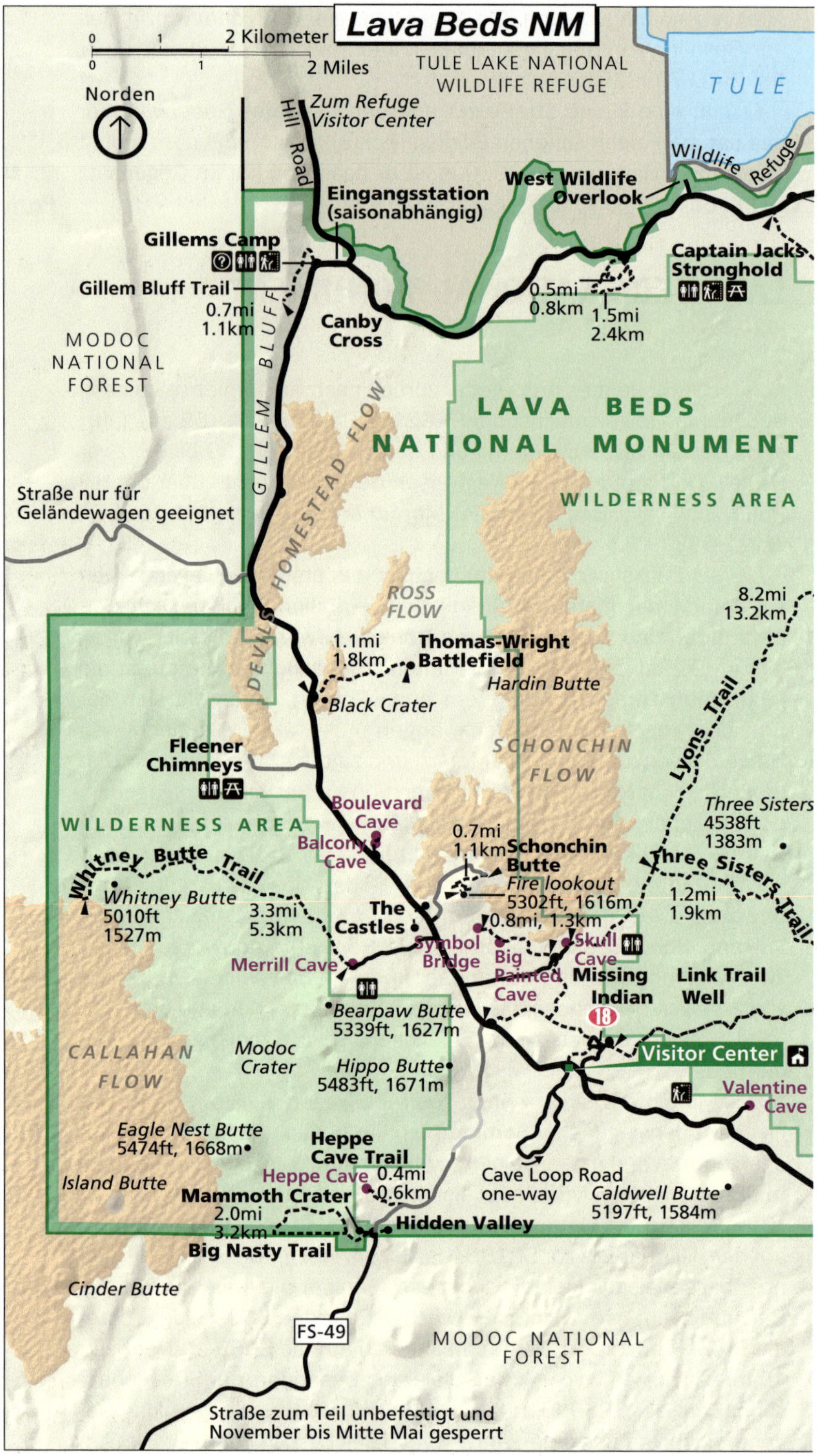

Lava Beds NM
0 1 2 Kilometer
0 1 2 Miles
Norden
TULE LAKE NATIONAL WILDLIFE REFUGE
TULE
Hill Road
Zum Refuge Visitor Center
Wildlife Refuge
West Wildlife Overlook
Eingangsstation (saisonabhängig)
Gillems Camp
Gillem Bluff Trail
0.7mi 1.1km
Canby Cross
0.5mi 0.8km
1.5mi 2.4km
Captain Jacks Stronghold
MODOC NATIONAL FOREST
GILLEM BLUFF
LAVA BEDS NATIONAL MONUMENT
WILDERNESS AREA
DEVILS HOMESTEAD FLOW
Straße nur für Geländewagen geeignet
ROSS FLOW
1.1mi 1.8km
Thomas-Wright Battlefield
Hardin Butte
Black Crater
8.2mi 13.2km
Lyons Trail
Fleener Chimneys
SCHONCHIN FLOW
Boulevard Cave
Balcony Cave
WILDERNESS AREA
Whitney Butte Trail
Whitney Butte 5010ft 1527m
3.3mi 5.3km
0.7mi 1.1km
Schonchin Butte
Fire lookout 5302ft, 1616m
Three Sisters 4538ft 1383m
Three Sisters Trail
1.2mi 1.9km
The Castles
Symbol Bridge
0.8mi, 1.3km
Big Painted Cave
Skull Cave
Merrill Cave
Missing Indian
Link Trail Well
Bearpaw Butte 5339ft, 1627m
18
Visitor Center
CALLAHAN FLOW
Modoc Crater
Hippo Butte 5483ft, 1671m
Valentine Cave
Eagle Nest Butte 5474ft, 1668m
Heppe Cave Trail
Heppe Cave
0.4mi 0.6km
Cave Loop Road one-way
Caldwell Butte 5197ft, 1584m
Island Butte
Mammoth Crater
2.0mi 3.2km
Hidden Valley
Big Nasty Trail
Cinder Butte
FS-49
MODOC NATIONAL FOREST
Straße zum Teil unbefestigt und November bis Mitte Mai gesperrt

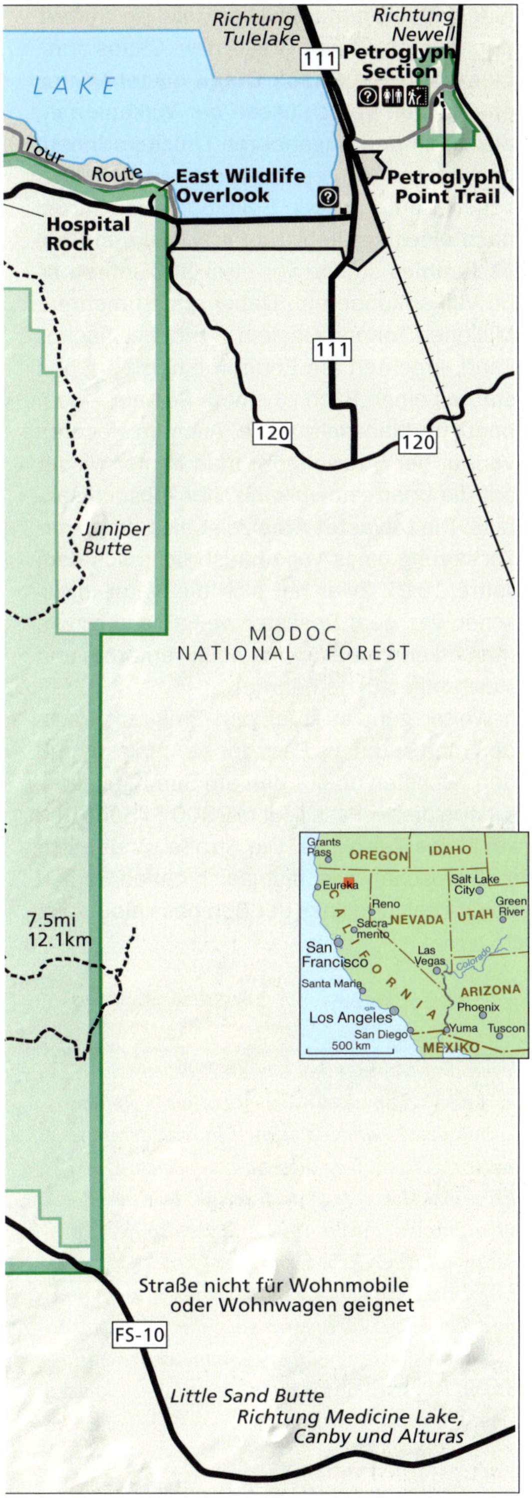

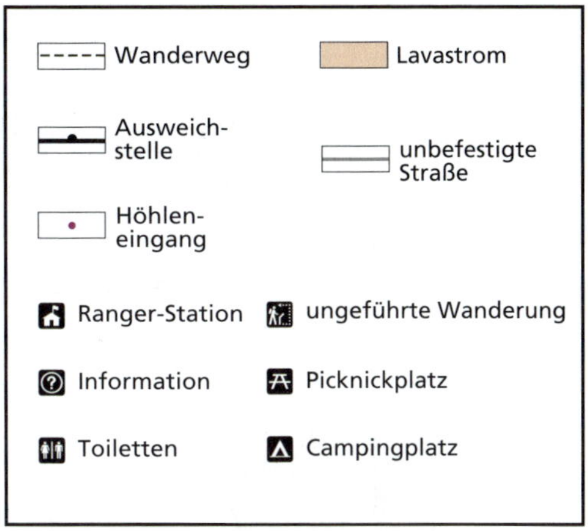

Höhe ständig vor sich hat. Diese Straßen sind bergig und kurvenreich und deshalb kommt man ziemlich langsam voran, es gibt aber immer wieder Überholspuren für die Schnelleren, sodass die etwas trägen Wohnmobile die flotten Pkw-Fahrer nicht allzu sehr aufhalten.

LASSEN VOLCANIC NATIONAL PARK

(183 miles – mile 903)

Am Parkeingang befindet sich eine Mauthütte, in der das Eintrittsgeld von 5 $ fällig wird. Dafür wird man mit Kartenmaterial und guten Wünschen versorgt. Gleich hinter der Eingangsstation liegen rechts und links der Straße zwei wunderschöne Seen, an denen man einen Augenblick verweilen sollte. Rechts liegt der **Manzanita Lake,** um den ein knapp 2 km langer Wanderweg führt. Schöner und nur halb so lang ist der Wanderweg um den **Reflection Lake,** der links von der Straße liegt und bei schönem Wetter die umliegenden Berge in seiner glatten Oberfläche widerspiegelt.

Die Lassen Road ist gut ausgebaut und vom Nord- bis zum Südeingang 48 km lang. Alle Sehenswürdigkeiten des Parks liegen an dieser Straße. Man kommt zunächst durch

› Routenplan Seite 286

032us Abb.: la

▲ *Aufstieg zum Lassen Peak – im Juli!*

eine zerklüftete Landschaft, die die treffenden Namen Chaos Crags bzw. Chaos Jumbles trägt. Die **Chaos Crags** bestehen aus ehemaligen Verschlüssen der Vulkankrater, die durch den ungeheuren Druck im Innern des Berges fortgeschleudert wurden. Jetzt liegen sie herum wie Sektkorken im Garten nach einer ausgiebigen Party. Bei den **Chaos Jumbles** stürzte vor etwa 300 Jahren eine Vulkankuppe ein. Dabei rasten mehrere Millionen Tonnen Gestein 2 mi über flaches Land, krachten am Ende in einen Berg und stauten einen Bach zu einem See auf – dem heutigen Manzanita Lake. Auch im weiteren Verlauf der Straße stößt man immer wieder auf die Überreste vulkanischer Tobsuchtsanfälle: Die **Devastet Area** zeigt die Spuren der Zerstörung eines Vulkanausbruchs aus dem Jahre 1915. Zwar hat sich die Natur inzwischen von dem Desaster weitgehend erholt, man erkennt aber immer noch vernarbte und viele umgestürzte Bäume.

Weiter geht es über den Emigrant Pass, den man kaum als Pass zur Kenntnis nimmt, den nächsten aber – den am Summit Lake – nimmt man zur Kenntnis, denn dieser Pass liegt in 2300 m Höhe und links am See gibt es zwei kleine Zeltplätze. Die Straße windet sich nun im Tal des Kings Creek zwischen zwei fast gleich hohen Bergen hindurch: rechts der Reading Peak und links der Bumpass Mountain, beide etwa 2900 m hoch.

Die letzte Eruption

Am 14. Juni 1914 bestiegen drei Männer den Lassen Peak, um zu erforschen, warum dieser tote Vulkan zwei Wochen vorher begonnen hatte zu rumoren. Sie sollten ihre Erklärung schnell finden, denn als sie in den Krater hineinsehen wollten, fing dieser an zu speien. Die Männer flüchteten und konnten sich gerade noch retten. Das war der Beginn einer Reihe von Eruptionen, die bis 1921 anhalten sollte. Ein mächtiger Ausbruch erfolgte im Mai 1915. Der ganze Gipfel flog in die Luft, Lava brach hervor und eine 6 m hohe Geröllwoge überflutete und verwüstete das umliegende Land. 10.000 m hoch stieg die Aschewolke und die Schneise der Verwüstung war eineinhalb Kilometer breit und fünf Kilometer lang. Seitdem ist es still am Krater, bis auf einen kleinen Ausbruch im Jahre 1921.

Die Hauptattraktion des Lassen Volcanic National Park ist jedoch der 3187 m hohe Lassen Peak, ein Vulkan, dessen letzte Aktivität im Jahre 1914 begann und bis 1921 anhielt. Der Vulkan ist heute zwar ruhig und untätig, man spürt in seiner Nähe aber die schlummernden Kräfte der Unterwelt. In der Umgebung des Kraters trifft man auf schwefelige, kochende Heißwasserquellen und blubbernde Schlammlöcher, die einen die Gefahr eines Vulkanausbruches ahnen lassen. Der Berg sei heute aber ungefährlich, versichern die Vulkanologen.

Lassen Peak ist der südlichste Vulkan der Cascade Range und gehört zum **Ring of Fire,** dem Ring sehr aktiver Vulkane und Erdbebengebiete rings um den Pazifik. Vor 500.000 Jahren gab es an der Stelle des Lassen Peak einen viel größeren Vulkan, den Mount Tehama. Seine Öffnung war vermutlich dort, wo sich heute die Sulphur Works befinden. Irgendwann stürzte dieser Vulkan ein und bildete eine tiefe Caldera. Diese füllte sich jedoch nicht mit Wasser, wie wir es bei dem Crater Lake in Oregon gesehen hatten, denn der Mills Creek sorgte dafür, dass die anfallenden Niederschläge abgeführt wurden. Reste des Randes dieser Caldera findet man noch heute am Brokeoff Mountain, südwestlich der Sulphur Works. Durch vulkanische Tätigkeit entstand im Laufe der Zeit an der Nordflanke des ehemaligen Mount Tehama ein neuer Vulkankegel, der Lassen Peak.

Der Lassen Peak blieb viele Jahrhunderte unbeachtet, da der Zugang im Winter unmöglich war und in den kurzen Sommermonaten niemand Interesse an dem Kegel fand. Mit dem **California Gold Rush** des Jahres 1849 jedoch gelangten die Goldsucher und Siedler auch in diese Gegend und Peter Lassen, ein aus Dänemark stammender Schmied, führte Siedler auf ihrem Weg nach Westen an dem Berg vorbei, der nach ihm benannt wurde. Bereits im Jahre 1916, noch während der Eruptionsphase, wurde Lassen Peak zum Nationalpark erklärt.

▼ *In der Sulphur Works Thermal Area*

0333us Abb.: la

Den 3187 m hohen Berg kann man auf einer relativ einfachen **Wanderung** besteigen, da man mit dem Auto auf knapp 2600 m gelangt. Dort, am Fuße des Lassen Peak, gibt es einen Parkplatz und die Lake Helen Picnic Area, die als Ausgangspunkt für den Aufstieg dient. Der Weg zum Gipfel führt über einen vier Kilometer langen, kurvigen Wanderweg über 600 Höhenmeter, für den Aufstieg benötigt man etwa zwei Stunden. Oben wird man durch einen herrlichen Rundblick belohnt und man kann sich brüsten, einen Dreitausender bestiegen zu haben – wenn nicht die ganze Herrlichkeit total verschneit ist, was mir an einem wunderschönen Sommertag mitten im Juli passiert ist. Die Bergstraßen waren frei,

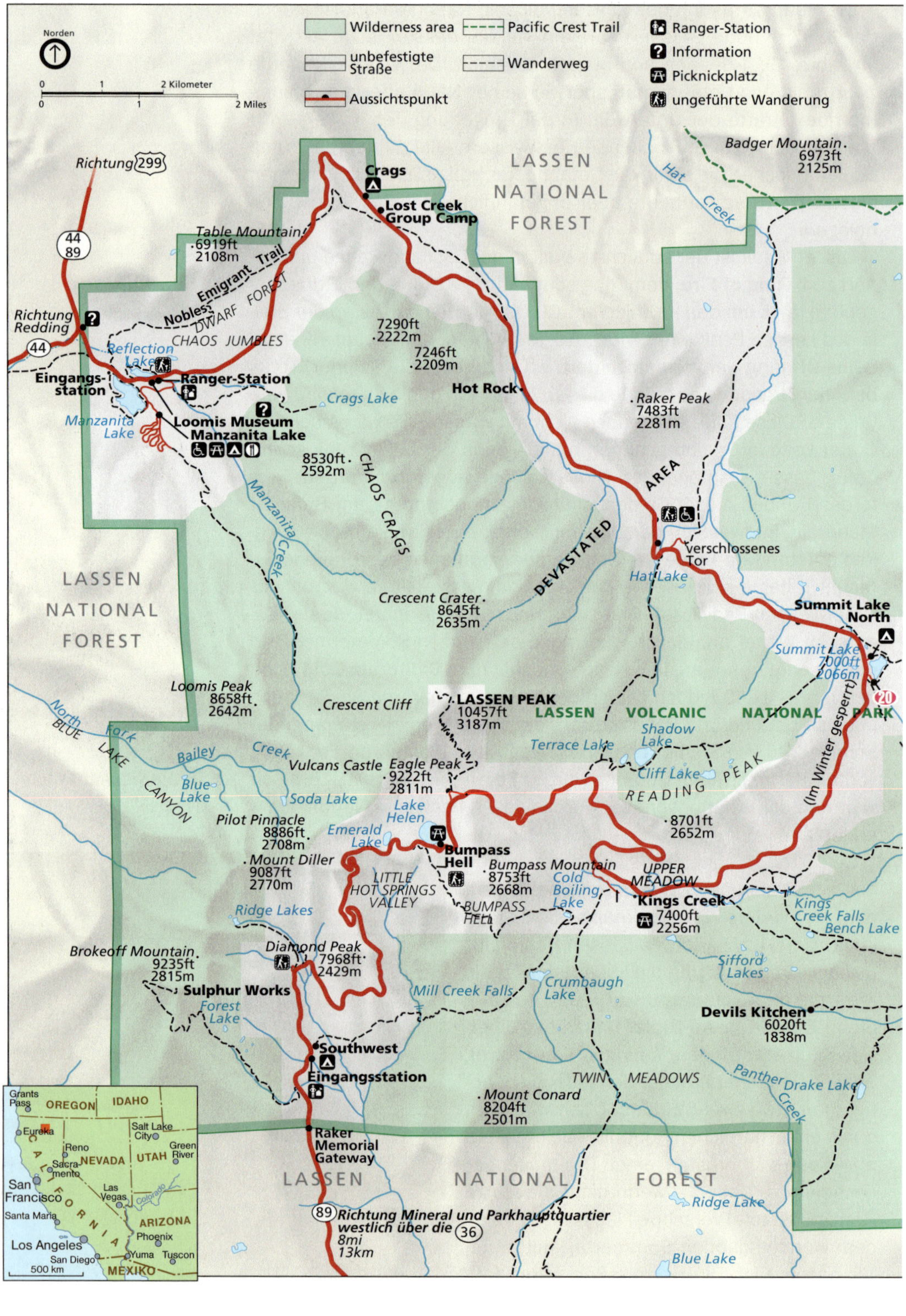

Norden
0 1 2 Kilometer
0 1 2 Miles
Wilderness area
unbefestigte Straße
Aussichtspunkt
Pacific Crest Trail
Wanderweg
Ranger-Station
Information
Picknickplatz
ungeführte Wanderung
Richtung 299
44 89
Richtung Redding
44
Crags
Lost Creek Group Camp
LASSEN NATIONAL FOREST
Badger Mountain 6973ft 2125m
Hat Creek
Table Mountain 6919ft 2108m
Nobles Emigrant Trail
DWARF FOREST
CHAOS JUMBLES
Reflection Lake
Eingangs-station
Ranger-Station
Manzanita Lake
Loomis Museum
Manzanita Lake
7290ft 2222m
7246ft 2209m
Crags Lake
Hot Rock
Raker Peak 7483ft 2281m
8530ft 2592m
CHAOS CRAGS
Manzanita Creek
DEVASTATED AREA
Verschlossenes Tor
Hat Lake
LASSEN NATIONAL FOREST
Crescent Crater 8645ft 2635m
Summit Lake North
Summit Lake 7000ft 2066m
20
Loomis Peak 8658ft 2642m
Crescent Cliff
LASSEN PEAK 10457ft 3187m
LASSEN VOLCANIC NATIONAL PARK
North Fork
BLUE LAKE CANYON
Bailey Creek
Vulcans Castle
Eagle Peak 9222ft 2811m
Terrace Lake
Shadow Lake
Cliff Lake
READING PEAK
(Im Winter gesperrt)
Blue Lake
Soda Lake
Pilot Pinnacle 8886ft 2708m
Lake Helen
Emerald Lake
8701ft 2652m
Mount Diller 9087ft 2770m
Bumpass Hell
Bumpass Mountain 8753ft 2668m
UPPER MEADOW
LITTLE HOT SPRINGS VALLEY
Cold Boiling Lake
Kings Creek 7400ft 2256m
BUMPASS HELL
Kings Creek Falls
Bench Lake
Ridge Lakes
Brokeoff Mountain 9235ft 2815m
Diamond Peak 7968ft 2429m
Sulphur Works
Mill Creek Falls
Crumbaugh Lake
Sifford Lakes
Forest Lake
Devils Kitchen 6020ft 1838m
Southwest Eingangsstation
TWIN MEADOWS
Panther Creek
Drake Lake
Mount Conard 8204ft 2501m
Raker Memorial Gateway
LASSEN NATIONAL FOREST
Ridge Lake
89 Richtung Mineral und Parkhauptquartier westlich über die 36
8mi 13km
Blue Lake
Grants Pass
OREGON
IDAHO
Eureka
Salt Lake City
Reno
Green River
Sacramento
NEVADA
UTAH
CALIFORNIA
San Francisco
Las Vegas
Colorado
Santa Maria
ARIZONA
Phoenix
Los Angeles
San Diego
Yuma
Tuscon
500 km
MEXIKO

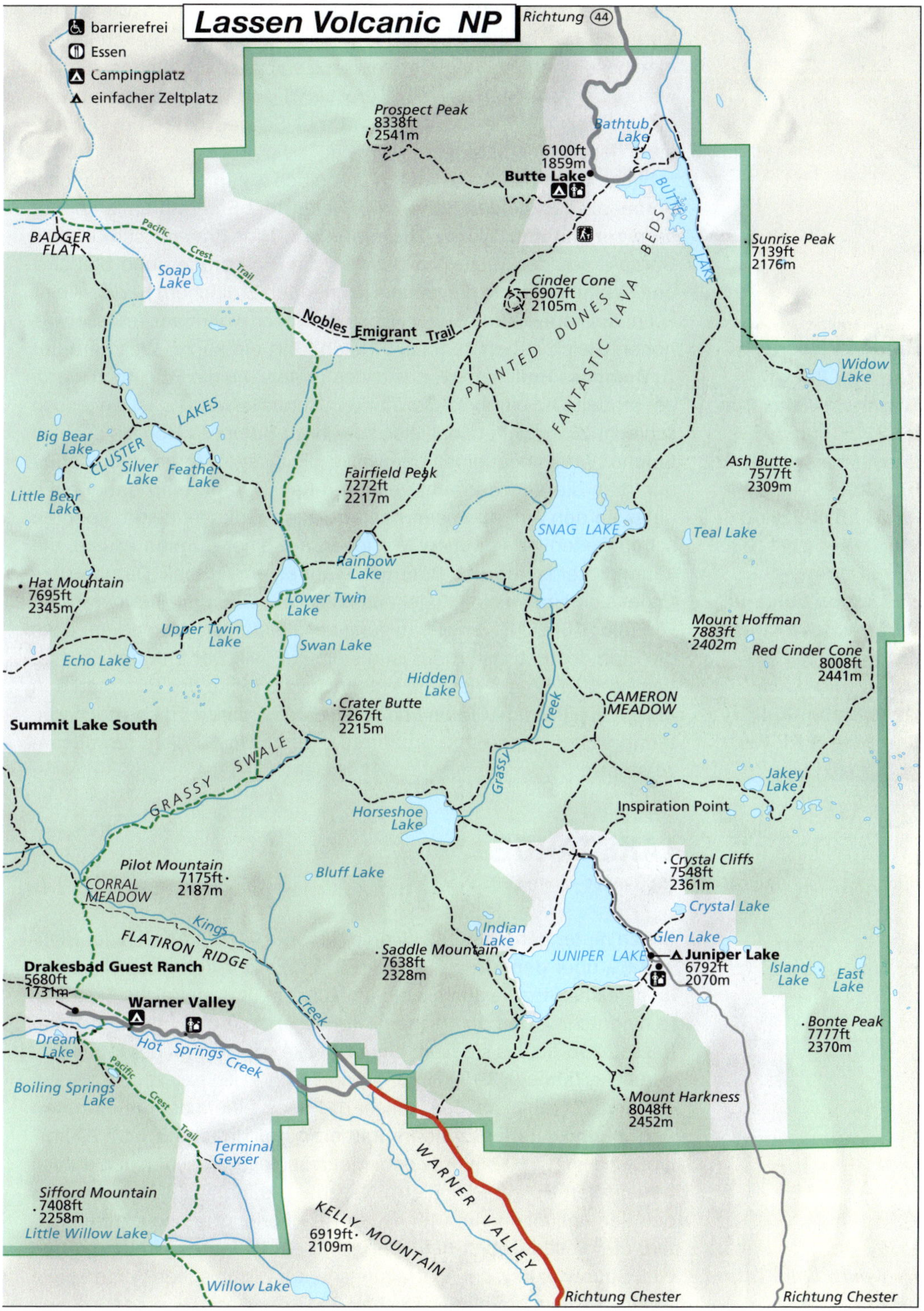

› Routenplan Seite 286

die Wiesen grün und voller Blumen und die Sonne schien, wie es sich für einen Tag im Juli gehört. Oben angekommen, erlebte ich jedoch eine böse Überraschung: Der Parkplatz war zwar vom Schnee befreit worden, ringsum gab es jedoch drei bis fünf Meter hohe Schneewände und der Aufstieg zum Gipfel war nur Schneewanderern mit entsprechender Ausrüstung möglich.

Einige Kilometer weiter unten brodelt es wie in einer Hexenküche: Vorbei an den beiden Seen Lake Helen und Emerald Lake kommt man zur **Sulphur Works Thermal Area.** Hier dringen schwefelige Dämpfe aus den Ritzen im Gestein, die Erde brodelt und blubbert und Schlammkugeln fliegen aus kochenden Erdlöchern hervor – hier kocht der Teufel seine Suppe. Doch eigentlich wohnt der Teufel etwas höher: Gleich neben dem Lake Helen führt ein kurzer Weg herunter zu **Bumpass Hell,** dem Wohnsitz des Teufels, wo die Erde noch kräftiger brodelt und blubbert. Bei starker Schneeverwehung ist sie jedoch schlecht zu erreichen, obgleich sowohl zu Bumpass Hell als auch zu Sulphur Works bequeme boardwalks („Fußwege") führen, von denen aus man die ganze Pracht genießen kann. Wenn man dabei allerdings an den Aufbau unserer lieben, alten Erdkugel denkt, könnten schon Bedenken kommen: Wir leben auf einer dünnen Kruste, die kaum dicker ist als eine Briefmarke auf einem Fußball. Darunter befindet sich eine riesige Kugel aus flüssigem Eisen mit Temperaturen von über 4600 °C. Zur Beruhigung sei allerdings anzumerken, dass die Erde doch etwas größer ist als ein Fußball: Der Erddurchmesser beträgt 12.742 km, deshalb entspricht die Dicke der Briefmarke in diesem Falle etwa 100 km und diese dicke Kruste wird uns auch weiterhin sicher tragen und ernähren – wenn wir sie nicht gewaltsam zerstören.

Lassen Volcanic National Park

Southwest Visitor Center, 21750 Highway 89th, Lassen, Mineral, CA 96063, Tel. (530) 595-4480, Fax (530) 595-3265, N40.43694° W121.53306°

20 Lassen Volcanic Summit Lake Campground (s. S. 118)

21 Volcano Country Camping & RV Park (s. S. 118)

LAKE TAHOE ★★

(180 miles – mile 1083)

Gleich hinter dem Lassen Volcanic National Park quält sich der Highway 89 über den Morgan-Pass (1753 m), dann führt die abwechslungsreiche Strecke durch die Plumas Sierra und zahlreiche Skigebiete hindurch, vorbei an etlichen Zweitausendern und über den Yuba-Pass (2236 m), bis sie nach einer Strecke von 180 mi bei Tahoe City den Lake Tahoe (N39° W120°) erreicht.

Klar und tiefblau ist das Wasser des Sees, einem der **beliebtesten Ferien- und Ausflugsziele** im mittleren Kalifornien. Er ist 520 km² groß und liegt 2100 m über dem Meeresspiegel zwischen den dunkel bewaldeten Bergen der Sierra Nevada, die mehr als 1500 m über den See ansteigen. Am Ufer liegen viele Ferienorte und die Bergketten, die dieses Gebiet umgeben, sind ein beliebtes Wintersportgebiet. **Squaw Valley,** der Austragungsort der Olympischen Winterspiele von 1960, liegt am nordwestlichen Ende des Sees.

22 South Lake Tahoe KOA (s. S. 118)

034us Abb.: la

▲ *Klar und tiefblau ist das Wasser des Lake Tahoe*

Der Lake Tahoe und seine Umgebung sind ein einziges, riesiges **Erholungsgebiet** mit Wassersport- und Reitmöglichkeiten, Wanderwegen und großen Campingplätzen. Die zugehörigen Hotelstädtchen liegen am Westufer: South Lake Tahoe, Meeks Bay und Tahoe City. Das Ostufer gehört bereits zu Nevada. Unmittelbar hinter der Grenze bei South Lake Tahoe stehen in Stateline bereits die ersten großen Hotels und **Spielkasinos,** deren verlockendes Glücksspiel in Kalifornien verboten ist.

Überall am See findet man nette Restaurants, Motels und Bademöglichkeiten. Es ist schwer, für einen ein- oder zweitägigen Besuch das richtige Programm zu empfehlen. Zeit und Wetter bestimmen das Besichtigungsprogramm.

Die Fahrt um den ganzen See herum ist ohne die Abstecher 115 km lang (ist in der Entfernungsberechnung nicht enthalten). Überall findet man Aussichtspunkte mit wunderschönem Blick auf den tiefblauen See. Sehr schön ist es zum Beispiel an der Steilküste der Emerald Bay. Wer am Abend nicht im Spielkasino die Einarmigen Banditen martern will, sollte vielleicht einen Tisch im **Heavenly Monument Peak Restaurant** bestellen. Der nächtliche Blick über den See bei einem Glas kalifornischen Wein ist ein Erlebnis, das lange im Gedächtnis bleiben wird.

Heavenly Monument Peak Restaurant

South Lake Tahoe, CA 96150, Tel. (530) 542-5222, an der Bergstation der Heavenly Tram

Lake Tahoe Visitor Center

3066 Lake Tahoe Blvd, South Lake Tahoe, CA 96150, Tel. (530) 544-5050, www.bluelaketahoe.com

Aktivitäten

- Baden und Sonnen in einem der vielen Strandbäder
- Fahrt mit der (Schweizer!) Seilbahn zum Heavenly Ski Resort in 3041 m Höhe/670 m über dem See (22/17 $)
- Besuch eines Spielkasinos an der Grenze zu Nevada
- Frühstück in Heidi's Dutch Mill Restaurant, 1020 North Carson Street, Carson City, Tel. (775) 882-0486
- Besuch der historischen Westernstadt Virgin City
- Achtung: Der Besuch der Ponderosa Ranch an der SR28 in Incline Village mit dem Cartwright Ranch House aus der Fernsehserie Bonanza ist nicht mehr möglich, es gibt keine Pläne für die Wiedereröffnung (falls sich das jemand ansehen wollte)!
- Besuch der Squaw Valley Ski Area nordwestlich des Sees
- Besuch der Burg Vikingsholm an der Emerald Bucht am Südwestzipfel des Sees, 9999 Emerald Bay Road, Tahoma, CA 96142, Tel. (916) 525-7277, Eintritt 5/2 $
- Fahrt mit dem Mississippi Dampfer Tahoe Queen ab South Lake Tahoe (48,95/27,95 $)

▲ *Das State Capitol in Sacramento, der kalifornischen Hauptstadt*

SACRAMENTO ★

(115 miles – mile 1198)

Captain John Sutter, ein Schweizer Immigrant, ließ sich im Jahre 1839 dort nieder, wo der Sacramento River und der American River zusammentreffen. Auf einem 50.000 ha großen Stück Land, das er von der mexikanischen Regierung erhalten hatte, baute er zunächst ein Fort und gründete dann die Stadt New Helvetia, die sich bald zu einem geschäftigen Handelszentrum entwickelte und zu einem Anziehungspunkt für viele Immigranten aus dem Osten der Vereinigten Staaten wurde. 1848 wurde aus New Helvetia die Stadt Sacramento, doch im gleichen Jahr begann auch das Unglück für John Sutter: James W. Marshall entdeckte am 24. Januar 1848 in der Nähe einer Mühle, die er für John Sutter baute, Gold. Man wollte diesen Fund geheim halten, aber irgendwie verbreitete sich die Nachricht doch und bald darauf begann der **Great California Gold Rush,** eine Goldsuche mit rauen Burschen und schlechten Manieren. Sutter konnte sich gegen diese Leute nicht wehren und zog 1873 ostwärts, um von dort aus zu versuchen, seinen rechtmäßigen Besitz wiederzuerlangen, der inzwischen viele Millionen Dollar hervorgebracht hatte. Es gelang ihm nicht und er starb als armer Mann. Das ist die Geschichte Sacramentos.

Die Stadt wurde bald ein wichtiger Verbindungspunkt zwischen Ost und West und bereits 1854 wurde Sacramento zur **Hauptstadt**

Kaliforniens ernannt. Die erste Eisenbahnlinie in Kalifornien verband 1856 Sacramento mit Folson, andere Eisenbahnverbindungen folgten und noch heute ist die Stadt ein wichtiger **Knotenpunkt** des Eisenbahn- und Autoverkehrs. Seit 1963 ist die Stadt auch ein wichtiger Binnenhafen, 1963 wurde nämlich der Tiefwasserkanal zur San Francisco Bay fertiggestellt.

Dem heutigen Besucher präsentiert sich Sacramento als moderne Großstadt mit wenigen Anziehungspunkten. Sehenswert ist das **State Capitol** im Zentrum der Stadt mit seiner 70 m hohen Rundkuppel, den weißen Säulen und Blumenschmuck im Vorgarten. Wer das Capitol in Washington D.C. kennt, bemerkt eine frappierende Ähnlichkeit. Erbaut wurde das State Capitol in den Jahren 1861 bis 1874.

Sollte man in den USA geröstete Mandeln essen, kommen diese vermutlich auch aus Sacramento. Die California Almond Growers Exchange befindet sich in der C-Street und bietet täglich Besichtigungstouren, auf denen man vieles über Mandeln erfährt.

Der schönste Teil von Sacramento ist Old Sacramento bei der I-Street am Sacramento River. Während der Zeit des Goldrausches war es das Hauptgeschäftsviertel der Stadt. Jetzt ist die Stadt bemüht, den alten Charakter zu erhalten und mit Museen, Saloons und Läden in altem Stil an die „gute alte Zeit“ zu erinnern.

California Almond Growers Exchange

1802 C-Street, Sacramento, CA 95814-1010, Tel. (916) 442-0771

Sacramento Visitors Center

1002 2nd St, Old Sacramento, CA 95814, Tel. (916) 442-7644, täglich 10 bis 17 Uhr, info@discovergold.org, www.sacramentocvb.org

23 Sacramento West/Old Town KOA ***(s. S. 119)***

NAPA VALLEY – IM LAND DER EDLEN TROPFEN ** (60 miles – mile 1258)

Der amerikanische Weinanbau unterscheidet sich grundlegend vom europäischen. Während in Europa der Weinanbau eine kulturträchtige, altüberlieferte und geheiligte Tradition ist, schaut man in den USA nur auf Güte und Erfolg. Der Anbau in Kalifornien erfolgt in meist flachen und breiten Tälern in dem schmalen Küstenstreifen zwischen Pazifik und der Sierra Nevada und man sucht vergebens nach den uns so vertrauten Reblandschaften von Rhein, Mosel oder dem Badischen Land.

Anbau, Unterhaltung und Ernte sind „pflegeleicht“ und rein kommerziell. Die Züchtung der Reben erfolgte systematisch und nach wissenschaftlichen Methoden, wobei das Kleinklima der einzelnen Gebiete berücksichtigt wurde. Die europäischen Sorten Riesling, Sauvignon, Muskat u. a. wurden an die örtlichen Verhältnisse angepasst, aber auch viele neue Rebsorten gezüchtet – die bekannteste ist sicher der Zinfandel.

Auch ihre Public Relations betreiben die kalifornischen Weinbauern echt amerikanisch: Jedes Weingut ist ansprechend gestaltet, mit Zypressen, Blumenrabatten, Grünanlagen und meist auch schönen Häusern und fast alle sind offen für Besichtigungen und Weinproben. So kann man sich täglich von 10 bis 17 Uhr durch die vineyards pro-

Die Amerikaner und der Wein

Wein passt zu allen Gelegenheiten, das ist das Schöne an ihm. Nicht der übermäßige Genuss, sondern der andächtig genossene edle Tropfen bewirkt die in unserer hektischen Zeit wohltuende Entspannung. Auf meinen vielen Reisen in den Vereinigten Staaten habe ich gelernt, dass die europäische Überheblichkeit gegenüber den amerikanischen Weinen völlig unangebracht ist. Vielmehr müssen sich etliche europäische Weine gewaltig anstrengen, wenn sie mit den ausgezeichneten kalifornischen Weinen mithalten wollen.

Der Amerikaner ist allerdings kein Weintrinker in unserem Sinne, obwohl zu jedem „dinner", zu dem ich eingeladen war, auch Wein gereicht wurde. Man zelebriert in den USA den Wein nicht wie bei uns. Er wird eher getrunken wie Bier oder Saft und leider meist barbarisch kalt und auch sogar manchmal mit Eiswürfeln (auch im Restaurant).

bieren und muss nur schauen, wie man wieder zurück zum Stellplatz kommt, denn der Sheriff hat auch in Kalifornien Alkohol am Steuer gar nicht gern.

Die bekannten Weinanbaugebiete in Kalifornien sind das Napa Valley, etwa 50 mi nördlich von San Francisco entlang der SR29/128, und das kurvenreiche Sonoma Valley an der SR12.

Ins Napa Valley gelangt man von Sacramento aus in kurzer Zeit über I80 und SR12. Diese trifft bei Napa Junction auf die SR29/128, an der viele der Weingüter liegen. Zunächst sollte man jedoch die Neugier auf die Weingüter etwas zügeln und nicht versäumen, den Ort **Napa** zu besuchen. Es ist ein hübsches Städtchen mit Fußgängerzone, Boutiquen und Restaurants – sauber und ordentlich wie eine deutsche Kleinstadt.

036us Abb.: la

▶ *Picknick mit Wein und Käse bei V. Sattui*

In einem Faltblatt, das man bei den Weingütern oder auch auf dem Campingplatz bekommt, sind die Adressen der bekanntesten Weingüter sowie Öffnungszeiten und Telefonnummern aufgelistet. Etwa 50 Weingüter im Napa Valley sind für den Publikumsverkehr geöffnet und weitere 34 bieten keine Weinprobe an bzw. nur für Gruppen auf Bestellung. Hinzu kommen über 40 wineries im Sonoma Valley, die alle an der SR29/128 oder an der SR12 im Nachbartal Sonora Valley liegen.

Sehr schön ist im Napa Valley zum Beispiel ein Besuch bei **Beringer.** Dieses Weingut wurde von den deutschen Brüdern Frederick und Jacob Beringer gegründet. Die interessante Führung zeigt auch die Lagerräume, die von chinesischen Lohnarbeitern in den Fels gehauen wurden. Die Weinprobe erfolgt in dem Hauptgebäude des Gutes, dem Rheinhaus, das die Gebrüder Beringer von ihrem Architekten nach Originalplänen eines deutschen Hauses vom Rhein bauen ließen. Bewundernswert sind auch die Gartenanlagen.

Beringer Vineyard

2000 Main St, St. Helena, Napa Valley, CA 94574, Tel. (707) 967-4412, 35 $/Erw.

Prager Port Works

1281 Lewelling Ln, St. Helena, CA 94574 (nahe bei Sutter Home und gegenüber von der Martini Winery), Tel. (707) 963-7678

Prager Port Works ist ein kleiner Laden, der sich auf Portwein spezialisiert hat. Die individuelle Beratung macht diesen kurzen Besuch besonders angenehm. Die Erzeugnisse sind allerdings recht teuer. Gleich um die Ecke liegt die **Sutter Home Winery,** eine riesengroße Anlage, die von vielen Bussen besucht wird und deshalb etwas unruhig ist, was jedoch den guten Wein nicht beeinträchtigt.

Sutter Home Winery

277 St. Helena Highway South (Highway 29), St. Helena, CA 94574, www.sutterhome.com, Tel. (800) 967-4663. Free wine tasting!

Bei **V. Sattui** in St. Helena kann man mittags zünftig mit frischem französischem Stangenbrot, Käse und Rotwein auf einer grünen Wiese unter schattigen Bäumen vespern. In einem riesigen, scheunenartigen, rustikalen Verkaufsraum gibt es unendlich viele Sorten Käse (auch aus Deutschland, Frankreich und der Schweiz), frisches Brot, viele Souvenirs und natürlich Wein, so viel das Herz begehrt. Der Laden ist darauf eingerichtet, dass man seine Vesper mit nach draußen nimmt und dort auf einer großen Picknickwiese verzehrt – natürlich mit (möglichst viel) V.-Sattui-Wein!

V. Sattui Winery

1111 White Lane, St. Helena, CA 94574, Tel. (707) 963-7774, www.vsattui.com, 5 $

Sterling, ziemlich am Ende des Tals, erreicht man nur mit einer kurzen Seilbahnfahrt, denn das Weingut liegt auf einem Berg. Von oben hat man einen schönen Blick auf das Tal und der Wein ist vorzüglich. Die Bahn startet unterhalb des Weingutes an der Dunaweal Lane.

Sterling Vineyards

1111 Dunaweal Lane, Calistoga, CA 94515, Tel. (707) 942-3344, www.sterlingvineyards.com, 20 $ inkl. Seilbahnticket

Im Nachbartal **Sonoma Valley** mit über 40 gelisteten Weingütern lohnt sich der Besuch der **Buena Vista Winery.** Sie liegt 2 mi nordöstlich der Old Winery Road in Sonoma. Hier pflanzte der ungarische Graf Agoston Haraszy die ersten Weinreben überhaupt in Kalifornien

037us Abb.: la

24 *Petaluma KOA (s. S. 119)*

um auszuprobieren, ob man hier Weinbau betreiben könnte. Es gelang und die kalifornische Weinindustrie begann zu wachsen.

Napa Valley Visitor Bureau

1310 Napa Town Center, Napa, CA 94559, Tel. (707) 226-7459, N38.2977° W122.2885°

Historic Buena Vista Tasting Room

18000 Old Winery Road, Sonoma, CA 95476, Tel. (707) 938-1266, 20 $

Nach ausgiebigen Touren durch die verschiedenen vineyards geht es nun über den US101 zurück nach **San Francisco** (50 miles - mile 1308), dem Ausgangspunkt dieser Route und gleichzeitig dem Startpunkt der nächsten Tour.

STELLPLÄTZE ENTLANG DER ROUTE

Stellplatz

11 *San Francisco RV Resort*

N37.64613° W122.48993°

Der Platz ist nicht gerade gemütlich, man hat aber einen tollen Blick auf den Ozean und ist schnell in San Francisco. **Ver-/Entsorgung:** Strom, Trinkwasser, Abwasser; full hook-ups; **Platzanzahl:** 182; **Preise:** 47 $/Fahrz.; **Kontakt:** 700 Palmetto Ave, Pacifica, CA 94044, Tel. (800) 822-1250, info@sanfranciscorvresort.com,www.sanfranciscorvresort.com

▲ *Idyllisch – eines der vielen Weingüter im Napa Valley*

Stellplatz

⓬ *Candelstick RV Park*

N37.71612° W122.38373°

Typischer Stadt-Campingplatz mit Busanschluss ins Zentrum. **Lage/Anfahrt:** US101 Exit 429 (3rd Street); **Ver-/Entsorgung:** Strom, Trinkwasser, full hook-up; **Platzanzahl:** 165; **Preise:** 72 $/Fahrz.; **Geöffnet:** ganzjährig; **Kontakt:** 650 Gilman Ave, San Francisco, CA 94124, Tel. (415) 822-2299, Fax (415) 822-7638, reservations@sanfranciscorvpark.com

Stellplatz

⓭ *Pomo RV Park & Campground*

N39.40605° W123.80515°

An der spektakulären Medocino Coast mit durch Rhododendronhecken abgeteilten, geräumigen Stellplätzen. **Lage/Anfahrt:** 7 mi nördlich von Mendocino; **Ver-/Entsorgung:** Strom, Trinkwasser, Abwasser; **Preise:** 40 $/Fahrz.; **Geöffnet:** ganzjährig; **Kontakt:** 17999 Tregoning Lane, Fort Bragg, CA 95437, Tel. (707) 064-3373, www.pomorv.com

Stellplatz

⓮ *Elk Prairie Campground*

N41.35987° W124.02932°

Einfacher, aber sehr ordentlicher Platz direkt im Redwood Forest. **Lage/Anfahrt:** Am Newton B. Drury Scenic Parkway; **Platzanzahl:** 75; **Ver-/Entsorgung:** keine; **Preise:** 15 $/Fahrz.; **Geöffnet:** ganzjährig; **Kontakt:** Tel. (916) 638-5883 oder 1-800-444-7275

Stellplatz

⓯ *Crescent City Redwoods KOA*

N41.84425° W124.13373°

Komfortabler Waldplatz, mit etlichen Preisen ausgezeichnet. **Lage/Anfahrt:** 5 mi nördlich von Crescent City, am US101 kurz vor dem Smith River; **Plätze:** 94; **Preise:** 33 $/Fahrz.; **Geöffnet:** ganzjährig; **Kontakt:** 4241 Highway 101N, Crescent City, CA 95531, Tel. (707) 464-5744, info@crescentcitykoa.com, www.crescentcitykoa.com

Stellplatz

⓰ *Grayback Campground*

N42.15813° W123.55355°

Kleiner, einfacher Platz direkt an den Höhlen. **Lage/Anfahrt:** 8 mi von der Höhle entfernt; **Plätze:** 39 und einer mit full hook-up; **Preise:** 16 $/Fahrz.; **Geöffnet:** Mai-Sept.; **Ver-/Entsorgung:** nur Trinkwasser und Spülklosett; ein Platz mit full hook-up; **Kontakt:** 11000 Caves Highway, Cave Junction, OR 97523, Tel. (541) 592-2166

Stellplatz

⓱ *Diamond Lake RV Park*

N43.14105° W 122.13535°

Platz direkt am Diamond Lake mit schönem Baumbestand und vielen Möglichkeiten für Aktivitäten auf dem Wasser. **Lage/Anfahrt:** Am Ostufer des Diamond Lake in 1733 m Höhe, 4795 Forest Road; **Platzanzahl:** 135; **Ver-/Entsorgung:** Strom, Trinkwasser, Abwasser; **Preise:** 33,30 $/Fahrz.; **Geöffnet:** 15. Mai bis 1. Oktober; **Kontakt:** 3500 Diamond Lake Loop, Diamond Lake, OR 97731, Tel. (541) 793-3318, www.diamondlakervpark.com

Stellplatz

⑱ *Indian Well Campground*

N41.71443° W121.51043°

Zwar nur eine einfache Anlage, aber an jedem Stellplatz gibt es einen original handgefertigten Lavasteinpicknicktisch von 1933, dem Jahr in dem der Platz vom Civilan Conservation Corps (eine ABM-Maßnahme) eingerichtet wurde. **Lage/Anfahrt:** 800 m vom Besucherzentrum entfernt (schräg gegenüber); **Platzanzahl:** 43; **Ver-/Entsorgung:** nur Trinkwasser; **Preise:** 10 $/Fahrz. für 10 Tage

Stellplatz

⑲ *Mount Shasta City KOA*

N41.31882° W122.31838°

Komfortabler Platz mit Blick auf den Mount Shasta nahe am City Center. **Lage/Anfahrt:** Downtown Mount Shasta über den Exit 2 von der I5 auf die Lake Street und dann links in den North Mt. Shasta Blvd; **Ver-/Entsorgung:** Strom, Trinkwasser, Abwasser, full hook-up; **Preise:** 34 $/Fahrz.; **Geöffnet:** ganzjährig; **Kontakt:** 900 North Mt Shasta Blvd, Mount Shasta City, CA 96067, Tel. (530) 926-4029, Fax (530) 926-4029, www.koakampgrounds.com/where/ca/05108

Stellplatz

⑳ *Lassen Volcanic Summit Lake Campground*

N40.49142° W121.42255°

Ein einfacher Platz, dafür aber am Kraterrand des imposanten Vulkans. **Lage/Anfahrt:** Der Platz liegt 17,5 mi nördlich vom Südwest-Eingang; 12 mi südlich von Manzanita Lake direkt an der SR89, die durch den Park führt; **Platzanzahl:** 48; **Ver-/Entsorgung:** Trinkwasser, kein Strom; **Preise:** 14 $/Fahrz.; **Max. Stand:** 14 Nächte; **Geöffnet:** Juni–Sept., wetterabhängig; **Kontakt:** Summit Lake North, P.O. Box 100, Mineral, CA 96063, Tel. (877) 444-6777

Stellplatz

㉑ *Volcano Country Camping & RV Park*

N40.3479° W121.59595°

Kleiner, sauberer Platz mit schönem Baumbestand und allen Einrichtungen eines modernen Campingplatzes. **Lage/Anfahrt:** 9 mi südwestlich vom Park an der SR36 in Mineral; **Platzanzahl:** 25; **Ver-/Entsorgung:** full hook-up; **Preise:** 28 $/Fahrz.; **Geöffnet:** nur in der Saison, abhängig vom Wetter; **Kontakt:** Highway 36E, P.O. Box 160, Mineral, CA 96063, Tel. (530) 595-4422, www.minerallodge.com/campground

Stellplatz

㉒ *South Lake Tahoe KOA*

N38.84578° W120.02927°

South Lake Tahoe KOA ist ein herrlicher Platz für die Erkundung der nördlichen Sierra Nevada. **Lage/Anfahrt:** Am Highway 50, 6 mi hinter der „Sierra-at-Tahoe Ski Area"; **Ver-/Entsorgung:** full hook up; **Preise:** 61 $/Fahrz. (full hook-up in der Hochsaison; harte Stornierungsbedingungen), an Feiertagen 71 $!; **Geöffnet:** 1. Apr.–15. Okt.; **Kontakt:** 760 Highway 50, South Lake Tahoe, CA 96150, Tel. (530) 577-3693, info@laketahoekoa.com, www.laketahoekoa.com

Stellplatz

㉓ *Sacramento West/Old Town KOA*

N38.5741° W121.57537°

Sehr guter Platz mit Auszeichnung (von 2008) in der Nähe des Zentrums. **Lage/Anfahrt:** Den US80 bis zum Exit „Enterprise Blvd“, dann bis zur Kreuzung mit der Lake Road, dort links einbiegen; **Ver-/Entsorgung:** full hook-up; **Preise:** 45 $/Fahrz.; **Geöffnet:** ganzjährig; **Kontakt:** 3951 Lake Road, West Sacramento, CA 95691, Tel. (916) 371-6771, Fax (916) 371-0622, info@sacramentokoa.com, www.sacramentokoa.com

Stellplatz

㉔ *Petaluma KOA*

N38.27163° W122.67738°

Ein schöner Familienplatz inmitten der Weinregion Kaliforniens. **Lage/Anfahrt:** Obgleich es natürlich auch im Napa Valley mehrere Campingplätze gibt, empfehlen wir den Petaluma KOA westlich des US101. Man erreicht ihn vom US101 über den Exit 476 „Penngrove“; **Ver-/Entsorgung:** Strom, Trinkwasser, Abwasser, full hook-up; **Preise:** 66 $/Fahrz.; **Geöffnet:** ganzjährig; **Kontakt:** 20 Rainsville Road, Petaluma, CA 94952, Tel. (707) 763-1492, sfkoa@aol.com, www.koa.com/where/ca/05330

DURCH DAS TAL DES TODES IN DIE „NEON CITY“

Diese Tour führt in zwei außerordentlich interessante Nationalparks des amerikanischen Westens, den Yosemite National Park und den Death Valley National Park. Beide liegen in der Sierra Nevada, dem Hochgebirgszug vor der Pazifikküste, sind aber völlig unterschiedlich. Der Yosemite Park liegt auf einer Höhe von 2000 m und sogar auf der benachbarten Passhöhe von über 3000 m gibt es noch Bäume und Sträucher. Das Death Valley dagegen macht seinem Namen alle Ehre. Es ist von Bergen mit über 2000 m Höhe eingerahmt, liegt selbst aber auf Meereshöhe bzw. sogar bis zu 85,5 m darunter. Während es im Yosemite Park recht frisch sein kann und die Pässe noch weit im Frühjahr nicht befahrbar sind, wird es in Death Valley im Sommer so heiß, dass die Motoren der Autos streiken und mit frischem Kühlwasser versorgt werden müssen. Wir besuchen verlassene und gut erhaltene Geisterstädte und lernen viel über die Goldrausch-Vergangenheit des Landes. Und zum Abschluss geht es dann nach Las Vegas – in die Glitzerstadt der Superlative.

038us Abb.: la

ROUTE 3

VON SAN FRANCISCO INS SPIELERPARADIES LAS VEGAS

› Routenplan Seiten 286, 288, hinterer Umschlag innen

STRECKENVERLAUF

Strecke:
San Francisco - Columbia (217 mi) - Yosemite National Park (217 mi) - Sequoia National Park (182 mi) - Death Valley National Park (335 mi) - Las Vegas (139 mi)

Streckenlänge: 1114 mi

COLUMBIA – AUF DEN SPUREN DER GOLDSUCHER (217 miles – mile 217)

Es geht nicht direkt zum Yosemite Park, sondern mit einem Schlenker nach Nordost, um den Highway 49 herunterzufahren, die Straße mitten durch das **Goldgräberland.** Man verlässt hierzu San Francisco auf der I80 North und bleibt durch Sacramento hindurch bis nach Auburn auf dieser Straße. Für diejenigen, die Sacramento noch nicht gesehen haben, bietet sich hier ein Besuch der Hauptstadt von Kalifornien an (s. S. 112). In Auburn kreuzt die historische SR49 die I80 und man biegt hier rechts ab. Auf 100 mi erlebt man hier nun den Goldrausch von 1850. Wer den Ehrgeiz hat, die ganze historische Strecke zu sehen, sollte in Auburn zunächst auf der SR49 einen Abstecher nach Norden machen und bis Nevada City fahren, das sind 28 mi (jeweils für Hin- und Rückweg).

Nevada City (N39.26667° W121°) ist eine teilweise verlassene, ehemalige Westernstadt mit immerhin noch 3000 Einwohnern und einem Museum im schmucken Feuerwehrhäuschen von 1861. Es gibt mehrere Restaurants und Bars und das National Hotel – alles im alten Stil, versteht sich. Die Stadt hat nach dem Goldrausch neue Wege zu wirtschaftlichem Erfolg gefunden: auf dem Agrarsektor, im Hightechbereich und im Tourismus. Wer sich auf die Spuren des Goldrauschs begeben will, sucht am besten den Empire Mine State Historic Park in Grass Valley auf, dessen alte Häuser sehr schön renoviert sind. Neben historischen Gebäuden und Maschinen, die man allein oder in geführten Touren erleben kann, hat der Park etwa 17 km Wanderwege. Die Empire Mine ist eine berühmte alte Goldmine, in der von 1850 bis 1956 Gold gewonnen wurde.

In der Main Street von Nevada City stehen das Old Nevada Theater, die Kirche und etliche Bed-and-Breakfast-Häuschen. Alles in allem ein gemütlicher Ort mit dem Flair einer alten Goldgräberstadt, aber mit Hightech hinter den alten Fassaden.

Auf dem Rückweg fährt man nun auf der SR49 über die I80 hinweg und folgt der Straße bis Chinese Camp. Auf dem Weg trifft man auf zahlreiche weitere Goldgräberstädte. Der erste Besuch südlich der

I80 gilt **Coloma** (N38.8° W120.8892°). Auch dies ist eine alte Goldgräberstadt mit nur 300 Einwohnern, aber mit dem Fund eines Goldnuggets begann hier bei Sutter's Mill (Sutters Mühle) der Goldrausch von 1848, der Tausende Goldgräber nach Kalifornien zog. Im Empire Mine State Historic Park (10791 East Empire Street, geöffnet täglich von 9 bis 17 Uhr, Eintritt 3 $) kann die Mine mitsamt ihren Schächten, Gebäuden und vielen Maschinen besichtigt werden. Von den Bergwerksgebäuden und den Werkstätten stehen jedoch meist nur noch die Grundmauern. Man sieht viele alte Bergmannswerkzeuge und Überreste aus der Goldgräberzeit und kann in einen echten Stollen einsteigen. Mithilfe eines sehr detaillierten 3-D-Modells kann man gut erkennen, wie das komplizierte Schachtsystem der Empire Mine aufgebaut war.

Weiter Richtung Süden, an der Kreuzung der CA49 und des US50, liegt **Placerville** (N38.73333° W120.8°), eine Stadt mit über 10.000 Einwohnern, die zur Zeit des Goldrausches ein wichtiges Handelszentrum mitten im Gold Country darstellte. Ihren Spitznamen „Hangtown" erhielt sie wegen der vielen Hinrichtungen, die es in der damaligen Zeit hier gab. Mit Gesindel und den Gesetzlosen, die neben den redlichen Goldgräbern kamen, machten die Bürger dieser ehemaligen Minenstadt kurzen Prozess und verurteilten sie in Blitzverfahren zum Tode durch Erhängen. Heute lebt Placerville überwiegend vom Obstanbau (Äpfel, Kirschen und Pfirsiche).

200 Einwohner haben sich heute noch in **Drytown** (N38.43722° W120.85944°) niedergelassen. Zu ihrer Glanzzeit war die Stadt allerdings alles andere als „dry" – es gab allein 26 Saloons. Der Goldrausch hielt hier aber nicht lange an, die Goldvorkommen versiegten bereits 1857 und die meisten Einwohner verließen die Stadt. Dass sie heute keine ghost town ist, verdankt die Stadt dem State-Route-49-Programm, durch das die Orte entlang der SR49 bereits seit 1920 restauriert und erhalten werden.

In **Sutter Creek** (N38.39361° W120.79889°) wird die alte Gießerei Knights Foundry von 1873 zurzeit in eine historische Museumsanlage umgebaut, die 2010 eröffnet werden soll. Ein längerer Halt lohnt sich in **Jackson** (N38.35028° W120.77556°). Dort befindet sich das Amador Country Museum (225 Church Street, geöffnet Mi. bis So. von 10 bis 16 Uhr), wo mithilfe von Modellen die verschiedenen Goldschürftechniken sehr lebendig dargestellt werden. Wer am Wochenende in Jackson ist, kann in die Kennedy Mine einfahren (5 $), geöffnet ist allerdings nur von März bis Oktober. Ein Schacht geht fast 2000 m in die Erde und war damit bis 1942, als die Mine geschlossen wurde, der tiefste in Nordamerika.

Angels Camp (N38.06833° W120.53972°) ist sehr gepflegt, wunderschön restauriert und sieht aus wie eine nagelneue Westernstadt. Hier sollte man langsam hindurchfahren und sich an den schönen Häuserfronten der Hauptstraße erfreuen.

An der Kreuzung der SR49 mit der SR4 bei Angels Camp und dann auf der SR4 ca. 8 mi in Richtung Sierra Nevada, sind bei Murphys zwei

Mercer Caverns
Tel. (209) 728-2101,
www.mercercaverns.com,
Eintritt 12/7 $

Moaning Cavern
Tel. (866) 762-2837,
www.caverntours.com,
geöffnet täglich, Eintritt
14,25/7,15 $

Höhlen mit interessanten Steinformationen zu bewundern: Die **Mercer Caverns** befinden sich an der Sheep Ranch Road in Murphys. Geöffnet ist im März und April täglich von 10 bis 16.30 Uhr, sonst nur an den Wochenenden. Der Abstecher lohnt aber auch, wenn man die Höhle nicht besuchen will: Murphys gilt als das hübscheste Städtchen der ganzen Sierra Nevada!

In Valencito befindet sich die größte Höhle Kaliforniens, die **Moaning Cavern.**

Dunkle Gestalten stehen im Schatten des Saloons, die Sonne brennt unbarmherzig auf die staubige Straße herunter und neben dem Büro des Sheriffs baumelt ein Spitzbube am Galgen – so empfängt einen **Jamestown** (N37.955° W120.40528°), eine der liebenswürdigsten western towns auf dieser Strecke. Natürlich ist der Spitzbube nicht echt, das Büro des Sheriffs aber schon: Es ist eines der ältesten ununterbrochen genutzten sheriff offices in den Vereinigten Staaten. Jamestown hat gut 3000 Einwohner und ist ein beliebter Drehort für die Filmindustrie. Der Filmklassiker „High Noon" wurde in Jamestown gedreht und der Zug aus „Zurück in die Zukunft III" war die Jamestown-Historic-Railtown-Lokomotive.

▼ *In Jamestown spürt man noch heute einen Hauch des Goldrauschs*

039us Abb.: la

Sonora (N37.98444° W120.38167°) hat heute 5000 Einwohner und war zur Zeit des Goldrausches eine der größten, reichsten und wildesten Städte im gesamten Gold Country. Ganz in der Nähe befindet sich **Mother Lode,** ein Goldgebiet mit der außerordentlich ertragreichen Big Bonanza Mine. In der Zeit von 1848 bis 1850 wurden in der Umgebung von Sonora 12 Tonnen Gold gefunden. Ende des 19. Jahrhunderts wurde Sonora dank der Eisenbahn zum Handelszentrum. Heute lebt die Kleinstadt vom Tourismus und von der Forst- und Landwirtschaft.

Es gibt viele gut erhaltene historische Gebäude und deshalb wird Sonora auch als das Juwel des Gold Country bezeichnet. Die viktorianischen Holzhäuser findet man an der Hauptstraße, der Washington Street. Einen schönen Einblick in die Zeit des Gold Rush erhält man im Toulumne County Museum and History Center (188 W. Bradfort Street, geöffnet Dienstag bis Sonntag von 10 bis 16 Uhr). Das Museum ist im ehemaligen Gefängnis von Sonora untergebracht.

Columbia (N38.03333° W120.40111°) ist eine typische Goldgräberstadt, die 1850 im Gold Rush gegründet wurde. In der Boomzeit fand man dort wöchentlich Gold in einem

Wert von 100.000 $ und Columbia entwickelte sich rasant zur zweitgrößten Stadt Kaliforniens. Was übrig geblieben ist, wurde staatlich restauriert und zu einem Themenpark hergerichtet.

Man erreicht den **Columbia State Historic Park** (täglich geöffnet, Eintritt frei) 3 km nördlich von Sonora, etwas abseits der SR49. 1858 wurde in Columbia die legendäre Wells Fargo Express Company gegründet, um die öffentliche Verkehrsverbindung herzustellen und das Gold aus dem Ort zu bringen, eine voll eingerichtete Wells-Fargo-Station findet man hier im Park. Der Transport von Menschen und Material erfolgte durch Postkutschen und riesige Pferdewagen, Briefe und Kleinteile transportierten Reiter (Pony Express). Aus der Wells Fargo Express Company entwickelte sich das heutige Kreditkarten-Unternehmen American Express.

Columbia ist ein lebendes Museum. Die Zeit des Goldrausches scheint hier lebendig zu sein: in der Schmiede, den Saloons, dem Büro der Wells Fargo und in den Holzhütten der Goldsucher. In den restaurierten Gebäuden arbeiten Handwerker noch wie damals. Es gibt Pferde zu mieten oder ganze Kutschen, man kann eine Goldmine besuchen oder sogar selbst Gold waschen. In der Regel bleibt es bei zwecklosem Geplansche, aber hin und wieder ist auch ein winziges Körnchen Gold dabei. Schließlich steht Kalifornien auch heute noch an der Spitze der Goldgewinnung und Goldverarbeitung in den USA.

Information

Columbia Chamber of Commerce, P.O. Box 1824, Columbia, CA 95310, Tel. (209) 536-1672, info@columbiacalifornia.com, www.columbiacalifornia.com, N38.03333° W120.40111°

㉕ ***49er RV Ranch*** ***(s. S. 158)***

YOSEMITE NATIONAL PARK – EIN PARADIESISCHES TAL *** (217 miles – mile 458)

Zum Yosemite National Park folgt man der SR49 bis Chinese Camp. Von dort sind es auf der SR120 noch 70 mi bis Yosemite Village im Herzen des Nationalparks. In den Sommermonaten, wenn die Hochgebirgsstraßen offen sind, sollte man aber von Sonora aus die SR108 North fahren und den Nationalpark von Osten ansteuern. Die Route führt in diesem Fall über Sonora, Mi-Wuk Village und Strawberry auf einer großartigen Fahrt über den 2661 m hohen Sonora Pass bis zur SR395 und auf dieser über den Devils Gate Pass (2292 m) und den Conway Pass (2451 m) nach Lee Vining. Vorher zweigt direkt hinter Willow Springs links die kleine Road 270 als Stichstraße zur ghost town **Bodie** * ab (N38.21167° W119.01278°). Man fährt ca. 13 mi bis auf 2500 m hinauf, die Straße ist gut zu fahren. Der kleine Abstecher lohnt sich, denn Bodie wurde so erhalten, wie man es 1962 vorgefunden hat, verlassen und verfallen.

Bodie ist eine echte kalifornische Geisterstadt. Weitab von den bekannten Touristenzentren wird dem Besucher hier ein realistisches Bild vom Leben während des Goldrausches vermittelt. 1859 hatte William Bodey hier Gold gefunden und im Goldrausch wuchs die Stadt schnell und hatte 1880 bereits 10.000 Einwohner. Gleichzeitig

040us Abb.: la

▲ *Beeindruckende Natur im Yosemite National Park – die Toulumne Meadows*

entwickelte sich Bodie in dieser Zeit zu einer der wildesten und gesetzlosesten Goldgräberstädte. Als das Gold versiegte, verließen die Menschen den Ort, der 1930 praktisch verwaist war.

Seit 1962 wird Bodie im vorgefundenen Zustand konserviert und ist heute ein State Park. Man sieht u. a. die Kirche, die Schule, eine Bar mit alten Flaschen auf der Theke und einen Laden. Dank der geringen Luftfeuchtigkeit blieben viele Gebäude und Gerätschaften relativ gut erhalten. Das Ensemble gilt als besterhaltene Geisterstadt der USA. Der Eintritt zum State Park kostet 5 $ pro Auto, es gibt keine Andenkenbude, kein Fast-food-Restaurant und keinen Wasserspender. Vielleicht macht gerade das den Besuch hier so angenehm und authentisch.

Fährt man auf der SR395 weiter in Richtung Lee Vining, so erblickt man bald links die weißen Tufa-Kegel des **Mono Lake** ★★ (N37.99667 ° W119.03972 °). Tufas sind turm- oder pilzartige Gebilde, die aus Kalziumkarbonat (Kalk) bestehen. Eine kleine Straße führt an den See heran. Der Mono Lake ist mit 700.000 Jahren einer der ältesten Kraterseen der Welt. Er ist von einigen Kraterbergen umgeben und wird aufgrund seines hohen Salzgehaltes auch oft als „Kaliforniens Totes Meer" bezeichnet. Das Bild des Mono Lake wird durch groteske Mineralienablagerungen, die vor allem am Südufer sehr schön zu sehen sind, geprägt.

In Lee Vining zweigt dann rechts die Tioga Road (SR120) ab und windet sich bis auf eine Höhe von 3031 m bergauf! Rechts sieht man den 3509 m hohen Tioga Peak in den Himmel ragen. Hier oben erreicht man über den Tioga Pass den Yosemite National Park und entrichtet am Tioga Pass Entrance seinen Obolus von 20 $ (gültig für 7 Tage).

Der **Yosemite National Park** in der großartigen Gebirgswelt der Sierra Nevada ist mit seinen 3000 km² einer der größten und schönsten Nationalparks der Vereinigten Staaten. Aus dem grünen Tal steigen über 1000 m hohe Granitwände senkrecht auf und enden in flachen Kuppen. Die Drei- und Viertausender dahinter zeigen bizarr geformte Flanken. Von den Höhen stürzen – oft in vielen Stufen – mächtige Wasserfälle zu Tal. Kiefern-, Fichten- und Eichenwälder bedecken weite Flächen des Parks. 3000 Jahre alte Mammutbäume – die Sequoia gigantea – bilden ganze Haine und immer wieder stößt man auf blumenübersäte Wiesen und Auen, durch die sich munter plätschernde Flüsschen schlängeln. Es ist eine Märchenlandschaft – lieblich und anmutig, aber auch erhaben und gewaltig.

Tanken!

Ich möchte an meinen Appell erinnern: Jeden Morgen wird getankt! Im Yosemite-Nationalpark gibt es zwei Tankstellen: Crane Flat, kurz hinter dem Westeingang an der SR120, und Wawona, direkt am Südeingang an der SR41. Beide sind ganzjährig geöffnet. In den schneefreien Sommermonaten ist zusätzlich die kleine Tankstelle am Tioga-Pass-Eingang in Betrieb (teuer!).

Wer „nur mal so eben“ diesen schönen Park besuchen möchte, wird sein blaues Wunder erleben: Neben Yellowstone National Park und Grand Canyon ist Yosemite einer der drei beliebtesten Parks der USA und im Sommer entsprechend **überfüllt.** Über 3 Millionen Besucher zählt er jedes Jahr. Der „Sommer“ dauert von Juni bis Oktober und vorher sowie nachher ist die Tioga Road meist noch oder schon wieder geschlossen. In den besagten Sommermonaten herrscht im Tal ein **reges Treiben** und Hotel und Campingplatz sollten rechtzeitig im Voraus gebucht werden. Da bei den Campingplätzen jedoch nur die Hälfte der Kapazität vorgebucht werden kann und die andere Hälfte nach dem Prinzip „first come, first served“ vergeben wird, haben nur die early birds gute Chancen auf einen Übernachtungsplatz.

Der einzige östliche **Eingang** in den Park führt über den Tioga Pass. Von Westen her gibt es zwei Eingänge: über die SR120 und die SR140. Von Süden her kommt die SR41 direkt aus Fresno.

Die hier beschriebene Route erreicht den Park von Osten über die Tioga Road (SR120, im Winter gesperrt). Sie wurde 1882 bis 1883 als Zufahrt zu einem Bergwerk gebaut und 1961 neu trassiert und erweitert. Haltepunkte findet man überall dort, wo sich besonders schöne Aussichten auf glitzernde Seen, ausgedehnte Bergwiesen, Felskuppeln und steile Grate bieten, die noch vor zehntausend Jahren unter Gletschereis begraben waren.

Der **Tioga Pass** (N37.91111° W119.25806°) ist schon für sich sehenswert. In einer Höhe von 3031 m führt die Straße über den Kamm der Sierra Nevada und erreicht damit die größte Höhe aller kalifornischen Autostraßen. Von der Passhöhe bietet sich dem Beschauer ein überraschend gegensätzliches Bild: nach Westen auf

Yosemite NP
Dorothy Lake Pass
Bond Pass
Emigrant Lake
STANISLAUS NATIONAL FOREST
EMIGRANT WILDERNESS
Tower Peak
Mary Lake
Buckeye Pass 9572ft 2917m
Haystack Peak
Schofield Peak
Styx Pass
Richardson Peak 9877ft 3010m (nur im Sommer)
Otter Lake
Rock Island Pass
Many Island Lake
Wilma Lake
STUBBLEFIELD CANYON
KERRICK CANYON
Kibbie Lake
JACK MAIN CANYON
TILTILL MOUNTAIN
(nur im Sommer)
Piute Mountain 10541ft 3213m
Benson Lake
Benson Pass
Volunteer Peak
Eleanor Creek
Laurel Lake
Mount Gibson
PLEASANT VALLEY
Table Lake
Lake Eleanor (nur im Sommer)
(nur im Sommer)
MIGUEL MEADOW
Wapama Falls
TILTILL VALLEY
Rancheria Falls
RANCHERIA MOUNTAIN
RODGERS CANYON
Pettit Peak 10788ft 3288m
HETCH HETCHY RESERVOIR
Hetch Hetchy Backpackers Camp (Wilderness Permit nötig)
POOPENAUT VALLEY
Hetch Hetchy Road
PATE VALLEY
GRAND CANYON OF THE
Waterwheel Falls
Smith Peak 7751ft 2363m
Hetch-Hetchy-Eingang (nur zeitweise offen)
YOSEMITE WILDERNESS
YOSEMITE NATIONAL PARK
Mather
Birch Lake
Middle Tuolumne River
Evergreen Road
Bald Mountain 7261ft 2213m
White Wolf
Tuolumne Peak 10845ft 3306m
Lukens Lake
Tioga Road
Mount Hoffmann 10850ft 3307m
May Lake
ASPEN VALLEY
Porcupine Flat
Yosemite Creek
Olmsted Point
Richtung Manteca
Information Eingang Big Oak Flat
South Fork Tuolumne River
Hodgdon Meadow
Tioga Road östlich von hier November bis Mai gesperrt
Einrichtungen an der Tioga Road nur im Sommer geöffnet
Mount Watkins
TENAYA CANYON
TUOLUMNE GROVE
Big Oak Flat Road
Crane Flat
Tamarack Flat
Yosemite Valley Visitor Center
Clouds Rest 9926ft 3025m
MERCED GROVE
Half Dome
El Capitan
Glacier Point
LITTLE YOSEMITE VALLEY
Bunnell Point
Valley View
Tunnel View
Inspiration Point
Dewey Point
Old Inspiration Point
SEE VALLEY MAP BELOW
Mount Starr King 9092ft 2771m
STANISLAUS NATIONAL FOREST
Foresta
Arch Rock Entrance
El Portal Road
McGURK MEADOW
MONO MEADOW
Merced River
El Portal
Richtung Merced
Badger Pass Ski Area (nur im Winter)
Bridalveil Creek
Chinquapin
Yosemite West
YOSEMITE WILDERNESS
HORIZON RIDGE
WESTFALL MEADOWS
Ostrander Ski Hut
Ostrander Lake
Norden
5 Kilometer
5 Miles
Für Besuche der Yosemite Wilderness mit Übernachtung wird eine kostenlose Genehmigung (Wilderness Permits) benötigt.
Wawona Road
Lower Merced Pass Lake
Merced Pass
BUENA VISTA
Ausgabestelle für Wilderness Permits (nur im Sommer)
John Muir Trail u/o. Pacific Crest Trail
Wanderweg
befestigte Straße
unbefestigte Straße
Ranger-Station
Reiten
Tanken
Campingplatz
Essen und Unterkunft
High Sierra Camp (nur mit Reservierung)
Picknickplatz
Weitere öffentliche Campingplätze
TURNER RIDGE
Buena Vista Peak 9709ft 2959m
Givens Lake
Chilnualna Fall
Wawona Dome
Buck Camp (nur im Sommer)
Wawona
Wawona Information Station (nur im Sommer)
South Fork Merced River
Pioneer Yosemite History Center
Mariposa Grove Road im Winter gesperrt
MARIPOSA GROVE
Südeingang
Mariposa Grove
Fish Camp
Richtung Fresno
SIERRA

› Routenplan Seite 286

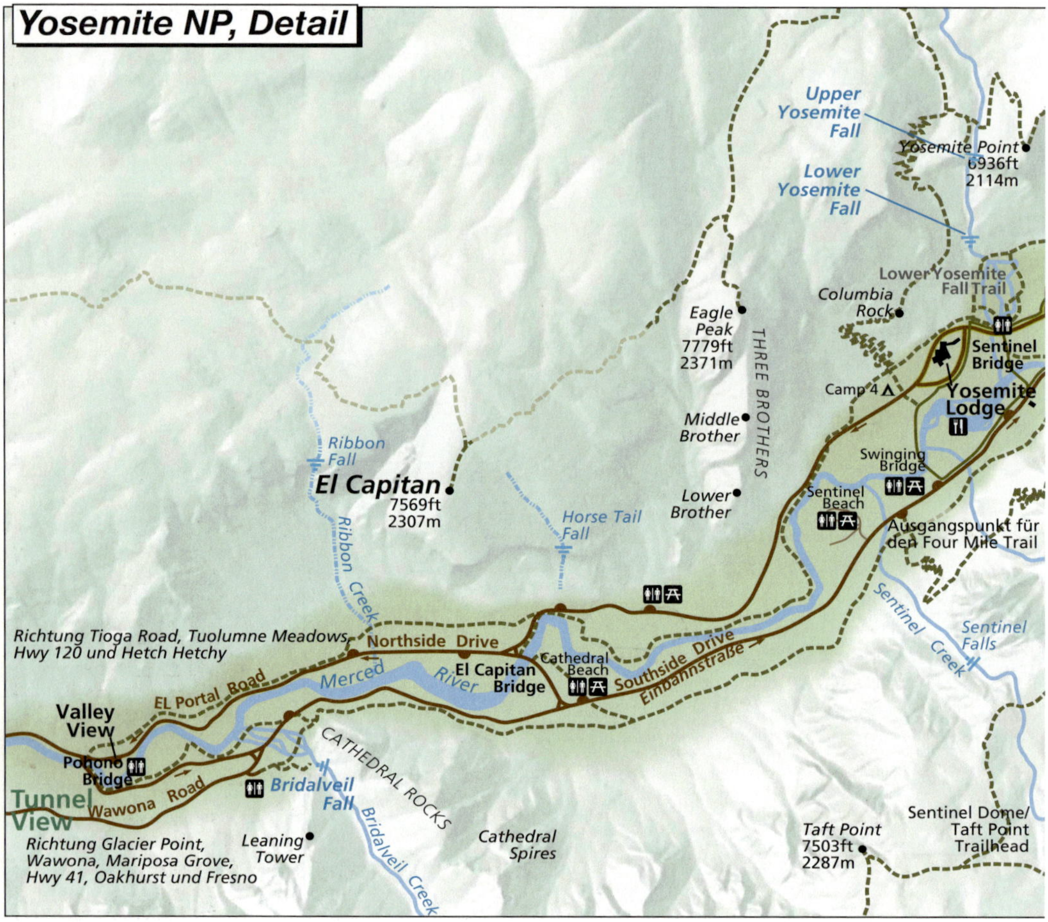

Tuolumne Meadows Visitor Center

East Highway 120, Yosemite National Park, CA 95389, N37.87142° W119.3742°, Tel. (209) 372-0263, tägl. geöffnet 9–18 Uhr

Tioga Pass Resort

85 Highway 120 West, Lee Vining, CA 93541, reservations@tiogapassresort.com, ab 115 $/Nacht

Berggipfel, grüne Wiesen und glitzernde Seen, nach Osten auf die öde Hochwüste.

Bald hinter der Passhöhe kommt man zum Tuolumne Meadows Visitor Center. Am Tioga Pass Resort (Hütten und Motel) sollte man eine kurze Rast einlegen, um sich an der Landschaft zu erfreuen, denn hier in der großen Höhe ist alles grün! Zum Vergleich: Auf dem 2502 m hohen Säntis, dem höchsten Berg, der im Länderdreieck Deutschland, Schweiz, Österreich hinter dem Bodensee aufragt, wachsen weder Bäume, noch Sträucher.

Weiter geht es nun in das großartige Gebiet der **Tuolumne Meadows,** den größten Hochgebirgswiesen der Sierra Nevada. In 2800 m Höhe sind sie seit Langem ein Zentrum sommerlicher Betätigungen, aber auch der Wintersport kommt nicht zu kurz. Die Almen sind im Frühjahr, wenn sie mit Blumen übersät sind, besonders anziehend. Hier ist der Ausgangspunkt vieler Wanderungen, z. B. auf dem Pacific Crest Trail im Lyell Canyon.

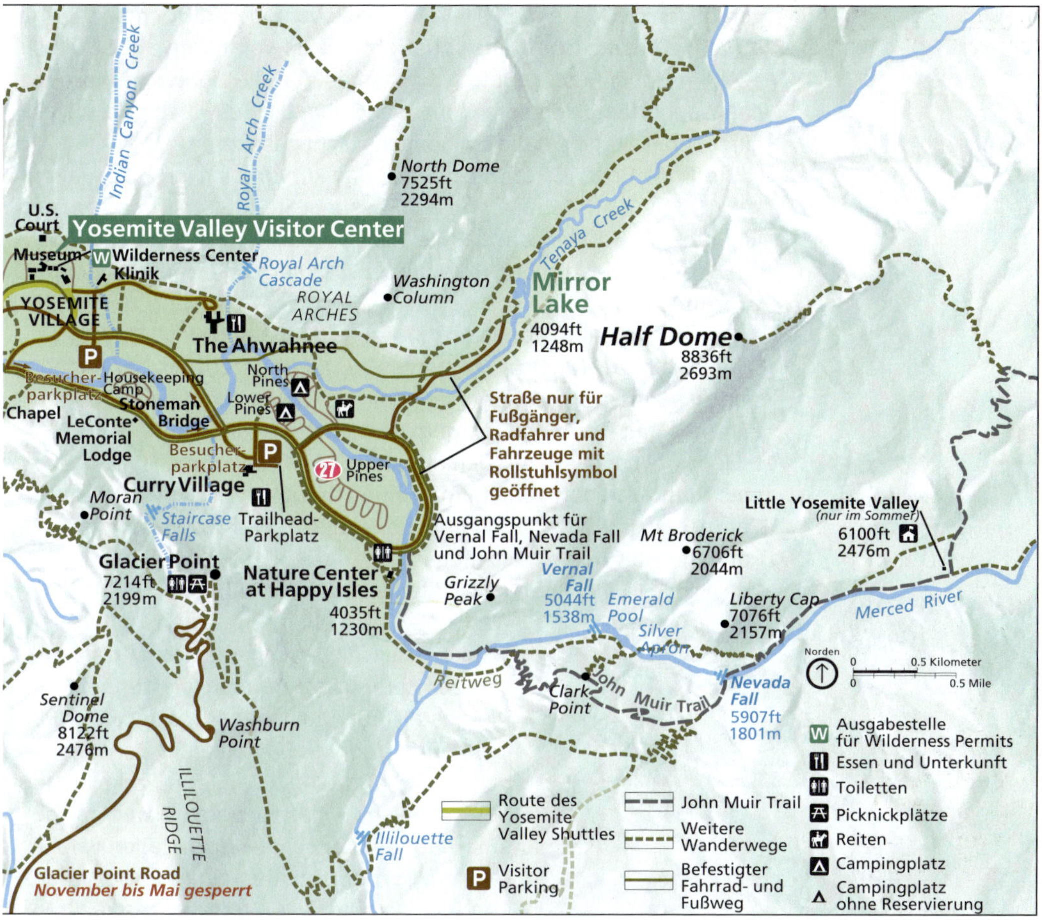

Oben im Park, gleich hinter dem Eingang, gibt es einen schön gelegenen Campingplatz, den Tuolumne Meadows Campground. Von dort aus kann man dann den Park erforschen. Leider haben viele andere Leute stets die gleiche Idee und so ist dieser Platz schon immer recht bald ausgebucht. Man muss deshalb reservieren oder früh kommen, denn am frühen Vormittag hat man noch eine gute Chance. Hier zeigt sich, wie wichtig es manchmal ist, die Tagesetappen so zu legen, dass man zur richtigen Zeit am richtigen Ort ist.

㉖ *Tuolumne Meadows Campground* *(s. S. 158)*

Die Yosemite-Bergwelt mit ihren vielfältigen Reizen bietet sowohl dem erfahrenen Wanderer als auch dem Neuling Gelegenheit zu mehrtägigen Wanderungen oder Tagesausflügen. Über 1200 km Wanderwege in verschiedenen Höhenlagen, mit sehr unterschiedlichen Temperatur- und Luftdruckverhältnissen und immer neuen Ausblicken auf die malerische Landschaft stehen zur Verfügung. Den ausdauernden Wanderer locken Ziele wie Vogelsang High Sierra Camp, Merced Lake oder Sunrise Trail, doch sollte man beim Start zu solchen Wanderungen bedenken, dass man sich auf Höhen von über 2800 m bewegt – obwohl die Landschaft eher aussieht wie im Vorarlberg auf 800 bis 1000 m Höhe. Auch geübte Alpinisten spüren die Höhe und müssen das Wandertempo entsprechend einrichten. Die Schwarzbären, die es hier oben noch gibt, habe ich übrigens nicht gesehen.

Die Tioga Road (SR120) geht steil und kurvenreich ins Tal, ist aber seit 1961 gut ausgebaut. Von der Passhöhe in 3031 m Höhe geht es hinunter auf 600 m ins Yosemite Village (70 mi), vorbei an kristallklaren Seen, kahlen, runden Bergkuppen, Wäldern und wunderschönen Wiesen.

Am **Tenaya Lake** gibt es sogar einen Sandstrand und Windsurfer. Dies ist ein idealer Ort, um einige Stunden auszuruhen, zu baden, sich zu sonnen und die Bergsteiger in der steilen Wand des 3307 m hohen Mount Hoffmann mit dem Fernglas zu beobachten.

Der wohl schönste Aussichtspunkt an der Tioga Road ist der **Olmsted Point.** Von dort genießt man einen tollen Weitblick in den Tenaya Canyon, wo im Hintergrund das Wahrzeichen des Yosemite National Park, der **Half Dome,** zu sehen ist.

▼ Blick auf den Half Dome und den Tenaya Lake

041us Abb.: la

Das kleine **Yosemite Village** (N37.74528° W119.59833°) ist eine Touristenstadt im Yosemite Valley mit Besucherzentrum, Krankenstation, Hotels, fünf Campingplätzen, einem Pferdestall (Ausritte buchbar!), einer Fahrradleihstation und vier Parkplätzen. Den Tagesbesuchern wird empfohlen, den Parkplatz in Current Village – das ist ziemlich weit im Tal, unterhalb der Staircase-Wasserfälle – anzusteuern. Von dort gibt es einen kostenlosen Pendelverkehr durch den lang gestreckten Ort.

Durch den wirklich enormen Besucheransturm kommt es im Sommer im Yosemite-Tal oft zu Staus und auch zu einer merklichen Luftverschmutzung. Manchmal wird es sogar wegen Überfüllung geschlossen! Yosemite Village ist im Sommer **autofrei** und man muss sein Wohnmobil daher auf einem der ausgewiesenen Parkplätze deponieren und das Tal zu Fuß, per Fahrrad oder im offenen Touristenbus erleben.

Auf der Fahrt ins Dorf stürzen auf der rechten Seite die **Bridalveil Falls** (Brautschleier-Wasserfälle) fast 190 m frei in die Tiefe, aber nicht ruhig, sondern sehr temperamentvoll und in ständiger Bewegung, vom Wind hin- und hergeschwenkt wie der Schleier einer Braut. Dabei entstehen in der Nachmittagssonne die schönsten Lichtspiele der Regenbögen, die wie die bunten, flimmernden Lichterketten von Las Vegas vor dem dunklen Hintergrund funkeln.

Wer gern wandert, kann vom östlichen Ende des Dorfes entlang dem Merced River zu zwei weiteren Wasserfällen marschieren: dem 100 m hohen Vernal Fall und dem 186 m hohen Nevada Fall. Die beiden mächtigen Wasserfälle, führen auch im Hochsommer genügend Wasser, um ihr gewaltiges Schauspiel darzubieten. Zwischen ihnen liegt der Emerald Pool, durch den der hier wild schäumende Merced River fließt.

Steile Seitenwände und ein flacher Talboden sind für das Yosemite Valley charakteristisch. Seine Formung begann, als sich alpine Gletscher ihren Weg durch den Canyon des Merced River bahnten. Das Eis hobelte den weicheren Granit ab, ließ aber die härteren Teile als isolierte Blöcke stehen (z. B. El Capitán und Cathedral Rock) und erweiterte den Canyon, den der Merced River durch aufeinanderfolgende Auffaltungen der Sierra gebildet hatte, sehr erheblich. Als der Gletscher schließlich zu schmelzen begann, riegelte die Endmoräne, die er vor sich hergeschoben hatte, das Tal ab, sodass das Wasser in dem u-förmig ausgeschliffenen Canyon einen See bildete: den prähistorischen Yosemite Lake. Sedimentablagerungen füllten schließlich den See und ließen den heutigen ebenen Talboden entstehen.

27 Upper Pines Yosemite National Park (s. S. 158)

Ein kurzer Weg führt vom Yosemite Village zu den nördlich gelegenen großartigen **Yosemite Falls,** die dort in drei Stufen über insgesamt 740 m in das Tal des Merced River fallen. Weiter westwärts an der Fahrstraße erhebt sich vom Grund des Tals ein mächtiger Granitfelsen. Er ist 2307 m hoch und heißt **El Capitán,** der Kapitän. El Capitán gilt als der größte Granit-Einzelfelsen der Erde. Während man ihn von der Rückseite aus über einen 13 km langen Wanderweg besteigen kann, fällt die Vorderseite steil ab und ist Amerikas berühmteste Kletterstrecke. Um hier hochzuklettern, brauchen diejenigen, die überhaupt oben ankommen, etwa eine Woche, die meisten kehren aber vorher um und wer es nicht richtig kann, sollte es besser gleich lassen, denn etliche haben sich hier schon den Hals gebrochen.

Zwischen El Capitán und dem Dorf ragen drei Bergspitzen, die Three Brothers, gen Himmel. Die höchste von ihnen ist der **Eagle Peak,** den man über den Eagle Peak Trail besteigen kann. Von oben hat man einen der schönsten Ausblicke ins Yosemite Valley. An der Westseite des El Capitán stürzen die Wasser des Ribbon Creek 491 m in freiem Fall herab. Der **Ribbon Fall** ist der drittgrößte Wasserfall der Erde.

Wer Zeit hat, kann kurz hinter dem Big-Oak-Flat-Eingang im Westen des Nationalparks rechts über die Hetch Hetchy Road einen Abstecher zum **Hetch Hetchy Reservoir** machen. Dabei handelt es sich um einen 100 m tiefen Stausee, der auf einer Höhe von ca. 2000 m zwischen hohen Felswänden gelegen ist und San Francisco mit Wasser versorgt. Von hier aus gibt es herrliche Höhenwanderwege, z. B. zur Ranger Station am Lake Eleanor oder zum Laurel-See.

Das Yosemite Valley ist wie eine Sackgasse tief in die Berge der Sierra Nevada eingeschnitten und hat am hinteren Ende keinen Ausgang. Auf dem Weg vom Village auf der SR41 zum Südausgang kommt man durch einen Tunnel. Vor selbigem gibt es einen Parkplatz und den **Tunnel View Overlook,** einen der meistbesuchten Aussichtspunkte des Nationalparks. Auch der Touristenbus aus dem Valley steuert den Aussichtspunkt an, von dem der Betrachter einen tiefen Blick in das Yosemite Valley hat.

Etwa 7 mi weiter zweigt links die Glacier Point Road ab, die zum Aussichtspunkt **Glacier Point** (2200 m ü. M.) führt (16 mi). Er ist einer der wenigen Aussichtspunkte, an dem sich die Landschaft in solcher Weite darbietet, dass es den Beschauer fast überwältigt. Es öffnet sich ein Panoramablick hinunter ins Tal, das hier wie eine Spielzeuglandschaft aussieht. Fast 1000 m fällt der kahle Fels steil ab und gibt den Blick auf das ganze Yosemite Valley aus der Vogelperspektive frei. Jenseits des Tals sieht man den Yosemite-Wasserfall herunterstürzen und dahinter heben sich die schneebedeckten Berge der Sierra Nevada majestätisch vom Himmel ab. Im Osten sieht man die Wasserfälle des Merced River, im Westen den El Capitán und die Three Brothers. Senkrecht unter einem befindet sich das Village und die Häuser und Autos sehen aus wie bunte Lego-Steine in der grünen Landschaft, die vom silbernen Band des Merced River durchzogen ist. Doch alles wird in den Schatten gestellt vom Blick auf den gewaltigen **Half Dome,** jene senkrecht gespaltene, polierte Halbkugel von 2695 m Höhe, deren Westseite senkrecht ins Yosemite Tal abfällt. Kein Mensch weiß, wo die andere Hälfte geblieben ist. Auf dem Aussichtspunkt wurde ein großes Blockhaus erbaut, in dem sich ein kleines Restaurant und ein Souvenirladen befinden. Insgesamt wurden die Wege rund um die Aussichtspunkte großzügig angelegt. Der Glacier Point ist ein Besuchermagnet und zieht täglich mehrere Hundert Touristen an.

Fährt man auf der SR41 weiter südwärts, so kommt man bald an den Südausgang des Parks und genau dort sollte man unbedingt den 7 km langen Abstecher zur **Mariposa Grove** (N37.51667° W119.6°) machen, einem Hain von mächtigen Mammutbäumen, den größten Lebewesen der Erde. Fünfhundert riesige Sequoias stehen auf einer Fläche von knapp einem Quadratkilometer. Als ältester von ihnen gilt der 2700 Jahre alte Grizzly Giant. Er ist 64 m hoch und hat einen Umfang von 30 m bei 10,5 m Durchmesser. Durch zwei der Baumriesen hat man 1881 und 1895 große Tunnel geschlagen, um Touristen mit Pferdegespannen hindurchzufahren: den California Tunnel Tree und den Wawona Tunnel Tree, der allerdings 1969 umgefallen ist. Andere berühmte Bäume des Parks sind der Fallen Monarch gleich am Eingang, das Faithful Couple, der Clothespin Tree und der Mariposa Tree. Viele dieser Bäume haben eine schwarze, verbrannte Rinde, als hätten sie gerade einen fürchterlichen Waldbrand überlebt. Dem ist wirklich so: Der Mammutbaum ist nämlich der ständigen Waldbrand-

Visitor Information Center

Yosemite National Park Visitor Center, Yosemite Village, CA 95389, Tel. (209) 372-0200, info@yosemite.org, www.yosemitepark.com

28 High Sierra RV & Mobile Park Camping ***(s. S. 158)***

gefahr auf wunderbare Weise angepasst. Seine Rinde ist feuerfest. Die schwarzen Narben an den Stämmen einiger großer, völlig gesunder Bäume zeigen, dass sie zahlreiche sengende Brände überlebt haben. Ja, der Mammutbaum ist für seine Vermehrung sogar auf diese Waldbrände angewiesen und seit der National Park Service das Legen künstlicher Waldbrände angeordnet hat, die die natürlichen Umweltbedingungen für Keimung und Wachstum wiederhergestellt haben, sind junge Mammutbäume wieder häufig anzutreffen. Diese werden dann in 3000 Jahren von unseren Nachfahren bestaunt!

SEQUOIA NATIONAL PARK (182 miles – mile 640)

Über die SR41 South bis Fresno und weiter über die SR180 East ist man nach 182 mi in einem anderen interessanten Park, dem Sequoia and Kings Canyon National Park. Alle Straßen innerhalb des Parks sind extrem kurvenreich und zum Teil sehr steil und schmal.

Beim **Sequoia** und dem **Kings Canyon** handelt es sich um zwei beieinanderliegende und ineinander übergehende Nationalparks mit einer Gesamtfläche von etwa 3500 km² (N36.49° W118.83556°). Die Landschaft ist wegen der extrem unterschiedlichen Höhen zwischen 412 m und über 4000 m ungeheuer vielfältig. Riesige Berge und zerklüftete Felsformationen wechseln sich mit tiefen Canyons und großen Höhlen ab, aber die Hauptattraktion sind die beeindruckenden Riesenmammutbäume (sequioadendron giganteum), die eine Höhe von mehr als 80 m und einen Durchmesser von über 11 m erreichen können. Diese gigantische Baumart gibt es nur auf der Westseite der Sierra Nevada.

Gleich am Parkeingang erwartet den Besucher der erste „Riese“: Mit einem Volumen von 1357 m³ ist der **General Grant Tree** nach dem General Sherman Tree weiter unten im Park der zweitgrößte Baum der Erde.

Am Wilsonia Visitor Center knickt die SR180 scharf links ab und setzt ihren Weg als **SR180/Kings Canyon Scenic Byway** fort, endet jedoch nach 32 mi abrupt vor den steil aufsteigenden Vorbergen des Mount Whitney, dem mit 4418 m höchsten Berg der USA (außerhalb Alaskas). Hier befindet sich der kleine Ort Cedar Grove Village mit einer einfachen Lodge, einem Imbiss und tollen Angelmöglichkeiten im Kings River. Geduldige

▼ *Einer der Mammutbäume im Sequoia National Park*

042us Abb.: la

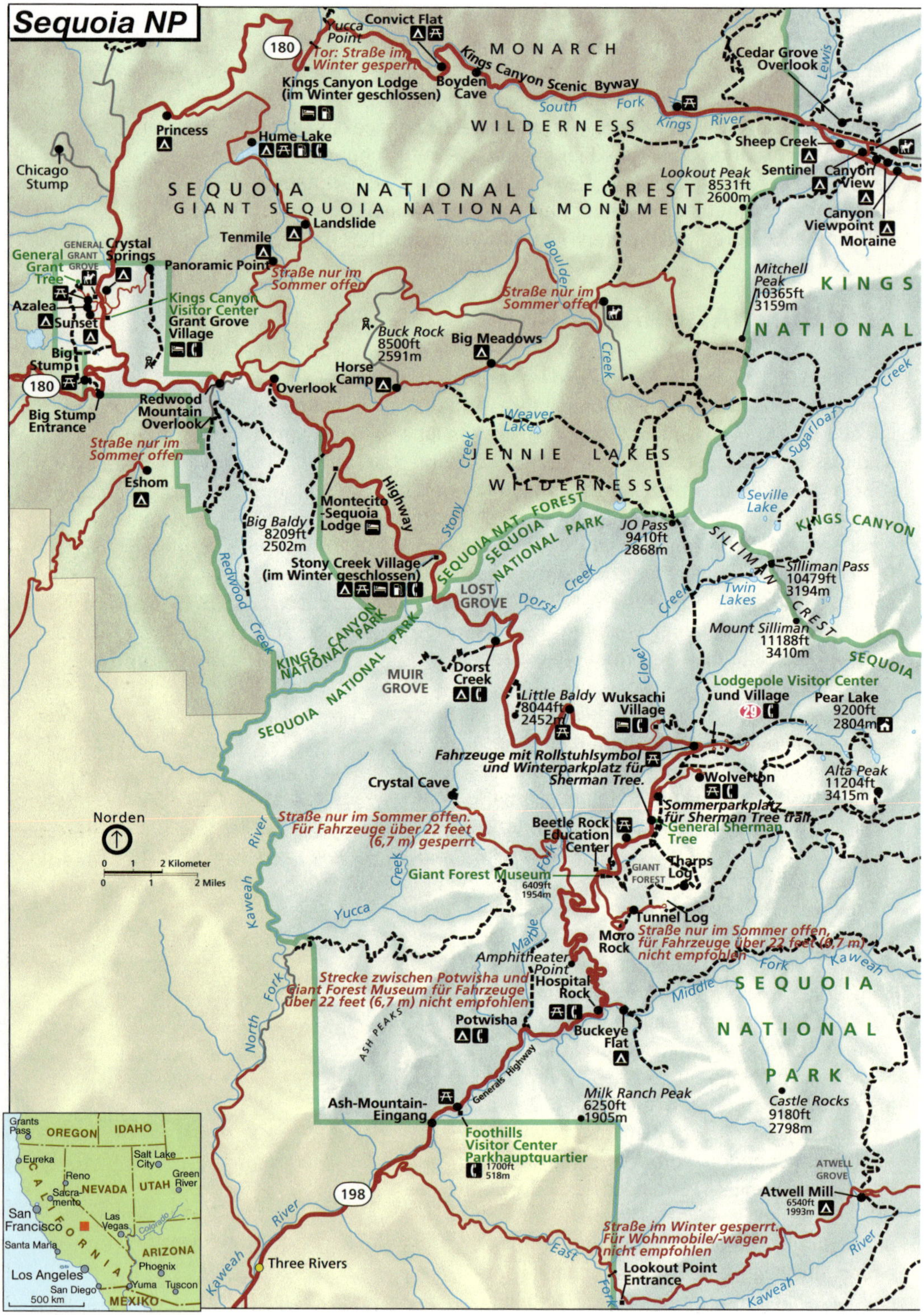
Sequoia NP
Convict Flat
Yucca Point
Tor: Straße im Winter gesperrt
180
Kings Canyon Lodge (im Winter geschlossen)
Boyden Cave
MONARCH
Kings Canyon Scenic Byway
South Fork Kings River
WILDERNESS
Cedar Grove Overlook
Lewis
Sheep Creek
Princess
Hume Lake
Chicago Stump
Lookout Peak 8531ft 2600m
Sentinel
Canyon View
Canyon Viewpoint
Moraine
SEQUOIA NATIONAL FOREST
GIANT SEQUOIA NATIONAL MONUMENT
Landslide
Tenmile
GENERAL GRANT GROVE
Crystal Springs
General Grant Tree
Panoramic Point
Straße nur im Sommer offen
Boulder
Straße nur im Sommer offen
Mitchell Peak 10365ft 3159m
KINGS
NATIONAL
Azalea
Sunset
Kings Canyon Visitor Center
Grant Grove Village
Buck Rock 8500ft 2591m
Big Meadows
Creek
Big Stump
180
Horse Camp
Overlook
Creek
Big Stump Entrance
Redwood Mountain Overlook
Weaver Lake
Sugarloaf
Straße nur im Sommer offen
Creek
JENNIE LAKES
Eshom
WILDERNESS
Highway
Montecito-Sequoia Lodge
Seville Lake
Big Baldy 8209ft 2502m
Stony
SEQUOIA NAT. FOREST
SEQUOIA NATIONAL PARK
JO Pass 9410ft 2868m
KINGS CANYON
SILLIMAN CREST
Silliman Pass 10479ft 3194m
Redwood Creek
Stony Creek Village (im Winter geschlossen)
LOST GROVE
Dorst Creek
Twin Lakes
Creek
Mount Silliman 11188ft 3410m
KINGS CANYON NATIONAL PARK
SEQUOIA NATIONAL PARK
MUIR GROVE
Dorst Creek
Cloves
SEQUOIA
Lodgepole Visitor Center und Village
29
Little Baldy 8044ft 2452m
Wuksachi Village
Pear Lake 9200ft 2804m
Fahrzeuge mit Rollstuhlsymbol und Winterparkplatz für Sherman Tree.
Crystal Cave
Wolverton
Alta Peak 11204ft 3415m
Norden
Straße nur im Sommer offen. Für Fahrzeuge über 22 feet (6,7 m) gesperrt
Sommerparkplatz für Sherman Tree trail
General Sherman Tree
Beetle Rock Education Center
River
0 1 2 Kilometer
0 1 2 Miles
Creek
Fork
Tharps Log
GIANT FOREST
Giant Forest Museum 6409ft 1954m
Kaweah
Yucca
Tunnel Log
Moro Rock
Straße nur im Sommer offen, für Fahrzeuge über 22 feet (6,7 m) nicht empfohlen
Marble
Amphitheater Point
Fork Kaweah
Strecke zwischen Potwisha und Giant Forest Museum für Fahrzeuge über 22 feet (6,7 m) nicht empfohlen
Hospital Rock
Middle
SEQUOIA
North Fork
ASH PEAKS
Potwisha
Buckeye Flat
NATIONAL
PARK
Generals Highway
Milk Ranch Peak 6250ft 1905m
Castle Rocks 9180ft 2798m
Ash-Mountain-Eingang
Foothills Visitor Center Parkhauptquartier 1700ft 518m
ATWELL GROVE
Atwell Mill 6540ft 1993m
198
River
Straße im Winter gesperrt. Für Wohnmobile/-wagen nicht empfohlen
East
River
Kaweah
Three Rivers
Lookout Point Entrance
Fork
Kaweah
Grants Pass
OREGON
IDAHO
Eureka
Salt Lake City
Reno
Green River
NEVADA
UTAH
Sacramento
CALIFORNIA
San Francisco
Las Vegas
Colorado
Santa Maria
ARIZONA
Phoenix
Los Angeles
Yuma
Tuscon
San Diego
500 km
MEXIKO

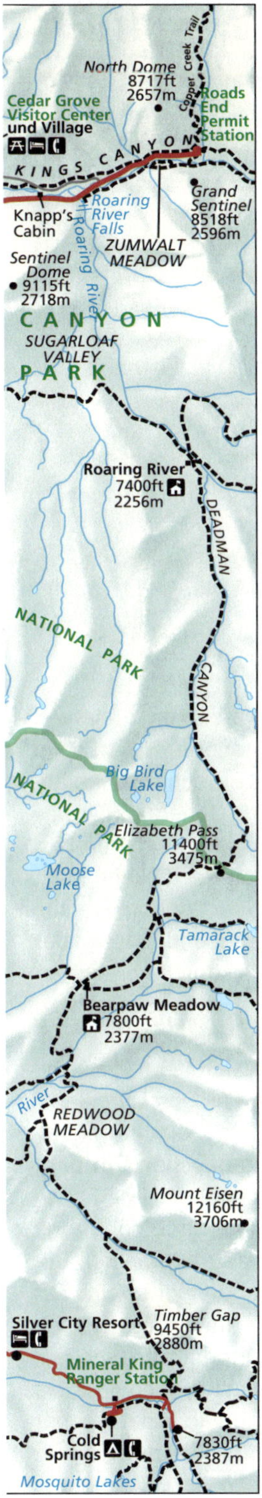

Amerikanische Schwarzbären

Der Amerikanische Schwarzbär („Ursus americanus") ist im Gegensatz zum gefürchteten Grizzlybären ***eher ungefährlich.*** *Sein Rumpf ist kräftig, ihm fehlt aber der muskulöse Nackenbuckel und er ist deutlich kleiner und leichter als der Grizzly: Seine Schulterhöhe beträgt nur 90 cm und sein Gewicht liegt um die 100 kg, Männchen können allerdings bis 400 kg schwer werden. Die Pfoten haben je fünf starke Krallen, die der Bär zum Reißen, Graben und Klettern einsetzt. Charakteristisch ist auch der große Kopf mit der langen, unbehaarten Schnauze, den kleinen Augen und den runden, aufrecht stehenden Ohren.*

Schwarzbären sind nicht immer schwarz, abhängig vom Lebensraum können sie auch ein silbergraues oder rötlichbraunes Fell tragen. Sie sind eigentlich vorwiegend dämmerungsaktiv, in der Nachbarschaft zum Menschen gehen sie aber auch tagsüber auf Nahrungssuche oder erbetteln Leckerbissen und dort, wo sie Mülltonnen oder Vorratslager plündern können, sind sie oft in der Nacht unterwegs. Ihre ***Winterruhe*** *halten die Bären mit Vorliebe in Höhlen oder Erdgruben. Sie paaren sich im Juni und Juli, die Jungen kommen dann 220 Tage später zur Welt.*

In den amerikanischen Nationalparks sind Schwarzbären teilweise zu einem ***Problem*** *geworden. Ihr ausgeprägter Geruchssinn führt sie auf der Suche nach Nahrung an die Zelte und Autos der Besucher heran, denen sie ganz ungeniert ihre Vorräte stehlen. Besonders große Tierfreunde füttern sie sogar mit ihren Lieblingsspeisen, nicht wissend, dass sie ihnen damit einen „Bärendienst" erweisen: Viele dieser Bären gewöhnen sich an diese Fütterungen und werden gelegentlich so zudringlich, dass es schon zu Unfällen gekommen ist. Derart an Menschen gewöhnte Bären werden aus Sicherheitsgründen oft getötet, was dann sicher nicht im Sinne der tierliebenden Besucher ist. Deshalb sollte man die Bären nicht füttern und alle Lebensmittel im Wohnmobil oder den auf den Campingplätzen vorhandenen Behältern aufbewahren. Außerdem ist jeder Bär ein Raubtier und könnte sich vielleicht gelegentlich daran erinnern!*

unbefestigte Straße
Wanderweg
John Muir und Pacific Crest trails

Backcountry-Ranger-Station (nur im Sommer offen)
Feuerwachturm
Tor für Straßensperrung im Winter
Campingplatz
Picknickplatz
Unterkunft
Pferdevermietung
Tanken (nur im National Forest)
Telefon

› Routenplan Seite 288

Drive-through trees

Der Sequoia National Park hatte nie einen „drive-through tree", also einen Baum, durch den man hindurchfahren kann, auch wenn das manchmal so in den Reisebüchern steht. Der bekannte „Wawona Tunnel Tree" wuchs in Mariposa Grove im Yosemite National Park, 100 Luftmeilen nördlich, stürzte aber bereits im Winter 1968/69 um und der „California Tunnel Tree", ein Sequoia-Baum, der 1895 durchbohrt wurde, befindet sich ebenfalls im Yosemite National Park. Die Besucher des Sequoia National Park können aber durch einen umgestürzten Sequoia fahren, der im Dezember 1937 über die Crescent Meadow Road fiel. Der im darauf folgenden Sommer hindurchgesägte Tunnel ist 2,40 m hoch und 5,20 m breit, für größere Autos gibt es eine Umleitung.

Der Mammutbaum selbst war ursprünglich 83,80 m hoch und hat einen Durchmesser von 6,40 m. Zu besichtigen ist er an der Moro Rock Crescent Meadow Road, die gleich hinter dem Giant Forest Museum links abbiegt. Den Baum erreicht man dann nach 1,4 km.

› ***Giant Forest Museum,*** *Highway 198, Giant Forest Sequoia und Kings Canyon Nationalpark, Tel. (559) 565–4480, geöffnet tägl. 8–17 Uhr, Eintritt frei*

Menschen haben hier eine gute Chance, Schwarzbären zu sehen. Wer Zeit hat, wird Freude an diesem Abstecher haben.

Dort, wo am Wilsonia Visitor Center die SR180 scharf links abknickt, geht der Weg auch geradeaus als SR198/Generals Highway weiter. Diese Straße führt durch den ganzen Park hindurch und an den Sehenswürdigkeiten vorbei. In einer scharfen Rechtskehre liegt links das Grant Grove Visitor Center und gleich hinter der Kurve rechts der **General Sherman Tree.** Er gilt als das größte lebende Wesen der Erde. Der Baum ist 84 m hoch, weist einen Basisdurchmesser von 10 m auf und wird auf ein Alter von etwa 2500 Jahren geschätzt. Doch viele seiner Artgenossen weichen nur wenig von diesen Dimensionen ab und sind mehr als tausend Jahre alt. Waldfeuer haben einige von ihnen ausgehöhlt und man kann durch sie hindurchwandern.

Die Redwoods der Westküste sind zwar höher als die hier heimischen Bäume, erreichen aber nicht diesen gigantischen **Umfang.** „Größe" ist hier also als Höhe plus Umfang zu verstehen.

Der kleine Ort **Giant Forest** ist der touristische Mittelpunkt des Parks. Hier gibt es einige Hotelzimmer und Restaurants, einen Supermarkt, aber keine Tankstelle! Bald hinter dem Ort gibt es eine Abzweigung nach rechts mit dem Hinweis **„Crystal Cave".** Die Höhlen sind für Höhlenfans interessant, aber nur mit Führung zu besuchen. Vom Parkplatz am Ende der kurvenreichen Stichstraße geht es bis zum Eingang der Höhle 15 Minuten recht steil bergab, die hinterher wieder hinaufgestiegen werden müssen – nichts für Leute, die in 2300 m Höhe Atemprobleme haben.

▶ *Die kalifornische Wüstenpalme Josua Tree in der Mojave-Wüste*

Crystal Cave

Generals Highway, zwischen dem Ash-Mountain-Eingang im Süden und Giant Forest. Führungen alle halbe Stunde von 10.30 bis 16.30 Uhr, Dauer ca. 45 Minuten, Eintritt 11/6 $. Tickets gibt es nur im Foothill oder im Lodgepole Visitor Center!

Der riesige, von der Umgebung völlig isolierte Granitfelsen **Moro Rock** (N36.54417° W118.765°) an der SR198 ist wieder leichter zu bezwingen, denn ein 400-Stufen-Treppenweg führt hinauf. Oben hat man eine faszinierende Aussicht auf den Nationalpark.

Grant Grove Visitor Center

Sequoia und Kings Canyon Nationalpark 93633, Tel. (559) 565-4307, ca. 3 mi vor dem Südeingang

29 Lodgepole Campground (s. S. 159)

DEATH VALLEY NATIONAL PARK (335 miles - mile 975)

Man verlässt den Sequoia National Park am Südausgang und fährt auf der SR198 eine schöne Bergtour durch den kleinen Ort Three Rivers und um den Lake Kaweah herum bis zum Abzweig der SR65 (46 mi ab Giant Forest Village). Bei der Abzweigung der SR65 beginnt eine nicht so interessante Strecke schnurstracks nach Süden und nach einer Fahrstrecke von 41 mi sollte man die kleine SR155 nicht verpassen, in die man links einbiegt, andernfalls droht ein Umweg von 20 mi über Bakersfield. Die SR155 ist eine kurvenreiche Bergstraße, die am Lake Isabella auf die SR178 trifft. Auf dieser fährt

043us Abb.: la

Death Valley NP

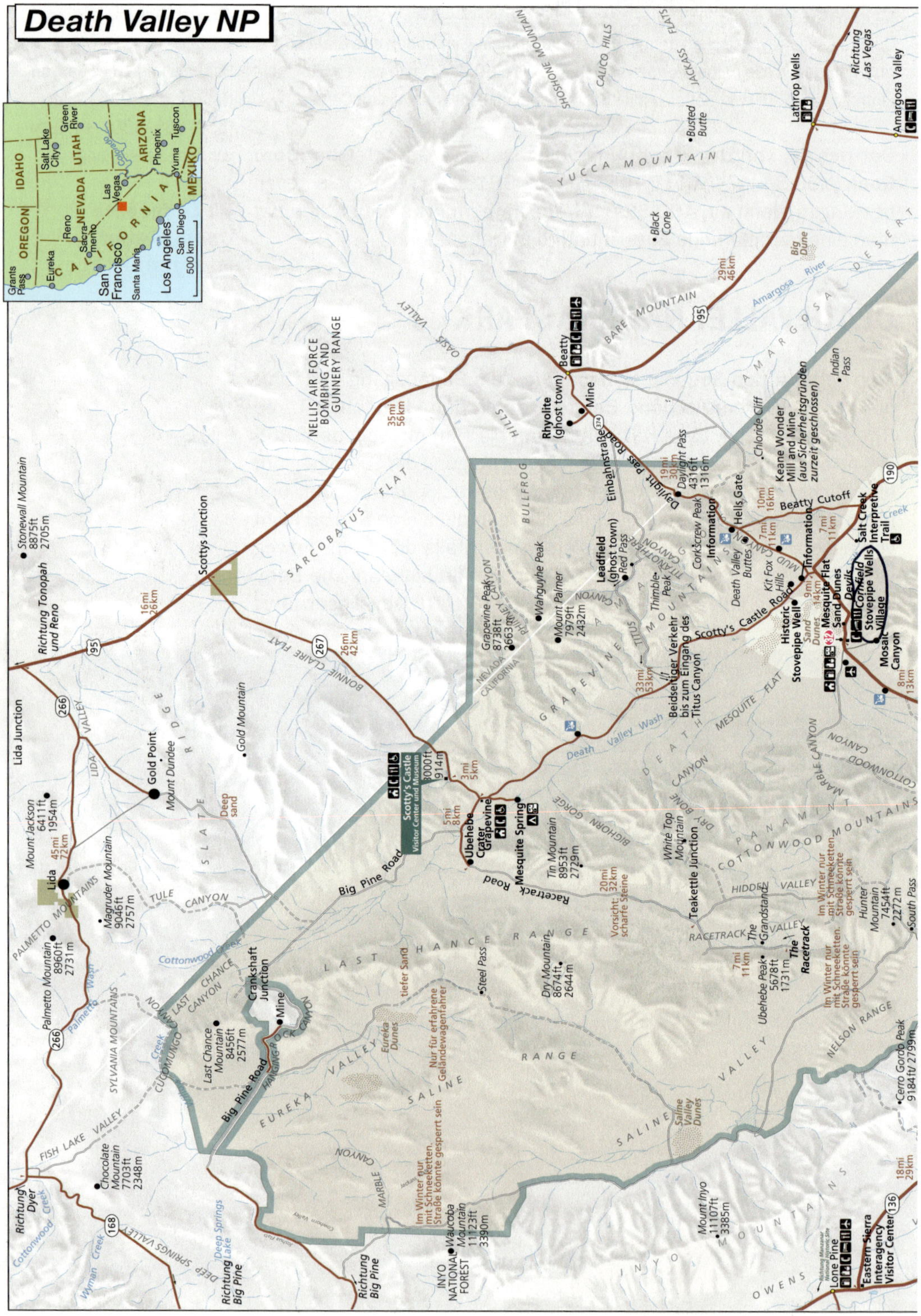

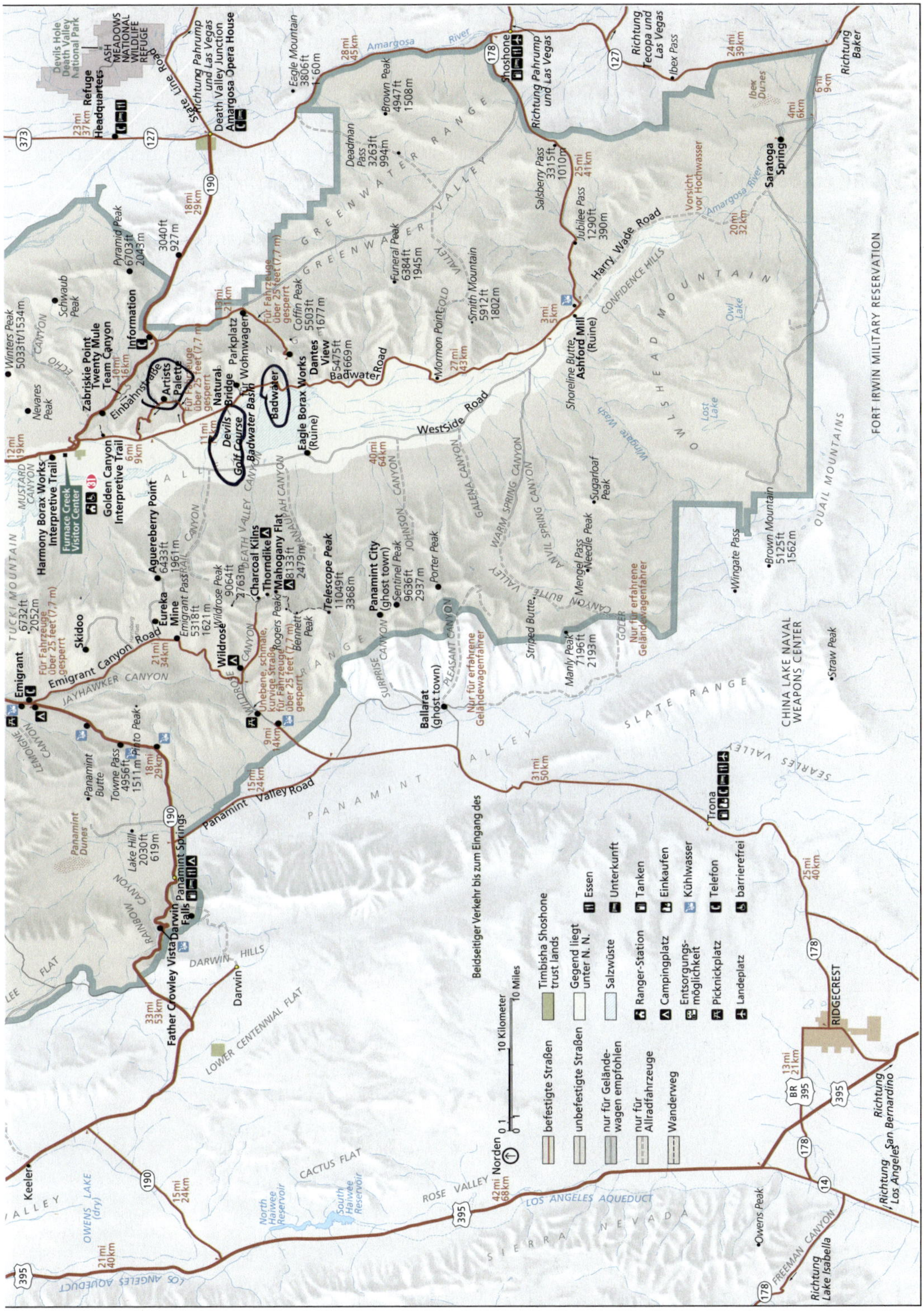

Death Valley National Park
ASH MEADOWS NATIONAL WILDLIFE REFUGE
Refuge Headquarters
Richtung Pahrump und Las Vegas
Death Valley Junction
Amargosa Opera House
State Line Road
Eagle Mountain 3806ft 1160m
Amargosa River
Shoshone
Richtung Tecopa und Las Vegas
Ibex Pass
Richtung Baker
Ibex Dunes
Saratoga Spring
Brown Peak 4947ft 1508m
Deadman Pass 3263ft 994m
GREENWATER RANGE
GREENWATER VALLEY
Funeral Peak 6384ft 1945m
Salsbery Pass 3315ft 1010m
Jubilee Pass 1290ft 390m
Harry Wade Road
Vorsicht vor Hochwasser
Amargosa River
Coffin Peak 5503ft 1677m
Dantes View 5475ft 1669m
Für Fahrzeuge über 25 feet (7,7 m) gesperrt
Smith Mountain 5912ft 1802m
Mormon Point
Ashford Mill (Ruine)
Shoreline Butte
CONFIDENCE HILLS
OWLSHEAD MOUNTAIN
Owl Lake
Lost Lake
Wingate Wash
FORT IRWIN MILITARY RESERVATION
Winters Peak 5033ft/1534m
Nevares Peak
ECHO CANYON
Schwaub Peak
Pyramid Peak 6703ft 2043m
3040ft 927m
Information
Zabriskie Point
Twenty Mule Team Canyon
Einbahnstraße
Artists Palette
Natural Bridge
Parkplatz für Wohnwagen
Badwater Road
Badwater
Badwater Basin
Devils Golf Course
Eagle Borax Works (Ruine)
WestSide Road
Harmony Borax Works Interpretive Trail
Furnace Creek Visitor Center
Golden Canyon Interpretive Trail
MUSTARD CANYON
TUCKI MOUNTAIN
Aguereberry Point 6433ft 1961m
Emigrant Pass 5318ft 1621m
Eureka Mine
Skidoo
Emigrant
Emigrant Canyon Road
JAYHAWKER CANYON
Wildrose
Wildrose Peak 9064ft 2763m
Charcoal Kilns
Thorndike
Mahogany Flat 8133ft 2479m
Rogers Peak
Bennett Peak
Telescope Peak 11049ft 3368m
Unebene, schmale, kurvige Straße, für Fahrzeuge über 25 feet (7,7 m) gesperrt
Panamint City (ghost town)
Sentinel Peak 9636ft 2937m
Porter Peak
JOHNSON CANYON
HANAUPAH CANYON
GALENA CANYON
WARM SPRING CANYON
ANVIL SPRING CANYON
Sugarloaf Peak
Mengel Pass
Needle Peak
Striped Butte
BUTTE VALLEY
GOLER CANYON
Manly Peak 7196ft 2193m
Nur für erfahrene Geländewagenfahrer
SURPRISE CANYON
PLEASANT CANYON
Ballarat (ghost town)
Wingate Pass
Brown Mountain 5125ft 1562m
CHINA LAKE NAVAL WEAPONS CENTER
QUAIL MOUNTAINS
Straw Peak
SLATE RANGE
PANAMINT RANGE
PANAMINT VALLEY
Panamint Valley Road
SEARLES VALLEY
Trona
LEMOIGNE CANYON
Panamint Butte
Towne Pass 4956ft 1511m
Pinto Peak
Panamint Dunes
Lake Hill 2030ft 619m
Panamint Springs
Darwin Falls
RAINBOW CANYON
Father Crowley Vista
DARWIN HILLS
Darwin
LOWER CENTENNIAL FLAT
Keeler
OWENS LAKE (dry)
LOS ANGELES AQUEDUCT
CACTUS FLAT
ROSE VALLEY
North Haiwee Reservoir
South Haiwee Reservoir
SIERRA NEVADA
Owens Peak
FREEMAN CANYON
Richtung Lake Isabella
Richtung Los Angeles
Richtung San Bernardino
RIDGECREST
Norden
10 Kilometer
10 Miles
befestigte Straßen
unbefestigte Straßen
nur für Geländewagen empfohlen
nur für Allradfahrzeuge
Wanderweg
Beidseitiger Verkehr bis zum Eingang des
Timbisha Shoshone trust lands
Gegend liegt unter N. N.
Salzwüste
Ranger-Station
Campingplatz
Entsorgungsmöglichkeit
Picknickplatz
Landeplatz
Essen
Unterkunft
Tanken
Einkaufen
Kühlwasser
Telefon
barrierefrei

man über den 1599 m hohen Walker Pass und trifft bei Freeman Junction auf den US395, auf dem man bis kurz vor den ausgetrockneten Owens Lake fährt. Dort führt rechts ab die SR190 geradewegs ins **Death Valley,** das Tal des Todes (N36.24194° W116.82583°). Die Fahrt durch das Tal des Todes ist etwas anstrengend, die Temperatur beträgt 50 °C! Es wäre ratsam, sich nach der bisher schon recht langen Tour auf einem guten Campingplatz zu erfrischen, z. B. am Lake Isabella.

30 Lake Isabella KOA (s. S. 159)

Der Ansturm auf die kalifornischen Goldfelder im Jahre 1849 führte Tausende durch die großen Wüstengebiete westlich der Rocky Mountains. Mehr als 350 Goldsucher erreichten jedoch mit ihren 107 Wagen die Stadt Salt Lake City zu spät, um noch auf der Standardroute den Übergang über die verschneiten Pässe der Sierra Nevada nach Kalifornien zu wagen. Der Mormonenkundschafter **Captain Jefferson Hunt** wollte sie daraufhin auf der alten spanischen Route zum südwestlichen San Bernardino führen, doch die Reise war mühsam und ging nur äußerst langsam voran. Als daher Captain Wesley Smith eine Karte mit einer angeblichen Abkürzung nach Westen über den Walker Pass vorzeigte, waren alle Wagen mit Ausnahme von sieben dafür, diesen Weg einzuschlagen. Die meisten waren sich ihrer Fehlentscheidung bald bewusst und schlossen sich wieder Captain Hunt an bzw. folgten seinen Spuren sicher nach San Bernardino, doch ungefähr 100 Menschen mit 25 Wagen zogen genau nach Westen

▼ *Die Sierra Nevada mit dem Mount Whitney im Hintergrund*

044us Abb.: la

weiter. Ihre strapaziöse Reise ist zur Legende geworden – sie wurden die Entdecker des Tals des Todes.

Diese Gruppe der „Forty-Niners", wie man die Goldsucher von 1849 heute nennt, überquerten die Salzniederungen des Death Valley Ende Dezember 1849 und bogen nach Süden ab, um an den Panamint-Bergen entlang weiterzuziehen. Als es ihnen nicht gelang, mit ihren Wagen über die Berge zu kommen, machten sie an einem Wasserloch Halt und schickten zwei junge Männer, William Lewis Manly und John Rogers, voraus, die eine sichere Route auskundschaften sollten. Aus Angst, in dieser verlassenen und öden Gegend zu viel Zeit zu verlieren, zogen allerdings einige Teilnehmer des Trecks auf eigene Faust los, überquerten die Panamint Range oder fanden einen Ausgang an der Südseite des Tals. Auch Captain Culverwell machte sich nach Süden auf, kehrte aber um und starb in der Wüste – das einzige Todesopfer.

Anfang Januar 1850 ließen also **William Lewis Manly** und **John Rogers** die Familien Bennett und Arcan an den Tule-Springs-Quellen zurück und zogen los, um einen Weg auszukundschaften und Proviant zurückzubringen. 26 Tage später, nach einer Strecke von 960 km unter unglaublichen Strapazen, kehrten sie zum Lager zurück und führten die Familien durch die Mojave-Wüste ins üppige Gebiet von San Francisco Rancho, 48 km von Los Angeles entfernt. Beim Überschreiten des Panamint-Kammes, schaute die Gruppe zurück in das öde Talbecken und einer sagte: „Adieu, Todestal". So erhielt das Tal seinen Namen: Death Valley – das Tal des Todes.

Das Death Valley ist eine 230 km lange und etwa 25 km breite, abflusslose Grabensenke, in der große Seen nach der letzten Eiszeit dicke Salzablagerungen hinterließen. Die Seiten des Tals sind von hohen Bergketten gesäumt: Im Osten sind es die Black Mountains mit 1600 bis 1800 m hohen Bergen, im Nordosten das Amargosa-Gebirge, 1540 bis 2663 m hoch, im Nordwesten befindet sich das Panamint-Gebirge, 2700 bis 3368 m hoch. Im Südwesten befindet sich mit dem Telescope Peak (3368 m) der höchste Berg des Nationalparks.

Im Hintergrund erblickt man die schneebedeckten Berge der Sierra Nevada und bei klarer Sicht im Winter den **Mount Whitney,** mit 4831 m der höchste Berg der USA (außerhalb Alaskas). Dazwischen aber befindet sich ein relativ ebenes Tal, das bis auf 85,50 m unter den Meeresspiegel abfällt. In diesem engen und tiefen Tal heizt sich die Luft durch die Zirkulation ständig auf: Da es hier keine Pflanzen gibt, gibt es auch keinen Schatten und keine Kühlung. Der Talboden strahlt die Sonnenhitze ab und erwärmt die Luft. Diese warme Luft steigt nach oben und lässt die etwas kältere Luft nach unten, die sich dort weiter aufheizt. Dieser Prozess läuft den ganzen Tag, bis sich kurz vor Sonnenuntergang die Luft auf **über 50 °C** aufgeheizt hat – an keinem Ort der Erde wird es heißer. Dazu kommt die enorm **niedrige Luftfeuchtigkeit:** Die jährliche Niederschlagsmenge beträgt

4,20 cm (New York hat 120 cm!). Die hohen Bergketten der Sierra Nevada und des Argus- sowie Panamint-Gebirges ziehen fast die gesamte Feuchtigkeit aus den von Westen wehenden Winden. Dadurch ist die Luftfeuchtigkeit im Sommer oft unter 1 %.

Das Tal wird von drei Straßen durchzogen: Die SR190 kommt von Death Valley Junction (Osten) her „sachte" ins Tal, d. h. als einzige Straße nicht über einen Pass. Ebenfalls von Osten, aber 28 mi südlicher, führt die SR178 (Eingang) über den Salsberry Pass (1010 m) und den Jubilee Pass (nur 390 m) ins Tal, beide Straßen treffen sich im Zentrum, am Furnace Creek. Von Westen kommt die SR190 über den steilen Towne Pass (1511 m) und 15 mi südlicher die SR178 (Ausgang) über den Emigrant Pass (1621 m). Letztere ist eine schmale, sehr steile und kurvenreiche und zum Teil nicht geteerte Straße. Sie ist für Wohnmobile größer als 25 Fuß (7,70 m) nicht geeignet, schon gar nicht zum Herausfahren, denn an dem sehr steilen Pass wird der Motor mit Sicherheit den Geist aufgeben. Außerdem gibt es hier nur eine Wasserstelle zum Kühlwasser nachfassen – man soll halt über die SR190 fahren, dort gibt es fünf **Wasserstellen.** Beide Straßen treffen sich bei der Emigrant Ranger Station und verlaufen dann gemeinsam bis ins Zentrum des Parks, 18,8 mi nördlich von Furnace Creek. Von hier führen die SR374 nach Nordost über den Daylight Pass (1316 m) und die SR267 nach Nordwest über eine kleine, kurvenreiche und steile Straße durch den Grapevine Canyon aus dem Tal heraus.

Die Einfahrt in den Park von Westen her hat den großen Vorteil, dass sich das Wohnmobil nicht den steilen Pass hinaufquälen muss, sondern dass man gemächlich hinuntertuckern und auch noch die Klimaanlage eingeschaltet lassen kann. Mit dem geliehenen Fahrzeug den steilen Pass hochzufahren ist nicht zu empfehlen!

Unten im Tal gibt es nur noch kahle, abgerundete Steine, Sand und Hitze – keinen Baum, kein Gras, keine Blume, nur hier und da ein Gestrüpp, das sich der Trockenheit angepasst hat und einige Kleintiere oder vereinzelt auch wilde Schafe und Kojoten, aber sonst nur unglaubliche Trockenheit. 8,7 mi vor der Wegekreuzung erreicht man **Stovepipe Wells Village,** eine kleine Ansammlung von Häusern mit general store (Gemischtwarenhandlung) und einem sehr gemütlichen Saloon, den man ruhig auf einen Kaffee besuchen sollte.

Von der Wegekreuzung im Zentrum des Tals sind es dann auf der SR190 18,8 mi südwestlich bis **Furnace Creek** und dort traut man seinen Augen kaum: eine Oase mitten in der Steinwüste. Palmen stehen in einem Park mit blühenden Blumen und saftigem, grünen Rasen. Ermöglicht wird diese Oase durch eine Quelle, die hier von der tief unten liegenden Wasserader an die Oberfläche tritt. Dahinter erblickt man die einladenden Gebäude der Furnace Creek Ranch, die zum Übernachten einlädt. Wer rechtzeitig Reservierungen gemacht hat, kann hier oder auch auf dem Campingplatz übernachten, ohne Reservierung ist man allerdings chancenlos!

Das „Herz" des Tals bietet neben Hotel, Restaurant, Golf- und Campingplatz noch das Besucherzentrum, ein Museum, ein Amphitheater, ein post office, eine Tankstelle und auf der Ostseite der Straße noch die etwas kleinere, aber teurere Anlage Furnace Creek Inn sowie sogar einen kleinen Flugplatz. Das Furnace Creek Inn ist nur im Winter von Oktober bis Mai geöffnet und hat eines der vornehmsten und teuersten Restaurants der USA.

Furnace Creek Inn & Ranch Resort

Highway 190, Death Valley, CA 92328, N36.45694° W116.86556°, Tel. (760) 786-2345, Fax (760) 786-2514, Telefon von Deutschland/Schweiz/Österreich: 001-303-297-2757, Fax 001-303-297-3175, info@furnacecreekresort.com, www.furnacecreekresort.com, Übernachtung pro Doppelzimmer auf der Ranch 123-197 $, im Inn 305-430 $, meist bis 13 Monate im Voraus ausgebucht!

Das Tal des Todes ist natürlich nicht wirklich tot. Es gibt auch hier Lebewesen, die es verstehen, sich den extremen Bedingungen anzupassen. Mesquite- und Creosote-Sträucher sowie Salzbüsche bilden an den Stellen, wo sich das stark salzhaltige Wasser an der Oberfläche hält, kleine Vegetationsinseln, in denen sich Kängururatten, Eidechsen und Klapperschlangen aufhalten. Auch Dickhornschafe und Kojoten überleben in dieser kargen Region und im Herbst, wenn dann doch einmal Regen fällt, kann sich das Tal tatsächlich auch in einen blühenden Garten verwandeln. Die Pracht dauert aber nur wenige Wochen, dann übernimmt die Sonne wieder die Macht.

▼ *Mitten in der Steinwüste des Death Valley liegt das Furnace Creek Inn*

045us Abb.: la

31 *Furnace Creek Campground* (*s. S. 159*)

32 *Stovepipe Wells RV Campground* (*s. S. 159*)

Death Valley National Park

Furnace Creek Visitor Center, Highway 190, Death Valley, CA 92328, N36.46111° W116.865°, Tel. (760) 786-2331, www.nps.gov/deva, Eintritt 10 $ für 7 Tage, bezahlbar hier oder bei der Stovepipe Wells Village Ranger Station

Man sollte unbedingt versuchen, wenigstens eine Nacht im Tal zu verbringen, um die Stimmung am Abend und in den Morgenstunden zu erfahren. Wenn es in Furnace Creek nicht klappt, kann man es auf dem Stovepipe-Wells-Platz 27,5 mi nördlich versuchen. Der Platz ist vergleichbar, kostet 10 $, ist nur von Oktober bis April geöffnet und nimmt keine Reservierungen an. Wer (morgens) zuerst kommt, hat gute Chancen auf einen Platz. Sonst gibt es auch einen kleinen Platz außerhalb des Parks oben in Beatty.

Die folgenden Punkte im Death Valley sollte man unbedingt besuchen: 20 mi südlich von Furnace Creek befindet sich **Badwater,** ein riesiger, ausgetrockneter Salzsee am tiefsten Punkt der USA (85,50 m unter NN; N36.23028° W116.7675°). Es gibt dort einen Parkplatz, eine hölzerne Plattform und eine Wetterstation, wo mit 56,7 °C die höchste jemals in den USA gemessene Temperatur registriert wurde. Regelmäßig werden im Sommer Temperaturen von über 50 °C erreicht. Die Salzpfanne entstand vor 3000 Jahren durch das Austrocknen eines ehemals bis zu 200 m tiefen Sees.

Ein kleines Stück nördlich liegt **Devil's Golf Course,** des Teufels Golfplatz (18 km südlich von Furnace Creek am Highway 178). Dabei handelt es sich um eine riesige Fläche aus 95 % reinem Kochsalz vermischt mit Sandablagerungen. Die Schicht ist 300 m tief und die Oberfläche besteht aus spitzen Salzgebilden, die sich aus der verdunstenden Salzlauge wie kleine Minigebirge aufgetürmt haben. Sie sind nicht hoch, vielleicht 10 bis 20 cm, aber peitschender Regen hat sie messerscharf geschliffen und sie erinnern an scharfkantiges, brüchiges Lavagestein. Die bizarre Landschaft ist mit vielen kreisrunden Löchern durchsetzt, die durch unterirdische Gase entstanden sind, die gelegentlich unter hohem Druck an die Oberfläche entweichen.

Auf dem Weg zurück vom Devil's Golf Course muss man unbedingt am Hinweisschild rechts ab auf den **Artists Drive** fahren (15 km südlich von Furnace Creek am Highway 178). Dieser kleine Abstecher ist zweifellos eine der schönsten Strecken des Death Valley. Hier sieht man, was man im Tal sonst selten zu sehen bekommt, nämlich Farben. Diese werden durch Oxidation der hier vorkommenden Metalle erzeugt und gestalten die Landschaft sehr fotogen. Die Einbahnstraße schlängelt sich in vielen Windungen und Kurven durch eine hügelige Canyonlandschaft aus bunt gestreiften Sandsteinfelsen, deren Farben im warmen Licht der untergehenden Sonne besonders intensiv zur Geltung kommen. Für den Abstecher benötigt man etwa eine halbe Stunde.

▼ *Devil's Golf Course ist eine riesige Kochsalzfläche*

046us Abb.: la

Auf dem Weg von Furnace Creek nach Norden kann man eine kurze Wanderung zu den **Harmony Borax Works** machen, den ehemaligen Borax-Werken von W. T. Coleman.

047us Abb.: la

▲ *Die Sanddünen bei Stovepipe Wells*

Gewaltige Lastkarren, die von zwanzig Maultieren gezogen wurden, beförderten das Borax aus dem Tal zur Eisenbahn nach Mojave. Die Strecke: 270 km durch die Wüste; die Ladung: 33 Tonnen Borax-Erz; die Transportdauer: 10 Tage für den einfachen Weg. Die Harmony-Werke schlossen ihre Tore 1890, aber der Borax-Abbau in den Bergen ging noch viele Jahre weiter. Bei Borax handelt es sich um Natriumborat, das vielfache Anwendungsmöglichkeiten in der chemischen Industrie, der Porzellan- und Glasmalerei, als Wasserenthärter, in Waschmitteln u. v. a. hat.

Stovepipe Wells ist eine kleine Ansiedlung mit Hotel und Campingplatz an der SR190. In der Nähe gibt es bis zu 25 m hohe Wanderdünen, in denen man von der am Straßenrand gelegenen Picknick Area ausgehend wandern kann. Die **Sand Dunes** sind auch vom Dorf aus gut zu sehen und entsprechen meist der allgemeinen Vorstellung von „Wüste“. Die Dünen sind aus feinem gelben Sand und verändern ständig ihre Form. Ein Spaziergang in der Dünenlandschaft lohnt sich auf jeden Fall immer. Besonders nachmittags betont das Licht die Riffelung und die Wellen im Sand. In den heißen Monaten muss man aber besonders auf **Klapperschlagen** achtgeben!

Weiter auf der SR190 kann man 87 km von Furnace Creek entfernt ganz im Norden des Tals ein Wüstenschloss besichtigen: **Scotty's Castle,** erbaut von Albert Johnson, einem pensionierten Millionär, der Reichtum, Zufriedenheit und Spaß suchte. Warum er all dies

048us Abb.: la

▲ *Scotty's Castle, das spanisch-maurische Wüstenschloss im Death Valley*

gerade im Tal des Todes fand, vermag niemand zu sagen, aber er baute zusammen mit seinem Faktotum „Todestal-Scotty“, einem Unikum, Geschichtenerzähler, Spaßmacher und Lebenskünstler, dieses Schloss.

Das millionenteure Schloss, das nie fertig wurde, wurde mit den prächtigsten Möbeln ausgestattet. Viele davon kamen aus Südeuropa, vor allem aus Spanien. Vor seinem Tod im Jahre 1948 vermachte Johnson sein anspruchsvolles Spielzeug einer karikativen Gesellschaft, die es zu einer Touristenattraktion umwandelte. Scotty wohnte weiterhin im Schloss und erzählte bis zu seinem Tode 1954 fantastische Geschichten. Im Jahre 1971 kaufte der National Park Service Scotty's Castle. Einstündige, kostenpflichtige Führungen finden täglich von 9 bis 17 Uhr statt.

Nach einem kleinen Imbiss im Selbstbedienungsrestaurant fährt man die 5 km zurück bis zur Wegegabelung und biegt dort aber nach Westen in Richtung **Ubehebe Crater** ab (8,3 km). Dort steigt man auf schwarzer Lava zum Rande des Kraters hinauf und hat einen schönen Rundblick über die „schwarze Erde“ der Landschaft. Der Krater hat einen Durchmesser von etwa 730 m und eine Tiefe von 150 m. Tief unten im Krater kann man bestimmt einige Wanderer erkennen, die den mühevollen Ab- und Aufstieg nicht gescheut haben. Der Krater entstand vor etwa 2000 Jahren durch eine gewaltige Gasexplosion, als heißes Magma mit einem unterirdischen See in Berührung kam.

Nach Nordost führt die SR374 aus dem Park heraus. Wer Lust auf Geisterstädte hat, kann hier über den Daylight Pass (1316 m) den

Park verlassen und kurz vor Beatty links zur **Geisterstadt Rhyolite** fahren. Einige verfallene Häuser erinnern an die Zeit der „Hochkonjunktur" der Borax-Gewinnung im Todestal. Zurück ins Tal kann man die Abkürzung durch den **Titus Canyon** nehmen, über eine nur im Sommer offene, schlechte Straße, die mit größeren Wohnmobilen besser nicht befahren werden sollte (diese müssen zurück ins Tal zur SR190 wieder über die SR374 fahren). Die Fahrer kleinerer Wohnmobile können durch den Titus Canyon fahren und auf dieser Strecke eine zweite ghost town besuchen: **Leadfield.** Durch den sehr engen und malerischen Titus Canyon kommt man wieder auf die SR190. Die Titus Canyon Road ist die wohl bekannteste Back Country Road im Death Valley National Park und dem Besucher wird außer der ghost town viel Abwechslung geboten: raue Berge, farbige Felsformationen, Petroglyphen, seltene Pflanzen und ein spektakulärer Canyon.

Die Fahrt aus dem Park heraus erfolgt auf der SR190 über Death Valley Junction. Auf dieser Fahrt durch das Tal des Todes gibt es noch zwei der schönsten Aussichtspunkte im Park: Zabriskie Point und Dante's View. **Zabriskie Point** liegt auf 1669 m Höhe und gut 4 mi südwestlich von Furnace Creek am Highway 190. Von hier hat man einen der schönsten Ausblicke im Tal. Man sieht auf ein gelb-goldenes Meer von abgerundeten Felsen. Diese farbenprächtigen Felsen wurden vor 10 Millionen Jahren in einem See als Borsäuresalze abgelagert und kristallisierten später zu Colemanit aus, einem Borax-Erz.

Kurz vor der Informationsstelle am Parkausgang lohnt sich ein Abstecher (13,3 mi pro Weg) zu **Dante's View.** Von dem 1667 m hoch gelegenen Aussichtpunkt bietet sich – besonders schön kurz nach Sonnenaufgang – ein fantastischer Blick auf das lang gestreckte, von schimmernden weißen Salzflächen überzogene Tal und auf die gegenüberliegende Gebirgskette der Panamint Range mit dem bis weit ins Frühjahr schneebedeckten Gipfel des Telescope Peak. Von hier schaut man weit ins Tal hinunter, das vor 25.000 Jahren vom 187 km langen und 183 m tiefen Manly-See bedeckt war. Der See trocknete aus und zurück blieb eine riesige Salzpfanne, deren silbrige Oberfläche man dort unten nun funkeln sieht. Man könnte das Death Valley wohl auch das „Tal der Extreme" nennen: Es bietet die höchste Temperatur der Erde (56 °C), die geringste Luftfeuchtigkeit (1 %), die tiefste Stelle Amerikas (86 m unter NN) und ist gleichzeitig von hohen Bergen (3368 m) umrandet.

Zurück zur SR190 und rechts ab auf die SR190 geht der Weg hinaus aus dem Tal. Dort an der Ecke befindet sich die Informationsstelle des **Osteingangs.** Dort, und auch bei allen anderen Informationsstellen im Park, erhält man ausführliches Material über das Death Valley und Anregungen, wo es noch mehr zu sehen gibt. Hier, sowie auch in Furnace Creek und in Stovepipe Village, gibt es ein öffentliches Telefon. Das muss man wissen, denn im Tal gibt es keinen Handy-Empfang!

Hot Springs

Wenn man in die Wüste fährt, sollte man dies stets mit gefüllten Tanks und genügend Wasservorräten tun, um im Notfall unabhängig zu sein. Trotzdem hätte man aber sicher auch gern einen Campingplatz mit Stromanschluss, denn ohne Klimaanlage wird die Nacht in der Wüste zur Qual.

Auf einer meiner Fahrten wälzte ich die schlauen Bücher, um einen Campingplatz in der Nähe zu finden, fand aber nur einen einzigen Hinweis auf einen Platz in einem Ort namens Hot Springs. Irgendwo musste man von der 127 abbiegen und dann ging es auf einer Schotterstraße in die totale Wüste. Meine Frau und ich waren uns einig: Kein Mensch konnte hier wohnen und es war ausgeschlossen, dass es dort tatsächlich einen Ort gab.

Aber, es gab ihn tatsächlich, denn plötzlich sahen wir vor uns eine winzig kleine, strahlend weiße Holzkirche. Ringsherum waren aber nur einige verfallene Holzhütten und sonst nichts – kein Mensch, kein Tier, nur flimmernde Hitze, Autowracks und einige Joshua Trees, diese mannshohen Gebilde, von denen man nicht weiß, ob es Kakteen oder Palmen sein sollen. Natürlich gab es auch keinen RV Park in dieser Geisterstadt und so fuhren wir ein wenig ratlos die einzige Straße, die es gab, rauf und runter, bis ich plötzlich im Rückspiegel ein Auto kommen sah! Darin saß eine junge Frau und lächelte mir beim Näherkommen freundlich zu. Auf meine Nachfrage erklärte sie fröhlich, der RV Park sei „down town". Wir müssten nur an der Wegegabelung rechts fahren, dann kämen wir dorthin. Und übrigens gäbe es zwei Campingplätze dort! Sie winkte uns noch einmal zu und verschwand dann so schnell, wie sie gekommen war.

Wir folgten ihrer Wegbeschreibung und fanden rechts und links des Wegs je einen freien Platz mit einer Bretterbude, die mit der Aufschrift „Office" versehen war. Die Campingplätze von Hot Springs! Auch hier gab es weder Mensch, noch Tier, sondern nur Wüste und diese Andeutung von Stellplätzen – zu unserem Erstaunen aber mit allen notwendigen Anschlüssen wie Wasser, Abwasser und Strom. Doch natürlich waren Strom und Wasser abgestellt. Ich probierte es nochmals auf dem gegenüberliegenden Platz und siehe da: Hier sprudelte das Wasser aus der Leitung und Strom gab es auch.

Wir bedienten uns und parkten unser RV in gehörigem Abstand von zwei stationären, vergammelten alten Wohnwagen und waren froh über den Stromanschluss für die Klimaanlage, denn das Thermometer war inzwischen auf 48 °C angestiegen.

Natürlich war uns nicht ganz wohl. Wir standen in gleißender Sonne mitten in der Wüste, weitab von jeder Zivilisation, zwischen zwei vergammelten Wohnwagen, von denen zumindest einer bewohnt war, denn später am Abend ging dort Licht an. Es war aber niemand zu sehen und die Stille auf dem Platz war erschreckend. Dennoch grillten wir unbehelligt (von wem auch?) unser Steak und legten uns rechtzeitig schlafen.

Am nächsten Morgen – die Nacht war ohne Zwischenfälle verlaufen – klemmte ich drei Dollar in eine Ritze des „Büros" und mit dem ersten Lichtschein am Horizont brachen wir auf. Im Geisterwohnwagen brannte immer noch das Licht. Adieu Hot Springs – eine offensichtlich doch bewohnte Geisterstadt.

29 km nach der Informationsstelle am Parkausgang stößt die SR190 rechtwinkelig auf die SR127. In Karten ist hier ein Ort eingezeichnet, aber **Death Valley Junction** ist eine Geisterstadt. Ein paar leere Häuser, eine kaputte Tankstelle und ein längst geschlossenes Hotel. Und trotzdem gibt es hier ein „Opernhaus", The Amargosa Opera. Die (angeblich) international bekannte Pantomimin Marta Bechet gibt hier während der

Saison dreimal wöchentlich Vorstellungen, die man mit dem Bus von Furnace Creek aus besuchen kann.

Von hier geht es nun über die SR178 und die SR160 nach Las Vegas.

LAS VEGAS ★★★ (139 miles – mile 1114)

„Neon City“ wird sie genannt, „The City of Light“ – oder ganz einfach „das Unterhaltungszentrum der Welt“: Es ist viel über die Stadt Las Vegas geschrieben worden, Gutes und weniger Gutes. Natürlich kann man über diese Stadt streiten, ich selbst war allerdings nicht nur ein- oder zweimal in Las Vegas und finde diese Stadt immer wieder aufregend.

Es ist töricht, Las Vegas mit Hamburg, Paris oder Hongkong vergleichen zu wollen. Die Stadt hat ihr **eigenes Flair.** Das Besondere sind die trockene Hitze bei Tag und bei Nacht (die relative Luftfeuchtigkeit liegt unter 5 %), die Konzentration der vielen riesigen Hotelkasinos auf wenigen Quadratkilometern, das überwältigende Meer von Neonlichtern, das es sonst nirgends auf der Welt gibt (auch der Time Square in New York und die Ginza in Tokyo verblassen dagegen) und die glitzernden Shows in den Kasinos. Ja, es riecht nach Geld, aber

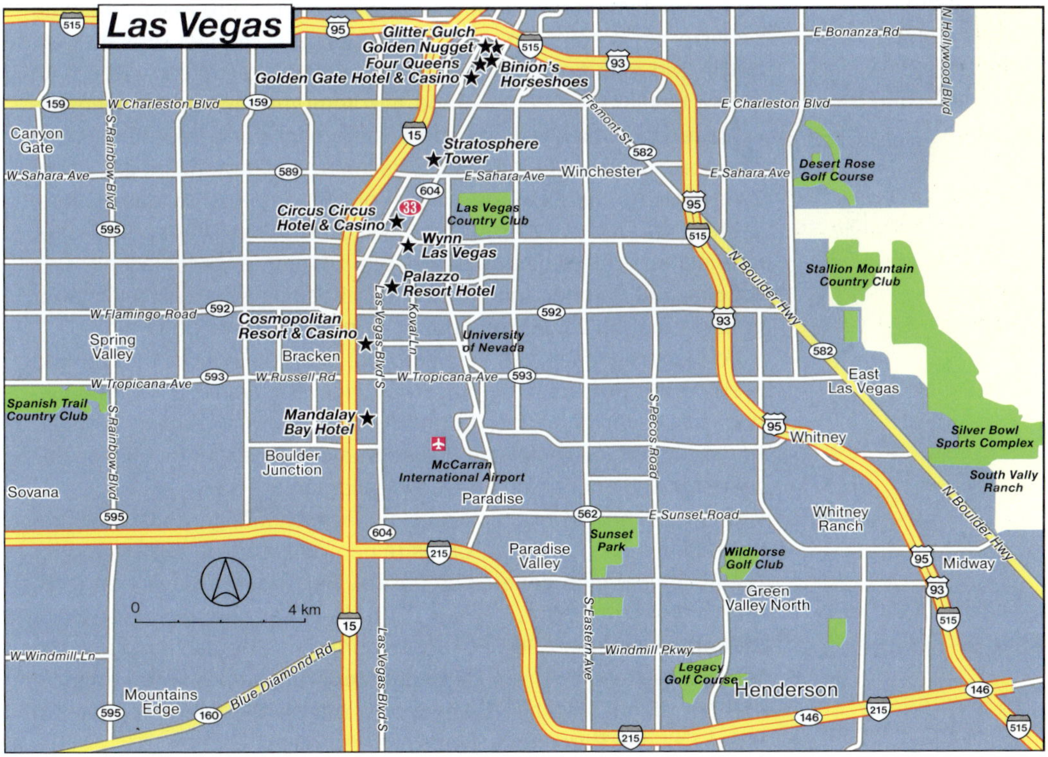

050us Abb.: lv

▲ *Der imposante Blick auf Las Vegas*

wer es sich aus der Tasche ziehen lässt, ist selbst schuld.

In den Kasinos gibt viele **slot machines** („Spielautomaten/einarmige Banditen"), die 25-Cent-Stücke akzeptieren. Warum soll man sich nicht den Spaß machen, um Zeit zu spielen, anstatt um Geld: Wie lange kann man zum Beispiel spielen, bis zehn Dollar verspielt sind? Man zählt dann zwar zu den grids, also den Leuten, die nur wenig Geld einsetzen, aber wen stört's? Das Kasino schluckt auch die kleinen Münzen und man selbst trinkt dafür umsonst Gin Tonic, denn die **kostenlosen Drinks** werden auch den grids gereicht – allerdings erwarten die Kellnerinnen ein bis zwei Dollar Trinkgeld pro Drink.

Fast jedes Hotel in Las Vegas verfügt über ein eigenes Kasino und diese sind fast immer gleich aufgebaut. So findet man Tausende von slot machines, Videospielautomaten und Roulettetischen sowie Würfelspiele, Blackjack oder Poker. In jedem Kasino kann man die sogenannte **Playerscard** beantragen, eine Chipkarte, die die eigene Spielaktivität aufzeichnet. Man schiebt die Karte in vorgesehene Schlitze am Automaten, die Karte speichert, wie viel Umsatz man hatte, und man bekommt entsprechend Punkte gutgeschrieben. Ab einem bestimmten Punktestand bekommt man je nach Kasino verschiedene Prämien in Form von T-Shirts oder auch Rabatte auf den Zimmerpreis bzw. einen Buffet-Gutschein. Die Playerscard gilt – zum Zweck der Kundenbindung – meist nur für das Kasino, das sie ausgestellt hat, um die Karte attraktiver zu machen, haben sich aber inzwischen auch einige Kasinohotels zusammengeschlossen. Das **Glücksspiel** und der Aufenthalt in den Kasinos ist in Las Vegas aber generell erst **ab 21 Jahren** erlaubt – und es wird kontrolliert!

Von jeher ist es in Las Vegas üblich, das Publikum mit guten und preiswerten **Buffets** in die Kasinos zu locken. Viel Geld wird man jedoch los, wenn man in den **gourmet room** der Kasinos geht. Das sind hervorragend ausgestattete Speiseräume mit exzellentem Essen, exzellenter Bedienung und ebenso exzellenten Preisen.

Und falls man beim Glücksspiel tatsächlich mal gewinnt: **Gewinne** beim Blackjack, Bakkarat, Craps (einem Würfelspiel), Roulette oder Big Six Wheel sind generell steuerfrei. Bei anderen Gewinnen (z. B. an Spielautomaten) werden ab 1200 US-Dollar normalerweise 30 % **Einkommensteuer** fällig. Für Staatsbürger aus Deutschland und Österreich besteht aber ein **Doppelbesteuerungsabkommen,** das sie von der amerikanischen Besteuerung befreit. Nehmen Sie also auf jeden Fall den **Personalausweis** mit ins Kasino.

Angenehm ist, dass in Las Vegas erlaubt ist, was gefällt: In den Hotels und Kasinos geht es leger und ungezwungen zu. Man sieht viele Leute in T-Shirts und Shorts und auch für die Shows gibt es **keine Kleiderordnung.** Nur einige exklusive Restaurants und Nightclubs wünschen Abendgarderobe.

Es gibt in der Stadt zurzeit 28 Kasinohotels, das kann sich aber schnell ändern, denn es wird ständig gebaut. Viele befinden sich am „Strip", das ist der 6,7 km lange Abschnitt des Las Vegas Boulevard (US604 zum Flugplatz) zwischen der W Russell Road mit dem Mandalay Bay Hotel im Süden und der Sahara Avenue mit dem Stratosphere Tower im Norden. Weiter nördlich geht es dann ins Zentrum mit der Fremont Street, die den Las Vegas Boulevard kreuzt und das alte Vergnügungszentrum der Stadt ist, wo ebenfalls ein Kasino neben dem anderen liegt. In diesen beiden Gegenden glitzern und flimmern die **Neonlichter** der großen Kasinos Tag und Nacht und in übergroßen Schriftzügen werden die Namen der Weltstars genannt, die allabendlich auftreten. Die Kasinos von Las Vegas sind die größten Stromfresser der Welt. Der jährliche Stromverbrauch liegt bei über 20 Millionen Megawatt. Das Luxor Hotel & Casino mit dem gewaltigen Lichtstrahl auf der Spitze des pyramidenförmigen Daches

▼ *Heißluftballons bei Las Vegas vor bergiger Kulisse*

049us Abb.: la

zahlt zum Beispiel allein für diesen Lichtstrahl 125.000 $ Stromkosten pro Jahr. Aber es kommt trotz eines erheblichen Einbruchs durch die Wirtschaftskrise noch genug Geld herein: Die Einnahmen aus Glücksspielen beliefen sich im Jahr 2008 immer noch auf über 6 Milliarden Dollar.

Karten für die **allabendlichen Shows** bekommt man am besten im Hotel selbst. Die größten Chancen hat man als Hausgast, denn für diese sind immer ein paar Karten reserviert, aber auch als Wohnmobiltourist wird man keine Schwierigkeiten haben, Karten zu bekommen. Man hat die Auswahl zwischen dinner show mit Abendessen und der cocktail show, bei der zwei Drinks im Preis enthalten sind. Die Eintrittspreise liegen im Schnitt bei 100 $.

Eine Nacht an der Fremont Street ist wahrlich ein Erlebnis! Hier befinden sich das **Golden Nugget** (129 Fremont Street, Übernachtung ab 59 $), die topless girls bar **Glitter Gulch,** deren berühmte Leuchtreklame die Dame mit Cowboyhut und Stiefeln zeigt (20 E Fremont Street, 20 $ und zwei Drinks zu je 7 $ Minimum), das Four Queens (202 Fremont Street), Binion's Horseshoe (128 Fremont Street), The Pioneer Club and Casino (25 E Fremont Street, zurzeit geschlossen) und viele andere. Eines der Highlights am Las Vegas Strip ist das im

▼ *Das Golden Nugget Casino an der Fremont Street*

051us Abb.: lv

April 2005 eröffnete **Wynn Las Vegas** des Immobilien-Tycoons Steve Wynn. Der 50-stöckige Hotelpalast bietet neben dem rund 10.000 m² großen Kasino auch einen 18-Loch-Golfplatz und einen riesigen Wasserfall, der sich in einen künstlichen See ergießt.

Das älteste Kasino von Las Vegas ist das **Golden Gate Hotel & Casino,** nicht am Strip, sondern abseits und ganz bescheiden an der Kreuzung von Main und Fremont Street. John F. Miller baute es im Jahre 1906, nachdem er mit der Kutsche aus Südkalifornien gekommen war und hier, an der Kreuzung zweier Schotterstraßen und der Eisenbahnlinie, für 1750 Dollar eine Parzelle von der Bahngesellschaft erworben hatte. Diese Grundstücksauktion erfolgte am 15. Mai 1905 und markierte sozusagen den Gründungstag des Las-Vegas-Rummels. Millers Erbe Mark Brandenburg hat es verstanden, Hotel und Kasino bis heute im alten Stil und mit dem Flair der damaligen Zeit zu erhalten. Es gibt einen Wildwest-Saloon, Shrimpcocktails für 99 Cents, slot machines und einen mechanischen Konzertflügel. Ein Besuch ist ein interessanter Kontrast zu den Prunksälen der modernen Kasinos.

Das höchste Kasinohotel ist der **Stratosphere Tower,** ganz oben an der Sahara Avenue. Er ist mit 355 m gleichzeitig das höchste Gebäude in Las Vegas. In 270 m Höhe gibt es ein Restaurant und eine Aussichtsplattform (10,65 $, geöffnet täglich 10–2 Uhr, Übernachtung im Hotel ab 40 $).

Das größte Kasinohotel ist zurzeit das **Palazzo** (3325 Las Vegas Blvd South) mit 3066 Zimmern und 1700 Spielautomaten. Hier kostet das Porterhouse Steak 160 $!

Das neueste Etablissement ist das **Cosmopolitan Resort & Casino** (3700 Las Vegas Blvd South), das Ende 2009 eröffnet werden soll.

Ein besonders in Deutschland bekanntes Kasinohotel ist das **Mirage,** dort haben Siegfried und Roy von 1990 bis 2003 ihre fantastischen Zaubershows gezeigt. Ihre Tricks waren derart verblüffend, dass ich auch in einer der vordersten Reihen sitzend nicht dahinter gekommen bin, wie man sich in Sekundenschnelle von der Bühne auf eine Galerie ganz hinten im Zuschauerraum „beamen" kann.

Das für Wohnmobilfahrer interessanteste Kasinohotel ist aber das **Circus Circus Hotel & Casino** (2880 Las Vegas Blvd South). Es hat nicht nur das beste Preis-Leistungs-Verhältnis (Buffet 8,49 $, Abendessen 10,49 $), sondern einen eigenen RV-Campingplatz, direkt am Strip!

33 ***Circus Circus KOA (s. S. 159)***

Seit 2004 gibt es übrigens die **Las Vegas Monorail** (www.lvmonorail.com), die in 14 Minuten vom Hotel MGM Grand zum Hotel Sahara fährt und u. a. Zwischenstation am Las Vegas Convention Center, Caesars Palace und Bally's macht. Sie dient dazu, den Gästen sämtliche angeschlossenen Hotels bequem per Bahn erreichbar zu machen.

Die **Geschichte** der Stadt ist so bunt wie ihre Kasinos. Die ersten, die sich in der Oase niederließen, waren Mormonen, die auf der Durchreise nach Kalifornien waren. Aber erst als 1849 eine ergiebige

Goldader entdeckt wurde, „erwachte“ Nevada und die kleine Mormonensiedlung entwickelte sich zu einer Stadt.

Der große Aufschwung kam 1905 mit dem Bau der Eisenbahn und ein weiterer Boom begann, als um 1930 herum der Hoover-Staudamm gebaut wurde. 1931 legalisierte der Staat Nevada das Glücksspiel und seit dieser Zeit entwickelte sich die einstige Bretterbudenstadt zur größten und glitzerndsten Amüsierstätte der Welt.

Einer der großen Kasinobosse von Las Vegas war **Howard Hughes.** Er erbte von seinem Vater eine Fabrik für Bohrköpfe, die ihn reich machte. Er vermehrte sein Geld und gründete die Flugzeugfirma Hughes Aircraft. Dann stieg er recht groß im Filmgeschäft ein, drehte u. a. „Hell's Angels“ und begann 1966 sein vieles Geld in Casinos in Las Vegas anzulegen. Der Milliardär Hughes war die schillernde Gestalt von Las Vegas und Hollywood. Als er 1972 das Zeitliche segnete, besaß er nicht nur die Kasinohotels Sands, Desert Inn, Castaways, Silver Slipper, Frontier und Landmark, sondern auch noch einen Country Club, einen Fernsehsender, einen Flugplatz, eine Ranch und eine Reihe von Grundstücken. (Dieser ungeheure Besitz gehört heute zu General Growth Properties.) Die Übernahme der Kasinos durch den Hughes-Konzern war ein wichtiger Einschnitt in die Geschichte der Stadt. Die ersten Unternehmer, die 1946 in Las Vegas investierten, waren Individualisten und wagemutige Kaufleute – alles andere als perfekte Organisatoren. Howard Hughes dagegen übertrug das Management der Kasinos den „Burschen von der Ostküste in den dreiteiligen Anzügen“, die den Aufschwung zum „Unterhaltungszentum der Welt“ planten, organisierten und zum Erfolg brachten.

Seit dem 15. Juni 2000 ist der Las Vegas Strip durch das US-Verkehrsministerium im Rahmen des National-Scenic-Byways-Programms als **All-American Road** anerkannt. Diese Bezeichnung kennzeichnet Straßen, die für sich allein betrachtet als Sehenswürdigkeiten von nationaler Bedeutung gelten. Und neben den ganzen Kasinos gibt es natürlich noch etwas Besonderes in Las Vegas: die wedding chapels („Hochzeitskapellen“). Dort kann man sich rund um die Uhr **standesamtlich trauen** lassen. Das geht ruck-zuck und schon ist man unter der Haube.

Wer sich z. B. durch die Kombination der Routen 1 und 3 hier in Las Vegas befindet, sein Wohnmobil aber in **Los Angeles** angemietet hat und es dort auch zurückgeben möchte, um die Rückführungskosten zu sparen, kann jetzt auf der I15 in relativ kurzer Zeit nach Los Angeles zurückfahren. Das sind 250 mi, die man in etwa vier Stunden schaffen kann. Die Fahrt geht durch die **Mojave-Wüste,** der Weg ist heute aber nicht mehr beschwerlich. Die I15 ist eine sehr gute Autobahn und mit einer Klimaanlage im Auto werden auch die höllischen Temperaturen erträglich. Überhaupt sollte man sich von Temperaturen zwischen 40 und 50° Grad nicht erschrecken lassen: Die trockene Hitze macht einem nicht so zu schaffen, wie in Europa im Sommer die 29° Grad bei hoher Luftfeuchtigkeit. Obwohl es in

McCarran International Airport Las Vegas

Der McCarran International Airport ist der internationale Flughafen der Stadt Las Vegas und hat mit jährlich rund 47,7 Millionen Fluggästen das sechstgrößte Passagieraufkommen der USA.

***Adresse:** McCarran International Airport, 5757 Wayne Newton Boulevard, Las Vegas, NV 89119, USA*

***Koordinaten:** N36.08306° W115.175°*

***Tel.** (702) 261–5211, Fax (702) 597–9553*

***Internet:** www.mccarran.com*

***Ortszeit:** MEZ -9*

***Lage:** 8 km südlich des Central Business District (CBD) von Las Vegas, direkt östlich vom Las Vegas Strip*

***Durchschnittliche Flugzeiten:** ab Frankfurt ca. 11 Std. (Condor fliegt sonntags und donnerstags nonstop)*

***Airport Code:** LAS*

***Transfer zwischen Terminals:** Ein kostenloser Shuttlebus-Service verkehrt alle 12–15 Min. zwischen den Terminals. Ein kostenloser Bus verkehrt alle 5–15 Min. zwischen dem entfernt gelegenen Parkplatz und Terminal 1. Im Terminal 1 befördert ein kostenloser ATS-Zug die Passagiere zu den Flugsteigen C und D.*

***Anfahrt mit Pkw:** Von Tropicana kommend fährt man auf der Paradise Road nach Süden, dann folgt man den Schildern.*

Wohnmobil-Mietstationen:

- *Cruise America Las Vegas, 6070 Boulder Highway, Las Vegas, NV 89124, Tel. (702) 456–6666*
- *El Monte Las Vegas, 13001 Las Vegas Blvd South, Las Vegas, NV 89124, Tel. (702) 269–8000*
- *Moturis Las Vegas, 6590 Boulder Highway, Las Vegas, NV 80022, Tel. (800) 559–8228*
- *Road Bear RV Las Vegas, 4730 Boulder Highway, Las Vegas, NV 89121, Tel. (866) 491–9853*

***Geld und Telekommunikation:** Die Bank ist Mo.–Do. 9–17 Uhr, Fr. 9–18 Uhr geöffnet. Geldautomaten und Wechselstuben sind über den gesamten Flughafen verteilt. Ein Postamt ist befindet sich auf Level 2.*

diesen Halbwüsten im Frühjahr sturzbachartig regnen kann, ist doch die größte Zeit des Jahres von unbarmherziger Trockenheit geprägt.

Auf den 250 mi (rund 400 km) durch die Wüste bietet sich einem außer Geröll, Steppengras und ausgetrockneten Flussbetten allerdings landschaftlich nicht viel. Man fährt Stunde um Stunde und sieht höchstens einige wenige Autos und chromblinkende Trucks, Joshua Trees oder Yuccapalmen. Es gibt auf der Strecke zwei Rastplätze mit Tankstelle, die aber im Juli so schrecklich heiß sind, dass man dort nur kurz halten wird, um sich die Beine zu vertreten und die Glieder tüchtig zu recken. Auch die Tankstellen sind auf diesen Wüstenstrecken nur dünn gesät und man tut gut daran, rechtzeitig nachzutanken und dabei auch das Kühlwasser zu kontrollieren! Auch abends um 18.30 Uhr knallte hier die Sonne immer noch erbarmungslos auf den baumlosen Platz und auch der leichte Wind bringt keine Linderung. Also Augen zu und durch – in Los Angeles lockt dann ein erfrischendes Bad im Pazifik!

STELLPLÄTZE ENTLANG DER ROUTE

Stellplatz

㉕ *49er RV Ranch*

N38.04598° W120.3943°

Der Eigentümer sagt: „Relax at California's Oldest Campground." Ordentlicher Platz mit einem Hauch von Goldrausch. **Lage/Anfahrt:** Etwas nördlich vom Zentrum von Columbia; **Ver-/Entsorgung:** full hook-up; **Preise:** 45 $/Fahrz.; **Geöffnet:** ganzjährig; **Kontakt:** 23223 Italian Bar Rd, Columbia, CA 95310, Tel. (209) 532-4978, 49rvoffice@mlode.com, www.49rv.com

Stellplatz

㉖ *Tuolumne Meadows Campground*

N37.87193° W119.36123°

Einfacher, aber toller Platz in grüner Auenlandschaft und 2860 m Höhe! Reservierung empfohlen, da stark frequentiert! **Lage/Anfahrt:** In 2860 m Höhe, 70 mi von Yosemite Village an der Tioga Road (SR120); **Platzanzahl:** 304; **Ver-/Entsorgung:** Trinkwasser, kein Strom, kein full hook-up; **Preise:** 20 $/Fahrz.; **Geöffnet:** Juli-Sept.; **Kontakt:** Yosemite National Park, CA 95389, Tel. (877) 444-5777, www.recreation.gov

Stellplatz

㉗ *Upper Pines Yosemite National Park*

N37.74095° W119.57728°

Einfacher und immer stark frequentierter Platz direkt im Yosemite Village. **Lage/Anfahrt:** Am Ostende von Yosemite Village; **Platzanzahl:** 238; **Ver-/Entsorgung:** Trinkwasser, kein full hook-up, kein Strom; **Preise:** 20 €/Fahrz.; **Max. Stand:** 7 Nächte; **Geöffnet:** ganzjährig; **Kontakt:** East Yosemite Valley, Yosemite National Park, CA 95389, Tel. (518) 885-3639, für Reservierungen von außerhalb der USA Tel. (877) 444-6777

Stellplatz

㉘ *High Sierra RV & Mobile Park Camping*

N37.33252° W119.64703°

Eingebettet in ein Eichen- und Pinienwäldchen mit allen nötigen Campingeinrichtungen. **Lage/Anfahrt:** 16 mi hinter dem Südausgang des Yosemite-Parks; SR41 South bis zur Abzweigung der SR426, dort links ab und an der Ampel links in den Golden Oak Loop; **Platzanzahl:** 53; **Ver-/Entsorgung:** Strom, Trinkwasser, Abwasser, full hook-up; **Sicherheit:** bewacht; **Preise:** 30 $/Fahrz.; **Geöffnet:** ganzjährig; **Kontakt:** 40389 Highway 41, Oakhurst, CA 93644, Tel. (877) 314-7662, camping@highsierrarv.com, www.highsierrarv.com

Stellplatz

㉙ *Lodgepole Campground*

N36.60515° W118.72648°

Großer, aber relativ einfacher Platz in herrlicher Lage im Hain der Mammutbäume. **Lage/Anfahrt:** Auf der SR198 East in den Park, dann den Hinweisschildern folgen; auf 2042 m Höhe in der scharfen Rechtskurve hinter dem Lodgepole Visitor Center; **Ver-/Entsorgung:** Trinkwasser, Abwasser, kein full hook-up, kein Strom; **Plätze:** 214; **Preise:** 20 $/Fahrz.; **Geöffnet:** ganzjährig; **Kontakt:** Sequoia and Kings Canyon National Parks, 47050 Generals Highway, Three Rivers, CA 93271, Tel. (559) 565-3774, für Reservierung Tel. (301) 722-1257 oder Tel. (800) 365-2257, www.recreation.gov; **Sonstiges:** Es gibt einen Shuttleservice zu den interessanten Punkten im Park.

Stellplatz

㉚ *Lake Isabella KOA*

N35.6532° W118.34977°

Angenehmer Ferienplatz am Lake Isabella. **Lage/Anfahrt:** 11 mi östl. vom Ort Lake Isabella an der SR178; **Ver-/Entsorgung:** full hook-up; **Preise:** 44 $/Fahrz.; **Geöffnet:** ganzjährig; **Kontakt:** 15627 Highway 178, Weldon, CA 93283, Tel. (760) 378-2001, Fax (760) 378-4669, koa@mchsi.com, www.koa.com/where/ca/05106

Stellplatz

㉛ *Furnace Creek Campground*

N36.46315° W116.86875°

Recht großer Platz mitten im Tal des Todes, 65 m unter NN, auf heißem, ausgedörrtem Boden. Reservierung im Winter empfohlen. **Lage/Anfahrt:** Im Zentrum des Death Valley bei der Furnace Creek Ranch; **Platzanzahl:** 136; **Ver-/Entsorgung:** Trinkwasser, Abwasser, kein Strom, kein full hook-up, keine Duschen; **Preise:** 18 $/Fahrz.; **Geöffnet:** ganzjährig; **Kontakt:** Highway 190, Death Valley, CA 92328, Tel. (619) 786-2331, www.nps.gov/deva/planyourvisit/camping.htm

Stellplatz

㉜ *Stovepipe Wells RV Campground*

N36.60685° W117.14672°

Klein, aber fein mit Swimming Pool im Resort! Keine Reservierungen; first come, first served. **Lage/Anfahrt:** An der SR190, 8,7 mi vor der Kreuzung mit der SR374; **Platzanzahl:** 14; **Ver-/Entsorgung:** full hook-up; **Preise:** 23 $/Fahrz.; **Geöffnet:** Nov.-April; **Kontakt:** Xanterra Park & Resorts, Highway 190, Death Valley, CA 92328, Tel. (760) 786-2387, Fax (760) 786-2389, www.stovepipewells.com

Stellplatz

㉝ *Circus Circus KOA*

N36.1363° W115.16272°

Großer, geteerter Wohnmobilparkplatz direkt am Kasino, sehr praktisch. **Lage/Anfahrt:** Direkt am Circus Circus Hotel & Casino; **Platzanzahl:** 366; **Ver-/Entsorgung:** full hook-up; **Sicherheit:** umzäunt, beleuchtet; **Preise:** ab 32,67 $/Fahrz.; **Geöffnet:** ganzjährig; **Kontakt:** 500 Circus Circus Drive, Las Vegas, NV 89109, Tel. (702) 733-9707, Fax (702) 696-1358, www.koa.com/where/NV/28138

KAKTEEN, GEISTERSTÄDTE, AMERIKAS UREINWOHNER UND DIE STADT PHOENIX

Auf der nächsten Tour geht es in den Südwesten der USA. Sie startet zwar am Pazifik, führt dann aber gleich in die schier unendliche Mojave-Wüste mit den wie Oasen anmutenden Städten wie z. B. Palm Springs. In Arizona geht es durch riesige Kakteenwälder und in die alten Goldgräberorte bei Tucson. Die Casa-Grande-Ruinen zeigen, dass auch Amerika eine jahrhundertelange Vergangenheit hat. Bei Phoenix leben knapp 50.000 Pensionäre in Sun City, einer sorgfältig geplanten Rentnerstadt. Abgeriegelt von der hektischen Welt wird hier vor allem Golf gespielt, während die jüngeren Stadtbewohner Phoenix zu einem Hightechzentrum von Weltbedeutung machen. In der Geisterstadt Goldfield, wo man in einem echten Saloon echte Steaks verspeisen kann, wird die Vergangenheit des Goldrausches noch einmal lebendig.

052us Abb.: la

ROUTE 4

VON LOS ANGELES NACH PHOENIX

STRECKENVERLAUF

Strecke:
Los Angeles - Palm Springs (114 mi) - Joshua Tree National Park (42 mi) - Organ Pipe Cactus National Monument (342 mi) - Tucson (116 mi) - Tombstone (65 mi) - Saguaro National Park (80 mi) - Casa Grande National Monument (86 mi) - Phoenix (50 mi)

Streckenlänge: 895 mi

PALM SPRINGS (114 miles - mile 114)

Der Ausgangspunkt dieser Route ist erneut Los Angeles, das bereits als Startpunkt von Route 1 ausführlich beschrieben wurde (s. S. 63). Von hier fährt man nun auf einer einfachen und schnellen Fahrt über I10 East oder SR60 nach Palm Springs (die SR60 trifft bei Beaumont auf die I10 und verläuft mit ihr gemeinsam bis weit hinter Blythe). Bald hinter Los Angeles muss man zunächst die San-Bernadino-Berge überwinden. Das ist sehr einfach, denn es gibt einen tiefen Einschnitt, durch den der **San Gorgonio Pass** und die I10/SR60 verlaufen. Diese Enge wirkt wie ein Trichter, der die Küstenwinde vom Pazifik anzieht und genau in diesen gigantischen Sog hat man einen Windpark gebaut. Hunderte von **Windrädern** stehen hier links neben der Autobahn, lassen ihre gewaltigen Flügel vom Wind drehen und erzeugen so Strom.

Dann fährt man bald in das flache Wüstengebiet des Coachella-Tals und durch die typische Landschaft der amerikanischen Halbwüsten, denn dieser Teil gehört schon zur Mojave-Wüste, die den gesamten östlichen Teil von Südkalifornien einnimmt. Und dann - ganz plötzlich - erreicht man **Palm Springs.** Die entsprechende Abzweigung (SR111) von der I10/SR60 kurz vor Palm Springs ist nicht zu verfehlen und gut ausgeschildert. Die Wüste ist hier verschwunden und man ist von blühenden Gärten, Palmen, Golfplätzen und prächtigen weißen Häusern umgeben. Wie ein Spuk wirkt diese Stadt mitten in der Wüste und man spürt den Reichtum an jeder Ecke.

Palm Springs ist ein historischer Urlaubsort, der 114 mi östlich von Los Angeles im südlichen Teil der **Mojave Desert,** östlich des 4500 m hohen Berggipfels San Jacinto Peak liegt. Dort geht die hoch gelegene Mojave-Wüste in die tiefer gelegene Colorado-Wüste über. Dieses trockene Wüstental liegt im Regenschatten der Santa-Rosa-Berge und bietet warmes trockenes und sonniges Klima.

Nachdem Beverly Hills von den Neureichen erobert wurde, zogen sich die Großen des Filmgeschäfts, die Stars und Schriftsteller weitgehend von dort zurück und siedelten sich bevorzugt in zwei Regionen an: Malibu, dort wohnt z. B. Larry Hagman, der J. R. aus der Serie

Information

Palm Springs Visitors Center, 2901 N Palm Canyon Drive, Palm Springs, CA 92262, N33.85847° W116.55822°, Tel. (760) 778-8418

Palm Springs Bureau of Tourism, 777 N Palm Canyon Drive, Palm Springs, CA 92262, Tel. (760) 778-8415

Visitor Center, 200 S Civic Drive, Palm Springs, CA 92262, Tel. (760) 416-5620

053us Abb.: la

„Dallas“, und Palm Springs, zumindest im Winter die „Golf-Hauptstadt der Welt“.

Im weiten Coachella Valley, am Fuße der bis zu 3300 m hohen San Jacinto Mountains, hat sich die Stadt zu einem der beliebtesten Ausflugsorte Kaliforniens entwickelt, der jährlich über zwei Millionen Besucher anlockt. Über einhundert **Golfplätze** und mehrere Hundert **Tennisplätze** sowie **Heißluftballonfahrten** und **Ausritte** in die Wüste sind bei Jung und Alt beliebt. Und wem es bei 38 °C zu warm wird, der steigt in die **Palm Springs Arial Tramway** und lässt sich von dieser Schweizer Seilbahn in 14 Minuten auf den 2840 m hohen **Mount San Jacinto** hinauftragen, wo es auch im Sommer zuweilen noch Schnee gibt. Die „Talstation“ liegt am westlichen Ortseingang auf 880 m Höhe am Ende einer Bergstraße, die vom Highway 111 aus gut ausgeschildert ist. Parkplätze – auch für Wohnmobile – sind dort ausreichend vorhanden und es gibt sogar einen kostenlosen Zubringerbus von den etwas entfernteren Parkplätzen. Die Fahrt mit der Seilbahn kostet für Erwachsene 22,25 $ und für Kinder 15,25 $, die Gondeln fahren an Wochentagen ab 10 Uhr und an Wochenenden ab 8 Uhr, Feierabend ist um 20 Uhr. Diese Seilbahn ist übrigens die längste durchgehende Seilbahn der Welt.

Oben auf dem Berg gibt es das **Peaks,** ein sehr nettes Restaurant mit einer fantastischen Aussicht und einen Andenkenladen. Den weiten Blick ins Coachella Valley hat man natürlich auch außerhalb des Restaurants. Man erkennt deutlich das künstlich angelegte, grüne Palm Springs inmitten der gleißenden, fast weiß flimmernden Wüste.

▲ *Der riesige Windpark östlich der Stadt Los Angeles*

Peaks Restaurant

Reservierung unter Tel. (760) 325-4537

Nordic Ski Center
1 Tramway Road, Palm Springs, CA 92262, Tel. (760) 327-6002. Auskünfte über den Seilbahnbetrieb erhält man unter Tel. (760) 325-1391.

An klaren Tagen soll man angeblich bis Las Vegas sehen können. Gleich hinter der Bergstation der Seilbahn beginnt ein ausgedehntes **Wandergebiet.** Ausgedehnte Reittouren in dieser reizvollen Höhenlandschaft führen auch im Sommer oft noch durch Schneefelder, aber auch für den Wanderer und den „normalen" Besucher der Höhenstation ist es recht seltsam, hier oben im Schnee herumzustapfen, während tief unten die Wüste unter der trockenen Hitze stöhnt. Das Nordic Ski Center (Skiverleih, Betreuung und Versorgung der Skiläufer) ist vom 15. November bis Mitte April geöffnet.

In der Stadt selbst geht man **bummeln** oder kauft im Desert Fashion Plaza Shopping Center (123 N Palm Canyon Drive) oder in der Palm Springs Mall am Tahamit-McCallum Way ein. Der Palm Canyon Drive ist der „Kuh'damm" von Palm Springs und wer gern flaniert, kommt hier voll auf seine Kosten.

Hoch oben auf einem Felsen mit Blick auf das Coachella-Tal wohnte Bob Hope, der bekannte amerikanische Komiker, in seiner Villa, die die Größe eines mittleren Kaufhauses hat. Von der Wüste aus ist sie zu erkennen. Aber auch Frank Sinatra lebte in Palm Springs, genauer gesagt im Stadtteil Rancho Mirage, umgeben von Golf- und Tennisplätzen. Andere berühmte (ehemalige) Einwohner der Stadt sind Dina Shore, Celine Dion, Arnold Schwarzenegger, Ronald Reagan, Dean Martin und Sammy Davis Junior.

34 Emerald Desert RV Camping **(s. S. 197)**

Ins Zentrum von Palm Springs mit dem Fashion Plaza und der „Flanierstraße" gelangt man ganz einfach, denn der North Palm Canyon Drive ist ein Teil des Highway 111, auf dem man sowieso nach Palm Springs hineinkommt. Auch den Campingplatz am Frank Sinatra Drive, der für Wohnmobilisten sehr empfehlenswert ist, findet man ohne Probleme. Man fährt zunächst die SR111 South bis in den Stadtteil Cathedral City, dort kreuzt dann der Frank Sinatra Drive die 111 und man biegt links ein. Der Platz gehört zum Emerald Desert Country Club, einer außerordentlich gepflegten Anlage mit riesigen Golfanlagen und Tennisplätzen. Ein Teil des eingezäunten und hervorragend gewarteten Geländes ist als RV Park eingerichtet und die Wohnmobilisten können alle Annehmlichkeiten und Einrichtungen des Klubs genießen: Besonders den großen, blitzsauberen und wunderschön gelegenen Swimmingpool sollte man hier genießen und Golfen kostet z. B. nur etwa 10 $ extra (!). Die Hausnummer 76000 des Country Clubs ist übrigens kein Druckfehler: Die Straße ist endlos lang und wenn man schon glaubt, die Einfahrt verschlafen zu haben, dann taucht sie plötzlich an der linken Straßenseite auf und man fährt durch die herrschaftliche Einfahrt auf den großzügigen Platz. Einen guten Rat gibt es übrigens noch: Auf dem rechten Teil des Platzes ist es durch die dicht vorbeiführende I10 recht laut. Man sollte sich daher nach der Einfahrt durch das prächtige Tor gleich links halten und auf diesem Teil des Platzes möglichst weit nach hinten fahren. Dort hat man seine Ruhe und einen Aufenthalt wie im Paradies!

Wer sich in Palm Springs langweilt ist selbst schuld. Der **Veranstaltungskalender** von nur einem einzigen Monat bietet etliche interessante Veranstaltungen und präsentiert weltbekannte Stars (bei meinem letzten Besuch z. B. Paul McCartney). Die Termine und weitere nützliche Informationen über Palm Springs und Umgebung erhält man kostenlos in jedem der drei örtlichen Informationszentren.

Palm Springs ist eine schillernde Stadt. Es gibt über einhundert Golfplätze, viele Zweitvillen reicher Amerikaner, täglich drei bis fünf leichte Erdbeben, wöchentlich ein Straßenfest, jährlich 360 Tage mit Sonnenschein und 130 Hotels für jeden Geschmack und Geldbeutel, unter ihnen einige Dutzend spezielle gay hotels (Schwulen-Hotels) und auch mehrere kleine Designerherbergen für lesbische Frauen.

054us Abb.: la

Fährt man den North Palm Canyon Drive südwärts, so biegt die Straße kurz hinter dem malerischen Cedar Creek Inn scharf links ab. An dieser Stelle kann man auf einer schmalen Straße, dem South Palm Canyon Drive, geradeaus weiterfahren. Die Straße führt zu den **Indian Canyons,** zwei ausgedehnten Felsschluchten mit dichtem Palmenbestand. Man sagt, es seien über 3000 Pflanzen. **Palm Canyon** ist sicher der eindrucksvollere der beiden Canyons und ermöglicht mit 24 km Länge ausgedehnte Wanderungen entlang einem malerischen Flussbett, welches dicht mit Palmen bewachsen ist. Das Land gehört zur **Agua Caliente Indian Reservation** und ab und zu erinnert ein plötzlich auftauchender Indianer hoch zu Ross an längst vergangene Kindertage mit Winnetou und Lederstrumpf. Natürlich ist aber auch der Besuch dieses schönen Fleckchens Erde nicht umsonst: Der Eintritt kostet 8 $, die am Ende des South Palm Canyon Drive kassiert werden. Die Aufenthaltsdauer im Palm Canyon richtet sich ganz nach der zur Verfügung stehenden Zeit und der eigenen Kondition. Bei einem kurzen einstündigen Rundgang erhält man einen schönen Eindruck der Gegend, die Ganztageswanderung hingegen ist ein Erlebnis für sich.

Auf dem Rückweg über den South Palm Canyon Drive stößt man beim Cedar Creek Inn wieder auf den Highway 111 und folgt diesem jetzt in Richtung Süden, also rechts herum bis in den Ortsteil Palm Desert. An der Kreuzung mit der SR74 kann man, falls es die Zeit erlaubt, einen Abstecher zur **Living Desert** machen, einem kleinen Wüstenpark mit über tausend Wüstenpflanzen, die mit Schildern gekennzeichnet sind, sodass man hier endlich einmal lernen kann, wie

▲ *Der Palm Canyon lädt zu ausgedehnten Wanderungen ein*

› Routenplan Seite 288

das dürre Gestrüpp der Wüste heißt und wie es blüht (die meisten Pflanzen hier werden künstlich bewässert). Living Desert liegt 1,5 mi südlich der SR111 an der Portola Avenue, einer Seitenstraße der SR74. Die Fahrt dorthin führt durch ein wunderschönes Wohngebiet mit herrlich gepflegten Anwesen und blitzsauberen Straßen. Der Weg ist einigermaßen gut ausgeschildert, der Eintritt kostet 12,50/7,50 $, weitere Informationen erhält man unter Tel. (760) 346-5694.

JOSHUA TREE NATIONAL PARK ★★

(42 miles – mile 156)

Nur wenige Meilen östlich von Palm Springs befindet sich ein Wüstenabschnitt mit seltsam anmutenden Bäumen, die selbst nicht genau zu wissen scheinen, ob sie Bäume, Palmen oder Kakteen sind: der Joshua Tree National Park.

Um ihn zu erreichen fährt man auf der SR111 zunächst 12 mi zurück zur I10 und auf dieser dann 5 mi nach Osten, bis links die SR62 über Joshua Tree nach Twentynine Palms abzweigt. Bis zu dieser Stadt mit dem putzigen Namen sind es ab Palm Springs 41 mi. Die SR62 ist auf der Straßenkarte zwar nur als ein dünner roter Strich eingezeichnet, es handelt sich aber um eine gut ausgebaute, zweispurige Schnellstraße, auf der man flott vorankommt. Wie in allen Nationalparks sollte man aber auch hier vorher tanken, denn auf der

▼ *Vorsicht vor den stacheligen Opuntia-Bigelovii-Kakteen!*

055us Abb.: la

langen Strecke von der Interstate 10 bis Twentynine Palms gibt es keine Tankstelle.

In Twentynine Palms befindet sich das offizielle **Besucherzentrum** des Parks und dort geht es rechts ab auf eine kleine Straße durch den Joshua Tree National Park. Insgesamt gibt es gibt drei **Eingänge** in den Nationalpark, die jeweils ein Informationszentrum bieten: den Nordeingang bei Twentynine Palms, den Westeingang bei Joshua Tree und den Südeingang bei Cottonwood nahe der I10. Der Eintritt beträgt 10 $ pro Auto und man bekommt einen genauen **Plan des Parks** mit den Wanderwegen und den Sehenswürdigkeiten ausgehändigt.

Das 2253 km^2 große Gebiet des Nationalparks besteht aus zwei unterschiedlichen Wüstentypen: die tiefer gelegenen Teile gehören zur Sonora-Wüste, während der höher gelegene, nördliche Teil zur Mojave-Wüste gehört. Dort gibt es große Bestände des **Joshua Trees** (Yucca brevifolia), der eigentlich gar kein Baum ist, sondern zur Familie der Lilien gehört und stachelig ist wie ein Kaktus. Seit eh und je werden sie jedoch als Baum bezeichnet. Überall stehen diese großen Burschen mit ihren verzweigten, stacheligen Armen herum, die sie weit in die Höhe recken, als würden sie beten. Die Mormonen benannten sie deshalb nach dem biblischen Propheten Josua. Ebenfalls häufig anzutreffen sind die außerordentlich stacheligen **Opuntia-Bigelovii-Kakteen,** die man im nördlichen Teil des Parks auf großen Flächen findet. Ihre langen, spitzen Stacheln dringen bei leichter Berührung sofort durch die Hosenbeine tief in die Haut ein und sind wegen ihrer feinen Widerhaken nur schwer zu entfernen. Von diesen schmerzlichen Anhängseln können einen nur eine Pinzette und ein paar gute Augen befreien. (Ich fand nach meiner unliebsamen Begegnung mit diesen Stachelbürsten sachkundige Hilfe bei ein paar jungen Leuten, die gerade ihrerseits eine ähnliche „Operation" überstanden hatten.) Also Vorsicht beim Fotografieren der Opuntia Bigelovii!

Außer den putzigen Joshua Trees und den Kakteen bestimmen gigantische **Felsblöcke** mit zahlreichen Löchern, felsige **Bergspitzen** und hohe **Wüstenplateaus** das Bild des Parks. Die Berge, oder besser gesagt „Felsklumpen", ziehen Kletterer aus der ganzen Welt an. Auch Anfänger sind hier willkommen.

Im Park gibt es Tausende dieser Felshaufen, der spektakulärste befindet sich aber bei Jumbo Rocks, interessant ist aber auch die Bergformation „Wonderland of Rocks" im Indian Cove ganz im Norden des Parks.

Die Wanderung zum **Ryan Mountain** (1660 m), der sich im Zentrum des Nationalparks befindet, beginnt am Ryan-Mountain-Parkplatz oder beim Sheep Pass Campground. Der Weg hin und zurück ist etwa 3 mi lang und man braucht ca. zwei bis drei Stunden. Der mäßig anstrengende Wanderweg führt auf den Gipfel des Berges, von wo aus man eine schöne Aussicht auf das Lost Horse Valley, das Queen und das Pleasant Valley hat.

Tourist Information

Joshua Tree National Park, 74485 National Park Drive, Twentynine Palms, CA 92277-3597, Tel. (760) 367-5500, jotrinfo@nps.gov, www.nps.gov/jotr, N34.12882° W116.03757°

Joshua Tree Rock Climbing School

HCR Box 3034, Joshua Tree, CA 92252, Tel. (800) 890-4745 oder Tel. (760) 366-4745, www.joshuatreerockclimbing.com

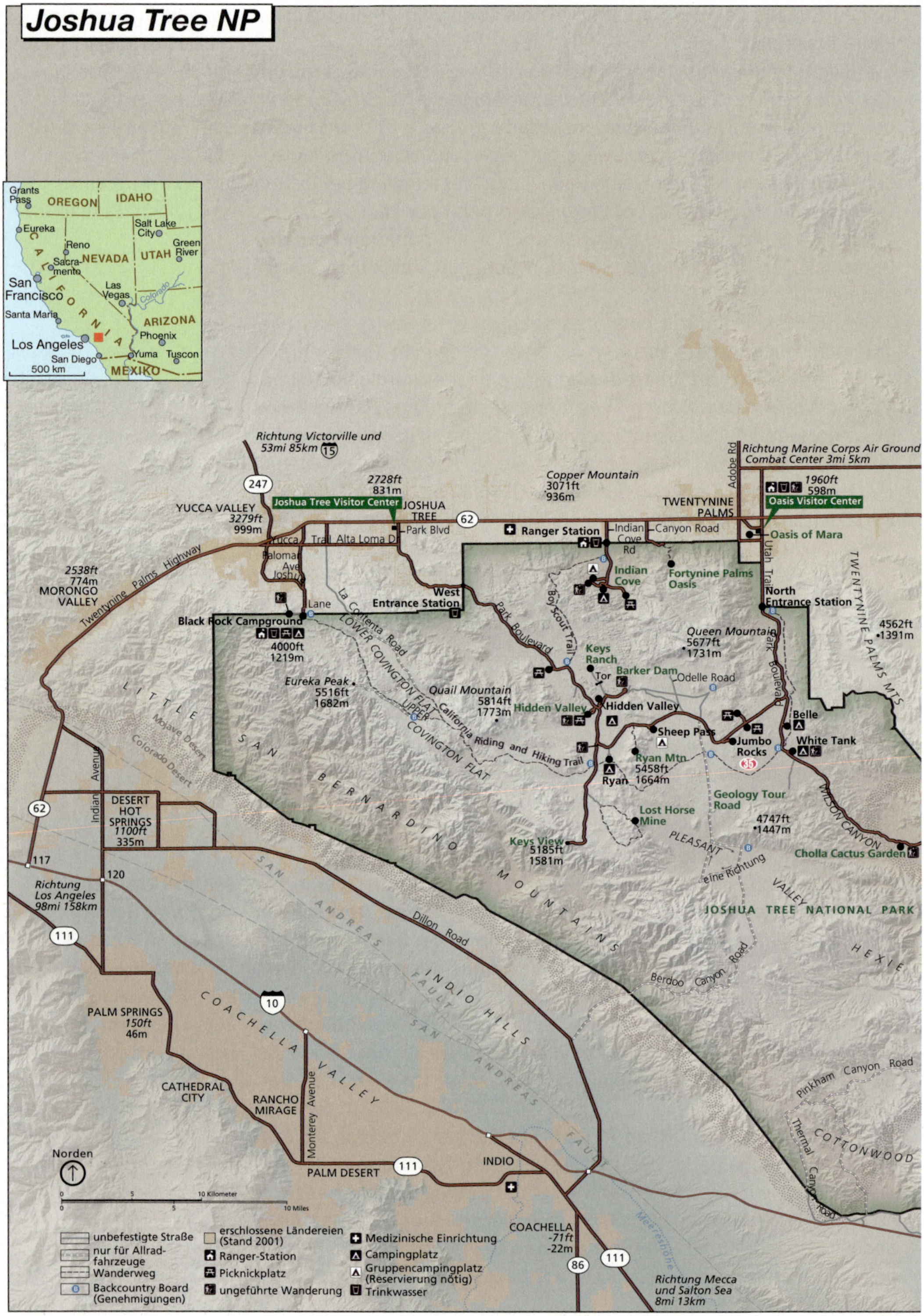

Joshua Tree NP
Grants Pass
OREGON
IDAHO
Eureka
Salt Lake City
Reno
Green River
Sacramento
NEVADA
UTAH
CALIFORNIA
San Francisco
Las Vegas
Colorado
Santa Maria
ARIZONA
Phoenix
Los Angeles
San Diego
Yuma
Tuscon
500 km
MEXIKO
Richtung Victorville und 53mi 85km 15
247
2728ft 831m
Joshua Tree Visitor Center
JOSHUA TREE
YUCCA VALLEY 3279ft 999m
62
Copper Mountain 3071ft 936m
Richtung Marine Corps Air Ground Combat Center 3mi 5km
Adobe Rd
1960ft 598m
TWENTYNINE PALMS
Oasis Visitor Center
Oasis of Mara
Yucca Trail
Alta Loma Dr
Park Blvd
Ranger Station
Indian Cove Rd
Canyon Road
Paloma Ave
Joshua Lane
2538ft 774m
MORONGO VALLEY
Twentynine Palms Highway
Black Rock Campground
4000ft 1219m
West Entrance Station
Indian Cove
Fortynine Palms Oasis
Boy Scout Trail
Utah Trail
North Entrance Station
TWENTYNINE PALMS MTS
4562ft 1391m
La Contenta Road
LOWER COVINGTON FLAT
Park Boulevard
Queen Mountain 5677ft 1731m
Keys Ranch
Barker Dam
Odelle Road
Tor
Eureka Peak 5516ft 1682m
Quail Mountain 5814ft 1773m
Hidden Valley
UPPER COVINGTON FLAT
California Riding and Hiking Trail
Sheep Pass
Jumbo Rocks
Belle
White Tank
LITTLE SAN BERNARDINO MOUNTAINS
Mojave Desert
Colorado Desert
Ryan Mtn 5458ft 1664m
Ryan
35
Geology Tour Road
WILSON CANYON
Avenue
Indian
62
DESERT HOT SPRINGS 1100ft 335m
Lost Horse Mine
4747ft 1447m
Keys View 5185ft 1581m
PLEASANT VALLEY
eine Richtung
Cholla Cactus Garden
117
120
Richtung Los Angeles 98mi 158km
SAN ANDREAS
Dillon Road
JOSHUA TREE NATIONAL PARK
HEXIE
111
INDIO HILLS
FAULT
Berdoo Canyon Road
10
COACHELLA VALLEY
PALM SPRINGS 150ft 46m
SAN ANDREAS FAULT
Pinkham Canyon Road
CATHEDRAL CITY
RANCHO MIRAGE
Monterey Avenue
Thermal Canyon Road
COTTONWOOD
Norden
INDIO
PALM DESERT
111
0 5 10 Kilometer
0 5 10 Miles
unbefestigte Straße
nur für Allradfahrzeuge
Wanderweg
Backcountry Board (Genehmigungen)
erschlossene Ländereien (Stand 2001)
Ranger-Station
Picknickplatz
ungeführte Wanderung
Medizinische Einrichtung
Campingplatz
Gruppencampingplatz (Reservierung nötig)
Trinkwasser
COACHELLA -71ft -22m
Meeresshöhe
86
111
Richtung Mecca und Salton Sea 8mi 13km

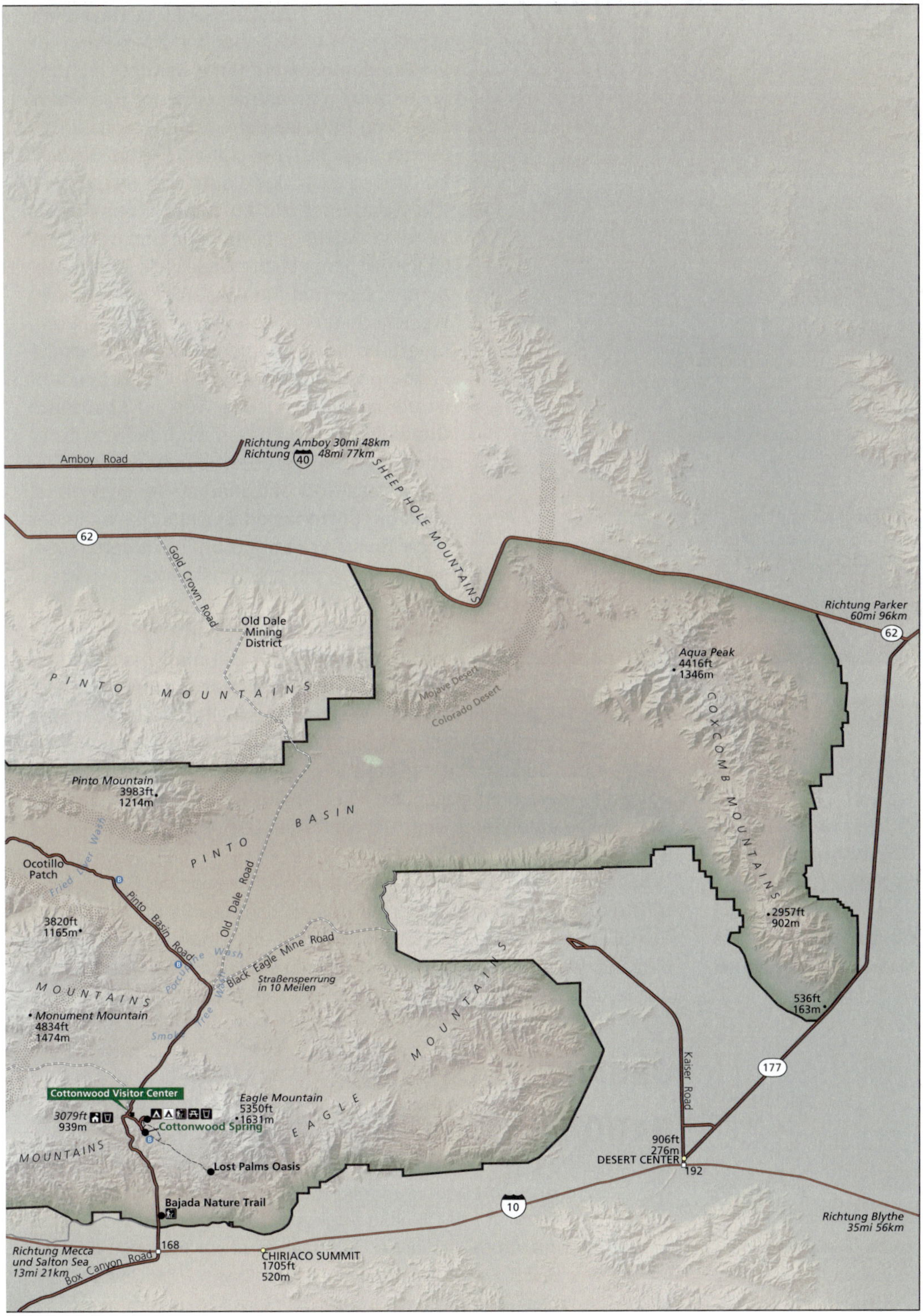

Richtung Amboy 30mi 48km
Richtung 40 48mi 77km
Amboy Road
62
SHEEP HOLE MOUNTAINS
Gold Crown Road
Old Dale Mining District
PINTO MOUNTAINS
Mojave Desert
Colorado Desert
Richtung Parker 60mi 96km
62
Aqua Peak 4416ft 1346m
COXCOMB MOUNTAINS
Pinto Mountain 3983ft 1214m
PINTO BASIN
Fried Liver Wash
Ocotillo Patch
Pinto Basin Road
Old Dale Road
3820ft 1165m
Porcupine Wash
Black Eagle Mine Road
Straßensperrung in 10 Meilen
2957ft 902m
MOUNTAINS
Monument Mountain 4834ft 1474m
Smoke Tree Wash
EAGLE MOUNTAINS
536ft 163m
Kaiser Road
177
Cottonwood Visitor Center
3079ft 939m
Cottonwood Spring
Eagle Mountain 5350ft 1631m
MOUNTAINS
Lost Palms Oasis
906ft 276m
DESERT CENTER
192
Bajada Nature Trail
10
Richtung Blythe 35mi 56km
Richtung Mecca und Salton Sea 13mi 21km
168
Box Canyon Road
CHIRIACO SUMMIT 1705ft 520m

Ein anderer Aussichtspunkt ist **Keys View** (1581 m). Von dort oben hat man einen tollen Rundumblick auf Palm Springs und man sollte auch mindestens eine der fünf Palmoasen im Park besuchen, zum Beispiel Cottonwood Spring Oasis, Cholla Cactus Garden, Fortynine Palms Oasis oder Lost Palm Oasis. Die Wanderung zur **Fortynine Palms Oasis** ist relativ leicht zu bewältigen und wer etwas Glück hat, kann an der Oase viele Tiere beobachten. Der Trail führt zu einer der seltenen Wasserstellen im Joshua Tree National Park. Innerhalb der Oase gedeihen kalifornische Fächerpalmen. Um einiges anstrengender ist der circa 6 km lange Weg zur **Lost Palm Oasis.** Für seine Mühen wird der Wanderer aber mit dem größten Fächerpalmenbestand des Parks entschädigt. Sehenswert ist auch die **Cottonwood Springs Oasis,** an der noch Tonscherben und andere Überbleibsel der Indianer, die hier einst lebten, verstreut liegen.

Auch der Goldrausch hatte vor der Wüste mit den stacheligen Bäumen nicht haltgemacht, davon zeugen noch mehrere verfallene Minen. Bekannt ist vor allem die **Lost Horse Mine** im Zentrum des Parks. Der Lost Horse Mine Mountain Trail beginnt an einem Parkplatz an der Stichstraße der Keys View Road. Es handelt sich dabei um einen recht anstrengenden 4 mi langen Rundweg (3–4 Std.) zu einer stillgelegten Mine und zum Gipfel des Lost Horse Mountain auf 1583 m Höhe.

Beim Verlassen des Nationalparks am Südeingang bei Cottonwood trifft man wieder auf die I10, auf der es Richtung Osten zum Organ Pipe Cactus National Monument weitergeht. Einen schönen Campingplatz an einem See mit Bademöglichkeit (!) gibt es an der SR111 am Salton Sea, der übrigens 72 m unter dem Meeresspiegel liegt!

35 Jumbo Rock Campground ***(s. S. 197)***

36 Mecca Beach Campground ***(s. S. 198)***

ORGAN PIPE CACTUS NATIONAL MONUMENT *** (342 miles – mile 498)

Vom Joshua Tree National Park folgt man der I10 East, überschreitet kurz hinter Blythe auf der Brücke über den Colorado River die Grenze zu Arizona und verlässt dann in Glendale (kurz vor Phoenix) die I10, um auf der SR85 South geradewegs in den Organ Pipe Cactus Park und weiter zur mexikanischen Grenze bei Lukeville zu kommen.

▲ *Die Bewohner des Joshua Tree National Park*

Vom Mecca Beach Campground bis zum Organ Pipe Cactus National Monument sind es 342 mi (550 km) – das ist eine weite Strecke. Etwa auf halbem Weg gibt es in **Blythe** einen schönen KOA-Platz direkt am Fluss, nicht weit von der Brücke über den Colorado River entfernt.

37 Blythe Colorado River KOA **(s. S. 198)**

Die SR85 ist mit Wohnmobilen aller Größe gespickt, die in den Kaktuspark fahren oder von dort kommen bzw. in Lukeville die **Grenze** von oder nach Mexiko passieren. Die Wagen werden bei der **Einreise aus Mexiko** sorgfältig untersucht, wobei das Augenmerk der Inspekteure offensichtlich auf Menschenhandel gerichtet ist, weshalb mit Spiegeln über und unter die Wagen geäugt wird, ob dort etwa ein Mexikaner illegal eingeschmuggelt wird.

Visitor Information

Organ Pipe Cactus National Monument, 10 Organ Pipe Drive, Ajo, AZ 85321, Tel. (520) 387-6849, www.nps.gov/orpi/index.htm, N31.95473° W112.80138°.

Der Ort Lukeville liegt am Ende der SR85, direkt an der mexikanischen Grenze. Das **Besucherzentrum** des Organ Pipe Cactus National Monument, wo auch der Eintrittspreis von 8 $ pro Auto erhoben wird, befindet sich 5 mi davor und der Parkeingang, nur durch ein Schild gekennzeichnet, liegt 17 mi vor dem Besucherzentrum. Im Besucherzentrum gibt es Material über die Gegend und eine sehr schöne (kostenlose) Videoshow über das Leben in der Wüste.

▼ *Häufiger im Park vertreten als die Orgelpfeifenkakteen sind die Saguaros*

057us Abb.: la

Zwischen den Rocky Mountains im Zentrum und der Sierra Nevada im Westen hat Nordamerika vier ausgeprägte **Wüstengebiete:** Im Norden liegt das Great Basin, Südlich grenzt die Mojave-Wüste an, noch weiter im Süden befindet sich die Sonora-Wüste und im Osten davon, als südliche Ausläufer der Rocky Mountains, schließt sich die Chihuahuan-Wüste an.

Der Organ Pipe Cactus Park, der 1937 von der US-Regierung wegen seiner einmaligen **Naturvielfalt** und **Schönheit** zum National Monument erklärt wurde, liegt fast im Herzen der **Sonora-Wüste** und vermittelt auf relativ kleinem Gebiet, das man an einem Tag erkunden kann, einen Einblick in das Leben und die Vegetation dieser für den Südwesten der USA so bedeutenden Landschaft. Die Sonora-Wüste bedeckt Teile von Südarizona und Kalifornien und fast die gesamte, zu Mexiko gehörende Halbinsel Baja California südlich von Tijuana. Sie ist sehr heiß, bekommt aber in der Regenzeit im Herbst und Winter relativ viel Wasser, sodass die Vielfalt an Pflanzen und Tieren hier größer ist als in den anderen Wüsten der USA. Deshalb werden hier auch einige Kakteen baumgroß und nur hier kann man von wahren „Kakteenwäldern“

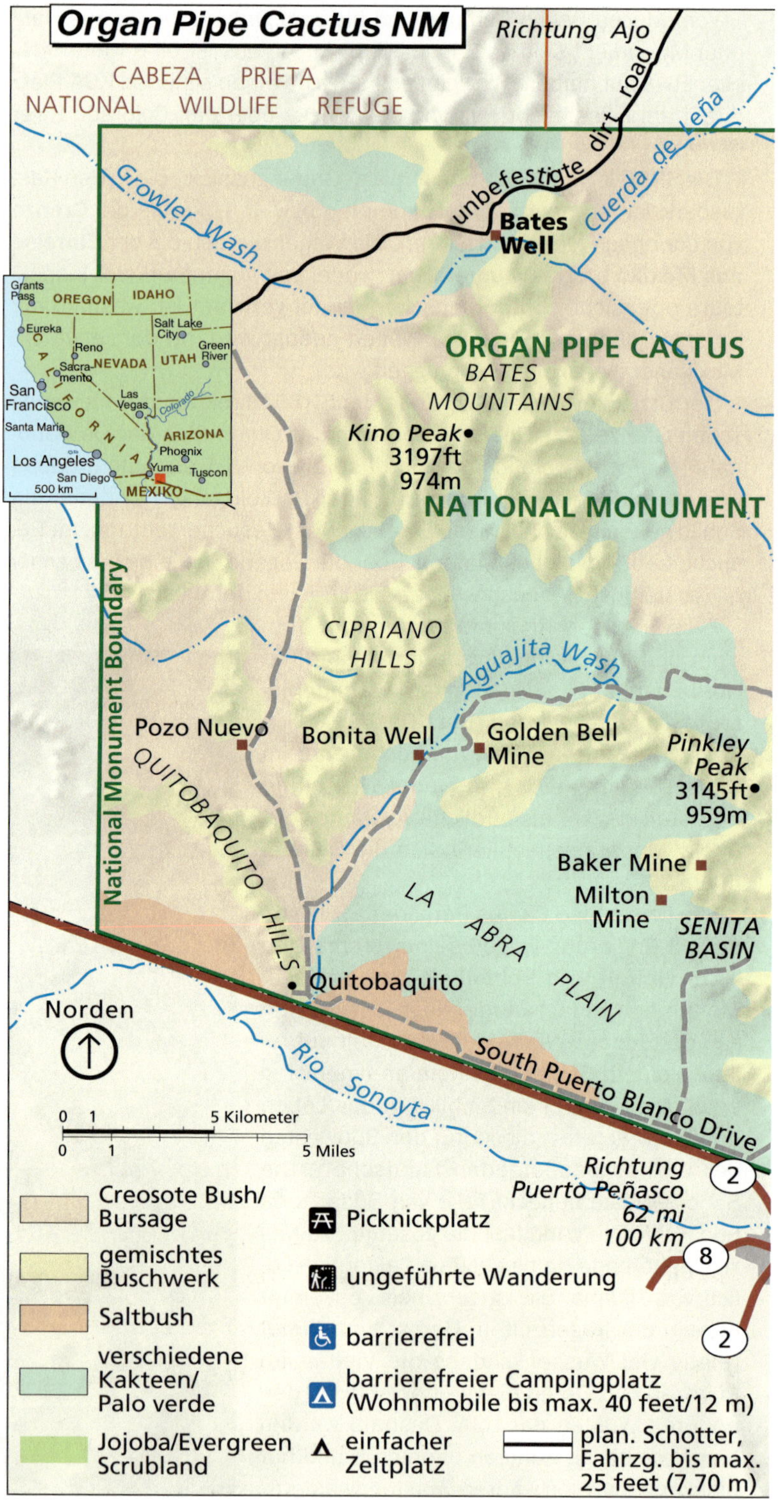
Organ Pipe Cactus NM
Richtung Ajo
CABEZA PRIETA
NATIONAL WILDLIFE REFUGE
unbefestigte dirt road
Growler Wash
Cuerda de Leña
Bates Well
ORGAN PIPE CACTUS
BATES
MOUNTAINS
Kino Peak
3197ft
974m
NATIONAL MONUMENT
National Monument Boundary
CIPRIANO
HILLS
Aguajita Wash
Pozo Nuevo
Bonita Well
Golden Bell
Mine
Pinkley
Peak
3145ft
959m
QUITOBAQUITO
HILLS
Baker Mine
Milton
Mine
LA
ABRA
PLAIN
SENITA
BASIN
Quitobaquito
South Puerto Blanco Drive
Norden
Rio
Sonoyta
5 Kilometer
5 Miles
Richtung
Puerto Peñasco
62 mi
100 km
Grants Pass
OREGON
IDAHO
Eureka
Salt Lake City
Reno
Green River
CALIFORNIA
NEVADA
UTAH
Sacramento
San Francisco
Las Vegas
Colorado
Santa Maria
ARIZONA
Phoenix
Los Angeles
Yuma
Tuscon
San Diego
MEXIKO
500 km
Creosote Bush/
Bursage
gemischtes
Buschwerk
Saltbush
verschiedene
Kakteen/
Palo verde
Jojoba/Evergreen
Scrubland
Picknickplatz
ungeführte Wanderung
barrierefrei
barrierefreier Campingplatz
(Wohnmobile bis max. 40 feet/12 m)
einfacher
Zeltplatz
plan. Schotter,
Fahrzg. bis max.
25 feet (7,70 m)

Richtung Why
22 mi
35 km
Richtung Why
86
Monument Entrance
Wayside
Kuakatch Wash
Von Why bis Tucson
120 mi
193 km
85
TOHONO
AJO
17mi
28km
Montezumas
Head
3634ft
1108m
THE
OF
VALLEY
Ajo
Mountains
Wayside
GRASS CANYON
AJO
RANGE
O'ODHAM
Alamo
Canyon
Campground
ALAMO CANYON
INDIAN
ARCH CANYON
RESERVATION
Tillotson
Peak
3374ft
1028m
Mt Ajo 4808ft, 1466m
gate
BULL
PASTURE
Tillotson Peak
Wayside
Ajo Mount. Drive
21mi
34km
Estes Canyon-
Bull Pasture Trails
Diaz Spire
3892ft
1186m
Diaz Peak
4024ft
1227m
Twin
Peaks
2615ft
797m
Kris Eggle Visitor Center
1670ft
509m
SONOYTA
VALLEY
SONOYTA MTNS
38
Victoria
Mine
5mi
8km
Camino de Dos
Republicas
Gachado Line Camp
Lukeville
(Eingang)
Dos Lomitas Ranch
(Blankenship Well)
Sonoyta
Rio
Sonoyta
UNITED STATES
MEXICO
SIERRA D. ST. ROSA
Richtung Caborca
93 mi
149 km
kein öffntl.
Zutritt
Wanderweg
Historische Stätte

058us Abb.: la

▲ *Gibt dem Park seinen Namen: der Organ Pipe Cactus*

sprechen, die man auf dem Rundweg durch den Organ Pipe Cactus Park begutachten kann.

Die **Temperaturen** in der Wüste steigen zwischen Mitte Juni und Mitte September bis auf 40 bis 48 °C, der Boden wird dabei bis über 70 °C heiß! Von November bis April hingegen sind die Tage sonnig und warm (16–24 °C), nachts kann es im Winter auch zu leichtem Frost kommen. Die durchschnittliche jährliche Regenmenge beträgt 23,5 cm, wobei die Hälfte davon im Sommer fällt, die andere Hälfte im Winter. In den restlichen Monaten regnet es in der Regel nicht, dann verdörrt die Landschaft und hüllt sich in staubiges Graubraun.

Die beste **Reisezeit** für diese Landschaft fällt deshalb auch in die Monate Februar bis Juni, im Mai und Juni blühen die Kakteen und verwandeln die Landschaft in ein Meer von weißen und rosaweißen Blüten. Dies ist dann auch die Hauptsaison für Touristen, denn in den heißen Sommermonaten lässt sich hier nur blicken, wer zu besserer Zeit keinen Urlaub hat.

Der Name „Organ Pipe Cactus National Monument" kann falsche Hoffnungen wecken, nimmt doch jeder Besucher zunächst an, der Park sei voll mit Orgelpfeifenkakteen und man sähe nichts anderes mehr. Dem ist aber nicht so: Der häufigste Kaktus im Park ist der **Saguarokaktus** (carnegiea gigantea), der seine Ausleger wie winkende Arme gen Himmel streckt und in der hier anzutreffenden Größe von 10 bis 15 m gute 200 Jahre alt ist. Den namensgebenden **Orgelpfeifenkaktus** (stenocereus thurberi) dagegen findet man gar nicht so häufig. Da es ihn aber nur in diesem Park und sonst fast nirgends in den USA gibt, hat man gleich den Park nach ihm benannt. Man sollte also nicht enttäuscht sein, wenn man bei der Rundfahrt durch den Park hauptsächlich die putzigen Saguaros sieht, und lieber Ausschau nach den Orgelpfeifenkakteen halten. Neben dem Saguaro- und dem Orgelpfeifenkaktus findet man außerdem viele Teddy Bear Cholla (opuntia bigelovii), die peitschenförmigen Ocotillos (fouquieria splendeus) und 22 weitere Pflanzenarten, die sich den extremen Bedingungen der Wüste angepasst haben. Sie überleben in langen Dürreperioden auf kargem Boden, mit wenig Wasser und bei extremen Temperaturen.

Zu den zehn bekanntesten Tieren im Organ Pipe Cactus National Monument zählen das **Gila Monster,** der **Kojote,** die **Klapperschlange,** die **Kängururatte** und der **Gila-Buntspecht.** Letzteren wird man von all diesen Tieren noch am ehesten zu Gesicht bekommen. Anders ist es mit den Pflanzen: Diese können sich nicht verstecken und man sieht sie alle, ob man sie erkennt, ist allerdings eine andere Frage.

Auch der Mensch muss sich den Bedingungen der Gegend anpassen, nur fällt einem das heute sehr viel leichter als früher: Der Boden ist karg, aber die Supermärkte sind gefüllt und im general store in Lukeville bekommt man alles, was man zum Leben braucht, einschließlich Wasser, Bier und Wein. Damit ist dann auch das Problem der Dürre gelöst, vorausgesetzt, man nimmt bei größeren Wanderungen durch die Wüste auch genügend Wasser mit. Gegen die große Hitze im Sommer sind dagegen auch Menschen machtlos, es sei denn, man verkriecht sich in sein klimatisiertes Wohnmobil. Die **Entdecker** der Wüste, spanische Eroberer, Missionare und Schatzsucher, konnten sich dieser modernen Technik nicht bedienen. Viele folgten auf dem Weg nach dem Westen einer fast wasserlosen Route und mussten dies mit dem Leben bezahlen. Viele unbekannte Gräber geben Zeugnis von diesen Wanderungen in den Tod. El Camino del Diablo/the Devil's Highway wird diese Route genannt, der Highway des Teufels.

Da sowohl der **Campingplatz** am Besucherzentrum als auch der in Lukeville recht früh belegt sind und Reservierungen nicht angenommen werden (first come, first served), ist es ratsam, gleich nach Eintreffen im Park Quartier zu beziehen. Der Campingplatz hinter dem Besucherzentrum ist sehr schön inmitten eines großen Kaktusfeldes auf einer Anhöhe gelegen und sehr zu empfehlen. Allerdings gibt es keine Stromanschlüsse.

38 Twin Peaks Campground ***(s. S. 198)***

Eine erste Begegnung mit dem Orgelpfeifenkaktus macht man auf dem 1,5 km langen **Naturlehrpfad** am Besucherzentrum. An 15 Stationen erfährt man die Namen der häufigsten Pflanzen des Parks, sie sind in einer Broschüre beschrieben, die man für wenige Cent erwerben kann (und sollte!). Den Park selbst erkundet man auf **zwei Rundfahrten,** beide vom Visitors Center aus: Der Puerto Blanco Drive ist 85 km lang und führt in die westlichen Gebiete rund um die Puerto Blanco Mountains mit dem 959 m hohen Pinkley Peak. Der Ajo

Mountain Drive ist 34 km lang und geht durch das wilde, bergige Gebiet im Westen des Parks rund um die Diablo Mountains.

Der **Puerto Blanco Drive** beginnt direkt hinter dem Besucherzentrum und ist eine Einbahnstraße, d. h., wenn man einmal hineingefahren ist, gibt es kein Zurück. Man wird es auch nicht wollen, denn die nächsten vier Stunden führen durch eine sehr reizvolle Gegend: die charakteristische Landschaft der Sonora-Wüste mit vielen Saguaros und etlichen Orgelpfeifenkakteen. Die Straße jedoch ist eine echte „Wüstenstraße“: bergig, gewunden und kurvenreich. Man kommt nur langsam voran, das stört aber nicht, denn die anderen können auch nicht schneller und für die, die es eilig haben, gibt es Überholstellen, an denen man sich aus dem Staub machen kann.

Außer Wüste gibt es eigentlich nichts zu sehen. Aber etwas anderes ist ja auch nicht zu erwarten – wer Hochhäuser sehen will, muss nach New York fahren.

Auf dem halben Weg, bei Bonita Well, gibt es doch etwas anderes als Wüste zu sehen: ein altes Windrad, mit dem der Ranger Robert Gray in den 1930er-Jahren Wasser für seine Kühe gepumpt hat. Und noch etwas ganz „Unwüstliches“ sehen wir auf der Rundfahrt: einen See bei Quitobaquito Springs. In dem flachen, brackigen Wasser lebt der Quitobaquito Pupfish, ein etwa 3 cm langer Fisch, den es nur in diesem Tümpel gibt.

Zurück geht es dann parallel zu dem Drahtzaun, der hier die mexikanische Grenze markiert. Auf der anderen Seite donnern die Schwerlaster auf dem mexikanischen Highway Nr. 2 entlang, vorbei an einigen sehr ärmlich und merkwürdig aussehenden menschlichen Behausungen. Kein Wunder, dass der Blick auf die Hunderttausend-Dollar-Wohnmobile und die kamerabespickten Fahrer derselben mit neidischen Blicken bedacht werden und dass es so manchen armen Teufel gelüstet, den Gringos etwas von ihrem Reichtum zu entwenden. Jedenfalls warnt uns der Ranger im Besucherzentrum, den Wagen auf dem Parkplatz bei den Quitobaquito Springs nicht aus dem Auge zu lassen.

Der **Ajo Mountain Drive** *** beginnt ebenfalls am Besucherzentrum, führt aber auf der gegenüberliegenden Seite der SR85 gen Osten. Hier erlebt man zwei Stunden lang den Park in seiner ganzen Schönheit. Die Straße windet sich in die Berge der Ajo Mountains und geleitet uns in eine traumhaft schöne Landschaft voller Kakteen. Zwar beherrscht auch hier der Saguaro die Landschaft, man begegnet aber auch ganzen Gruppen von Orgelpfeifenkakteen sowie Teddy Bear Chollas und auch vielen Kettenfruchtkakteen, die dem Teddybärkaktus sehr ähnlich sind. Nach jeder Kurve gibt es einen neuen, wunderschönen Ausblick auf die gegenüberliegenden Hänge und es schaut recht eigenartig aus, wenn die Landschaft mit Abertausenden hellgrünen Pfählen bestückt ist, denn so sehen die Saguaros von hier oben aus. Dazwischen wedeln immer wieder die langen Peitschenarme der Ocotillos, die im April und Mai mit wunderschönen roten Blüten verziert sind.

Etwa auf halber Strecke gibt es einen Picknickplatz (den zweiten von drei Plätzen auf der Rundfahrt) mit dem Namen **Arch Canyon Picnic Area.** Wenn man hier zu den Bergen der Ajo Mountains hinaufschaut, so erblickt man zwei benachbarte riesige Felsen, die durch einen mächtigen Steinbogen verbunden sind. Das Felsmassiv ist gewissermaßen durchbohrt und das riesige Loch hebt sich hoch oben gegen den blauen Himmel ab: „Arch Canyon" oder „Tal des Bogens".

Einige Meilen weiter stößt man auf den dritten Picknickplatz. Hier können sich die Wanderer wieder austoben: Der **Estes Canyon Bull Pasture Trail** führt steil hinauf zu einem Plateau, auf dem früher die Bauern ihre Kühe überwintern ließen. Von dort oben hat man einen fantastischen Ausblick auf die weite Kakteenlandschaft rings herum. Der Rundweg ist 6,6 km lang, der Höhenunterschied beträgt 244 m.

Am Ende der Rundfahrt kommt man über den Teddy Bear Pass, ein Hochplateau, angefüllt mit Tausenden von Teddybärkakteen, die im Sonnenschein tatsächlich wie bauschige und knuddelige Teddybären aussehen, aber sehr stachelig sind und beim Kuscheln furchtbar biestig wären!

Das Organ Pipe Cactus National Monument gehört zweifellos zu den **Höhepunkten** der Rundreise durch den Südwesten der USA. Die wildromantische Fahrt durch die Ajo Mountains ist ein wunderschönes Erlebnis, das man noch lange in Erinnerung behalten wird, daher sollte der Ajo Mountain Drive, auch wenn man vielleicht schon etwas „wüstenmüde" ist, auf keinen Fall aus dem Programm gestrichen werden. Von den Fahrten durch die Wüstenparks auf dieser Route (Saguaro National Monument Ost und West bei Tucson und die beiden Rundwege hier im Park) ist der Ajo Mountain Drive mit Abstand das größte Erlebnis!

Zum nächsten Reiseziel, Tucson, geht es über die SR86 East. Das sind 116 mi auf guter Straße durch das Schutzgebiet der Papago-Indianer, für die man gut zwei Stunden benötigt. Auf der Strecke kommt man nur durch drei kleine Nester, die kaum als solche zu erkennen sind: Quijotos, Sells und Three Points. Es ist wirklich erschreckend, anzusehen, in wie einfachen Hütten und welch schrecklicher Umgebung viele Amerikaner leben.

TUCSON, DIE „SIEDLUNG BEIM SCHWARZEN BERG" ★★ (116 miles – mile 614)

Tucson (N32.21667° W110.91667°) liegt auf einer Hochebene in etwa 700 m Höhe und wird von bis zu 2880 m hohen Gebirgszügen umrahmt. Rings um die Stadt erstreckt sich die Sonora-Wüste mit Hunderttausenden von Saguarokakteen.

Man sollte vielleicht zunächst einmal bis zum Mission View RV Park fahren, der für den Besuch von Tucson empfohlen wird. Der

Tucson Visitor Center
100 S Church Ave, Tucson, AZ 85701, Tel. (800) 638-8350, N32.2204° W110.97192°

› Routenplan hinterer Umschlag innen

39 Mission View RV Park **(s. S. 198)**

Park ist sehr schön und man findet ihn ganz einfach, indem man bis zur Einmündung der I19 auf der I10 bleibt. Die I19 fährt man Richtung Süden bis zum Exit 92, dann ist es noch eine Meile auf der San Xaver Road bis zum Platz. Von hier startet man dann zu einer Tucson-Rundfahrt, die den ganzen Tag ausfüllen wird und auch noch einen Teil des nächsten. Die Rundfahrt wird vom Mission View RV Park aus beschrieben und man sollte die Sache zeitlich so angehen, dass man am nächsten Tag mittags weiterfahren kann. Damit hat man dann aber ausreichend Zeit für alle Attraktionen dieser alten Bergbaustadt.

Zunächst etwas zur Aussprache des Namens **Tucson.** Es gibt ja auch in Deutschland Geländewagen dieses Namens, der fast immer falsch ausgesprochen wird: Takson und Taksn und Tuksn ist alles falsch. Richtig ist „Tuußonn". Tucson also ist mit etwa 525.000 Einwohnern die größte Stadt in Südarizona und wurde um 1700 gegründet. Das Gebiet selbst war jedoch schon lange von den Papago-Indianern besiedelt, die ihre Behausungen an einem Berg im Westen der heutigen Stadt hatten. Dieser Ort hieß Tu-uk-so-on, die „Siedlung am schwarzen Berg" – das war vor etwa 1200 Jahren. Die Spanier nannten den Ort im 16. Jahrhundert „Tuquison", woraus später dann Tucson wurde.

Der Jesuitenpater Eusebio Franciscos Kino gründete um 1700 die **Mission San Xaver del Bac,** die „weiße Taube der Wüste", ein herrliches, schneeweißes Bauwerk, das man auf der Rundfahrt als Erstes besichtigt. Man findet die Mission vom RV-Platz aus gleich um die Ecke. Die Kirche ist in einem ausgezeichneten Zustand, so als würde sie jeden Abend neu angestrichen werden. Ihre blendend weiße Fassade leuchtet tatsächlich wie eine Taube in der Wüste und auch das Innere ist reich geschmückt und in gutem Zustand. Die Mission

059us Abb.: la

▶ *Die schneeweiße San Xavier Mission ist überaus sehenswert* kümmert sich um die Papago-Indianer aus dem 1,2 Millionen Hektar großen **Reservat** im Westen der Stadt. Sehr fruchtbar ist dieses Land nicht, aber die Indianer haben ihren Platz!

Vor einhundertfünfzig Jahren war Tucson Sammelpunkt von verschiedenen zwielichtigen Gestalten, Mördern, Bankräubern und Menschenverächtern. Die nahe gelegene mexikanische Grenze bedeutete für sie eine gewisse Sicherheit, konnte man sich doch schnell ins Ausland absetzen. Heute ist Tucson eine **Universitätsstadt** mit 35.000 Studenten und ein Zentrum der **Hightechindustrie.** Das Stadtzentrum, das man von der Mission über San Xavier Road und dann rechts über die Mission Road erreicht, ist entsprechend eintönig, mit Bürohochhäusern und Glaspalästen, sodass es die Touristen nicht unbedingt nach **Downtown** lockt. Ausnehmen muss man den **El Presidio Historic District** im Bereich der Alameda Street, wo man eine Vielzahl von Kunsthandwerksgeschäften, Boutiquen und Galerien findet. Wer daran Freude hat, kann hier schnell einen Nachmittag „verbummeln“.

Am Ostrand von Downtown Tucson, am University Boulevard, befindet sich das große Gelände der University of Arizona. Dort pulsiert das Leben in zahlreichen Cafés und Kneipen, es gibt dort das Museum der Archäologie und Ethnologie, das Center for Creative Photography und viele studentische Einrichtungen.

Nächstes Ziel ist **Old Tucson,** die alte Western-Kulisse. Sie liegt an der Kinney Road, etwa 20 km nordwestlich der Mission. Man fährt von der Mission aus zunächst auf der Mission Road in Richtung Stadtzentrum, biegt dann am Ajo Highway links ab und dann rechts in die Kinney Road. Das Eingangstor zu Old Tucson und den Parkplatz findet man nach knapp acht Kilometern an der rechten Seite. Diese Kulissenstadt wurde 1939 von der Filmgesellschaft Columbia

Mission San Xavier del Bac

1950 W San Xavier Rd, Tucson, AZ 85746, Tel. (520) 294-2624, info@sanxaviermission.org, www.sanxaviermission.org, N32.10663° W111.00834°, geöffnet täglich 8–17 Uhr, Eintritt und Parken frei.

060us Abb: la

◀ *In Old Tucson fühlt man sich ganz wie in den alten Zeiten*

Pictures für den Film „Arizona“ mit Jean Arthur und William Holden in den Hauptrollen aufgebaut, später wurde hier die Fernsehserie „High Chaparral“ gedreht sowie über 200 andere Fernsehshows und Reklamespots. 2007 z. B. der Film „The Legend of Pearl Hart“. Das „Studio“ ist eine Nachbildung von Tucson in der Mitte des 19. Jahrhunderts. Die nachgestellten Schießereien und Prügeleien finden jedoch erst am Nachmittag statt. Wer also den Wilden Westen live erleben möchte, sollte nicht zu früh in die alte Westernstadt fahren.

Old Tucson Studios

201 South Kinney Road, Tucson, AZ 85735, Tel. (520) 883-0100, Fax (520) 578-1269, www.oldtucson.com, N32.21612° W111.13068°, täglich 10-18 Uhr geöffnet, Eintritt 16,95/10,95 $

Technikinteressierte und Flugzeugfans sollten auf keinen Fall den Besuch des **Pima Air & Space Museums** im Osten der Stadt versäumen. In mehreren Hangars und auf einem riesigen Außengelände sind mehr als 200 Flugzeuge und Hubschrauber aus allen Epochen zu bestaunen. Die Sammlung reicht von einer SR-71 Blackbird über B-52-Bomber bis zur „Air Force One“ von John F. Kennedy.

Pima Air & Space Museum

6000 E Valencia Rd, Tucson, Arizona 85706, Tel. (520) 574-0462, www.pimaair.org, N32.14131° W110.87362°, geöffnet täglich 9-17 Uhr, letzter Einlass 16 Uhr, Eintritt 13,75/8 $

Gegenüber dem Museum befindet sich ein monströser **Bomberfriedhof** der US-Luftwaffe, ein boneyard, wie die Amerikaner sagen. Die offizielle Bezeichnung ist „309th Aerospace Maintenance and Rege-

▼ *Der Bomberfriedhof im Osten von Tucson, letzte Ruhestätte für 10.000 Fluggeräte*

061us Abb.: la

neration Center (AMARG)". Etwa 10.000 ausrangierte B-52-Bomber, Düsenjäger und Hubschrauber stehen hier auf einem riesigen Feld. Keiner weiß, wozu sie gut sind, aber in der trockenen Wüstenluft werden sie nie verrosten oder verrotten. Angesichts so viel Kriegsmaschinerie kann einem schon mal Angst und Bange werden. Wer sich intensiver für den Bomberfriedhof interessiert, kann vom Pima Air & Space Museum aus an einer geführten „Boneyard Tour" teilnehmen. Zu der Geisterarmada der US Air Force und zum Museum kommt man, wenn man über den Broadway ganz durch Tucson hindurch und dann über die Kolb Road in Richtung Süden fährt. Das riesige Bomberfeld befindet sich rechts und links der Straße und ist nicht zu übersehen – es ist fein säuberlich eingezäunt, damit keiner so ein Ding klaut.

Die **Colossal Caves** sind dann wieder sehr friedlich und besinnlich. Diese Tropfsteinhöhlen gehören nicht zu den größten unserer Erde, sind aber ein nettes Erlebnis nach dem deprimierenden Gefühl bei den Bombern aus diversen Kriegen.

Die Caves gehören zu Vail, einem Vorort von Tucson im Südosten an der I10. Diese verlässt man am Exit 279 in Richtung Vail und kommt dann auf einer gewundenen Straße auf den Berg, auf dem sich der Eingang zu dem Höhlensystem befindet. Auf einer 45-minütigen geführten Tour erlebt man die „Unterwelt" mit herrlichen Tropfsteinkammern und schön beleuchteten Höhlen. Die Führungen gibt es täglich von 8 bis 17 Uhr. Interessant sind dabei die Erzählungen der guides: Banditen waren einmal in der Höhle, nachdem sie nach einem Überfall auf einen Goldtransport der Eisenbahn bis hierher gejagt worden waren. Durch einen Geheimausgang verließen sie die Höhle wieder – aber ohne ihre Beute. Irgendwo in dem Höhlensystem muss deshalb der Schatz noch heute verborgen sein!

Colossal Cave Mountain Park

16721 E Old Spanish Trail, Vail, AZ 85641, Tel. (520) 647-7275, info@colossalcave.com, www.colossalcave.com, N32.06258° W110.63395°, Eintritt in den Park 5 $/Auto, Tour 8,50/5 $

TOMBSTONE, DIE ALTE WESTERN-STADT ★★

(65 miles – mile 679)

Eineinhalb Autostunden südlich von Tucson, im südwestlichen Arizona, gibt es eine alte Western- und Goldgräberstadt, die dem Verfall trotzen konnte und heute eine sehr bekannte Touristenstadt ist. „The Town Too Tough To Die" – die Stadt, die zu zäh zum Sterben ist: Tombstone (N31.71667° W110.06667°). Als Ed Schieffelin sie im Jahre 1877 gründete, glaubte niemand an ein Wachsen oder gar ein Überleben der Stadt. Gold wollte man finden, aber Herr Schieffelin würde dort am Ende nichts finden als seinen Grabstein, den tombstone, allerdings erst viele Jahre später, nachdem die Stadt durch

062us Abb.: la

▲ *Die Allen Street in Tombstone im alten Westernlook*

ergiebige Gold- und Silberfunde groß und bekannt geworden war. Rund 10.000 Goldsucher lebten damals in der Stadt. Sie fanden Gold und verprassten es in Spelunken, Puffs und Opiumhöhlen, zwischendurch gab es mal eine deftige Schießerei, doch das Leben ging weiter – wenn auch nicht für alle!

Gleich am Ortseingang an der US80, mit einem kleinen Parkplatz an der rechten Seite, erzählt der **Boothill Graveyard** *** die Geschichte des Ortes. Hier ruhen neben unbekannten Toten die legendären Westmänner und Spitzbuben, deren Lebensgeschichte – oder zumindest deren Ende – auf den Grabsteinen zu lesen ist: „Legally Hanged", „Killed by Indians", „Lynched by Bisbee Mob" oder „Hanged by Mistake" sind die Aufschriften auf den Grabsteinen, die jedes Jahr fein säuberlich erneuert werden, denn die Stadt lebt heute von ihrer wilden Vergangenheit.

Die Goldgräber sind längst verschwunden, aber die „zähe" Stadt ist nicht untergegangen. Hier wird die Zeit des Wilden Westens aufrechterhalten, die alten Häuser, der Saloon und das Bird Cage Theater vermitteln einen Hauch der „guten alten Zeit", die gar nicht so gut war: Beim O. K. Corral gab es am 26. Oktober 1881 eine **Schießerei,** die Tombstone berühmt machte und von der es heute noch lebt – dabei hat das Ganze noch nicht einmal eine halbe Minute gedauert. Drei Männer waren tot, zwei weitere schwer verletzt und drei der Überlebenden wurden in den folgenden Jahren aus Rache erschossen.

Der Kampf begann, als sich an jenem 26. Oktober die drei Brüder **Wyatt, Morgan** und **Virgil Earp** sowie ihr Freund **Doc Holliday** auf der Fremont Street in Tombstone trafen und zum O. K. Corral herunterschlenderten. Plötzlich standen sie einer Gruppe Cowboys gegenüber, nämlich **Billy Claiborne,** der eigentlich nur zufällig in die Schießerei geriet, **Tom** und **Frank McLaury** sowie **Ike** und **Billy Clanton.** Die Todfeinde starrten sich einige Sekunden lang an, dann begann die Schießerei – keiner weiß, wer zuerst geschossen hat. William (Billy) Clanton, Tom McLaury und sein Bruder Frank blieben auf der Strecke, Virgil und Morgan Earp wurden schwer verwundet, Ike Clanton und Billy Claiborne konnten fliehen.

Morgan Earp wurde letztendlich am 17. März 1882 in Tombstone aus dem Hinterhalt erschossen, sein Bruder Virgil starb am 19. Oktober 1905 an einer Lungenentzündung. Billy Claibourne wurde im November 1882 in der Allen Street erschossen und Doc Holliday starb

Unsterbliche Helden und Bösewichte

Der „Wilde Westen" hat etliche Charaktere hervorgebracht, die noch heute aus Erzählungen und Filmen bekannt sind. Die ***„Westmänner"*** *zogen als unruhige Geister durch das Land. Wohl geübt im Umgang mit ihren Schießeisen, benutzten sie diese aber im Allgemeinen nur zu ihrer Selbstverteidigung. Die „sheriffs", „judges" und „marshals" waren die Polizisten und Friedensrichter. Sie wurden in der Regel von den Einwohnern eines Ortes gewählt und bezahlt und sollten für Ruhe und Ordnung sorgen, was ihnen oft nur durch Benutzung ihrer Schießeisen gelang. Die Cowboys waren eigentlich auch keine Bösewichte, sondern wurden von den Farmern als Hüter der Rinderherden angeheuert. Sie mussten aber gleichermaßen das Land und die Viehherden gegen Diebe und Bösewichte verteidigen, weshalb auch sie im Umgang mit den Colts sehr geübt waren. Die Army brachte schon damals etliche Helden hervor, sowohl im Kampf gegen die Banditen und Räuber, als auch als Verteidiger in den verschiedenen Kriegen der einen gegen die anderen. Und dann gab es leider eine ganze Menge von Bösewichten, die durch die Lande zogen, um zu rauben und zu töten – und auch aus dieser Gattung haben es einige zu Ruhm und Unsterblichkeit gebracht.*

Zu den „Guten" gehörte ***Wyatt Earp.*** *Er war früher Büffeljäger und Postkutschenfahrer, dann wurde er als „marshal" von Tombstone und Dodge City bekannt. Burt Lancaster verkörperte ihn 1957 in dem Film „Gunfight at the O. K. Corral" („Zwei rechnen ab").*

James Bowie *gehörte zu den Verteidigern der Alamo gegen die mexikanische Armee, er erfand das noch heute bekannte Bowie-Messer.*

Buffalo Bill Cody *war Scout, Treckführer, Büffeljäger, Pony-Express-Reiter und Soldat im Bürgerkrieg. Er war ein geschickter Reiter, kluger Kundschafter, treffsicherer Schütze und gewitzter Geschäftsmann, denn bereits 1883 ging er mit einer Western-Show auf Tournee. Joel McCrea verkörperte ihn 1944 in dem Film „Buffalo Bill" („Buffalo Bill, der weiße Indianer").*

Zu der anderen Sorte, den Bösewichten, gehörte William H. Bonney, genannt ***Billy the Kid*** *– der Teenager unter den Revolverhelden. Mit 12 Jahren bereits in Schießereien verwickelt, geriet er immer mehr in die brutalen Auseinandersetzungen zwischen den Ranchern von New Mexico und korrupten staatlichen Gewalttätern, die zu völliger Anarchie führten und Billy schließlich, fast noch ein Kind, mit 22 Jahren das Leben kosteten: Er wurde am 14. Juli 1881 von Sheriff Pat Garrett erschossen. Verewigt wurde Bonney in dem Film „Billy the Kid" („Der letzte Bandit") aus dem Jahre 1930 mit Johnny Mack Brown in der Hauptrolle.*

Bonnie *(Parker) und* ***Clyde*** *(Barrow) trieben ihr Unwesen etwas später. Sie bestahlen während der Depressionszeit in den 1930er-Jahren die Reichen, bis die Texas Ranger sie in einem Kugelhagel töteten. Auch diese Schießerei ist in einem Film verewigt: „Bonnie and Clyde" aus dem Jahr 1967 mit Faye Dunaway und Warren Beatty.*

Der legendäre Richter ***Roy Bean*** *dagegen gehört wieder ins Lager der Guten. Er wurde 1882 von texanischen Farmern zum Friedensrichter gewählt und war der einzige Gesetzeshüter westlich des Rio Pecos. John Huston drehte 1972 einen Film über ihn mit Paul Newman in der Hauptrolle: „The Life and Times of Judge Roy Bean" („Das war Roy Bean").*

am 8. November 1887, nur 35 Jahre alt, an Tuberkulose. Ike Clanton wurde 1887 erschossen, nur Wyatt Earp hatte ein recht langes Leben. Er starb mit 80 Jahren am 13. Januar 1929 in Los Angeles an einem Blasenleiden.

Am Ende sind sie also alle in die ewigen Jagdgründe eingegangen, ihre Schießerei am O. K. Corral jedoch hat ihre Heimatstadt berühmt

› Routenplan hinterer Umschlag innen

063us Abb.: la

▲ *Showdown mit Puppen: die Schießerei im O.K. Corral*

gemacht und ihr dazu verholfen, heute eine blühende Touristenstadt zu sein. Clanton, die McLaurys und Billy Claibourne sind auf dem Boothill-Friedhof in Tombstone begraben, ihre Grabsteine sind dort zu sehen.

In der Stadt selbst gibt es mehrere **Parkplätze,** z. B. an der Ecke Fremont/5th Street. In der Allen Street findet man einen Hauch vom Wilden Westen: Die überdachten Holzgehsteige spenden Schatten in der Mittagshitze und man sieht das Haus von Doc Holliday, das Bird Cage Theater, das Silver Nugget Museum und natürlich den **O. K. Corral,** die Kulisse der berühmten Schießerei und ursprünglich ein Pferdestall mit Sattlerei. 1880 von John Montgomerey erbaut, war es ein erstklassiger Übernachtungsplatz für Pferde und Wagen, mit einem guten Hufschmied, Feuerplatz für die Besucher und Auslauf für die Pferde. Die Restaurierung erfolgte 1958, jetzt ist dort die Schießerei mit lebensgroßen Figuren nachgestellt, für 5,50 $ kann man sich das Ganze ansehen.

Visitor Center

4th and Allen Street, Tombstone, AZ 85638, Tel. (800) 457-3423, tombstone1@theriver.com, N31.71276° W110.06718°

40 Wells Fargo RV Park **(s. S. 198)**

SAGUARO NATIONAL PARK ***

(80 miles – mile 759)

Der Saguaro National Park besteht aus zwei Teilgebieten, die am westlichen bzw. nordöstlichen Rand von Tucson liegen. Der Westteil, der **Tucson Mountain District,** ist kleiner und hat ausgedehnte Bereiche mit Saguaros – oder Kandelaberkakteen, wie sie auch genannt werden. Der vordere Teil ist eine hügelige Ebene in 800 m Höhe,

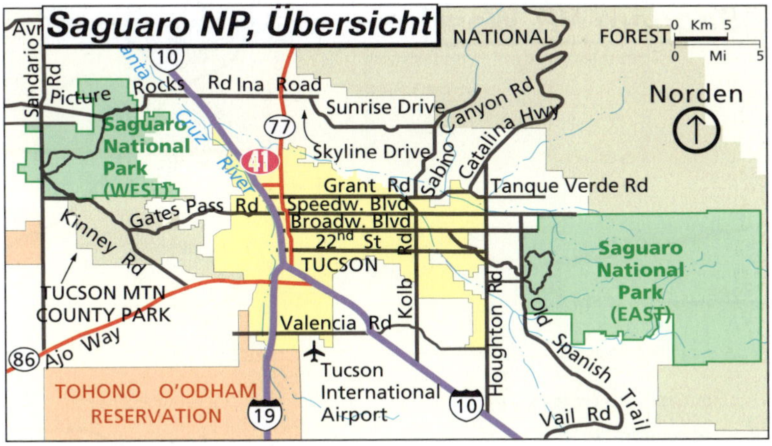

weiter im Westen beginnen die Tucson Mountains, die bis 1418 m ansteigen. Der östlich gelegene Teil des Nationalparks, der **Rincon Mountain District,** erhebt sich aus der Ebene bis zum Mica Mountain, der mit 2641 m der höchste Gipfel der Rincon Mountains ist.

Beide Parkteile sind täglich von 7 Uhr bis Sonnenuntergang geöffnet, die Eintrittsgebühr beträgt 10 $ für sieben Tage, gültig für beide Teile.

▼ *Herrlich anzuschauen: ein Gecko im Saguaro National Park bei Tucson*

Visitor Information (Saguaro National Park West)

Saguaro National Park – Tucson Mountain District, 2700 North Kinney Road, Tucson, AZ 85743, Tel. (520) 733-5158, N32.25375° W111.19579°

Der **Saguaro National Park West** (westlich der I10) ist eine geschützte Kakteenwüste um die Tucson Mountains herum. Auf einem 6 mi langen Rundweg sieht man viele Kakteen und die typische Landschaft des südlichen Arizona. Man erreicht den Park bzw. diesen Rundweg über die I10 North Exit 257 „Gates Pass Boulevard", wo es links in den Park geht. Der Rundweg trifft später in einem weiten Bogen etwas nördlich wieder auf die I10.

Am Eingang des Nationalparks, an der Kinney Road, befindet sich auch das **Arizona-Sonora Desert Museum.** Museum ist eigentlich der falsche Ausdruck, denn es handelt sich eher um einen botanischen Garten, einen übersichtlichen Park, der 200 Tiere und über 1200 Pflanzen in ihrer natürlichen Umgebung der Wüstenlandschaft von Arizona zeigt. Man

064us Abb.: la

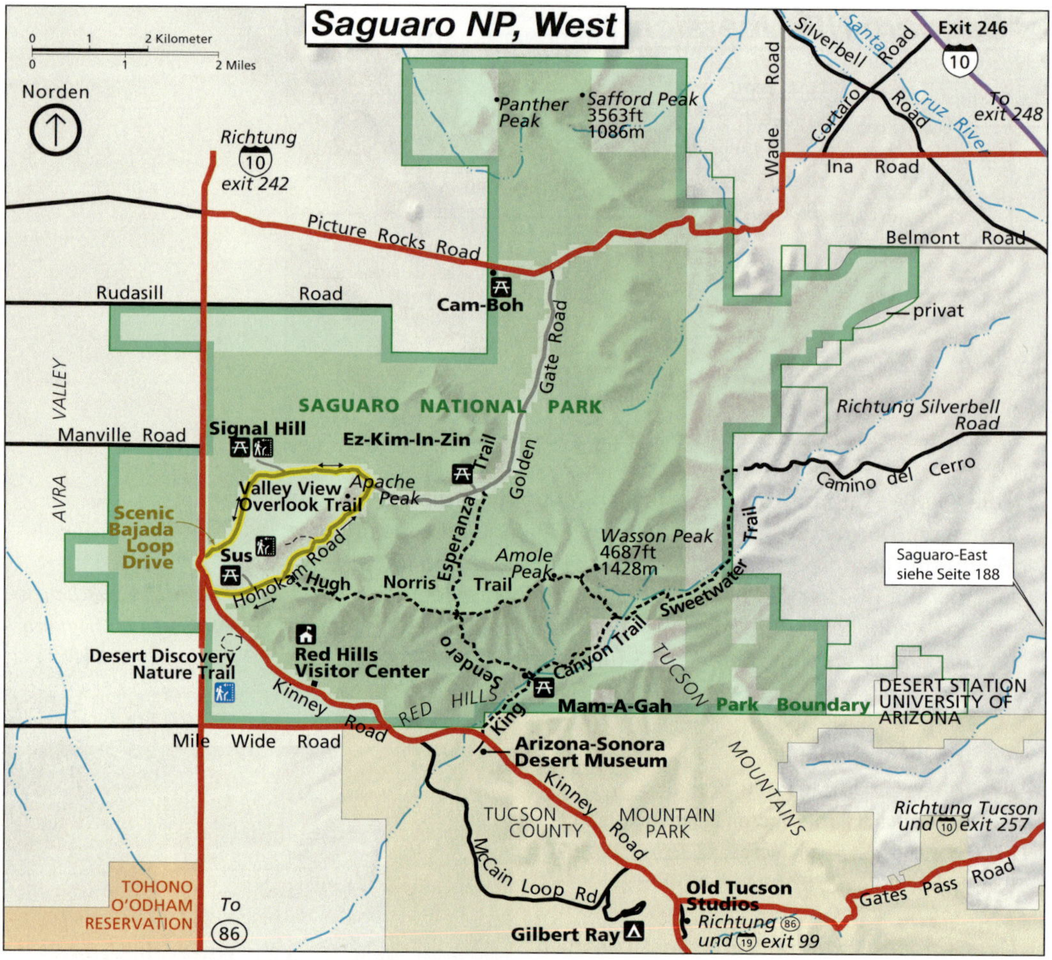

sieht die verschiedensten Arten der Kakteen und Palmen, den Joshua Tree und den Organ Pipe Cactus sowie zahlreiche Wüstenbewohner, unter ihnen auch den Western Collared Lizard, eine Gecko-Art.

Arizona-Sonora Desert Museum

2021 North Kinney Road, Tucson, AZ 85743, Tel. (520) 883-2702, info@desertmuseum.org, www.desertmuseum.org, geöffnet täglich 7.30–17 Uhr, Eintritt 13/4,25 $, N32.25363° W111.19699°

Der **Saguarokaktus** wird als „Monarch“ der Sonora-Wüste bezeichnet und gilt als Kaktus mit Persönlichkeit, winkt er doch dem Reisenden mit seinen putzigen Seitenarmen freundlich zu, jedenfalls scheint es so und der Fantasie sind keine Grenzen gesetzt. Die wie Telegrafenstangen in den Himmel ragenden Saguarokakteen werden bis zu 200 Jahre alt, bis zu 15 m hoch und haben dann ein Gewicht von etwa

8 t. Besonders schön ist es von April bis Anfang Juni, dann nämlich blühen diese Kolosse und bringen jeden Fotografen in Verzückung.

Seit 1933 steht der gigantische Kaktus im Saguaro National Monument unter **Naturschutz** und mit ihnen weitere Mitglieder der Sonora-Wüstengemeinde. Obgleich die **Sonora-Wüste,** zu der auch beide Teile des Saguaro National Parks gehören, die heißeste und trockenste Gegend des Kontinents ist, übertrifft sie die anderen Wüsten was Pflanzen und Tiere angeht an **Üppigkeit.** Im Sommer klettern die Mittagstemperaturen gewöhnlich über 40 °C und in einem normalen Jahr fallen weniger als 30 cm Regen. Zwischen den Regenfällen im Sommer und im Winter können oft Monate absoluter Trockenheit vergehen. Die Tiere und Pflanzen, die in diesen extremen Bedingungen leben können, bilden eine der interessantesten und ungewöhnlichsten „Lebensgemeinschaften" in den Vereinigten Staaten.

Jahrhundertelang machten die Menschen in der Sonora-Wüste Gebrauch von den Produkten des Saguarokaktus. Im Sommer liefert er eine reichliche Ernte an saftigen, **feigenartigen Früchten.** Die Papago-Indianer schlugen die Früchte mit langen Stangen von den Spitzen der Kakteen ab und machten Marmelade und auch – für religiöse Zwecke – Wein daraus. Die **Kerne** des Saguaro-Kaktus dienten den Papagos und ihren Hühnern als Nahrung und aus den **Stämmen** bauten sie ihre Häuser und Zäune.

Ein blühender Saguarokaktus

065us Abb.: la

Natürlich ist auch dieser Kaktus ein enormer **Wasserspeicher.** Akkordeonartige Falten können sich bei Wasseraufnahme enorm erweitern und das schwammartige Fleisch im Stamm und in den Armen kann große Mengen Wasser aufnehmen. Von diesem Vorrat lebt dann die Pflanze während der enorm langen Trockenperiode. Ihre **wächserne Haut** schützt sie dabei vor zu viel Wasserverlust durch die ständige Sonneneinstrahlung. Und gegen durstige Tiere, die sie einfach anzapfen würden, beschützen den Kaktus seine **Stacheln.** Der Saguaro kann seinen **Wasserbedarf** für ein ganzes Jahr bei nur einem einzigen großen Regenguss aufnehmen. Etwa 700 l sind das und die schnelle Aufnahme wird dadurch ermöglicht, dass das weitverzweigte Wurzelnetz nicht in die Tiefe, sondern in die Breite geht und eine große Fläche rings um die Pflanze einnimmt.

Die Überlebenschancen eines **Samenkorns** des Saguaros sind allerdings, wie man sich denken kann, sehr gering. Zehntausende von ihnen produziert der Kaktus jährlich,

› Routenplan hinterer Umschlag innen

Visitor Information (Saguaro National Park East)

Saguaro National Park – Rincon Mountain District, 3693 South Old Spanish Trail, Tucson, AZ 85730-5601, Tel. (520) 733-5153, N32.17949° W110.73721°

aber nur einigen wenigen gelingt es, zu neuen Pflanzen heranzuwachsen. Die Pflanze wächst außerdem ungewöhnlich langsam. Das **Hauptwachstum** fällt natürlich in die kurze Regenzeit, denn während der Trockenzeit ist die Pflanze mit dem puren Überleben beschäftigt, an Wachstum ist da nicht zu denken. Deshalb ist der Saguaro nach 15 Jahren auch erst knapp 28 cm groß. Die Größe eines durchschnittlichen Menschen erreicht sie nach 50 Jahren und die Ausleger, die oft wie winkende Arme aussehen, wachsen ihr erst nach 75 Jahren. Nach dieser Zeit blüht die Pflanze auch zum ersten Mal und fängt an, Früchte zu tragen. Die nicht seltene Höhe von 8 m erreicht der Sagua-

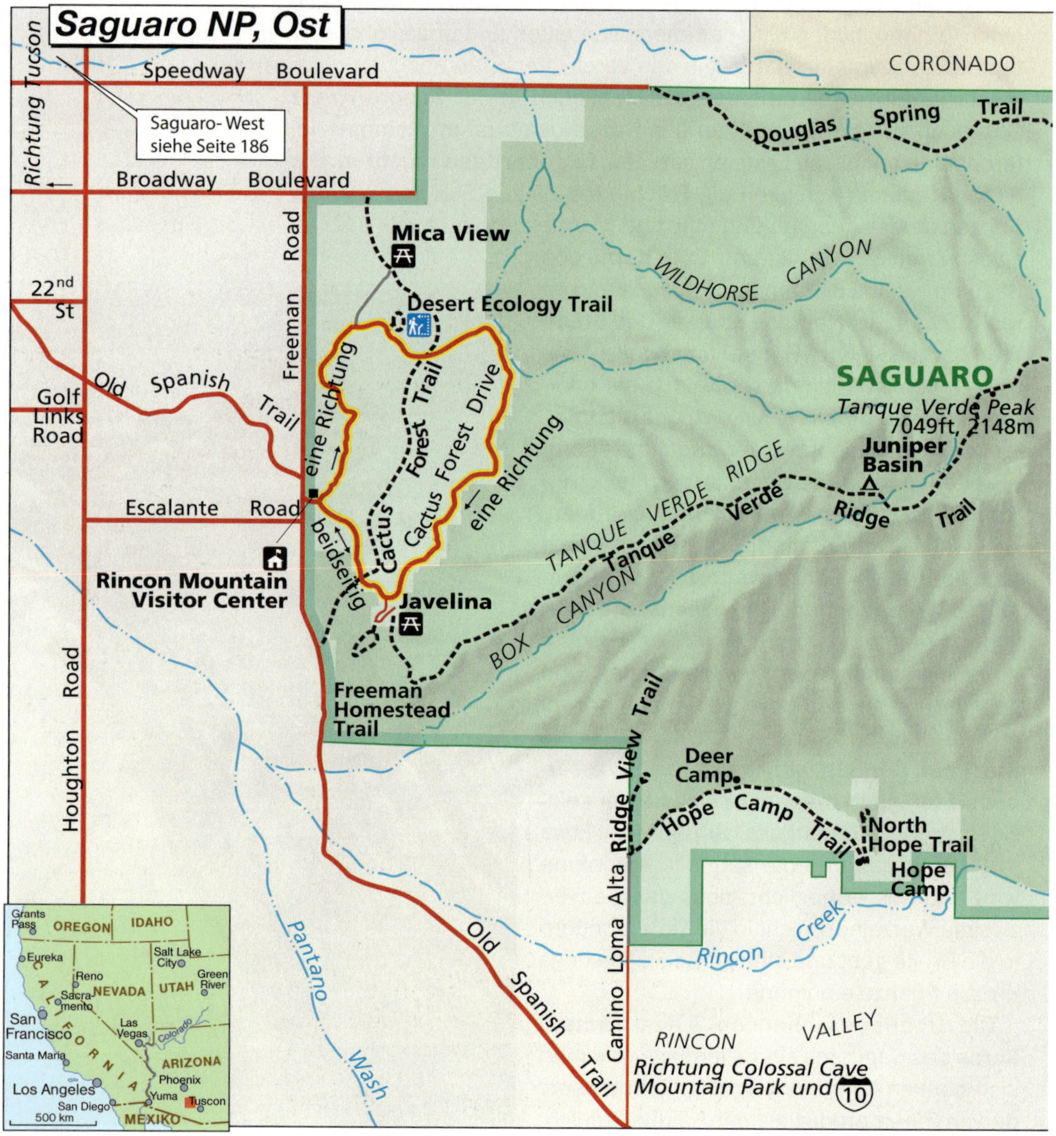

ro nach 100 Jahren und die 15 bis 16 m hohen Prachtexemplare sind über 150 Jahre alt. Ihr **Gewicht** von mehreren Tonnen wird von einem zylinderförmigen Holzrippengestell aufrechterhalten.

Pfade von einer Gesamtlänge von über 120 km winden sich durch das hügelige Wüstenland des **Saguaro National Park East** (östlich der I10). Aber auch auf kurzen Wanderungen kann man hier das Pflanzen- und Tierleben der Sonora-Wüste kennenlernen. Der **Desert Ecology Trail** z. B. ist nur etwa 500 m lang. Er verläuft parallel zum Cactus Forest Drive und gibt eine knappe und gute Einführung in die Mannigfaltigkeit des Lebens in der Wüste, das auf anschaulichen

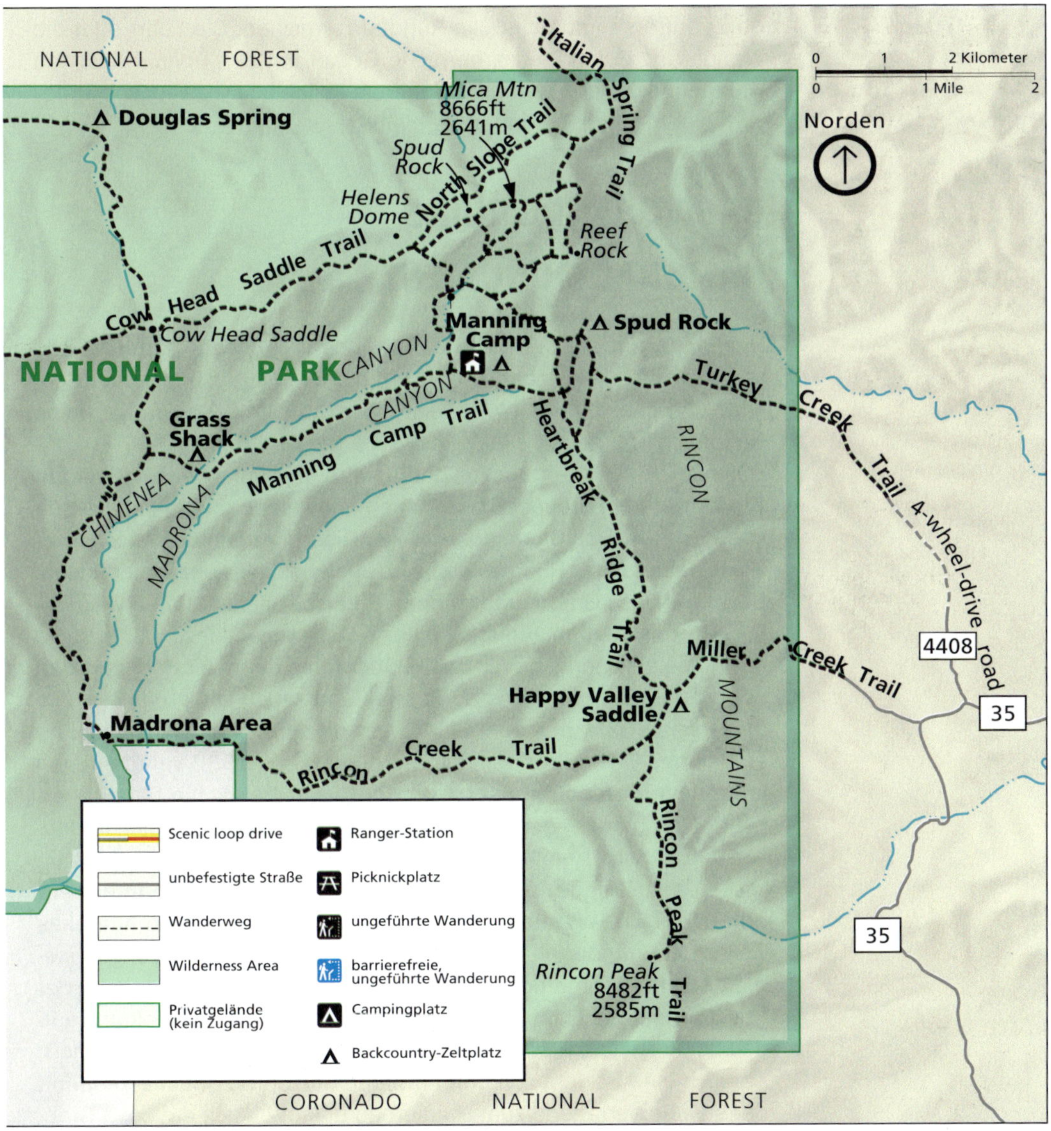

Tafeln erklärt wird. Viele andere Pfade, die von der Hauptstraße abzweigen, eignen sich für kurze **Wanderungen** in die fast ursprüngliche Wüstenumgebung. Einige längere Wanderpfade führen durch die riesige Wildnis der Ricon Mountains und ihrer Vorberge. Dieser Teil des Parks ist wenig bekannt und kaum besucht, da er fast nur auf Schusters Rappen zu erwandern ist. Man erreicht ihn, indem man auf der I10 nicht ganz bis zum Gates Pass Blvd fährt, sondern vorher rechts auf den Broadway Blvd abbiegt. 12 mi weiter weist dann ein Wegweiser zum National Park, und zwar auf dem **Old Spanish Trail.** Gleich am Parkeingang befindet sich das Visitor Center, in dem man einen Plan und Literatur zu dem Nationalpark bekommt. Durch den großen Park kann man mit dem Auto nur eine relativ kurze, aber dafür äußerst eindrucksvolle Rundfahrt machen. Die Fahrt oder die Wanderung durch dieses herrliche Gebiet mit den ungewöhnlichen Kakteenbeständen und dem weiten Ausblick über das Tucson Valley wird einem lange in Erinnerung bleiben.

41 ***Prince Of Tucson RV Park (s. S. 198)***

CASA GRANDE RUINS NATIONAL MONUMENT ★ (86 miles – mile 845)

Die Fahrt geht auf der I10 weiter in Richtung Phoenix, am Exit 211 verlässt man die Autobahn, fährt auf der SR87 bis 1,5 mi hinter Coolidge und dort dann am Wegweiser links ab zum Casa Grande Ruins National Monument.

Im Jahre 1694 entdeckte der Jesuitenmissionar **Pater Eusebio Kino** als erster Europäer diese Ruinen und gab der Stätte den Namen Casa Grande. Das Gebäude wurde zum berühmten Wahrzeichen der Wüste, aber dieser Ruhm erwies sich auch bald als gemischter Segen: Bevor die Casa Grande **staatlichen Schutz** erhielt, nahmen viele Besucher Tonscherben, Kunsterzeugnisse und sogar ganze Wandstücke der Ruine als Andenken mit. 1889 übernahm dann der Kongress den Schutz des Gebäudes, restaurierte es und setzte einen Wächter ein. Im Jahre 1903 wurde zum Schutz vor der glühenden Wüstensonne ein kleines Dach über der Ruine errichtet, das 1932 vom heutigen gewaltigen **Baldachin** ersetzt wurde. Dieser Baldachin hat sich als sehr nützlich erwiesen: Seit der Generalüberholung der Ruine im Jahre 1981 hat sich kein neuerlicher Verfall mehr gezeigt.

Die Casa Grande wurde um 1300 von den **Hohokam-Indianern** erbaut, die die ersten sesshaften Bauern im Südwesten Amerikas waren. Jahrhundertelang verbesserten sie ihre Bewässerungssysteme und ihre Baumethoden. Dabei hatten sie stets Probleme mit der Beschaffung von Baumaterial in der Wüste. Doch die Hohokams entdeckten wenige Meter unter dem Boden einen geeigneten Baustoff, nämlich eine Schicht von betonartigem Schlamm, **Caliche** genannt, der sich hervorragend zum Häuserbau eignete. Auch die Casa Gran-

066us Abb.: la

◀ *Der riesige Baldachin der Casa-Grande-Ruine ist schon von Weitem zu sehen*

de wurde aus diesem Caliche-Schlamm errichtet, ist 10,50 m hoch und besteht aus etwa 3000 t dieser Masse. Das Gebäude war dreistöckig, die Zwischenböden bestanden aus Holzstämmen, die aus den umliegenden Bergen zusammengetragen worden waren. Man erkennt noch die Befestigungslöcher in den Lehmwänden.

Beim Anblick des gewaltigen Baus denkt man an die Genialität und die harte Arbeit der Hohokams, die nötig war, um sich dem Leben in der Wüste erfolgreich anzupassen. Durch Benutzung der damals fortschrittlichen Steinzeittechnologie bauten sie eine Zivilisation auf, die mehr als 1000 Jahre existierte. Ihre traditionelle Architektur erreichte im Bau der Casa Grande den Höhepunkt.

42 *Indian Skies RV Resort (s. S. 199)*

Visitor Center

Casa Grande Ruins National Monument, 1100 W Ruins Drive Coolidge, AZ 85228, Tel. (520) 723-3172, Fax (520) 723-7209, cagr_superintendent@nps.gov, N32.99444° W111.53778°, geöffnet täglich (außer 25.12.) von 8 bis 17 Uhr, Eintritt 5 $

PHOENIX, DIE JUNGE METROPOLE IN DER WÜSTE (50 miles – mile 895)

Von der Casa Grande geht es auf der I10 weiter nach Phoenix, am Schnittpunkt mit der US60 lohnt sich jedoch ein kurzer Abstecher in östlicher Richtung auf der US60 bis Apache Junction. Von dort kann man auf der SR88 in wenigen Minuten (4,5 mi) in die Geisterstadt **Goldfield** fahren, wo man wieder in die Zeit der Goldgräber und Revolverhelden zurückversetzt wird. Eine 1892 dort entdeckte Goldmine war sehr ergiebig und bald hatte der Ort 5000 Einwohner und drei Saloons. Heute ist Goldfield eine schön restaurierte, lebendige Westernstadt mit einer alten Schmalspureisenbahn (6/4 $), Historic Museum (4/1 $), Kirche (Gottesdienst sonntags um 11 Uhr) und einer Minen-Tour (7/4 $). Auf dem Main Boulevard finden jeden Samstag und Sonntag zwischen 12 und 16 Uhr Wildwest-Schießereien statt und im Mammoth Steakhouse kann man speisen wie vor über 100 Jahren!

Ghost town Goldfield

4650 N Mammoth Mine Road, Goldfield, Phoenix, AZ 85219, Tel. (480) 983-0333, www.goldfieldghosttown.com, N33.45617° W111.49237°, geöffnet täglich von 10 bis 17 Uhr, Saloon bis 20 Uhr

▼ *Und abends mit Beleuchtung: Phoenix, die Hauptstadt von Arizona*

067us Abb.: br

Über die SR88 und US60 wieder zurück, ist man schnell im Zentrum von Phoenix. Unterwegs kommt man dann durch den Vorort **Mesa.** Auffallend sind dort die akkurat angelegten Straßen und Plätze. Alles ist hier sehr sauber und ordentlich. Die SR89 geht als „Main Street“ mitten durch Mesa hindurch, als „Apache Blvd“ weiter durch den Ortsteil Temple und dann als „Van Buren Street“ geradewegs durch das Zentrum von Phoenix. Vor dem Greenway-Friedhof trifft man auf die I17, der man nach Norden ins Stadtzentrum folgt.

Phoenix, am Schnittpunkt der I10 mit der I17 und dem US60, ist die **Hauptstadt von Arizona** und liegt in dessen Herzen, im Valley of the Sun („Tal der Sonne“) in der Sonora-Wüste. War die Stadt in früheren Jahren durch Baumwollanbau und Zitrusfrüchte geprägt, so sind es in den letzten zwanzig Jahren die Elektronik- und Telekommunikationsindustrie.

Die Einwohnerzahl ist inzwischen auf gut 1,5 Millionen gestiegen. Auch der **Tourismus** wird nicht vernachlässigt: Die meisten Besucher erfreuen sich an den hervorragenden Übernachtungs- und Verköstigungsmöglichkeiten in der Stadt, besuchen aber hauptsächlich die Sehenswürdigkeiten in der Umgebung, denn Phoenix selbst ist nicht sonderlich aufregend.

Phoenix verdankt ihren Wohlstand den großen Stauseen in den Bergen des nordwestlichen und nordöstlichen **Valley of the Sun** so-

Phoenix Convention and Visitors Bureau

400 E Van Buren St, Suite 600, Phoenix, AZ 85004, Tel. (602) 254-6500 oder (877) 225-5749, Fax (602) 253-4415, www.visitphoenix.com, N33.45155° W112.06879°

43 Mesa Apache Junction KOA (s. S. 199)

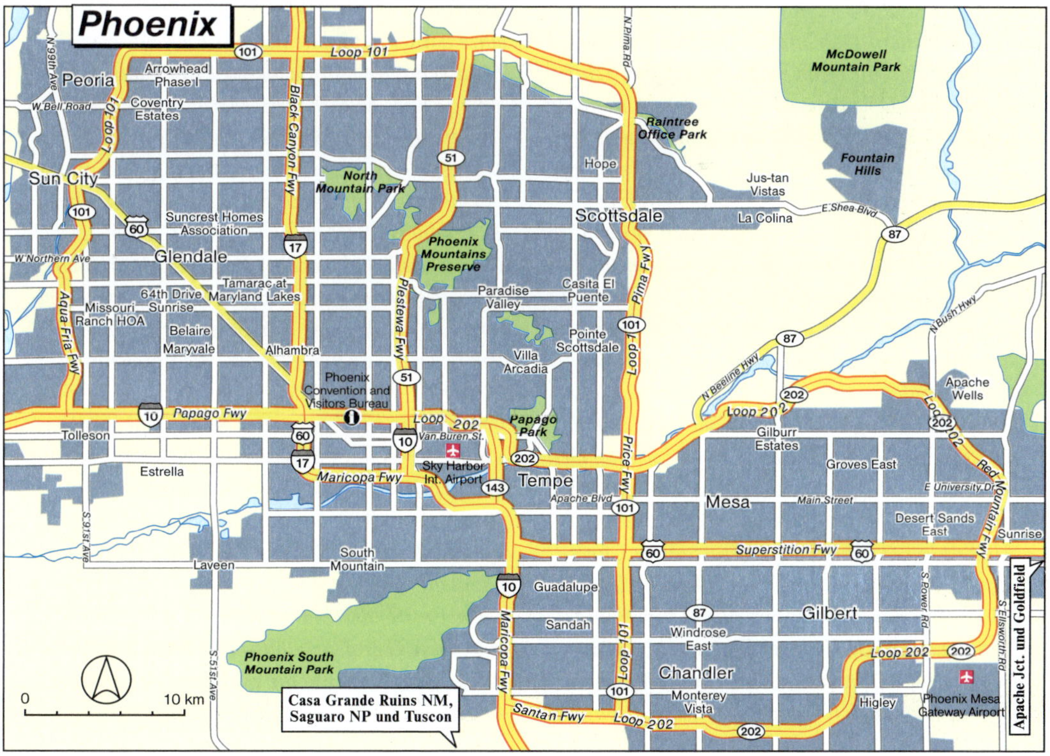

Wie ein Deutscher Amerika den Namen gab

Theoretisch könnte Phoenix auch Phoenix heißen, weil die Phönizier eventuell vor 3000 Jahren schon einmal dort waren. Das ist zwar nicht so – die Erläuterung folgt später –, aber möglich wär's schon. Die ***Phönizier*** *bildeten bereits 1200 v. Chr. eine bedeutende Seemacht und es wird heute nicht mehr angezweifelt, dass die Seefahrer vergangener Zeiten bereits hochseetüchtige Schiffe hatten, mit denen eine Überquerung des Atlantik oder des Pazifik technisch möglich war. Zudem verfügten sie über sehr gute Kenntnisse der Navigation.*

Soll das nun heißen, dass Kolumbus nicht der Entdecker von Amerika ist? Nun, gerade darüber wurde 1992 sehr viel diskutiert, war doch das Jahr der Entdeckung Amerikas gewidmet – wegen der 500. Wiederkehr des Tages, an dem Christopher Kolumbus dort gelandet sein soll. Der isländische UN-Botschafter ***protestierte*** *gegen diese Feierlichkeiten, schließlich hätte Kolumbus Amerika gar nicht „ent-"deckt, sondern höchstens „wieder-"entdeckt. Und so Unrecht hatte er vielleicht gar nicht, schließlich befuhren die Phönizier mit ihren hochseetüchtigen Schiffen von Kleinasien aus nicht nur das Mittelmeer, sondern wagten sich in den Atlantik hinaus und die Historikerin Heinke Sudhoff bringt in ihrem Buch „Sorry Kolumbus" (Luebbe, 2000) viele Beweise dafür, dass die Phönizier schon um 1200 v. Chr. in Amerika gewesen sein müssen.*

Die Verbindungen zu diesem Erdteil brachen jedoch schon vor der Zeitenwende wieder ab und so konnte Amerika 1000 Jahre später „wiederentdeckt" werden – aber sicher nicht von Kolumbus. Dass die ***Wikinger*** *schon 500 Jahre vor ihm da waren, lernt heute jedes Kind in der Schule. Der Norweger Leif Eriksson segelte bereits im Jahre 1001 über Island und Grönland nach Amerika. Als Entdecker Amerikas gilt trotz allem* ***Christopher Kolumbus,*** *der am 12. Oktober 1492 mit seinen drei Karavellen Nina, Pinta und Santa Maria auf der Karibikinsel Guanahani (heute San Salvador) landete, in der Annahme, den Seeweg nach Indien entdeckt zu haben. Von den einheimischen Indianern wurden seine Leute die „Weißen Götter aus dem Osten" genannt, die nach den Überlieferungen der Indianer auf großen Schiffen wiederkehren sollten. Wohl ein Beweis dafür, dass vorher schon einmal Weiße auf Schiffen in dieser Gegend gelandet sein müssen. Dass die Spanier alles andere als Götter waren, bekamen die Indianer dann allerdings sehr rasch zu spüren.*

Warum wurde das neue Land nun nicht nach seinem „Entdecker" benannt, z. B. Kolumbien? Dafür soll ein Mann namens ***Martin Waldseemüller*** *aus meiner Nachbarstadt Radolfzell am Bodensee verantwortlich sein. Dieser Martin Waldseemüller – oder Waltzemüller oder Walzenmüller (so ganz genau weiß man das nicht mehr) – wurde um 1470 in Radolfzell geboren (vielleicht auch in Freiburg, darüber streiten die Gelehrten), studierte 1490 in Freiburg und wurde ein bekannter Kartograf, Kosmologe und Mathematiker. Im Jahre 1507 zeichnete und veröffentlichte er eine Weltkarte, auf der auch der 15 Jahre vorher entdeckte neue Erdteil zu sehen ist. Waldseemüller nannte diesen Erdteil auf Vorschlag seines Mitarbeiters Matthias Ringmann „America", nach dem italienischen Seefahrer Amerigo Vespucci, der dieses Land nach Kolumbus mehrmals bereist und darüber berichtet hatte (Kolumbus hatte Amerika entdeckt, Vespucci aber so ausfürlich darüber berichtet, dass Waldseemüller und Ringmann glaubten, Vespucci sei der Entdecker). Diese Karte und ein Globus, in dem der neue Erdteil ebenfalls die Bezeichnung „America" hatte, fanden in ganz Europa rasche Verbreitung und so war der Name bald in aller Munde, obwohl Waldseemüller diesen Erdteil auf späteren Karten nicht mehr America, sondern „terra incognito" nannte. Zu spät – der Name war nicht mehr zu ändern und hat sich bis heute gehalten.*

Martin Waldseemüller starb 1522, bei Fahrradtouren über die Halbinsel Mettnau bei Radolfzell trifft man auf die Waltzemüller-Straße, die an den großen Sohn der Stadt erinnern soll.

wie der fast immer scheinenden Sonne. Die Seen versorgen über ein weitverzweigtes Kanalsystem das weite Tal mit Wasser, sodass man sich hier mitten in der Wüste in einem fruchtbaren **Obst- und Gemüseanbaugebiet** befindet. Die Stadt selbst ist sauber und ordentlich und es gibt zahlreiche Swimmingpools, da die Wasserversorgung hier eben kein Problem ist. Der größte Teil dieses **Wassers** kommt über einen **gigantischen Aquädukt** aus über 200 mi Entfernung aus dem Stausee Lake Havasu.

Es gibt durchschnittlich 312 Tage **Sonnenschein** in Phoenix! Im Sommer liegen die Temperaturen aber vier Monate lang bei über 38 °C, ein bisschen heiß für Mitteleuropäer. **Temperaturen** von 50 °C sind auch nicht selten, aber es gibt auch mal Schnee: 1985 waren es 2,50 cm und 1990 war es einer!

068us Abb.: br

◀ *Auch tagsüber kann sich die Stadt sehen lassen*

Phoenix Sky Harbor International Airport

Der Phoenix Sky Harbor International Airport ist der internationale Flughafen der Stadt Phoenix und hat über 40 Millionen Fluggäste im Jahr.

Adresse: *Phoenix Sky Harbor Airport, 3400 E Sky Harbor Boulevard, Suite 3300, Phoenix, AZ 85034*

Koordinaten: *N33.43428° W112.01158°*

Tel. *(602) 2733300*

Internet: *www.phoenix.gov/aviation*

Ortszeit: *MEZ -8. Es gibt keine Sommer-/Winterzeitumstellung in Arizona. Die Differenz zu Mitteleuropa beträgt im Winter -8 Std. und im Sommer -9 Std.*

Lage: *6 km vom Stadtzentrum entfernt.*

Durchschnittliche Flugzeiten: *Ab Frankfurt: 13 Std. (umsteigen in Denver), ab Wien: 14,5 Std. (umsteigen in London-Heathrow), ab Zürich: 14 Std. (umsteigen in London-Heathrow)*

Transfer zwischen den Terminals: *Ein kostenloser, rollstuhlzugänglicher Shuttlebus verkehrt 24 Stunden am Tag im 7-Minuten-Takt zwischen den Terminals und den Parkplätzen.*

Anfahrt mit Pkw: *Es gibt separate Flughafenausfahrten zu den einzelnen Terminals, daher sollte man sich im Voraus genau informieren, zu welchem Terminal man fahren möchte.*

Hauptstrecken mit Ausfahrten zum Flughafen sind die I10 East, die SR153, die SR202 West, die SR143 North und der Sky Harbor Blvd, der mitten durch das Flughafengelände verläuft.

Wohnmobil-Mietstationen:

- *Cruise America Phoenix, 11 West Hampton Ave, Mesa, AZ 85210, Tel. (480) 464–7300*
- *El Monte Phoenix: 3020 E Bell Road, Phoenix, AZ 85032, Tel. (888) 337–2214*
- *Moturis Phoenix, 10255 W Papago Fwy., Avondale, AZ 85323, Tel. (800) 874–3326*

Geld und Telekommunikation: *Geldautomaten stehen in allen Terminals zur Verfügung. Eine Wechselstube befindet sich in Terminal 4.*

Der **Name** Phoenix ist der ägyptischen Mythologie entlehnt und soll daran erinnern, dass diese Stadt, genau wie der berühmte Vogel, aus Sand und Asche emporstieg. Der Ursprung der Stadt liegt nämlich in der Mitte des vorletzten Jahrhunderts, als an der Stelle am Salt River, wo bis zum 11. Jahrhundert die Hohokam-Indianer gelebt hatten, eine kleine Siedlung entstand, die dann rasch an Bedeutung gewann, nachdem sie 1887 an das Eisenbahnnetz angeschlossen wurde. Seit 1889 ist Phoenix die Hauptstadt von Arizona und das stets schöne Wetter zieht alljährlich viele Touristen – und Rentner – an.

Im Westen der Stadt entstand 1960 eigens für die Rentner ein eigener Stadtteil: **Sun City** (N33.59194° W112.27194°), eine Erfindung des Del-Webb-Konzerns (Del Webb baute 1959 die erste Retortenstadt und sie wuchert: 90.000 Senioren leben inzwischen in diesen „Sun Cities". Das Geschäft mit den „Active Adult Communities" boomt seit Jahren). Knapp 50.000 Menschen über 50 Jahren wohnen allein in Sun City Phoenix, und zwar im eigenen Bungalow inmitten von Golfplätzen, künstlichen Seen und Parks. Es gibt alle Einrichtungen, die für ein angenehmes Leben nötig sind, dabei braucht man kaum das Auto: Man fährt im Golfwagen durch die Gegend oder tut etwas für die Gesundheit und nimmt das Fahrrad! Und Kinder gibt es hier nicht, die würden nur stören. Sun Citys gibt es heute in vielen Bundesstaaten der USA und auch in Afrika. Allein die Del Webb Corp. hat Sun Citys in 10 amerikanischen Bundesstaaten. Das Geschäft mit den Rentnerstädten ist sehr lukrativ, jedenfalls für die Erbauer.

Wer gern schick und teuer einkaufen gehen möchte oder noch nicht genug Westernstädte gesehen hat, der sollte bereits im Zentrum von Temple rechts in die Scottsdale Road abbiegen. Diese führt, wie der Name sagt, nach **Scottsdale,** einen Vorort von Phoenix im Nordosten der Stadt. Ein Bummel durch die Geschäftsstraßen Fifth Avenue und Main Street sowie um die City Hall herum kann sehr interessant - und teuer - sein. Weiter oben an der Scottsdale Road liegt **Rawhide,** eine Westernstadt von 1880, wo es zu bestimmten Tageszeiten wieder die obligatorische Schießerei, den Banküberfall und die Prügelszene gibt. Es lebe der Wilde Westen!

STELLPLÄTZE ENTLANG DER ROUTE

Stellplatz

34 *Emerald Desert RV Camping*

N33.77358° W116.34015°

Sehr gepflegter Platz in einem Golfklub. **Lage/Anfahrt:** An der Kreuzung Frank Sinatra Drive/Eldorado Drive; **Ver-/Entsorgung:** full hook-up; **Sicherheit:** umzäunt, beleuchtet, bewacht; **Preise:** 48 $/Fahrz.; **Geöffnet:** ganzjährig; **Kontakt:** 76000 Frank Sinatra Drive, Palm Desert, CA 92211, Tel. (800) 426-4678, Fax (760) 345-3471, info@emeralddesert.com, www.emeralddesert.com

Stellplatz

35 *Jumbo Rock Campground*

N33.99082° W116.0587°

Ein einfaches Wüstencamp mit viel Sand, Felsen und Joshua Trees, aber recht interessant. **Lage/Anfahrt:** Ziemlich im Zentrum des Parks; Jumbo Rocks Campground Drive ist eine Stichstraße der Pinto Basin Road; **Platzanzahl:** 125; **Ver-/Entsorgung:** kein Wasser, kein Strom; **Preise:** 10 $/Fahrz.; **Geöffnet:** ganzjährig; **Kontakt:** Jumbo Rocks Campground Drive, Joshua Tree National Park, CA 92277, www.recreation.gov

Stellplatz

36 *Mecca Beach Campground*

N33.49718° W115.90373°

Freundlicher Platz mit Bademöglichkeit im See. **Lage/Anfahrt:** Direkt am Salton Sea an der SR111; **Platzanzahl:** 109; **Ver-/Entsorgung:** Trinkwasser, Abwasser, vier full hook-ups; **Preise:** 18 €/Fahrz.; **Kontakt:** Salton Sea State Recreational Area, State Highway 111, Mecca, CA 92254

Stellplatz

37 *Blythe Colorado River KOA*

N33.60418° W114.53488°

Schöner Platz mit Schwimmbecken und Zugang zum Fluss. **Lage/Anfahrt:** Direkt am Colorado River an der I10; Abfahrt Riviera Drive rechts, kurz vor der Brücke; **Platzanzahl:** 300; **Ver-/Entsorgung:** full hook-up; **Preise:** 51,11 $/Fahrz.; **Kontakt:** 14100 Riviera Drive, Blythe, CA 92225, Tel. (760) 922-5350, blythekoa@yahoo.com, www.koa.com/where/ca/05451

Stellplatz

38 *Twin Peaks Campground*

N31.94278° W112.8113°

Interessanter Wüstenplatz mit tiefschwarzen Nächten und hell funkelnden Sternen. **Lage/Anfahrt:** 1,5 mi hinter dem Visitor Center; **Ver-/Entsorgung:** Trinkwasser, Abwasser, kein full hook-up, kein Strom; **Preise:** 12 $/Fahrz.; **Geöffnet:** ganzjährig; **Kontakt:** 10 Organ Pipe Drive, Ajo, AZ 85321, Tel. (520) 387-6849

Stellplatz

39 *Mission View RV Park*

N32.11948° W110.96853°

Etwas kahler Platz mit interessant gestaltetem Eingang, 15 Minuten vom Zentrum. **Lage/Anfahrt:** An der West Los Reales Road; **Platzanzahl:** 165; **Ver-/Entsorgung:** full hook-up; **Sicherheit:** bewacht; **Preise:** 31 $/Fahrz.; **Geöffnet:** ganzjährig; **Kontakt:** 31 W Los Reales Road, Tucson, AZ 85756, Tel. (520) 741-1945, Fax (520) 294-2653, MissionViewRV@aol.com, www.missionviewrv.com

Stellplatz

40 *Wells Fargo RV Park*

N31.7144° W110.06873°

Gut ausgestatteter Platz, von dem aus man alle Sehenswürdigkeiten zu Fuß besuchen kann. **Lage/Anfahrt:** Im Historic District von Tombstone, einen halben Block vom O. K. Corral, an der SR80; **Ver-/Entsorgung:** full hook-up; **Preise:** 28 $/Fahrz.; **Geöffnet:** ganzjährig; **Kontakt:** 215 E Fremont St, Tombstone, AZ 85638, Tel. (520) 457-3966 oder (800) 269-8266, camp@wellsfargorv.com, www.wellsfargorv.com

Stellplatz

41 *Prince Of Tucson RV Park*

N32.2701° W111.00998°

Übersichtlich angelegter Platz mit beheiztem Freibad. **Lage/Anfahrt:** Im Norden von Tucson; am Exit 254 von der I10 auf die Frontage Rd, der Platz ist gut ausgeschildert; **Ver-/Entsorgung:** full hook-up; **Preise:** 29,88 $/Fahrz.; **Kontakt:** 3501 N Feeway Road, Tucson, AZ 85705, Tel. (520) 887-3501, Fax (520) 887-3505, www.princeoftucsonrvpark.com

Stellplatz

㊷ *Indian Skies RV Resort*

N32.96775° W111.54068°

Kahler, asphaltierter Platz, aber mit beheiztem Schwimmbecken. **Lage/Anfahrt:** Von der I10 am Exit 211 auf die SR87; der Platz liegt dann links an der Straße; **Platzanzahl:** 242; **Untergrund:** große, kahle Asphaltplatte; **Ver-/Entsorgung:** full hook-up; **Preise:** 28,75 $/Fahrz.; **Geöffnet:** ganzjährig; **Kontakt:** 1050 S Arizona Blvd, Coolidge, AZ 85228, Tel. (520) 723-7831, info@indianskiesrvresort.com, www.indianskiesrvresort.com

Stellplatz

㊸ *Mesa Apache Junction KOA*

N33.40133° W111.52883°

Komfortabler Platz mit Schwimmbad und herrlichem Blick auf die Superstition Mountains. **Lage/Anfahrt:** 24 mi östlich von Phoenix; Anfahrt über die I10 auf die US60 East bis zum Exit 197 „Tomahawk Road", auf dieser 1 Meile nach Norden; **Ver-/Entsorgung:** full hook-up; **Preise:** 33 $/Fahrz.; **Geöffnet:** ganzjährig; **Kontakt:** 1540 South Tomahawk Road, Apache Junktion, AZ 85220, Tel. (480) 982-4015, Reservierung (800) 562-3404, www.koa.com/where/az/03167

CANYONS, SKURRILE FELS-FORMATIONEN UND DER GRAND CANYON SKYWALK

Mit dem Wohnmobil durch das Canyonland der USA zu reisen ist sicher der Traum aller Wohnmobilfahrer. Auf dieser Tour reiht sich ein Highlight an das andere. Mitteleuropäer sind immer wieder verblüfft von der Größe dieses Landes und von den unvorstellbaren Schluchten und den vielfarbigen, aufgefalteten Schichtungen der Berge, die in vielen Millionen Jahren zum Teil märchenhafte, steinerne Landschaften entstehen ließen. Es ist nicht nur der berühmte Grand Canyon, der einen begeistert, nein, auch die kleineren (riesigen!) Canyons sind gigantisch und teilweise farbenfroher und beeindruckender als der große Bruder. Das Land ist dünn besiedelt und man muss des Öfteren auf einfachen Campingplätzen übernachten, aber diese Landschaft ist so faszinierend, dass es bei den meisten Besuchern nicht bei dieser einen Reise bleibt. Wenn dazu dann noch die Sonne scheint, erlebt man ein Amerika wie im Bilderbuch!

069us Abb.: la

ROUTE 5

DURCH DAS CANYONLAND NACH LAS VEGAS

STRECKENVERLAUF

Strecke:
Phoenix - Montezuma Castle (92 mi) - Flagstaff (49 mi) - Grand Canyon National Park (80 mi) - Walnut Canyon National Monument (115 mi) - Petrified Forest National Park (127 mi) - Canyon de Chelly National Monument (96 mi) - Monument Valley (130 mi) - Mesa Verde National Park (158 mi) - Arches National Park (178 mi) - Canyonland National Park (45 mi) - Capitol Reef National Park (276 mi) - Bryce Canyon National Park (126 mi) - Zion National Park (70 mi) - Skywalk Grand Canyon (270 mi) - Las Vegas (121 mi)

Streckenlänge: 1933 mi

MONTEZUMA CASTLE (92 miles - mile 92)

Von der sonnigen Wüstenstadt Phoenix (s. S. 192) nach Flagstaff sind es 141 mi, die man auf der Interstate 17 in gut zwei Stunden zurücklegen könnte. Auf der Strecke gibt es jedoch links und rechts der Straße einige Dinge zu sehen, sodass die Fahrt doch erheblich länger dauert. Vermutlich wird man erst am Abend in Flagstaff eintreffen.

Als erster Stopp nach 35 mi wird in den lokalen Prospekten neuerdings **Black Canyon City** angegeben. Dies ist eine lobenswerte Geste der Fremdenverkehrsämter, bemüht sich doch dieser kleine Ort um weltweiten Tourismus, und es gibt im Zentrum sogar ein Fremdenverkehrsamt, wo man Material über diese Gegend bekommt und Anregungen zu schönen Wanderungen. Der Ort liegt am Fuße der Bradshaf Mountains und soll Ausgangspunkt für Wanderungen in die

070us Abb.: la

▶ *Arcosanti, das verrückte Wüstenprojekt*

umliegenden Canyons und in die Berglandschaft sein. Wenn Tochter oder Sohn nach einem Ausritt zu Pferd drängen, wäre das hier der richtige Ort für eine Fahrpause, denn es gibt im Ort Pferde zu mieten und die Gegend bietet sich für nette Ausritte buchstäblich an. In der Umgebung gibt es auch eine ganze Menge ghost towns, eine Liste bekommt man im tourist office.

Sehenswert ist **Arcosanti** ★, das verrückte Wüstenprojekt von Paolo Soleri, 65 mi nördlich von Phoenix. Bei Cordes Junction (Exit 262) findet man den Wegweiser an der Autobahn und über einen schrecklichen Holperweg, eine dirt road, gelangt man in vorsichtiger Fahrt nach 3 mi zum Parkplatz dieses Bauwunders.

Arcosanti
HC 74, Box 4136, Mayer, AZ 86333, Tel. (928) 632-7135, info@arcosanti.org, www.arcosanti.org, N34.3431° W112.1025°

Für 5000 Menschen plante hier der jetzt über neunzigjährige italienische Architekt **Paolo Soleri** einen Stadtkomplex, der sich von dem üblichen Leben in einer amerikanischen Stadt total unterscheiden sollte: kein Autoverkehr, solare Energiegewinnung – umweltschonend. Paolo Soleri wurde in Turin geboren, erhielt dort auch seinen Doktor der Architektur und lebt seit 1956 in Arizona. Hier wollte er etwas ganz Tolles errichten, jedoch ging ihm nach den ersten Bauversuchen das Geld aus und es fand sich niemand, der helfen wollte, seine fantastischen Ideen zu verwirklichen. So ist Arcosanti heute eine kleine Baustelle, auf der rund vierzig Leute arbeiten, man erkennt, was es einmal werden sollte, die Cafeteria ist fertig und sehr hübsch, sodass man hier in netter Atmosphäre einen Kaffee trinken kann, wobei man aus dem großen Fenster die reizvolle Landschaft überblickt, begleitet von dem gelegentlichen Bimmeln der Windglocken, die hier angefertigt und verkauft werden – zu horrenden Preisen.

Man kann das Bauwerk täglich von 10 bis 16 Uhr besichtigen, allerdings nur auf einer geführten Tour für 8 $. Dabei erzählt uns ein Architekturstudent von den Vorzügen dieser Bauweise, von den wärmespeichernden Funktionen der Bauelemente und Materialien und von der geplanten Superstadt, an die, wie er selbst sagt, keiner mehr glaubt. Man wandert durch die Anlage, vorbei an der Freiluft-Bronzegießerei, der Keramikwerkstatt, der Bäckerei, dem Café, den Workshopräumen und dem Amphitheater für 400 Zuschauer. Es gibt flache Stufen, auf die man sich nachts rücklings legen und den Sternenhimmel bewundern kann, und einen Wanderweg, der auf die gegenüberliegende Seite des kleinen Canyons führt und einen schönen Blick auf das Architekturexperiment eröffnet.

Tipp
Wer wirklich tolle moderne Architektur sehen will, sollte sich die Crystal Cathedral von Philip Johnson in Los Angeles ansehen, die zu den beachtlichsten Architekturleistungen der letzten Jahre in Südkalifornien zählt (s. S. 66).

Die Stadt bzw. das, was davon bereits existiert, dient heute als **Lehr- und Anschauungsstätte** für Architekturstudenten aus der ganzen Welt. Es gibt Seminare und Workshops und jährlich besuchen etwa 50.000 Touristen dieses skurrile Bauwerk, das gelegentlich auch als Kulisse für die Filmemacher von Hollywood herhält.

Etwa 25 mi weiter auf der I17 in Richtung Norden liegt **Camp Verde** ★ (Exit 287). Dieses ehemalige Fort wurde 1865 unter dem Namen Camp Lincoln als Bollwerk gegen die Angriffe der Apachen gegründet und einige Jahre später von der US Army in Camp Verde umbenannt.

071us Abb.: la

▲ *Die imposanten Felsenwohnungen der Sinagua-Indianer*

Als die Gegend friedlicher wurde, konzentrierten sich die Bewohner auf Ackerbau und Viehzucht. Heute kann das Fort als „lebendiges Museum" im Camp Verde State Historical Park für 2 $ pro Person besichtigt werden (für Kinder ist der Eintritt frei).

Camp Verde State Historical Park

125 E Hollamon St, Camp Verde, AZ 86322, Tel. (928) 567-3275, Fax (928) 567-4036, N34.57139° W111.85611°

Interessant ist der Ort Camp Verde (gut 6000 Einwohner) als Ausgangspunkt für herrliche **Ausflüge** in die Umgebung entlang des Verde River. Prospekte mit Anregungen zu diesen Ausflügen gibt es vor Ort überall oder über den Central Basin Regional Council.

Central Basin Regional Council

1010 South Main Street, Cottonwood, AZ 86326, Tel. (602) 634-7593

Unbedingt sehenswert ist das **Montezuma Castle** ***, das man von Camp Verde aus in etwa 5 Minuten erreicht. Hierzu fährt man über den Montezuma Castle Highway oder direkt von der Interstate 17 an der Ausfahrt 289 ab.

Ein kurzer Rundweg führt an gut erhaltene Felsenwohnungen der Sinagua-Indianer aus dem 13. Jahrhundert vorbei. Da sage noch einer, die USA hätten keine Altertümer! Die Spanier hatten das mehrstöckige Gebäude in den Felshängen am Beaver Creek irrtümlich als Aztekenschloss angesehen, deshalb wird es noch heute als castle bezeichnet. Auch hat sich der Aztekenherrscher Montezuma nie so weit nördlich von seiner mexikanischen Heimat aufgehalten, aber der Name ist haften geblieben.

Die Felsenburg Montezuma Castle diente mehr als dreihundert Jahre den Sinagua als Behausung. Das Bauwerk klammert sich an einen kleinen Absatz der steilen Kalkfelsen. Die Archäologen rätseln immer noch, warum sich eine Sippengemeinschaft von Bauern gerade auf diesem Absatz hoch in der nördlichen Felswand des Beaver Creek angesiedelt hat. Aus Schutz vor den Elementen? Um in den vollen Genuss der Sonnenwärme zu kommen, die die Südlage der Burg bot? Aus Gründen der Verteidigung gegen unliebsame Eindringlinge? Oder vielleicht wegen des schönen Ausblicks? Man weiß es nicht, aber der Spaziergang vorbei an den Felsenwohnungen bis hinunter zum Beaver Creek ist sehr erholsam und lehrreich und daher dringend zu empfehlen.

Visitor Center

Montezuma Castle, 2800 Montezuma Castle Road, Camp Verde, AZ 86322, Tel. (928) 567-3322, Fax (928) 567-3397, www.nps.gov/moca, N34.61139° W111.8375°, täglich 8–17 Uhr, 1. Juni–1. September bis 18 Uhr

44 Distant Drum RV Resort (s. S. 263)

FLAGSTAFF ★

(49 miles – mile 141)

Auf der I17 North geht es weiter nach Flagstaff, das am Südrand des Colorado-Plateaus liegt und sich kilometerlang an der Eisenbahnlinie der Santa Fe Railroad entlangzieht. Die Stadt besitzt außer einigen interessanten Museen keine aufregenden Sehenswürdigkeiten. Auch auf ihrer Homepage fällt den Verantwortlichen der Stadt unter „What to do in Flagstaff“ nicht sehr viel ein: Wellness-Einrichtungen (Spa), Golfplatz und Shopping in der Altstadt. Letzteres ist auch wegen der recht netten historischen Altstadt zu empfehlen.

Trotzdem hat die Stadt heute eine große Bedeutung für den **Tourismus,** liegt sie doch im Herzen einer Landschaft, die einige der beeindruckendsten Naturwunder beherbergt. In der näheren Umgebung findet man im Norden der Stadt das Wupatki National Monument und das Sunset Crater National Monument, im Osten den Petrified Forest, den Meteor Crater und den Walnut Canyon, im Süden den Oak Creek Canyon, das Tuzigoot National Monument und Montezuma Castle und im Westen, etwas weiter weg, die interessanten Grand Canyon Caverns.

Für die meisten Besucher ist Flagstaff aber das **„Tor zum Grand Canyon“,** da dieser nur 80 mi nördlich liegt, und es gibt entsprechend viele und gute Unterkünfte.

Flagstaff Visitor Center

1 East Route 66, Flagstaff, AZ 86001, Tel. (928) 779-9541, www.flagstaff.com, N35.19778° W111.65°, geöffnet täglich 7–18 Uhr, So. bis 17 Uhr

45 Flagstaff KOA (s. S. 264)

GRAND CANYON NATIONAL PARK ★★★

(80 miles – mile 221)

Von Flagstaff bis Grand Canyon City sind es 80 mi auf der US180, die man in eineinhalb Stunden schaffen kann. Man sollte früh im Park sein, d. h. definitiv vor 10 Uhr, um noch einen Platz auf dem Mather Campground direkt am Canyon zu ergattern.

Man fährt über das **Colorado-Plateau,** eine riesige Hochebene zwischen den Rocky Mountains im Osten und der Basin-and-Range-Region im Westen und Süden. Das Gebiet besteht aus einem Block nahezu horizontal abgelagerter mesozoischer Gesteinsschichten, die im Zusammenhang mit der Gebirgsbildung der Rocky Mountains emporgehoben wurden. In dieses riesige Plateau hat sich der **Colorado River** hineingefräst, sodass er jetzt in einer 1200 m tiefen Schlucht als silbernes Band scheinbar ruhig dahinfließt. Die Ruhe täuscht jedoch: Der Strom ist wild und ungestüm und eine Schlauchbootfahrt durch den Canyon ist nichts für ängstliche Zeitgenossen. Die Canyonbildung erfolgte vor 5 bis 10 Mio. Jahren. Das Einschneiden der Flüsse wird maßgeblich durch die verschiedene Widerstandsfähigkeit der Sedimentgesteinsschichten beeinflusst, dadurch erklärt sich auch der treppenförmige Aufbau der Talseiten. Das steppenartige Colorado-Plateau liegt 1500 bis 3300 m über dem Meeresspiegel und ist zum Teil bewaldet.

Wer sich dem **Grand Canyon** von Süden her nähert, wird spätestens 5 mi vor dem Ziel anfangen, sich zu wundern: Die Fahrt geht über eine leicht bewaldete Ebene, aber von Bergen oder gar einer gewaltigen Schlucht ist immer noch nichts zu sehen. Der Canyon ist tatsächlich eine tiefe Spalte in der Ebene und man sieht ihn erst, wenn man unmittelbar an der Abbruchkante steht – aber dann ist der Eindruck nicht zu beschreiben!

Fünf Millionen Menschen kommen jährlich, um dieses herausragende Naturwunder der USA zu sehen. Jeder Besucher hat vorher eine Menge über den Canyon gehört und gelesen und findet seinen Anblick wie Millionen vor ihm atemberaubend und überwältigend.

Fassungslos steht man am **Yavapai Point** vor dem Abgrund und sieht 1800 m unter einem das silberne Band des Colorado River. Gegenüber liegen die roten Schichten des North Rim, der nördlichen Kante des Canyons mit seinen vielen Nebentälern. Man befindet sich auf einem riesigen Hochplateau, dem **Coconino Plateau,** rund 2100 m ü. M. In dieses Plateau hat der Colorado River diese gewaltige Schlucht hineingegraben. Europäern sind solche Dimensionen einfach fremd: Der Canyon ist 443 km lang und etwa 1,8 km tief. Die Breite variiert zwischen 180 m und 30 km. Der Colorado ist hier etwa 90 m breit und bis zu 15 m tief. Er fließt mit ca. 10 km/h und durchschneidet im Bereich des Grand Canyon National Park das Plateau von Ost nach West, deshalb gibt es den Südrand (South Rim) und den Nordrand (North Rim). Die meistbesuchten Teile sind der

072us Abb.: la

▲ *Der Blick in den Grand Canyon ist wirklich beeindruckend*

South Rim mit dem Ort Grand Canyon Village und neuerdings auch **Grand Canyon West** mit der gläsernen Aussichtsplattform (s. S. 261). In Grand Canyon Village gibt es zwei Campingplätze, eine Post, eine Bank, einen Supermarkt, eine Krankenstation und andere Serviceeinrichtungen. Direkt am Canyonrand gibt es vier **Hotels:** die Bright Angel Lodge, die Thunderbird Lodge, die Kachina Lodge und das El Tovar Hotel. Alle sind recht teuer und meist schon ein Jahr im Voraus ausgebucht.

Hotelbuchung

Die Buchung der Hotels am Canyonrand ist unter www.grandcanyonlodges.com oder über deutsche Reisebüros möglich.

Der weniger besuchte **North Rim** liegt 305 m höher als der Südrand und ist Luftlinie 16 km von diesem entfernt. In North Rim Village steht die bekannte **North Rim Lodge,** ein Meisterwerk aus Holz und Stein aus dem Jahre 1928. Wer sie sich ansehen möchte, muss den Canyon auf einer zweitägigen Tour durchwandern – 1800 m runter und 2100 m wieder rauf – oder ihn östlich bis zu der Brücke über den Colorado bei dem kleinen Ort Marble Canyon umfahren und sich von dort auf der SR67 südwärts bis zum North Rim begeben – eine Fahrt von 345 km!

Für Touristen ist das **Grand Canyon Village** der Hauptanlaufspunkt am South Rim. Hier konzentrieren sich die wesentlichen touristischen

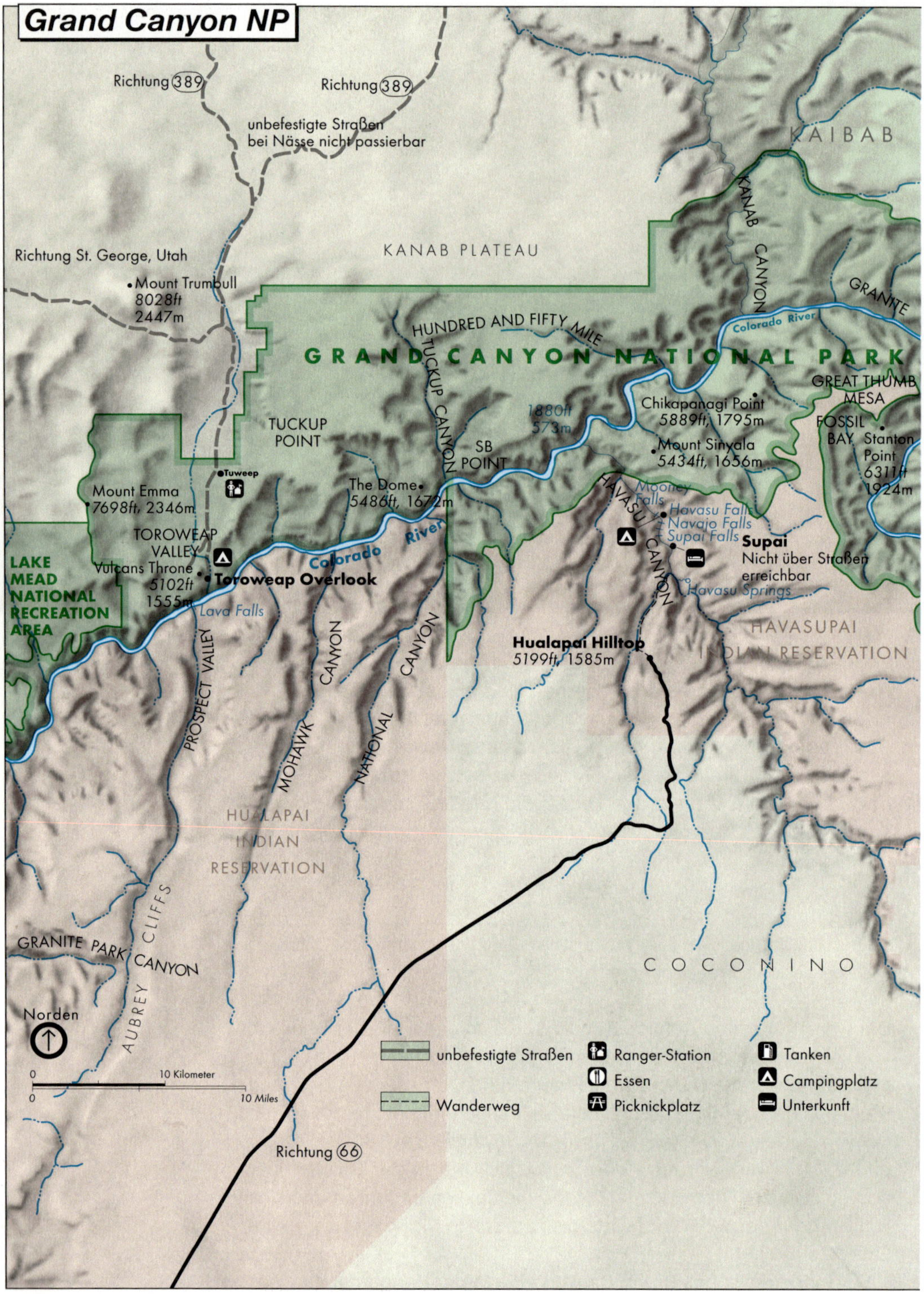
Grand Canyon NP
Richtung 389
Richtung 389
unbefestigte Straßen
bei Nässe nicht passierbar
KAIBAB
KANAB PLATEAU
Richtung St. George, Utah
Mount Trumbull
8028ft
2447m
KANAB CANYON
GRANITE
Colorado River
HUNDRED AND FIFTY MILE
GRAND CANYON NATIONAL PARK
TUCKUP CANYON
GREAT THUMB MESA
Chikapanagi Point
5889ft, 1795m
1880ft
573m
TUCKUP POINT
FOSSIL BAY
Stanton Point
6311ft
1924m
Mount Sinyala
5434ft, 1656m
SB POINT
Tuweep
Mount Emma
7698ft, 2346m
The Dome
5486ft, 1672m
HAVASU CANYON
Mooney Falls
Havasu Falls
Navajo Falls
Supai Falls
Supai
Nicht über Straßen erreichbar
TOROWEAP VALLEY
LAKE MEAD NATIONAL RECREATION AREA
Vulcans Throne
5102ft
1555m
Toroweap Overlook
Colorado River
Havasu Springs
Lava Falls
HAVASUPAI INDIAN RESERVATION
Hualapai Hilltop
5199ft, 1585m
PROSPECT VALLEY
MOHAWK CANYON
NATIONAL CANYON
HUALAPAI INDIAN RESERVATION
AUBREY CLIFFS
GRANITE PARK CANYON
COCONINO
Norden
0
10 Kilometer
0
10 Miles
unbefestigte Straßen
Wanderweg
Ranger-Station
Essen
Picknickplatz
Tanken
Campingplatz
Unterkunft
Richtung 66

Richtung Jacob Lake, und South Rim
ALT 89
Richtung
ALT 89
NATIONAL FOREST
Straße im Winter gesperrt
67
HOUSE ROCK VALLEY
South Canyon Trailhead
MARBLE CANYON EMINENCE BREAK
Kaibab Lodge
De Motte (USFS)
KAIBAB PLATEAU
COCKS COMB
NAVAJO INDIAN RESERVATION
Colorado River
NARROWS
Steamboat Mountain 7422ft, 2262m
Great Thumb Point 6749ft, 2057m
North Rim Entrance Station 8824ft 2690m
MUAV CANYON
POWELL PLATEAU
Holy Grail Temple
Point Imperial
Nankoweap Mesa 6242ft, 1903m
Kwagunt Butte 6377ft, 1944m
2159ft 658m
unbefestigte Straßen bei Nässe nicht passierbar
North Rim store
Vista Encantada
Kwagunt Creek
Apache Point
Mt. Huethawali 6275ft, 1913m
Point Sublime 7459ft, 2274m
Crystal Creek
Bright Angel Point
Atoko Point
2720ft 829m
Cape Solitude 6144ft 1873m
AZTEC AMPHITHEATER
Havasupai Point 6635ft, 2033m
Grand Canyon Lodge
Siegfried Pyre 7914ft, 2412m
Chuar Butte 6394ft, 1949m
Shiva Temple
BRIGHT ANGEL CANYON
Jupiter Temple 7081ft, 2158m
Temple Butte 5308ft, 1618m
Osiris Temple
Isis Temple
Zoroaster Temple
Walhalla Overlook
Cape Royal
Cardenas Butte 6269ft, 1911m
Diana Temple
Phantom Ranch
Wotans Throne
Comanche Point
Vishnu Temple
Dripping Springs
Pima Point
Hopi Point
Yavapai Point
Desert View
Watchtower 7438ft 2267m
West Rim Drive im Sommer für Privatfahrzeuge gesperrt
Solomon Temple
Geschäfte
Hermits Rest
Visitor Center
Yaki Point
Cedar Mountain 7053ft 2150m
GRAND CANYON VILLAGE
HORSESHOE MESA
Parkhauptquartier
Lipan Point
Grandview Point
Tusayan Theater, Geschäfte und andere Einrichtungen
46
47
und andere Einrichtungen
Moran Point
Tusayan Ruin and Museum
64
PLATEAU
Grand Canyon Airport
Ten-X (USFS) nur im Sommer
Richtung 89, Cameron, Flagstaff und North Rim
KAIBAB NATIONAL FOREST
180
64
Richtung Flagstaff, Williams und 40
Grants Pass
OREGON
IDAHO
Eureka
Salt Lake City
Reno
Green River
Sacramento
NEVADA
UTAH
CALIFORNIA
San Francisco
Las Vegas
Colorado
Santa Maria
ARIZONA
Phoenix
Los Angeles
Yuma
Tuscon
San Diego
500 km
MEXIKO

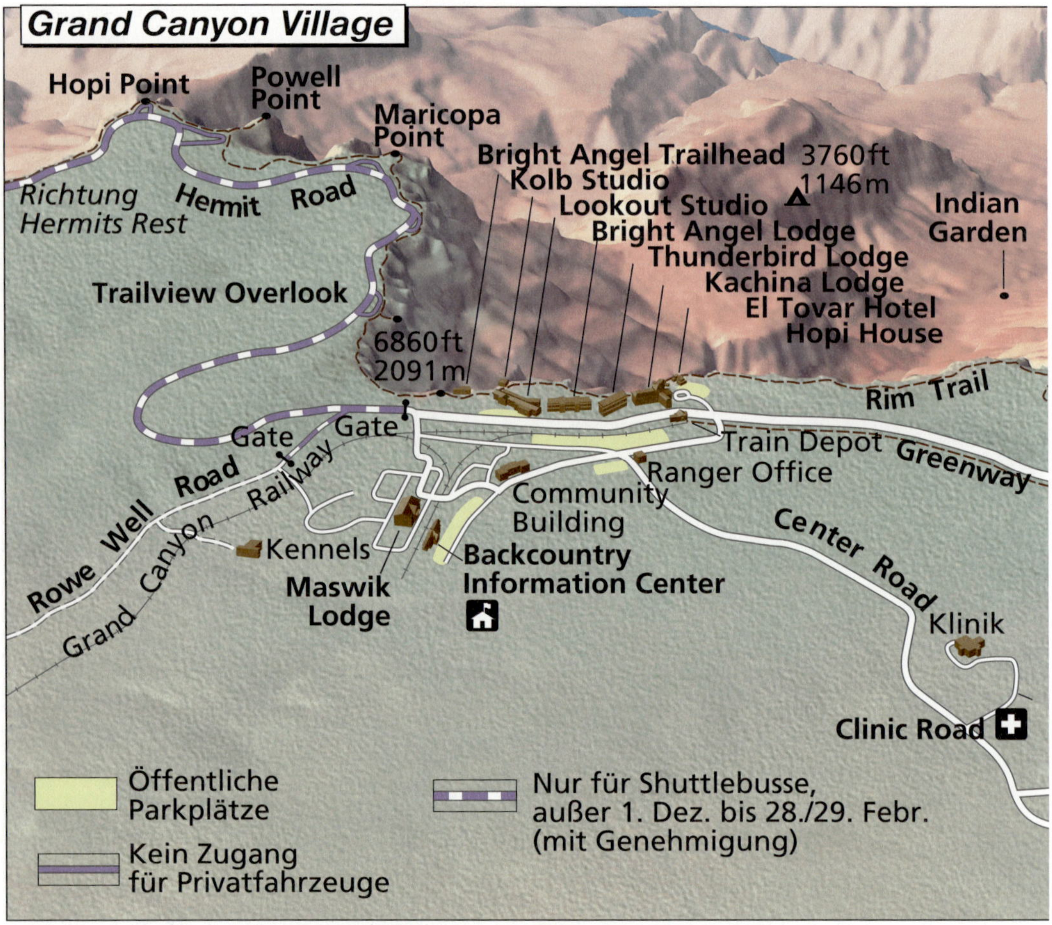

Einrichtungen des Südrands, allen voran das Besucherzentrum **Canyon View Information Plaza,** das sich hinter dem Aussichtspunkt Mather Point befindet. Hier wird man mit Karten und guten Ratschlägen versorgt.

Canyon View Information Plaza

Ostseite des Grand Canyon Village, Grand Canyon, AZ 86023, Tel. (928) 638-7888, www.nps.gov/grca/planyourvisit/visitorcenters.htm, N36.05902° W112.10943°, geöffnet täglich 9–17 Uhr, Eintritt in den National Park: 25 $ pro Fahrzeug, 7 Tage gültig. Das Information Plaza ist mit dem mit Shuttlebus (kostenlos) oder 400 m zu Fuß ab Mather Point erreichbar.

Ein **kostenloser Bus** fährt alle Aussichtspunkte am Südrand an. Die Busse fahren in Abständen von 20 Minuten, weshalb man an jedem Aussichtspunkt 20 Minuten verweilen (oder 40, 60, 80 ...) und dann mit dem nächsten Bus weiterfahren kann. So geht es bequem zu allen großartigen Punkten des Canyons wie z. B. Mather Point, Yavapi

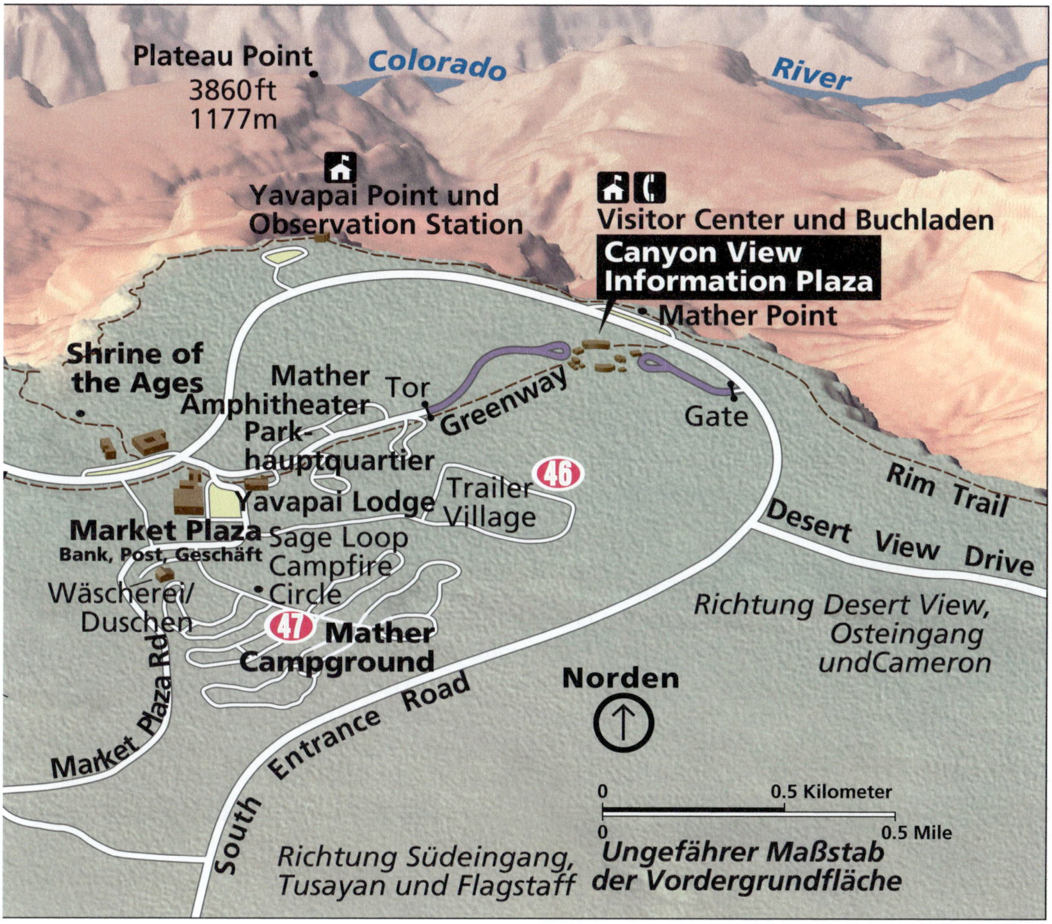

Point, Hopi Point und El Tovar Hotel, Bright Angel Lodge mit Bright Angel Lookout Point, Trailview Overlook, Powell Point und die „Endstation" im Westen: Hermit's Rest.

Neben Bussen verkehrt im Grand Canyon auch eine **Eisenbahn.** Die aus Williams kommende Grand Canyon Railway hat im Grand Canyon Village ihre Endstation. Nach historischem Vorbild wird diese Eisenbahn von einer Dampflok gezogen.

Mit all den Besichtigungen am South Rim ist fast ein ganzer Tag ausgefüllt. Am späten Nachmittag reicht die Zeit noch für einen **Rundflug** im Vistaliner der Grand Canyon Airlines (seit 1927!). Der Flugplatz liegt 8 km südlich an der SR64, die Flüge starten alle volle Stunde.

Grand Canyon Airlines

Grand Canyon Airport, Highway 64, Grand Canyon, AZ 86023, Tel. (866) 235-9422, www.grandcanyonairlines.com, ca. 50 Minuten Rundflug kosten 93/73 $ pro Person

Oder man fliegt mit dem **Helikopter** 45 Minuten lang durch die schönsten und tiefsten Stellen des Grand Canyon. Der Abflugplatz ist schräg gegenüber vom Flugplatz.

Papillon Grand Canyon Helicopters

Tel. 1-888-635-7272, Reservierung von Deutschland aus unter Tel. 0800-187-3676, www.papillon.com, 45 Minuten Flug kosten 205 $, Kinder 180 $, kürzere Flüge (ca. 25 Min) ab 109/89 $

Der Blick von einem der Aussichtspunkte hinab zu dem 1800 m tiefer fließenden Colorado River ist grandios. Wie schön muss es **dort unten** sein? Papillon (s. o.) bietet einen speziellen **Shuttleflug** an. man landet unten und darf dort 15 Minuten staunen. Daneben gibt es noch zwei weitere Varianten, nach unten zu kommen – eine billigere und eine kostenlose: Entweder man **läuft** oder man sitzt glücklich auf **Maultieren.**

Reservierung für Maultiertouren

Xanterra South Rim, L. L. C., 10 Albright Street, Grand Canyon, AZ 86023, Tel. (928) 638-2631, Fax (928) 638-9810, www.grandcanyonlodges.com

Die **Maultiertour** startet täglich um 9 Uhr morgens bei der Bright Angel Lodge und kommt um 16 Uhr wieder oben an. Das Ganze kostet 162 $ pro Person, jedoch wird man bei der Anmeldung beinahe ausgelacht: Die Ausritte sind auf Monate ausgebucht, deshalb sollte unbedingt eine Reservierung gemacht werden. Es gibt auch einen Zweitagesritt mit Übernachtung in der einfachen Phantom Ranch unten am Colorado, der einschließlich Übernachtung und Essen 478 $ pro Person bzw. 843 $ für zwei Personen kostet – und ebenfalls ausgebucht ist.

073us Abb.: la

Wer **zu Fuß** in den Canyon absteigt, sollte sich über einige Dinge im Klaren sein: Der Pfad geht steil bergab, bis zur Oase Indian Garden ist ein Höhenunterschied von 945 m zu bewältigen, der Weg ist sehr staubig und die Sonne knallt unbarmherzig in den Kessel hinein. Die Felswände verdoppeln die Hitze und kein einziges Lüftchen ist zu verspüren. Wer keinen **Hut** aufhat bekommt unweigerlich einen Hitzekoller und ohne **Wasser** ist man sowieso verloren.

Es gibt zwei Pfade in den Canyon, den **Bright Angel Trail***** (7,4 km lang, one way) und den **Kaibab Trail.** Beide treffen sich unten am Colorado River. Der Kaibab Trail ist 5,2 km lang (one way) und steiler als der Bright Angel Trail. Es gibt dort kein Wasser, sodass man mindestens 4 l pro Person mitschleppen muss! Wer dies nicht beachtet, kommt halbtot unten an – oder nie! Auf dieser höllischen Tour ist man froh, alle 100 Schritt einen Schluck brühwarmen Wassers trinken zu können! Auf dem Bright Angel Trail gibt es allerdings im Sommer, d. h. Ende Mai bis Mitte Oktober (genau nachfragen!), drei Wasserstellen, sodass dann 2 l Wasser pro Person reichen.

Auf dem Bright Angel Trail, der in Grand Canyon Village hinter der Bright Angel Lodge auf einer Höhe von 2091 m beginnt, sind es 7,4 km bis zur grünen Oase **Indian Garden** (auf 1158 m Höhe), wo es die einzigen Bäume und damit den einzigen Schatten gibt. Nach kurzer Rast wandert man auf dem Plateau „Tonto Platform" weiter bis zum Aussichtspunkt **Plateau Point,** 3 km von der Oase entfernt. Der Weg auf dieser Plattform ohne jeden Schatten, 800 m innerhalb der Schlucht, bei 45 °C Hitze und ohne einen einzigen Luftzug ist kein Vergnügen. Man läuft an Kakteen vorbei, die wie ein Wunder hier die Dürre überstehen, bis zum Aussichtspunkt. Hier allerdings wird man reichlich belohnt: 400 m unter einem tost der Colorado River in engen Windungen durch die Schlucht, hie und da eine kleine Sandbucht freigebend, die in der gleißenden Sonne heraufleuchtet. Wie gern würde man jetzt dort unten ein kühles Bad nehmen! Allerdings sterben in den reißenden Fluten des Colorado deutlich mehr Leute als hier oben an einem Hitzschlag und der Weg hinunter zum Fluss ist genauso beschwerlich wie der bisherige Abstieg. Unten gibt es die berühmte **Suspension Bridge,** eine Hängebrücke über den Colorado, und gleich auf der anderen Seite liegt die **Phantom Ranch,** ein einfacher Hütten- und Zeltplatz. Man benötigt hier unbedingt eine Reservierung und ein Backcountry Permit (gibt es im Visitor Center) – auch wenn man im eigenen Zelt übernachtet (www.grandcanyonlodges.com).

Von der Phantom Ranch führt ein Pfad von 22 km Länge zum 1760 m höher gelegenen **North Rim** empor. Den gesamten Weg vom Süd- zum Nordrand kann man nur als **Zweitagestour** machen und man sollte nicht vergessen, dass dafür eine unerhört gute Kondition Voraussetzung ist.

Nun geht es zurück zur Oase, man füllt die Flaschen noch mal mit Wasser und startet zum sehr beschwerlichen Aufstieg zur Bright Angel Lodge. Nach einer Gesamtzeit von neun Stunden (vom Start zum Plateau Point und zurück) kehrt man dann völlig erschöpft, aber **überglücklich** zu seinem Wohnmobil zurück.

Achtung!

Wer sich bei den Wanderungen überschätzt, kann in wirklich große Schwierigkeiten geraten. Jedes Jahr sind am Grand Canyon einige **Tote** zu beklagen. Die meisten von ihnen sterben an Hitzschlag, Herzschlag, Überanstrengung oder an den Folgen von Flüssigkeitsmangel. Die **Sicherheitshinweise** auf den Hinweistafeln **sollten auf jeden Fall genau beachtet werden** und im Zweifelsfall ist auch der Blick von oben in den Canyon spektakulär genug!

Im Jahre 1938 wurden die ersten **Bootsfahrten** auf dem Colorado organisiert. Norm Nevills hieß der Mann, der mit einem selbstgebastelten Boot und zwei Passagieren die Fahrt durch 160 Stromschnel-

◀ *Abstieg in den Grand Canyon auf dem Bright Angel Trail*

Schlauchboot-Canyonfahrten

Western River Expeditions, Tel. (800) 453-7450, www.westernriver.com, z. B. 3 Tage, 100 mi, Mindestalter 9 Jahre, Start und Ende in Las Vegas, 1190 $ pro Person

len wagte. Heute macht man das mit großen Schlauchbooten. Die Fahrten beginnen bei Lee's Ferry, einige Meilen nördlich der Navajo Bridge bei Marble Canyon (SR89). Die Tour dauert drei bis sieben Tage und endet im Grand Canyon unterhalb der Phantom Ranch. Diese Fahrten werden besonders bei jungen Leuten immer beliebter und müssen lange, am besten schon ein Jahr im Voraus, gebucht werden. Den Abschluss bildet dann der beschwerliche Aufstieg auf dem Bright Angel Trail zur Bright Angel Lodge.

Grand Canyon Village kann man außer nach Süden nur über die SR64 nach Osten verlassen. Die Aussichtspunkte **Grandview Point, Moran Point** und **Lipan Point** bieten einen fantastischen Ausblick auf das gegenüberliegende **Walhalla Plateau** mit dem Aussichtspunkt Cape Royal, das man vom North Rim Inn aus erreicht.

Rechts von der Straße (SR64) taucht dann das **Tusayan Ruin and Museum** auf. Die Ruinen sind uninteressant, aber im Museum erfährt man, dass die Anasazi nicht die ersten Indianer im Grand Canyon waren, obgleich sie die Schlucht schon 500 n. Chr. besiedelten. Die Anthropologen fanden Figuren aus Weidenholz, die darauf schließen lassen, dass bereits im Jahre 2000 v. Chr. die Schlucht von Menschen bewohnt war.

Der letzte Aussichtspunkt am East Rim Drive ist **Desert View** mit einem schönen, 20 m hohen Aussichtsturm aus Stein, dem **Watchtower.** Von hier hat man einen herrlichen Blick auf den 1200 m tiefer fließenden Colorado und auf das gesamte zerklüftete Massiv des Grand Canyon.

46 Grand Canyon Trailer Village **(s. S. 264)**

47 Mather Campground **(s. S. 264)**

Spät am Nachmittag ziehen von Westen her Dunst und Nebel in den Canyon – das Wetter zeigt sich am Grand Canyon seit Urzeiten unberechenbar. Im Winter sind Schneestürme keine Seltenheit, im Sommer überraschen heftige Gewitter mit Temperaturstürzen die Wanderer.

WALNUT CANYON NATIONAL MONUMENT **

(115 miles – mile 336)

Die Reise geht auf der SR64 weiter in Richtung Cameron (53 mi). In der **Cameron Indian Trading Post,** eine Meile nördlich nach der Einmündung des Highway 64 auf den Highway 89, gibt es, wie zu erwarten, viele indianische Souvenirs zu kaufen, aber die Überraschung ist das Restaurant: sauber, gemütlich und von einheimischen Navajos geführt. Dort gibt es eine indianische Spezialität zu essen, die man sich nicht entgehen lassen sollte: ein Navajo Taco. Dabei handelt es sich um Fischrogenbrot belegt mit Bohnen, Salat und Käse, dazu gibt es eine sehr scharfe Chili-Soße. Achtung: Die halbe Portion bestellen (steht auf der Speisekarte), da die ganze Portion ein riesiger Berg ist, den auch der hungrigste Tourist nicht verspeisen kann. Die Sache schmeckt gut und kostet 9,99 $, aber wie gesagt, der „Mini" ist

▲ *Felsenwohnungen im Walnut Canyon*

immer noch reichlich und kostet 8,99 $. Leider gibt es kein Bier oder Wein bei den Navajos, so muss man zur scharfen Chili-Soße ein Sprudelwasser trinken.

Nach dieser Stärkung geht es weiter auf der US89 nach Süden. Auf halbem Weg sollte man die US89 kurz verlassen, um auf der SR545 zwei National Monuments zu besuchen: Wupatki National Monument und Sunset Crater Volcano National Monument (Hinweisschild an der US89).

Im 140 km² großen **Wupatki National Monument** * wurden fast 2600 prähistorische Fundstellen entdeckt, darunter Ruinen von Pueblos der Anasazi-Kultur. Die Wupatki-Ruine war im 12. Jahrhundert das größte bekannte Bauwerk des nordamerikanischen Kontinents. In ihr wohnten zwischen 85 und 100 Personen. Die Wupatki-Gemeinschaft zählte zu einer der größten und reichsten der Gegend (N35.55833° W111.40417°).

Nur fünf Minuten südlich an der SR545 befindet sich das **Sunset Crater Volcano National Monument** *. Ein 300 m hoher Vulkankegel zeugt von der früheren vulkanischen Tätigkeit in der Region. Die letzte Eruption war etwa im Jahre 1090, damit ist dieser Krater der jüngste des Colorado Plateaus. Der Vulkan setzte bei diesem Ausbruch auf dem oberen Teil des Bergs orange und rote Lapilli (erbsen- bis nussgroße, eckige oder abgerundete Vulkanauswürflinge) frei, die seine Kuppe rötlich schimmern lassen, weshalb man ihn Sunset Crater nennt. Die Lavalandschaft mit blau-grauen aufgeschobenen Lavabrocken sowie dem sandgleichen schwarz-blauen Belag des Vul-

Sunset Crater Volcano National Monument Visitor Center

Kurz vor dem Parkeingang an der rechten Seite der SR545, Tel. (928) 526-0502

Walnut Canyon NM

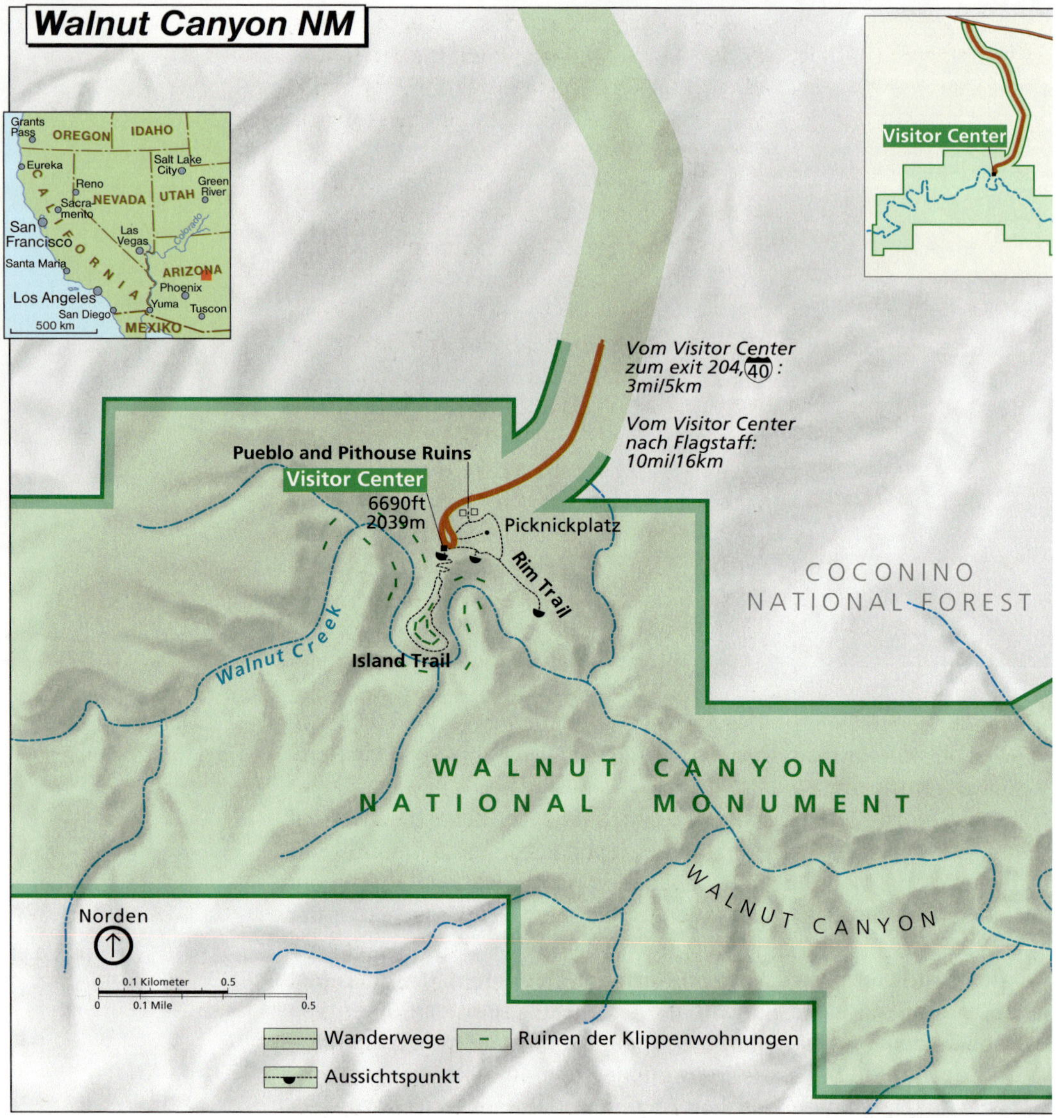

kans ist beeindruckend. Auf einem 1,6 km langen Fußweg kann man den Vulkan umrunden, direkt betreten darf man ihn nicht.

Beide National Monuments sind täglich geöffnet, der Eintritt beträgt 5 $ pro Person und ist sieben Tage gültig.

Die US89 mündet nach wenigen Meilen in die I40, der man jetzt etwa 8 mi nach Osten folgen sollte. Hier biegt rechts eine kleine Straße zum **Walnut Canyon National Monument** ab. Hier befinden sich in den Kalksteinklippen des Canyons etwa 300 zum Teil recht gut erhaltene Wohnstätten der Sinagua-Indianer. Auf einem 45-minütigen Rundweg, dem Island Trail, kann man 25 der Ruinen ganz aus

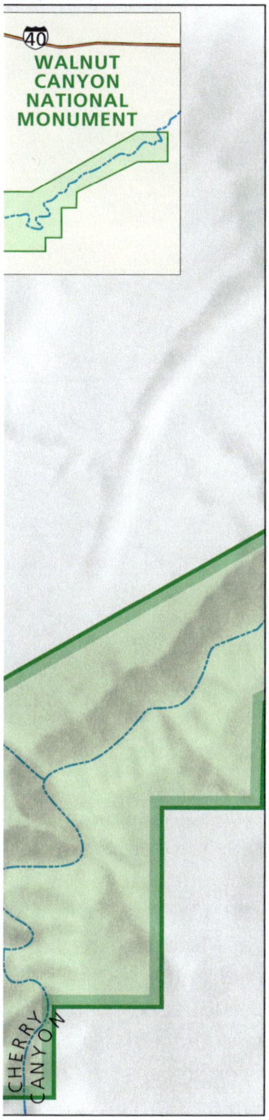

der Nähe betrachten und über das Tal hinweg erblickt man an den gegenüberliegenden Hängen zahlreiche andere Wohnungen, alle wie Schwalbennester in den steilen Fels gearbeitet.

Vor 800 Jahren hörte man von den Felswänden des Walnut Canyons Echos der Rufe und Lieder einer blühenden Indianersiedlung. Die Archäologen nennen die Bewohner Sinaguas. Zu Beginn lebten sie in kleinen Steinhausdörfern auf den Lavafeldern östlich der San Francisco Peaks. Um 1120 breiteten sie sich in vielversprechende Gegenden aus, wie auch z. B. im Walnut Canyon, bevor sie um das Jahr 1400 herum in die flache Anderson-Mesa im Süden verschwanden.

Was man heute noch von ihnen sehen kann, sind ihre **Felsenwohnungen.** Die Sinagua benutzten die überhängenden Felsvorsprünge als natürliche Behausungen. Der Canyon enthält über 300 solcher Räume, die mehreren Hundert Indianern als Wohnung dienten. Die Maurer der damaligen Zeit legten ganz einfach unbearbeitete Kalksteine in zähen Schlamm, der als Mörtel diente. Sobald die Vorderwand fertig war, baute man die Zwischenwände. Für ein Haus unter einem Felsvorsprung brauchte man nur halb so viele Wände und daher halb so viel Zeit wie bei einem frei stehenden Haus – und man brauchte kein Dach. Das Erbauen dieser Häuser war dennoch eine beachtliche Leistung, man benötigte viel Geschick, um mit den damaligen Mitteln eine gerade, glatte Wand zu errichten, die dann auch noch 8 Jahrhunderten in Wind und Wetter standhielt.

Die tiefen Mäander und steilen Hänge des Walnut Canyons ergeben ein vielfältiges Muster aus Sonne und Schatten. In der intensiven Sonne des Südhangs gedeihen Kakteen, Yuccas und Wacholder. Der schattige Nordhang ist kühler und feuchter, günstig für Ponderosakiefern, Douglastannen und die Black-Walnut-Bäume, von denen der Canyon seinen Namen hat.

Vom Parkplatz am Besucherzentrum aus gibt es zwei Wanderwege: Der Island Trail ist ein 1,4 km langer Rundweg, der Rim Trail ist 1,1 km lang (one way). Beide Trails führen an den Cliff Dwellings (den Steinwohnungen der Indianer) vorbei, wobei der Island Trail der schönere Weg ist.

▲ *Die Painted Desert im Petrified Forest National Park*

092us Abb.: la

Der Canyon ist täglich von 8 bis 17 Uhr geöffnet, der Eintritt beträgt 5 $ pro Person und ist für sieben Tage gültig.

25 mi weiter auf der I40 zweigt rechts eine kleine Straße zum **Meteor Crater** * ab. Am Ende dieser 5 mi langen Straße mit dem Namen Meteor Crater Road, trifft man – wie sollte es auch anders sein – auf einen riesigen Krater und ein Besucherzentrum.

Vor etwa 50.000 Jahren schlug hier ein riesiger **Meteorit** ein und hinterließ den größten Krater der Erde: 175 m tief und 1260 m im Durchmesser. Der Meteorit wog mehrere Hunderttausend Tonnen. Der Kraterrand erhebt sich 36 bis 61 m über seine Umgebung. 270 bis 360 Millionen Tonnen Gestein wurden damals explosionsartig bewegt. Jahrelang bereiteten sich hier die Astronauten der NASA auf ihre Apolloflüge vor. Von einer Aussichtsplattform kann man das Riesenloch bestaunen – für 15/7 $ pro Person. Geöffnet ist täglich von 8 bis 17 Uhr und es gibt auch zweistündige Führungen.

Visitor Center

Walnut Canyon National Monument, Walnut Canyon Road #3, Flagstaff, AZ 86004, Tel. (928) 526-3367, Fax (928) 527-0246, www.nps.gov/waca, N35.16444° W111.50417°

48 Crater Lake RV Park (s. S. 264)

Information

Meteor Crater Enterprises, Interstate 40, Exit 233, Winslow, AZ 86047, Tel. (928) 289-5898, Fax (928) 289-2598, info@meteorcrater.com, www.meteorcrater.com, N35.02722° W111.0225°

Vom Meteor Crater geht die Route auf der I40 weiter bis Holbrook und dort auf die US180, die zu einem weiteren Höhepunkt dieser Reise führt.

PETRIFIED FOREST NATIONAL PARK ***

(127 miles – mile 463)

Im Petrified Forest National Park liegen ausgedehnte Fundstätten von verkieseltem Holz, daher der Name „Versteinerter Wald“. Eine 27 mi lange Seitenstraße der US180 führt durch den ganzen Park hindurch. An der Eingangsstation entrichtet man den Obolus von 10 $ pro Auto (gültig für sieben Tage) und bekommt dafür eine schöne Karte des Parks mit allen Aussichtspunkten eingezeichnet sowie weiteres, nützliches Material. Dann beginnt die Fahrt durch diesen 372 km² großen, herrlichen und farbenfrohen Park, auf der man als erstes Ziel das **Rainbow Forest Museum** ansteuert, in dem man einiges über den versteinerten Wald erfahren kann. Gleich gegenüber, bei den Long Logs, sieht man dann auch sofort die ersten versteinerten Bäume.

Die Erkundung dieses Nationalparks ist sehr einfach, denn es führt nur die Petrified Forest Road durch den Park, und zwar genau von Süd nach Nord, wo sie am Nordeingang auf die I40 trifft. Links und rechts der Straße gibt es ausgeschilderte Haltepunkte, bei denen man auf kurzen Spazierwegen die unglaublichen Versteinerungen besichtigen kann. Aber bitte Vorsicht mit **Souvenirs:** Zwar verkaufen die Souvenirläden im Park versteinertes Holz, aber das eigenständige Aufsammeln und Mitnehmen desselbigen aus dem Park wird schwer bestraft!

Wo sich heute der Park befindet, lag vor 180 bis 200 Mio. Jahren eine weite, von Flüssen durchzogene Ebene, in der umgestürzte und angeschwemmte Bäume von Schlammschichten und Vulkanasche bedeckt und damit von der Luft abgeschnitten wurden, was ihren Verfall verlangsamte oder zum Teil ganz verhinderte. Das Grundwasser war stark siliziumhaltig und hatte viele Mineralien, die mit dem Wasser in das Holz eindrangen. Dort kristallisierten sie aus und ersetzten so die Zellen des Holzes. Die Mineralien ließen es bunt erscheinen und die Struktur blieb erhalten, obwohl das Holz in den Jahrtausenden ganz durch die Mineralien ersetzt wurde. Später hob sich das Gebiet und Erosion förderte die jetzt zum Teil durch die Erdbewegungen zerbrochenen Baumstämme zutage. Diese versteinerten Stämme bilden heute einen optischen Leckerbissen, der das Herz eines jeden Fotografen höherschlagen lässt. Die ganze Pracht dieser Stämme entfaltet sich aber erst bei oder gleich nach einem Regenguss, wenn die Mineralablagerungen besonders kräftig leuchten.

Gegenüber bei den Long Logs ist ein kleiner Parkplatz, von wo eine Schleife von etwa 800 m vorbei an der größten Anballung versteinerten Holzes im Park führt. Man sieht 50 m lange Stämme und bunt schillernde Querprofile fossiler Stämme. Vom frühen Leben im Park zeugt das **Agate House,** etwa 800 m entfernt. Hier lebten vor 800 Jahren Anasazi-Indianer. Die Wände aus versteinertem Holz schillern heute in vielen Farben.

Die vier nächsten Abzweigungen zu The Flattops, dem Crystal Forest, dem Jasper Forest und der Agate Bridge könnte man auslassen, auf keinen Fall aber die 3 mi lange Nebenstrecke zur **Blue Mesa.** In einer Schleife durchquert man die eigentümlichen Badlands, die hier in blauen, purpur- und cremefarbenen Schichtungen zu sehen sind und je nach Tageszeit und Wetter ihre Farben wechseln. Hier gibt es auch einen eineinhalb Kilometer langen Wanderweg.

Weiter höher an der Straße kommt man zu einem Gebiet, das aus kahlen roten und blauen Kegeln besteht, The Teepees. Hier haben Paläontologen eine große Menge fossiler **Metoposaurier** – riesige salamanderartige Amphibien – ausgegraben.

Der nächste Stopp heißt Newspaper Rock. Da man an die Felsmalereien jedoch nicht herankommt, kann man auch getrost bis zur **Puerco Indian Ruin** durchfahren, einer der größten prähistorischen Stätten im Park. Neben den Resten eines Anasazi-Dorfes sieht man in den Fels gravierte Tierbilder und geometrische Figuren. Und immer wieder stößt man auf die bunt schillernden, unvorstellbar alten versteinerten Baumstämme aus der Zeit, in der hier die Dinosaurier hausten.

Man überquert dann die Santa Fe Railroad, die mitten durch den Park verläuft und bald darauf auch die I40 und dann gibt es für die Fotografen, aber natürlich auch für diejenigen Besucher, die nicht dauernd ihre Kameras zücken, noch einmal einen besonderen Leckerbissen: Das Gebiet nördlich der I40 wird **Painted Desert** *** genannt, die „angemalte Wüste“. Waren schon die bunt schillernden Baumstämme unglaublich, so meint man in diesem Teil des Parks, sich in einer Galerie zu befinden, in der die herrlichsten Farbgemälde unwirklicher Landschaften gezeigt werden. Man sollte am **Lacey Point** halten, dem ersten von acht Aussichtspunkten an der Straße

▼ *Versteinerte Baumstämme im Petrified Forest National Park*

075Ls Abb.: la

Historic Route 66

Wenn man auf der I40 nach Flagstaff fährt, befindet man sich auf der Historic Route 66, die hier allerdings unter der sechsspurigen Betondecke der Interstate 40 verbuddelt ist. Trotzdem: Einmal auf der Route 66 – da bildet man sich ein, sich wirklich auf der alten Fernstraße zu befinden. Etwa 550 mi hinter Flagstaff, am Exit 139, zweigt nach rechts wirklich die Route 66 ab – ein Teil der alten Straße. Über Seligman, Valentine und Kingman führt sie in einem weiten Bogen bei Topock (Exit 1) wieder zurück auf die I40. Die Nummerierung der Autobahnabfahrten (Exits) beginnt in jedem Bundesstaat wieder bei 1. Exit 1 ist also die erste Abfahrt in Arizona.

Anfang 1987 wurde die ***Historic Route 66 Association of Arizona*** *gegründet, die sich zur Aufgabe gemacht hat, dieses längste, noch existierende Stück der Fernverbindung für die Nachwelt zu erhalten. Die historische Route 66 war die erste Ost-West-Verbindung Amerikas. Sie wurde 1926 fertiggestellt und windet sich über knapp 4000 km, genau 2448 mi, von Chicago über St. Louis, Oklahoma City, Santa Fe, Flagstaff und Barstow bis kurz vor Los Angeles, wo sie in Pasadena auf einem Felsen hoch über dem Pazifik jäh endet. Dabei geht es vom Michigan-See durch acht Bundesstaaten über Hochebenen und Berge, durch Wüsten, Flüsse und Canyons bergauf und bergab.*

Von Chicago bis St. Louis geht es durch Illinois, dann bis Joplin durch den Bundesstaat Missouri. Kansas wird bei Galena nur kurz gestreift während die Strecke von Vinita bis Sayre durch Oklahoma eine der längsten Teilstrecken ist. In Texas liegen die Städte Shamrock, Amarillo und Vega und bis Gallup geht es dann durch New Mexico.

Man befährt die Historic Route 66 in Arizona auf dem Teilstück vom Petrified Forest in der Nähe von Holbrook bis kurz vor Needles an der Grenze zu Kalifornien und durch Kalifornien hindurch geht sie dann bis Pasadena, oberhalb von Los Angeles. 4000 km durch Gebiete, in denen es im Winter zum Teil grausam kalt wird – in Missouri fällt das Thermometer mitunter auf minus 40 °C – und durch Wüstengebiete, in denen der heiße Wind dem Reisenden im Sommer den Atem verschlägt – wie z. B. in Needles in der Mojave-Wüste.

Heute ist diese Straße ***gut ausgebaut*** *und durch mehrere Ost-West-Autobahnen stark entlastet. Ganz im Norden verbindet die Interstate 94/90 Chicago mit Seattle. Die I80 geht von Chicago über Salt Lake City nach San Francisco und ganz im Süden verbindet die I10 Jacksonville/Florida mit Los Angeles. Dazwischen verläuft die I40 von Barstow im Westen bis Raleigh in North Carolina. Die Hälfte dieser Strecke, nämlich von Los Angeles bis Oklahoma City, folgt die I40 in etwa der alten Route 66, von Oklahoma City bis St. Louis wurde die Route 66 durch die I44 ersetzt und von St. Louis bis Chicago durch die I55.*

Heute schafft man die Strecke von Chicago bis Los Angeles auf den angegebenen Interstate Highways in weniger als 48 Stunden, damals, auf der Route 66, benötigte man dafür einen ***ganzen Monat,*** *sofern man überhaupt ankam und nicht im Straßenstaub erstickte oder in einem Schlammloch ertrank. Die erste Fahrbahn war nämlich nicht viel mehr als ein staubiger transkontinentaler Pfad, der sich schon beim ersten Regenfall in einen schlammigen Flusslauf verwandelte. Auch die Durchquerung der Mojave-Wüste war damals alles andere als ein Vergnügen und viele Reisende, die es bis dahin geschafft hatten, verluden ihre Autos auf Bahnwaggons, um der Gefahr, bei einer Panne mitten in der Wüste zu verdursten, zu entrinnen. Aber dennoch konnten die modernen Betonpisten den nostalgischen Hauch der alten 66 nicht ganz verdrängen.*

durch die Painted Desert. Hier breiten sich die nackten Hänge in unvorstellbar schönen Pastellfarben vor dem Betrachter aus und wer das Glück hat, diese Landschaft im Sonnenschein kurz nach einem Regenschauer zu erleben, für den hat sich die weite Reise aus „good old Germany" gewiss gelohnt. Aber auch ohne diesen Regenschauer gerät man an diesem Aussichtspunkt ins Staunen.

Pintado Point ist die höchste Erhebung in der Painted Desert. Auch hier ist der Ausblick wieder unfassbar und überwältigend. Rot sind die Badlands hier, ein kahler Hügel schöner als der andere, doch die Gegend wird Black Forest genannt - fragen Sie mich nicht warum.

Im Painted Desert Inn kann man sich stärken und wer noch Zeit hat, kann sich an einigen weiteren Aussichtspunkten ergötzen. Die Panoramastraße endet am Painted Desert Visitor Center am Nordeingang des Parks ganz in der Nähe der I40.

Visitor Information

Superintendent, Petrified Forest National Park, 1 Park Road, Petrified Forest, AZ 86028, Tel. (928) 524-6228, Fax (928) 524-3567, www.nps.gov/pefo, N35.06625° W109.78194°

49 Holbrook/ Petrified Forest KOA ***(s. S. 264)***

CANYON DE CHELLY NATIONAL MONUMENT ★★ (96 miles - mile 559)

Vom Nordeingang des Petrified Forest National Park (oder auch von Flagstaff, falls man nocht nicht bis hierher gekommen ist) geht die Reise zunächst 22 mi auf der I40 bis Chambers weiter, wo die US191 nach Norden abzweigt und das riesige Reservat der Navajos

▼ *Der Blick in den Canyon de Chelly*

077us Abb.: lf

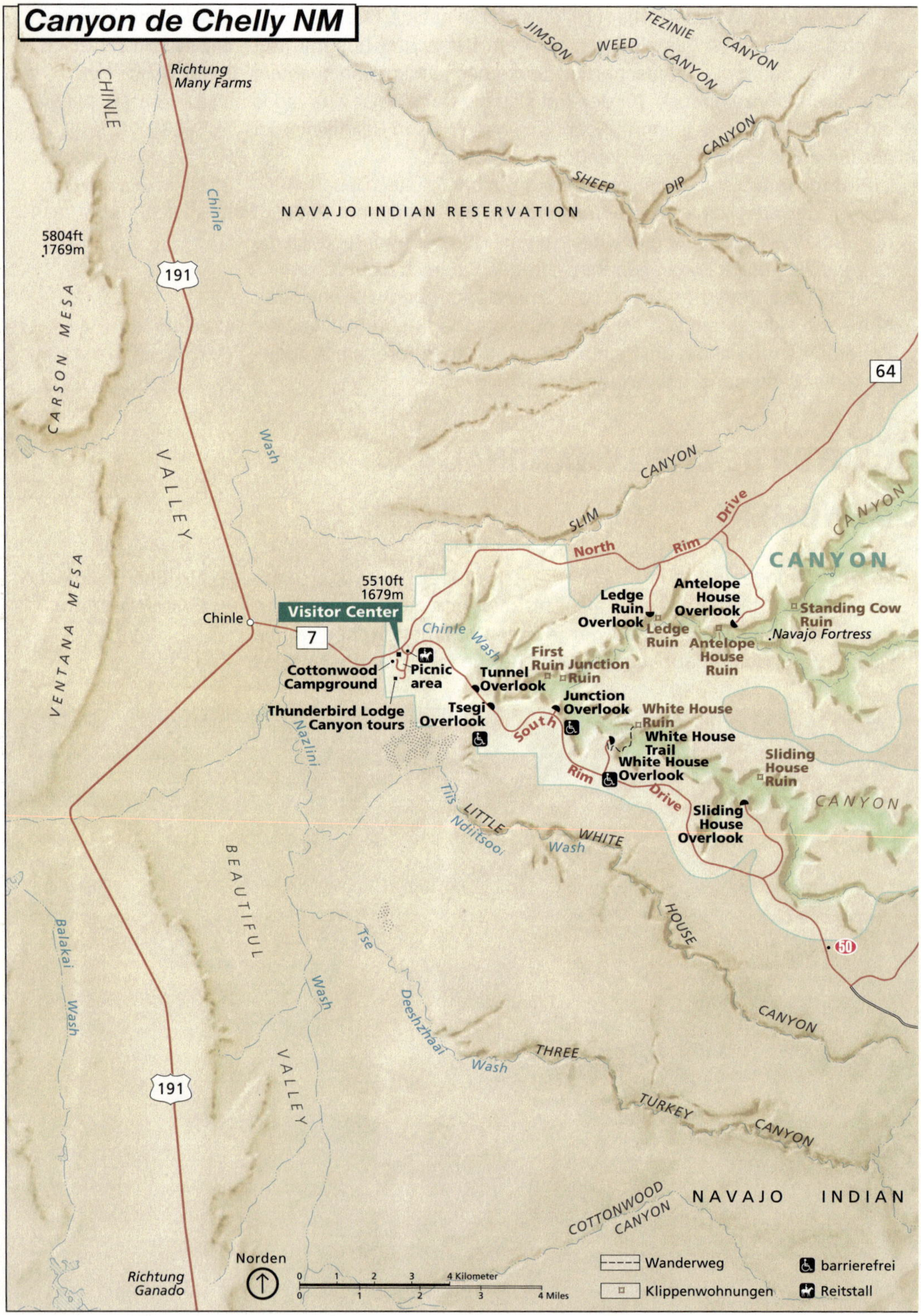
Canyon de Chelly NM
Richtung Many Farms
CHINLE
JIMSON WEED CANYON
TEZINIE CANYON
SHEEP DIP CANYON
NAVAJO INDIAN RESERVATION
Chinle
5804ft 1769m
191
CARSON MESA
64
Wash
VALLEY
SLIM CANYON
CANYON
North Rim Drive
CANYON
5510ft 1679m
Visitor Center
Chinle
7
Chinle Wash
Antelope House Overlook
Ledge Ruin Overlook
Ledge Ruin
Antelope House Ruin
Standing Cow Ruin
Navajo Fortress
First Ruin
Junction Ruin
Cottonwood Campground
Picnic area
Tunnel Overlook
Thunderbird Lodge Canyon tours
Tsegi Overlook
Junction Overlook
White House Ruin
White House Trail
White House Overlook
South Rim Drive
Sliding House Ruin
Sliding House Overlook
CANYON
VENTANA MESA
Nazlini
Tsʼiis Ndiitsooí
LITTLE WHITE Wash
BEAUTIFUL VALLEY
HOUSE
CANYON
50
Balakai Wash
Tse Deeshzhaaí Wash
Wash
THREE TURKEY CANYON
191
COTTONWOOD CANYON
NAVAJO INDIAN
Richtung Ganado
Norden
4 Kilometer
4 Miles
Wanderweg
Klippenwohnungen
barrierefrei
Reitstall

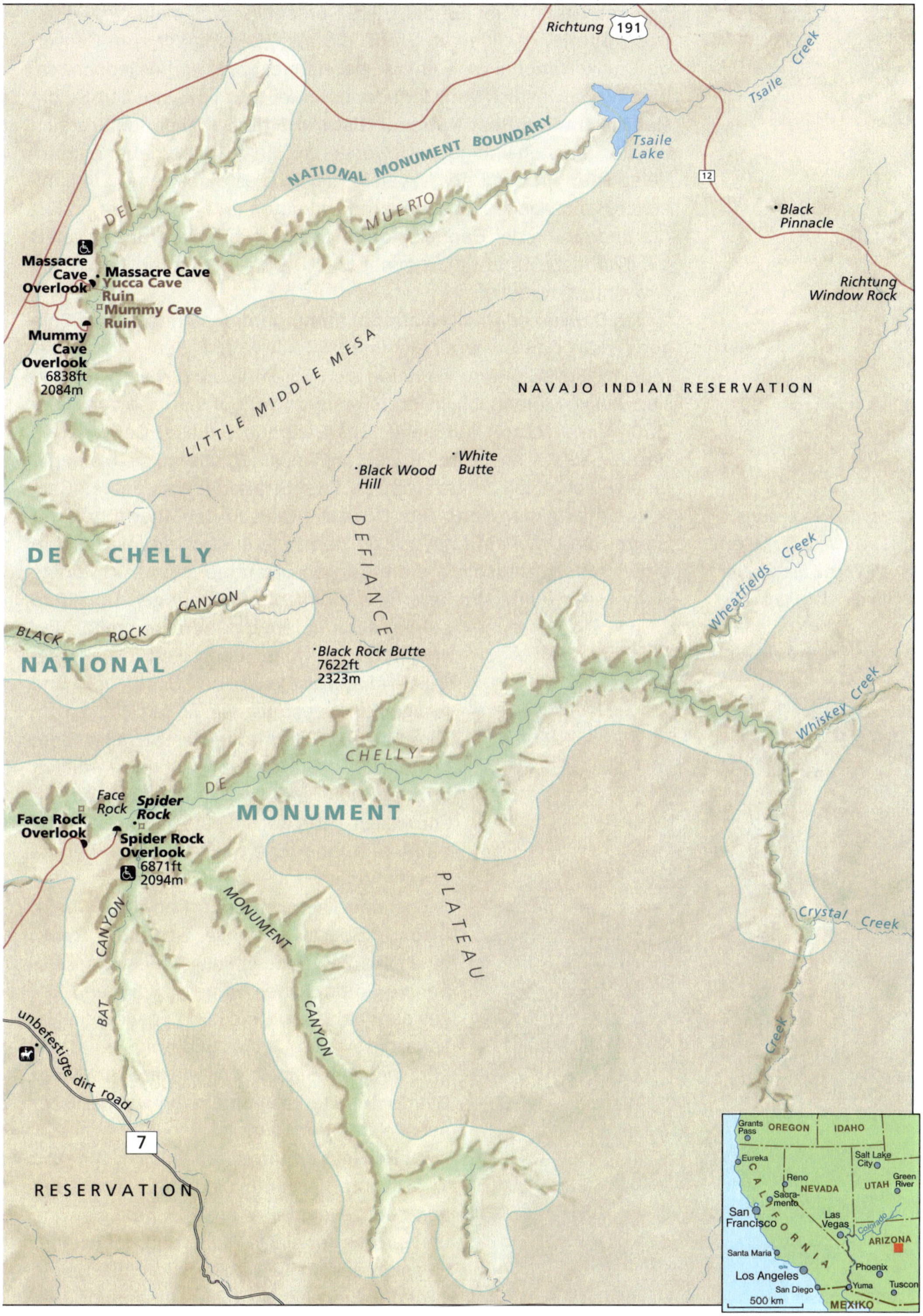
Richtung 191
Tsaile Creek
NATIONAL MONUMENT BOUNDARY
Tsaile Lake
12
Black Pinnacle
Richtung Window Rock
DEL MUERTO
Massacre Cave Overlook
Massacre Cave
Yucca Cave Ruin
Mummy Cave Ruin
Mummy Cave Overlook
6838ft
2084m
LITTLE MIDDLE MESA
NAVAJO INDIAN RESERVATION
White Butte
Black Wood Hill
DEFIANCE
DE CHELLY
CANYON
BLACK ROCK
NATIONAL
Black Rock Butte
7622ft
2323m
Wheatfields Creek
Whiskey Creek
CHELLY
DE
Face Rock
Spider Rock
Face Rock Overlook
MONUMENT
Spider Rock Overlook
6871ft
2094m
MONUMENT CANYON
PLATEAU
BAT CANYON
Crystal Creek
Creek
unbefestigte dirt road
7
RESERVATION
Grants Pass
OREGON
IDAHO
Eureka
Salt Lake City
Reno
NEVADA
UTAH
Green River
CALIFORNIA
Sacramento
San Francisco
Las Vegas
Colorado
ARIZONA
Santa Maria
Phoenix
Los Angeles
San Diego
Yuma
Tuscon
500 km
MEXIKO

beginnt. Nach 74 mi auf der US191 erscheint rechts ein Wegweiser nach **Chinle,** der kleinen Stadt, die als „Eingangstor zum Canyon de Chelly National Monument" bezeichnet wird. Vorher jedoch, ca. eine Meile westlich von Ganado, befindet sich links der Straße die **Hubbel Trading Post National Historic Site.** Dabei handelt es sich um den ältesten und nach wie vor genau wie 1878 betriebenen Handelsposten im Land der Navajos. Hier gibt es eine Vielzahl indianischer Handarbeiten zu sehen und zu kaufen und ein Ranger erklärt die Bedeutung der Handelsstation. Das Besucherzentrum ist von 8 bis 17 Uhr geöffnet (im Sommer bis 18 Uhr), der Eintritt kostet 2 $ (www.nps.gov/hutr).

Das **Canyon de Chelly National Monument** besteht aus zwei Canyons, dem Canyon de Chelly (sprich Tscheji) und dem Canyon del Muerto. Am Ausgang, wo beide sich vereinen, sind die Felswände nur wenige Meter hoch, in ihrem weiteren Verlauf teilweise aber über 300 m und schroff abfallend. Das Besondere dieser Canyons ist, dass sie relativ breite und fruchtbare Talsohlen haben, die bis heute landwirtschaftlich genutzt werden. Zwei Straßen führen an den Canyons entlang, der North Rim Drive am Canyon del Muerto und der South Rim Drive am Canyon de Chelly. Die Aussichtspunkte bieten einen schönen Ausblick in die Canyons. Von hier sind auch einige Ruinen der Pueblo-Indianer sowie einige ihrer heutigen Dörfer zu sehen, denn unten, in den recht breiten Talsohlen der Canyons, leben die **Diné** und betreiben Landwirtschaft und Schafzucht und fertigen an Webstühlen im Freien Decken an. Diné ist der Eigenname der Navajos, dem mit 340.000 Stammesangehörigen weitaus größten Indianerstamm in den USA, der ursprünglich – wie auch die Apachen – aus Kanada kam, aber das wahrscheinlich bereits um 900 oder 1000 n. Chr.

▼ Spider Rock, der Legende nach früherer Wohnort der Göttin Spider Woman

078us Abb.: jg

Besonders sehenswert im Canyon de Chelly, also am South Rim Drive, ist **Spider Rock,** eine etwa 245 m hohe Felsnadel, auf der früher die Göttin Spider Woman („Spinnenfrau") gewohnt haben soll, die laut Legende die Navajos die Weberei lehrte und noch heute verehrt wird. Von Spider Rock wie auch am **Tsegi Overlook** bietet sich einem ein wundervoller Ausblick auf den Canyon.

White House Ruin ist eine kleine, vor etwa 1000 Jahren erbaute Siedlung. Sie besteht aus zwei Teilen, einer am Fuß der Felswand und ein zweiter einige Meter darüber in einer Felsnische. Vom Aussichtspunkt White House Overlook führt ein etwa 2 km langer und stei-

Unverschämte Eintrittsgelder?

Bitte schimpfen Sie jetzt nicht über die Indianer, die einen nur für viel Geld in ihren Canyon lassen: Der Talboden ist zwar einigermaßen fruchtbar, aber der Rest des riesigen Reservats ist für Landwirtschaft und Viehzucht so gut wie unbrauchbar, was man bei der Anfahrt über die doch recht eintönige US191 schon sieht. Der Wert des Geländes, das man den Indianern zugebilligt hat, liegt also in seiner unendlichen Schönheit, durch die Touristen aus der ganzen Welt angezogen werden. Es sind längst nicht so viele, wie am Grand Canyon oder im Bryce Canyon, aber die Navajos sind auf die Touristen angewiesen, deshalb muss man hier für den Besuch der Landschaft – dem einzige Kapital – bezahlen.

Bezahlen mussten auch die Filmleute, die hier 1969 mit Gregory Peck den Western „MacKenna's Gold" drehten. Also zahlen auch Sie bitte mit Verständnis für die Indianer!

ler Weg hinunter. Dieser White House Ruins Trail ist der einzige Weg in den Canyon hinein, den man ohne indianischen Führer gehen darf.

Die Fahrt mit dem Pkw im National Monument ist grundsätzlich kostenlos und man kann so die Aussichtspunkte oben an der Kante besuchen. In die eigentlichen Canyons darf man aber nur mit einem Wagen mit Vierradantrieb nach Kauf einer Erlaubnis (permit) und in Begleitung eines autorisierten Navajo-Führers hinein. Die permit kostet pro Stunde 15 $ für einen Pkw und 5 $ pro Stunde für jeden weiteren Pkw (bei max. 5 Pkws pro Guide).

Auch für Wanderungen im Canyon ist die Begleitung durch einen Navajo-Führer vorgeschrieben. Die permit hierfür kostet 15 $ pro Stunde und gilt für bis zu 15 Personen.

Sehenswert sind im Canyon del Muerto, also am North Rim Drive, **Ledge Ruin,** ein zweistöckiger Pueblo, der vor etwa 900 Jahren errichtet wurde, **Antelope House Ruin,** erbaut etwa im 12. Jahrhundert (die Felszeichnungen von Antilopen gaben der Siedlung den Namen), **Mummy Cave Ruin,** einer der größten Pueblos im Canyon und **Massacre Cave Overlook,** eine Höhle, bei der 1805 ein Massaker spanischer Soldaten an 115 Navajos begann.

Information

Superintendent, Canyon de Chelly National Monument, P.O. Box 588, Chinle, AZ 86503, Tel. (520) 674-5500, Fax (520) 674-5507, www.nps.gov/cach

50 Spider Rock Campground **(s. S. 265)**

MONUMENT VALLEY NAVAJO TRIBAL PARK *** (130 miles – mile 689)

Bis zum **Monument Valley** sind es 130 mi, zunächst fährt man über die landschaftlich sehr nette US191 und dann über die US160 sowie die US163 bis zur Kreuzung Gouldings, wo es links nach Gouldings und rechts zum Monument Valley geht. Dieses Tal ist eigentlich kein

Tal, sondern eine weite, schüsselartige Senke, die übersäht ist mit zum Teil gigantischen Sandsteinmonolithen.

Ich kann mich noch gut an den Film „Höllenfahrt nach Santa Fe" („Stagecoach") erinnern, für den ich in unserer mecklenburgischen Kleinstadt kurz nach dem Zweiten Weltkrieg lange anstehen musste. Schon als Kind erlebte ich hier die wilde Romantik der unendlichen Ebenen Arizonas – nur hatte ich damals keine Ahnung, wo dieser tolle **Westernfilm** gedreht wurde. Erst viele Jahre später stand ich dann vor diesem gewaltigen Panorama und sah im Geiste die Reiter vorbeistürmen und die großen Trecks der Einwanderer über das Steingeröll poltern. „Stagecoach" von **John Ford** war der erste Western, der im Monument Valley gedreht wurde (1938) und John Wayne zum Filmstar machte. Ihm folgten viele andere, von denen „My Darling Clementine" („Faustrecht der Prärie", 1946), „The Searchers" („Der schwarze Falke", 1956) und „How the West was won" („Das war der Wilde Westen", 1962) die bekanntesten sind. Was wären alle diese großen Western Filme von John Ford ohne die Landschaft des Monument Valley, das noch heute zur Reservation der Navajos gehört? John Ford kehrte immer wieder hierher zurück und wurde so etwas wie ein Ehrenmitglied der Navajos. Nach ihm ist auch ein Teil dieses Parks benannt.

Aber nicht nur aus dem Film, sondern auch von vielen **Reklamebildern** kennt man die drei buttes: Kegelstümpfe aus rotem Sandstein, die sich wie riesige Monumente vor der unendlichen Wüste im Osten erheben.

An der Kreuzung Gouldings angekommen, ist es je nach Tages- und Jahreszeit vielleicht angebracht, erst einmal **Quartier zu machen.** Im Rock Door Canyon an der Gouldings Hospital Road findet man rechts einen sehr schönen Good Sam Park. Dieser Campingplatz liegt in einem Canyon versteckt und bietet einen herrlichen Blick in das Monument Valley, denn just nach dieser Seite hin öffnen sich die Berge und begrenzen den Blick auf die Kulisse der riesigen Sandsteinkegelstümpfe wie die Vorhänge einer Theaterbühne. Hier kann man manchmal am Abend ein einmaliges Schauspiel erleben: Die Kumuluswolken ziehen sich rasch zusammen, um am Abend eine riesige schwarze Gewitterwolke zu bilden. Vor diesem schwarzen Himmel erstrahlen die Sandsteinkegel in der Abendsonne und ein Regenbogen erfüllt die Szenerie mit dem Glanz der „himmlischen Beleuchtungstechnik". Ich kann für dieses Schauspiel nicht garantieren, aber plötzlich aufziehende Gewitter sind in dieser Region nicht selten.

51 Gouldings Good Sam Park ***(s. S. 265)***

Der Eintritt zum Park auf der anderen Seite der US163 beträgt 5 $ pro Person und Tag und wird an einer kleinen Holzbude rechts der Zufahrtsstraße kassiert. In der Nebensaison zahlt man im Besucherzentrum, das eine Meile östlich der Gouldings-Kreuzung (US163) liegt (N36.81609° W110.11192°). Am Besucherzentrum gibt es einen zweiten, einfachen Campingplatz in ganz fantastischer Lage: den Mitten View Campground.

52 Mitten View Campground ***(s. S. 265)***

079us Abb.: la

Man kann am Besucherzentrum parken und hat von dort einen eindrucksvollen Blick auf die drei Hauptattraktionen des Parks: West Mitten Butte, East Mitten Butte und Merrick Butte (von links nach rechts). Die geschäftigen Navajos bieten eine zweieinhalbstündige **Rundfahrt** mit dem Jeep auf dem Valley Drive an (65 $ pro Person oder 20 $ pro Stunde). Die gleiche Tour kann man auch mit dem eigenen Auto fahren, jedoch ist der „Drive" für größere Wohnmobile nicht geeignet und wenn laut Mietvertrag das Befahren von dirt roads nicht gestattet ist, ist die Fahrt sogar verboten. Die schlauen Navajos tragen dafür Sorge, dass nicht zu viele Privatwagen diesen Kiesweg benutzen und außerdem werden auf der geführten Tour Orte gezeigt, die auf der freigegebenen Route nicht angefahren werden dürfen. Bezüglich der Kosten gelten hier natürlich die gleichen Argumente, wie sie schon bei der Beschreibung des Canyon de Chelly (s. S. 227) gebracht wurden: Wovon sollen sich die Menschen in dieser staubigen Wüste sonst ernähren?

▲ *Die buttes im Monument Valley*

Von einer 1850 m ü. M. gelegenen **Plattform am Besucherzentrum** hat man einen wunderschönen Blick in die Ebene mit den Steinkolossen und kann die Autos auf dem etwa 15 mi langen Fahrweg beobachten, der sich zwischen Sentimental Mesa, Thunderbird Mesa und Spearhead Mesa hindurchwindet, über schräge Felsplatten und vorbei an den buttes bis hin zum Totem Pole und dem entferntesten Aussichtspunkt, Yei Bi Chei. Zurzeit in Bau befindet sich das The View Hotel mit Blick ins Tal. Das direkt am Visitor Center gelegene Haus wird das einzige innerhalb des Monument Valley gelegene Hotel sein und soll Ende 2009 fertig sein.

Die von Schuttkegeln umgebenen Felstürme erheben sich bis zu 300 m aus der Ebene über einer kargen Steppe. Gegen 1300 n. Chr. verließen die letzten der Ureinwohner diese Gegend, nachdem der mühsame Maisanbau und die Jagd sie nicht mehr ernähren konnten. Die Anasazi gingen für immer, niemand weiß wohin, aber dann kamen die Navajos, denen noch heute das Land gehört. 1958 beschloss die Selbstregierung der Navajo-Reservation in Window Rock, das Gebiet zu einem Tribal Park zu erklären, um die 160 Millionen Jahre alten Sandsteinmonumente für die Touristen zu erschließen und diese gigantische Landschaft auch der Film- und Werbeindustrie zur Verfügung zu stellen – gegen eine entsprechende Gebühr versteht sich.

Information

Monument Valley Navajo Tribal Park, P.O. Box 360289, Monument Valley, UT 84536, Tel. (435) 727-3353 oder (520) 871-4941, www.desertusa.com/monvalley

Hinweis

Kürzlich hat es Berichte gegeben, wonach die Navajos die Felsen zum Klettern freigegeben hätten: Diese Meldung ist **falsch!**

Gegen 20.30 Uhr wird der Rundweg durch das Land der buttes geschlossen und die Navajos gehen zu ihren unsichtbaren hogans (Wohnstätten) zurück (Öffnungszeiten des Trails: Mai–Sept. 6–20.30 Uhr, Okt.–Apr. 8–16.30 Uhr). Die Wüste schimmert violett und die drei buttes erheben sich majestätisch vor diesem Hintergrund, in der Abendsonne hellrot leuchtend wie die Kulissen zu den unvergesslichen Filmen von John Ford.

MESA VERDE NATIONAL PARK ★★

(158 miles – mile 847)

„Seid willkommen, doch wisset, dass dieses Land nur wenig Nahrung und Wasser bereithält. Das Leben wird nicht einfach für euch sein." So sprach der Legende nach Maasaw, ein Gott aus der Vierten Welt zu den **Hopi,** als diese aus der Unterwelt in das heutige Nordarizona heraufkamen. Die Hopi entschlossen sich zu bleiben und so leben sie noch heute in einer trockenen Hochlandwüste im Nordosten von Arizona, in der außer ihnen praktisch niemand zu überleben vermag. Nur ihnen gelingt es, diesem unwirtlichen Boden landwirtschaftliche Erzeugnisse – hauptsächlich **Mais** – abzuringen und einige **Schafe** zu züchten. Heute leben etwa 10.000 Hopi in zwölf Dörfern in der 250.000 ha großen Black Mesa, der „Schwarzen Hochebene" von Nordostarizona, im Zentrum des größten Indianerreservates Amerikas, dem Reservat der Navajos mit 6,5 Millionen Hektar Fläche. Die Hopi sind hier seit etwa 1000 n. Chr. ansässig, gehören zur alten Kultur der aztekischen Stammesfamilie und haben mit hoher Wahrscheinlichkeit große Teile der aus ihren burgähnlichen Städten im Mesa Verde Park abgewanderten **Anasazi** aufgenommen. Man kann heute nicht mit Sicherheit sagen, die Hopi seien die Nachfolger der Anasazi, kein Mensch weiß jedoch, wo die Anasazi geblieben sind, nachdem sie Mesa Verde verlassen haben.

Vom Monument Valley bis Mesa Verde sind es 158 mi über die US163 und die US160. Auf der Fahrt trifft man auf den geografisch interessanten Ort **Four Corners:** Hier stoßen die vier Staaten Utah,

Arizona, Colorado und New Mexico aufeinander. Wer die Landkarte der USA aufmerksam studiert, wird bald herausfinden, dass dies der einzige Ort ist, wo vier Bundesstaaten aneinanderstoßen. Dies ist durch eine große Steinplatte auf dem heißen Boden der Halbwüste gekennzeichnet, auf der sich die Amerikaner in patriotischer Haltung fotografieren lassen (N36.99897° W109.04517°, Eintritt 3 $ pro Person). Umrandet wird diese landmark von einem Halbkreis halboffener Buden, in denen Navajos und Hopi ihre Handarbeiten feilbieten: sand paintings und wunderschönen Silberschmuck.

Der **Mesa Verde National Park** wurde gegründet, um die Ruinen von Hunderten von Wohnstätten zu erhalten, die prähistorische Indianer auf die Tafelberge (auf spanisch mesa) und in die Höhlen vieler zerklüfteter Bergschluchten bauten, und hat eine Fläche von 21.073 ha. Die Mesa Verde erhebt sich hoch über das umliegende Land. Sie und die umliegenden Gebiete wurden ungefähr 1300 Jahre lang von Ackerbau betreibenden Indianern bewohnt und Archäologen konnten anhand Hunderter noch erhaltener Ruinen eines der bedeutendsten Kapitel in der Geschichte des prähistorischen Amerika rekonstruieren. Damit ist Mesa Verde der kulturhistorisch bedeutsamste Nationalpark der USA.

Von den vielen Ruinen wurden nur einige ausgegraben. Da sie jahrhundertelang unbewohnt waren, wurden sie von Naturgewalten angegriffen und einige auch, bevor das Gebiet zum Nationalpark ernannt wurde, von „Besuchern" schwer beschädigt. Die, die erhalten sind, sind aber wirklich beeindruckend.

Besucher von Mesa Verde können **Ruinen verschiedenster Art** besichtigen: von den Grubenhäusern aus dem 6. Jahrhundert bis hin zu den Klippenwohnstätten aus dem 13. Jahrhundert. Die Klippenwohnstätten sind am eindrucksvollsten, doch die Grubenhäuser und die Dörfer auf dem Hochplateau sind ebenso bedeutend, da sie, in chronologischer Ordnung gesehen, die architektonische Entwicklung zeigen.

Die Indianern, die dieses Gebiet bewohnten, zogen kurz nach Beginn des christlichen Zeitalters nach und nach her. Sie hatten zunächst eine primitive Kultur, machten jedoch stetig Fortschritte und erreichten um 1200 n. Chr. ein bedeutendes Kulturniveau.

Die ersten hier ansässigen Indianer werden **Korbflechter** genannt, da sie es verstanden, ausgezeichnete Körbe zu flechten – zu dieser frühen Zeit kannten die Menschen weder Töpferei, noch Häuser, noch Pfeil und Bogen. Ruinen aus der Zeit der Korbflechter wurden allerdings noch nicht gefunden. Um das Jahr 400 n. Chr. begannen wichtige neue Entwicklungen: Die Indianer lernten Töpfe herzustellen und überdachte Wohnstätten zu bauen. Kurze Zeit später begannen sie, auch Pfeil und Bogen zu verwenden.

Die frühesten **Grubenhäuser** wurden manchmal in den Höhlen gebaut, nach 650 n. Chr. jedoch meistens im Freien. Es wurde eine große Anzahl von Grubenhäuserdörfern gefunden und Parkbesucher

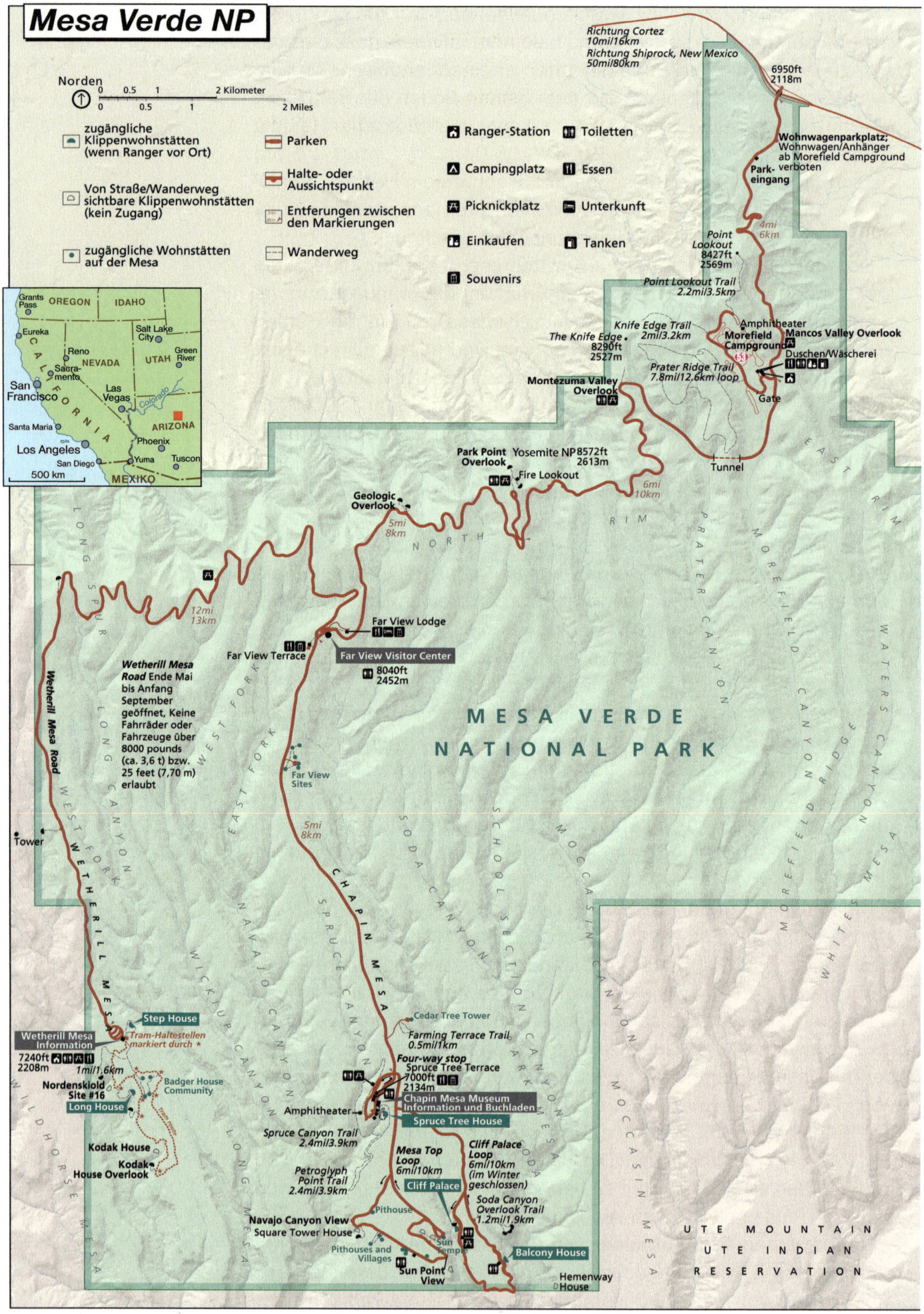

Mesa Verde NP
Norden
0 0.5 1 2 Kilometer
0 0.5 1 2 Miles
zugängliche Klippenwohnstätten (wenn Ranger vor Ort)
Von Straße/Wanderweg sichtbare Klippenwohnstätten (kein Zugang)
zugängliche Wohnstätten auf der Mesa
Parken
Halte- oder Aussichtspunkt
Entferungen zwischen den Markierungen
Wanderweg
Ranger-Station
Campingplatz
Picknickplatz
Einkaufen
Souvenirs
Toiletten
Essen
Unterkunft
Tanken
Grants Pass
OREGON
IDAHO
Eureka
Salt Lake City
Reno
NEVADA
UTAH
Green River
Sacramento
San Francisco
CALIFORNIA
Las Vegas
Colorado
ARIZONA
Santa Maria
Phoenix
Los Angeles
San Diego
Yuma
Tuscon
MEXIKO
500 km
Richtung Cortez 10mi/16km
Richtung Shiprock, New Mexico 50mi/80km
6950ft 2118m
Wohnwagenparkplatz; Wohnwagen/Anhänger ab Morefield Campground verboten
Park-eingang
4mi 6km
Point Lookout 8427ft 2569m
Point Lookout Trail 2.2mi/3.5km
Knife Edge Trail 2mi/3.2km
The Knife Edge 8290ft 2527m
Amphitheater
Morefield Campground
Mancos Valley Overlook
Duschen/Wäscherei
Prater Ridge Trail 7.8mi/12.6km loop
Montezuma Valley Overlook
Gate
Tunnel
Park Point Overlook
Yosemite NP 8572ft 2613m
Fire Lookout
6mi 10km
Geologic Overlook
5mi 8km
NORTH RIM
EAST RIM
PRATER CANYON
MOREFIELD CANYON
MOREFIELD RIDGE
WATERS CANYON
WHITE MESA
12mi 13km
Far View Lodge
Far View Terrace
Far View Visitor Center
8040ft 2452m
Wetherill Mesa Road Ende Mai bis Anfang September geöffnet, Keine Fahrräder oder Fahrzeuge über 8000 pounds (ca. 3,6 t) bzw. 25 feet (7,70 m) erlaubt
Wetherill Mesa Road
LONG SPUR
LONG CANYON
WEST FORK
EAST FORK
Far View Sites
MESA VERDE NATIONAL PARK
5mi 8km
Tower
WEST FORK
WETHERILL MESA
CHAPIN MESA
SPRUCE CANYON
SODA CANYON
SCHOOL SECTION CANYON
MOCCASIN CANYON
NAVAJO CANYON
WICKIUP CANYON
LONG MESA
PARK MESA
MOCCASIN MESA
WILDHORSE MESA
Step House
Wetherill Mesa Information
Tram-Haltestellen markiert durch ★
7240ft 2208m
1mi/1.6km
Nordenskiold Site #16
Badger House Community
Long House
Kodak House
Kodak House Overlook
Cedar Tree Tower
Farming Terrace Trail 0.5mi/1km
Four-way stop
Spruce Tree Terrace
7000ft 2134m
Chapin Mesa Museum Information und Buchladen
Amphitheater
Spruce Tree House
Spruce Canyon Trail 2.4mi/3.9km
Mesa Top Loop 6mi/10km
Cliff Palace Loop 6mi/10km (im Winter geschlossen)
Petroglyph Point Trail 2.4mi/3.9km
Cliff Palace
Pithouse
Soda Canyon Overlook Trail 1.2mi/1.9km
Navajo Canyon View
Square Tower House
Pithouses and Villages
Sun Temple
Sun Point View
Balcony House
Hemenway House
UTE MOUNTAIN UTE INDIAN RESERVATION

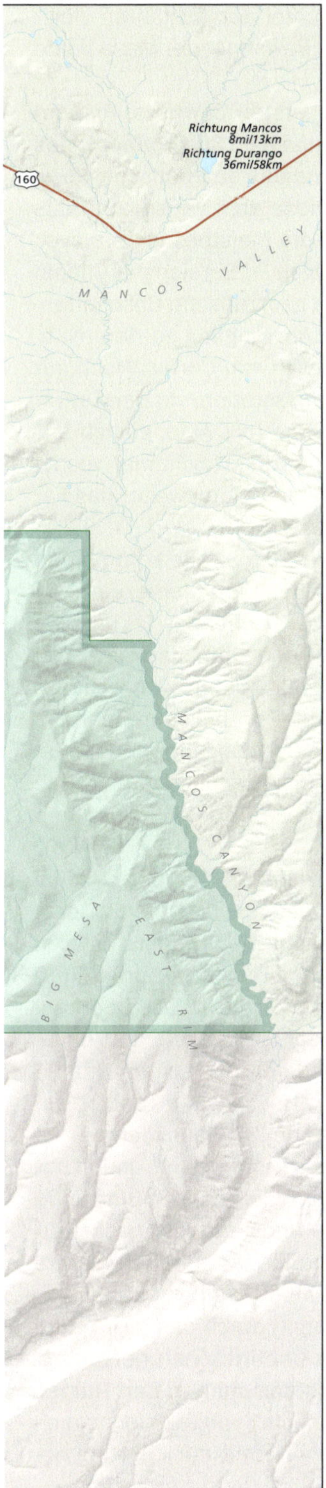

können zwei der Häuser besichtigen. Von ungefähr 750 n. Chr. an bauten die Indianer immer häufiger ihre Häuser in Gruppen, um somit feste Dörfer zu bilden. Sie werden **pueblo** („Dorf") genannt.

Die Bezeichnung „Entwicklungsdorf" deutet darauf hin, dass während dieser Zeit viel experimentiert und weiterentwickelt wurde. Man probierte verschiedene Bauweisen für Häuserwände aus, dafür verwendete man z. B. ungebrannte Ziegelsteine oder Ziegelsteine mit Stangen, auf die dann Steinplatten gelegt wurden, und dann schließlich richtig geschichtetes Mauerwerk. Die Häuser wurden aneinandergebaut, um dichte Gruppen um offene Höfe herum zu bilden. In diesen Höfen gibt es Grubenhäuser, die allmählich immer tiefer gebaut wurden, bis sie schließlich zu zeremoniellen Räumen wurden, die heute Kivas heißen.

Während des letzten Jahrhunderts dieser Epoche (1200 bis 1300) verließen die meisten Pueblo-Indianer die Hochplateaus und bauten ihre Wohnstätten in den Höhlen, die es in den Bergschluchten in großer Zahl gibt. Die Zeit 1100 bis 1300 n. Chr. war der Höhepunkt der Pueblo-Kultur in Mesa Verde und wird als die Große oder Klassische Pueblo-Zeit bezeichnet. Die genaue Anzahl der Klippenwohnstätten ist unbekannt.

Von 1276 an herrschte in der Mesa Verde eine große Dürre und 24 Jahre lang war der Niederschlag nicht ausreichend. Eine Quelle nach der anderen versiegte und die Menschen kamen in große Not. Ihr einziger Ausweg war, in andere Gegenden mit zuverlässigen Wasserquellen zu ziehen und so wurde ein Dorf nach dem anderen verlassen. Die Indianer zogen langsam südwärts zum Rio Grande in New Mexico und nach Westen in das Land der

Far View Visitor Center

Mesa Verde National Park, Mesa Verde, CO 81330, Tel. (970) 529-4465, Fax (970) 529-4637, N37.25802° W108.4977°, geöffnet Ende April bis Anfang Oktober

53 Morfield Campground **(s. S. 265)**

Hopi-Indianer in Arizona. Zweifellos sind unter den Vorfahren vieler Pueblo-Indianer von heute die ehemaligen Bewohner der Mesa Verde zu finden.

Im Jahre 1888 wurden durch zwei der ersten Cowboys, Richard Wetherill und Charles Mason, der Klippenpalast **(Cliff Palace),** das Fichtenbaumhaus **(Spruce Tree House)** und das quadratische Turmhaus **(Square Tower House)** entdeckt. Diese drei Häuser und das Balkonhaus **(Balcony House)** sind heute die meistbesuchten dwellings (Wohnungen) der Mesa Verde und liegen im Bereich der Chapin Mesa. Um sie einzuordnen, muss man die geografische Beschaffenheit des Parks etwas kennenlernen: Die Abzweigung zu dem Nationalpark erfolgt von der US160 10 mi östlich von Cortez. Nach gut einer Meile gelangt man an die Parkeingangsstation, wo der Eintritt von 15 $ (bzw. im Winter 10 $) entrichtet wird (pro Auto, gültig für 7 Tage). Etwa 4 mi nach dem Verlassen der US160 erreicht man rechts von der Straße den Morefield Campground und 11 mi weiter das Far View Visitor Center.

Auf dem Wege dorthin auf einer kurvenreichen Straße kommt man zunächst durch einen Tunnel, dann zu dem Rastplatz Montezuma Valley Overlook, von dem man einen schönen Blick über das Tal hat. Der nächste Rastplatz heißt Park Point Overlook, dort kann man die ersten Steinhäuser sehen. Zwei weitere Häuser erblickt man vom Geologic Overlook, dann ist das Visitor Center erreicht. Dort bekommt man neben Kartenmaterial auch die Tickets für die Besichtigung von Cliff Palace, Balcony House und Long House. Die Tickets gibt es nur hier, sie kosten 3 $ pro Person und Führung. Für Spruce Tree House und Step House wird kein Ticket benötigt.

Vom Visitor Center bei der Far View Lodge führen eine Straße nach Süden zur Chapin Mesa und eine nach Westen zur Wetherill Mesa. Die bekannten Ruinen liegen an der **Chapin Mesa,** deshalb fährt man die Straße nach Süden und kommt nach 5 mi zum Spruce Tree House, das man durch einen kleinen Canyon erreicht. Das überhängende Felsdach trägt Fichten, die dort ungewöhnlich sind und dem Haus seinen Namen gaben. Spruce Tree House war eigentlich ein Dorf oder ein Mehrfamilienhaus, denn es ist deutlich in mehrere Höfe geteilt, jeder mit einer Kiva. Dabei handelt es sich um runde Erdhöhlen, die den Priestern der Anasazi zur Ausübung ihrer Rituale vorbehalten waren. Am Boden der Kiva befindet sich immer ein Loch, Sipapu genannt, durch das die Verbindung zur Welt des Überirdischen hergestellt wird. Herumkraxeln darf man in den Ruinen übrigens natürlich nicht – abgesehen von einigen Stellen, die man mit der Führung besucht.

▼ *Die Felsenwohnungen der Indianer waren unter der überhängenden Felswand vor dem Wetter und vor Angreifern geschützt*

080us Abb.: la

Die Anasazi waren nicht dumm: Noch heute erkennt man ein gut ausgeklügeltes **Ventilations- und Frischluftsystem** für die früher abgedeckten Räume mit der jeweils zentral angelegten Feuerstelle. Das Leben spielte sich hauptsächlich auf den Höfen rund um die Kiva ab. Die Räume in den dreistöckigen Häusern waren die Schlafräume, die Stockwerke über Leitern miteinander verbunden.

Eine Besichtigung des Spruce Tree House ohne Führung dauert ungefähr 45 Minuten, der Weg ist etwa 800 m lang. Am Eingang gibt es ein Büchlein mit allen Erklärungen, das man am Ausgang einfach wieder ins Kästchen legt oder für 50 Cent behalten kann. Die Ruine ist von 8.30 bis 18.30 Uhr geöffnet, Sonneneinfall gibt es jedoch nur am späten Abend. Das Spruce Tree House befindet sich gleich hinter einem Museum und dem Park Headquarter, wobei auch der Besuch des Museums nicht versäumt werden sollte. Eine Ausstellung vermittelt einen guten Eindruck über das Leben in den Klippendörfern, über den Aufbau der Häuser und auch allgemein über die Anasazi-Kultur.

Chapin Mesa Archaeological Museum

Chapin Mesa, 20 mi hinter dem Parkeingang, tägl. 8–18.30 Uhr, Okt.–Apr. bis 17 Uhr, Eintritt in der Parkgebühr enthalten

Mesa Verde National Park Headquarters

Tel. (970) 529-4465

Hinter dem Museum teilt sich der Weg in einen östlichen und einen westlichen Teil. Wer wenig Zeit hat, muss nur den östlichen Teil besuchen, wer mehr Zeit hat, findet auch auf dem westlichen Rundweg interessante Dinge zu sehen. So gelangt man auf der **westlichen Schleife** zu einem Parkplatz und der Weg vom Parkplatz an einem Pit House („Grubenhaus“) vorbei zu einem hoch über dem Navajo Canyon gelegenen Aussichtspunkt ist nicht weit. Wenn man sich über den Rand einer Felskanzel beugt, sieht man tief unten **Square Tower House,** einen dicken quadratischen Turm. Kein gangbarer Weg führt herunter, nur Grifflöcher im Fels. Auch die Aussichtspunkte Sun Point und Sun Temple liegen an diesem Rundweg. Vom Sun Point View (N37.16181° W108.47417°) hat man einen tollen Blick hinüber zum Cliff Palace.

Am **östlichen Rundweg** befinden sich die beiden anderen der drei bedeutenden cliff dwellings („Klippensiedlung“), nämlich Cliff Palace und Balcony House. **Cliff Palace** hat natürlich auch einen Parkplatz und schaut man hier nichts ahnend über den Felsrand, so glaubt man nicht, dass unten, von der überhängenden Felswand geschützt, eine ganze Stadt verborgen liegt – Cliff Palace hat 200 Zimmer! Man geht einen steilen Felspfad herunter, biegt um die Ecke und steht wie gebannt vor den großartigen Felsenwohnungen: In einer 200 m langen und zwanzig Meter hohen Felsmuschel ducken sich Häuser und Türme, öffnen sich runde Kivas und Leitern verbinden die verschiedenen Ebenen dieser sehr gut erhaltenen Ruinenstadt.

Zur Talseite fällt der Hang steil ab, es gibt keinen Weg dort hinunter, der einzige Ausweg führt durch eine sehr enge Felsspalte nach oben, durch die man nach der Besichtigung des Cliff Palace auf das obere Plateau heraufkraxelt.

Die Besichtigung des Cliff Palace erfolgt nur auf einer geführten Ranger-Tour und dauert etwa eine Stunde. Der Weg ist 800 m lang führt aber über 120 unebene Stufen und über fünf Leitern und zum

Abschluss durch die Felsspalte, sodass ältere oder korpulente Besucher sich die Sache gut überlegen sollten. Cliff Palace ist von 8 Uhr bis Sonnenuntergang geöffnet und ca. 20 Autominuten von der Far View Lodge entfernt. Der Eintritt beträgt 3 $ pro Person.

Auf der Einbahnstraße kann man nicht anders als bei der Rückfahrt am **Balcony House** vorbeizufahren. Man sagt, dass Cliff Palace die schönste der Ruinen sei, aber Balcony House die interessanteste. Man sollte sich deshalb unbedingt einer der geführten Touren anschließen, die halbstündlich durchgeführt werden. Eine Besichtigung ohne Führung ist auch hier nicht möglich. Da die Führung auf 50 Personen „limitiert" ist und dieses Limit in der Hochsaison stets erreicht wird, muss man sich darüber klar sein, dass man das Balkonhaus in einer großen Gruppe sieht – oder gar nicht, denn es geht dort unten sehr eng zu.

Auf felsigen Stufen geht es steil bergab bis zu einer kleinen Felsbastion, von der eine Indianerleiter wieder nach oben führt. Auf allen vieren geht es weiter durch eine sehr enge Felsspalte bis zu dem Platz mit der großen Kiva und einem schönen Ausblick auf die gegenüberliegende Talwand, die wiederum die Reste vieler Indianerbehausungen erkennen lässt. Der Ranger erklärt die Wohnstätte der Anasazi und beschreibt genau den Aufbau der Kiva. Dann geht es auf steilen Holzleitern wieder aufwärts durch enge Felsspalten, bis wieder das Plateau erreicht ist. Diese Tour ist für konditionsschwache Leute nicht zu empfehlen.

Die geführte Besichtigung des Balcony House dauert eine Stunde, der etwas beschwerliche Weg ist wieder 800 m lang. Die Touren beginnen von 8 Uhr bis Sonnenuntergang alle halbe Stunde und kosten 3 $ pro Person.

Wer viel Zeit hat, kann vom Far View Visitor Center (s. S. 234) auch die Wetherill Mesa Road nehmen und kommt nach 12 mi auf kurvenreicher und steiler Straße (maximale Autolänge 25 feet) zu dem kleinen, nur im Sommer von Memorial Day bis Labour Day geöffneten **Wetherill Mesa Visitor Center.** Hier kann man auf einer nicht geführten Tour **Step House** besichtigen und mit einem kleinen, gebührenfreien Bähnchen eine Rundfahrt zu etlichen Häusern machen, das bekannteste von ihnen ist **Long House** (geöffnet Ende Mai bis Anfang September, nur mit Führung zu besichtigen, 3 $ pro Person, nur im Far View Visitor Center buchbar).

54 ***Cortez/Mesa Verde KOA (s. S. 265)***

ARCHES NATIONAL PARK ★★★ (178 miles – mile 1025)

Die 178 mi vom Mesa Verde National Park bis zum Park der großen **Natursteinbögen,** dem Arches National Park, hat man schnell absolviert. Von Cortez fährt man auf der US491 nach Monticello und von dort auf der US191 vorbei am 1154 m hohen Abajo Peak bis Moab. Dort geht es gleich hinter der Colorado-Brücke in den Park, in

084us Abb.: la

dem sich ein sehr schöner Campingplatz befindet, der Devils Garden Campground.

55 *Devils Garden Campground* (s. S. 265)

Visitor Center am Parkeingang

Arches National Park, P.O. Box 907, Moab, UT 84532, Tel. (435) 719-2299, Fax (435) 719-2305, www.arches.national-park.com, N38.61673° W109.61973°, Eintritt in den Park 10 $ pro Auto für 7 Tage, dafür gibt es einen Plan des Parks mit den Sehenswürdigkeiten

Wer dort übernachten will, sollte sich jedoch gut darauf vorbereiten: Es gibt keine Einkaufsmöglichkeit, keine Tankstelle und nur sehr einfache sanitäre Einrichtungen – d. h. ein Plumpsklo und nur eine Wasserzapfstelle. Man sollte also tunlichst die Wasser- und Lebensmittelvorräte in Moab auffüllen und nicht mit leerem Wassertank und Kühlschrank in den Park fahren. Wer außerdem Elektrizität oder anderen Komfort eines privaten Campingplatzes benötigt, der sollte besser gleich den KOA-Platz in Moab anfahren.

56 *Moab KOA* (s. S. 266)

Wind und Wasser, Extremtemperaturen und unterirdische Bewegungen in den Salzlagerstätten sind für die bildhauerischen Felsschönheiten des Arches National Parks verantwortlich. An friedlichen Sonnentagen und bei blauem Himmel sind die gewaltigen Kräfte, die dieses größte Vorkommen von Naturbögen der Welt in 100 Millionen Jahren durch Sandsteinablagerungen und Auswaschungen erschaffen haben, kaum vorstellbar. Unter den über 500 katalogisierten Bögen findet man von Vertretern mit einem Meter Öffnung (die Mindestspannweite, um als Bogen anerkannt zu werden) bis hin zum Landscape Arch **verschiedene Größenordnungen** – letzterer ist 32 m hoch und misst von Sockel zu Sockel 89 m – und es sind alle

▲ *Nur eine verwitterte Blockhütte, ein Rübenkeller und ein Viehpferch sind von der Wolfe Ranch (s. S. 242) übriggeblieben*

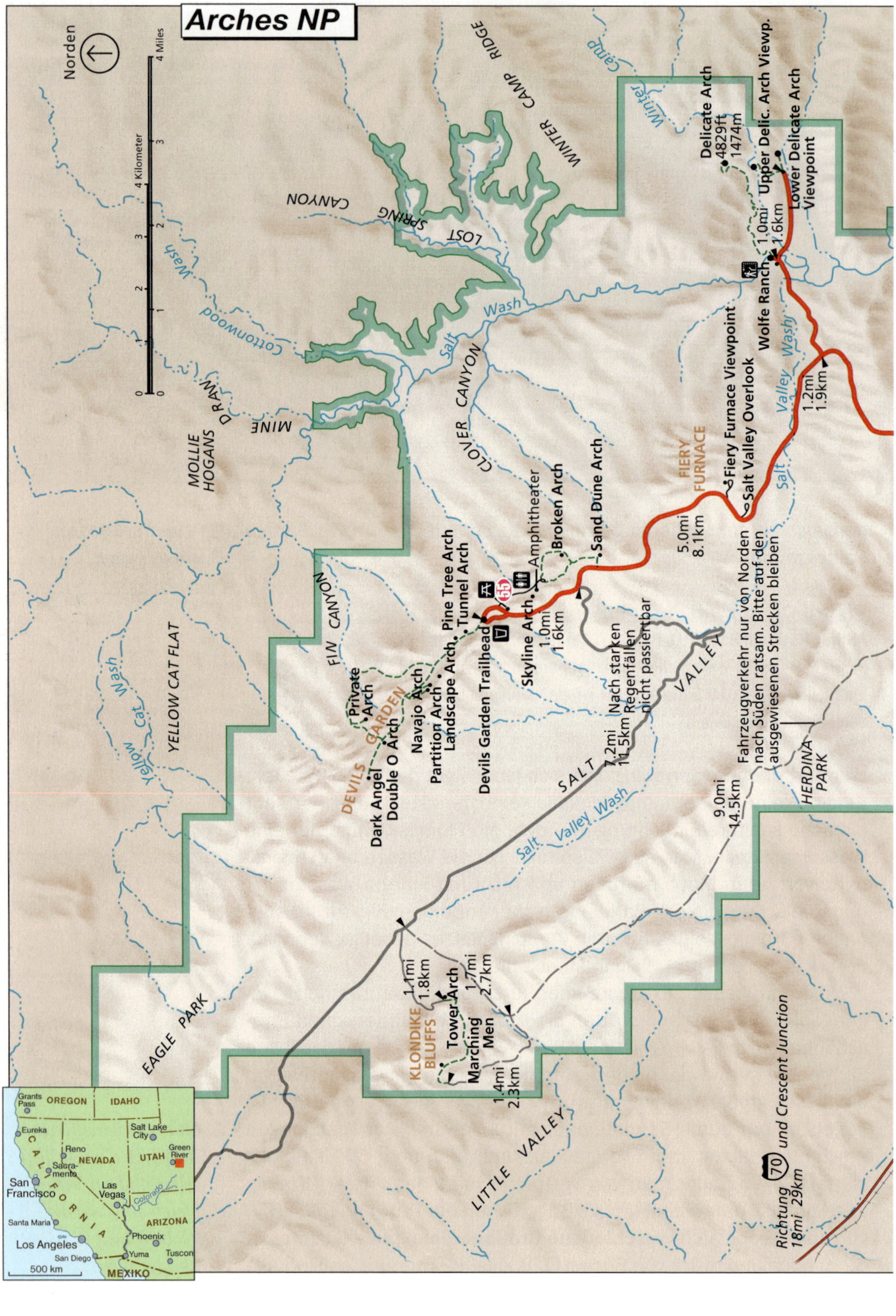
Arches NP
Norden
4 Miles
4 Kilometer
MOLLIE HOGANS
MINE DRAW
Cottonwood Wash
LOST SPRING CANYON
WINTER CAMP RIDGE
Winter Camp
Salt Wash
CLOVER CANYON
FIN CANYON
YELLOW CAT FLAT
Yellow Cat Wash
Delicate Arch 4829ft 1474m
Upper Delic. Arch Viewp.
Lower Delicate Arch Viewpoint
1.0mi 1.6km
Wolfe Ranch
Fiery Furnace Viewpoint
Salt Valley Overlook
Salt Valley Wash
1.2mi 1.9km
FIERY FURNACE
5.0mi 8.1km
Sand Dune Arch
Broken Arch
Amphitheater
55
Skyline Arch
1.0mi 1.6km
Pine Tree Arch
Tunnel Arch
Devils Garden Trailhead
Landscape Arch
Partition Arch
Navajo Arch
Private Arch
Double O Arch
Dark Angel
DEVILS GARDEN
Nach starken Regenfällen nicht passierbar
7.2mi 11.5km
SALT VALLEY
Fahrzeugverkehr nur von Norden nach Süden ratsam. Bitte auf den ausgewiesenen Strecken bleiben
9.0mi 14.5km
HERDINA PARK
Salt Valley Wash
EAGLE PARK
1.1mi 1.8km
1.7mi 2.7km
Tower Arch
Marching Men
KLONDIKE BLUFFS
1.4mi 2.3km
LITTLE VALLEY
Richtung 70 und Crescent Junction 18mi 29km
Grants Pass
OREGON
IDAHO
Eureka
Salt Lake City
Reno
NEVADA
UTAH
Green River
Sacramento
CALIFORNIA
San Francisco
Las Vegas
Colorado
Santa Maria
ARIZONA
Phoenix
Los Angeles
San Diego
Yuma
Tuscon
500 km
MEXIKO

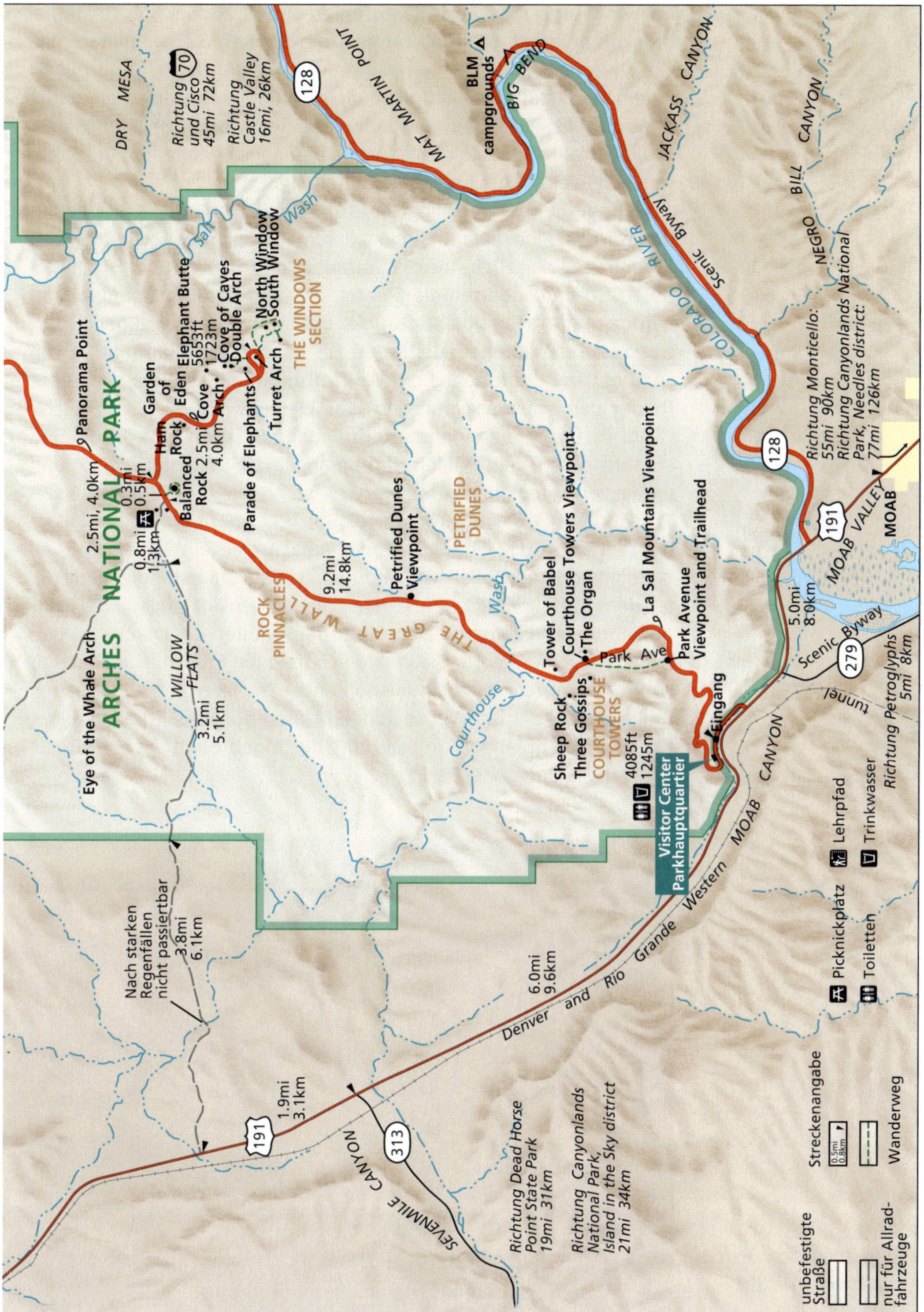
ARCHES NATIONAL PARK
DRY MESA
Richtung und Cisco 70 45mi 72km
Richtung Castle Valley 16mi, 26km
MAT MARTIN POINT
BLM campgrounds
BIG BEND
JACKASS CANYON
NEGRO BILL CANYON
COLORADO RIVER
Scenic Byway
Salt Wash
Panorama Point
2.5mi, 4.0km
0.3mi 0.5km
0.8mi 1.3km
Garden of Eden
Ham Rock
Balanced Rock
Cove Arch
2.5mi 4.0km
Elephant Butte 5653ft 1723m
Cove of Caves
Double Arch
Parade of Elephants
North Window
South Window
Turret Arch
THE WINDOWS SECTION
Eye of the Whale Arch
WILLOW FLATS
3.2mi 5.1km
ROCK PINNACLES
THE GREAT WALL
9.2mi 14.8km
Petrified Dunes Viewpoint
PETRIFIED DUNES
Wash
Courthouse
Tower of Babel
Courthouse Towers Viewpoint
The Organ
Sheep Rock
Three Gossips
COURTHOUSE TOWERS
4085ft 1245m
Park Ave
La Sal Mountains Viewpoint
Park Avenue Viewpoint and Trailhead
Eingang
Visitor Center Parkhauptquartier
128
191
279
313
Richtung Monticello: 55mi 90km
Richtung Canyonlands National Park, Needles district: 77mi 126km
MOAB VALLEY
MOAB
5.0mi 8.0km
tunnel
Richtung Petroglyphs 5mi 8km
MOAB CANYON
Denver and Rio Grande Western
6.0mi 9.6km
Nach starken Regenfällen nicht passiertbar
3.8mi 6.1km
1.9mi 3.1km
SEVENMILE CANYON
Richtung Dead Horse Point State Park 19mi 31km
Richtung Canyonlands National Park, Island in the Sky district 21mi 34km
unbefestigte Straße
nur für Allradfahrzeuge
Streckenangabe
0.5mi 0.8km
Wanderweg
Picknickplatz
Toiletten
Lehrpfad
Trinkwasser

Entwicklungs- und Zerfallsstufen zu sehen. Steile, von Gesteinsbrocken gekrönte **Säulen, Zacken** und **Sockel,** die versuchen, das Gleichgewicht zu bewahren, wetteifern mit den Bögen und bilden so ein spektakuläres Naturschauspiel. Frühere Entdecker glaubten, dass die riesigen Bögen und Monolithe der Window Section („Fensterbögen" aus Sandstein) Werke einer längst vergangenen Kultur waren, vergleichbar mit Englands Stonehenge.

Arches National Park liegt in Utahs südöstlichem Rotsteingebiet und wird auf einer kurzen Strecke durch den Colorado River begrenzt. Eine Brücke des Highway 191 verbindet den Park mit der Stadt Moab. 1830 durchquerten die Siedler, die über den **Old Spanish Trail** kamen, in der Nähe dieser Brücke mit ihren Maultieren den Fluss. Überreste des alten Trails tragen zur historischen Faszination von „Arches" bei und ebenso die **Wolfe Ranch,** ein Überbleibsel einer Rinderzucht, die typisch für den alten Westen war.

Der Park liegt auf einem **unterirdischen Salzbett,** das für die Entstehung der Bögen, Säulen und Balanceakte, Sandsteinwände und erodierten Monolithen verantwortlich ist. An manchen Stellen etliche Tausend Meter dick, wurde dieses Salzbett über dem Colorado-Plateau vor ca. 300 Millionen Jahren abgelagert, als ein See die Gegend bedeckte und anschließend verdunstete. Das unbeständige Salz unter dem Park konnte die schwere Felsdecke nicht tragen. Die Salzablagerungen bewegten sich unter dem immensen Druck, wurden eingedrückt, verlagerten sich und schoben die Erde zu Kuppeln aufwärts. Ganze Teile fielen in Aushöhlungen, stellten sich an manchen Stellen hochkant und Verwerfungen traten auf. Das Ergebnis einer solchen 860 m langen Umlagerung, der **Moab Fault,** ist vom Besucherzentrum aus zu sehen.

082us Abb.: la

▶ *Der Landscape Arch ist der längste Steinbogen der Welt*

Während diese Unterbodenbewegungen des Salzes die Erde formten, legte **Erosion** die jüngeren Gesteinsschichten frei. Mit der Zeit drang **Wasser** in die auf der Oberfläche liegenden Kluften, Risse und Falten ein. Eisbildung in den Vertiefungen und das darauf folgende Abtauen, Extremtemperaturen der Wüste und der Wind trugen die losgelösten Partikel ab, eine Reihe von frei stehenden Steinwänden verblieb. Unter dem Einfluss der **Naturelemente** Wind und Wasser gab das Bindematerial nach und große Gesteinsbrocken brachen heraus. Viele der so beschädigten Steinwände fielen zusammen, andere mit dem richtigen Härtegrad und dem nötigen Gleichgewicht überlebten ohne die fehlende Mitte. So entstanden die weltbekannten Bögen. Mit der Ausnahme einiger frei stehender Überbleibsel, bestehen die bedeutendsten Bogenformationen im heutigen Arches Park aus lachsfarbenem **Entrada-** und aus ockerfarbenem **Navajo-Sandstein.**

Den gewaltigen **Landscape Arch** und den **Double O Arch** sieht man auf dem 10 km langen Rundwanderweg, zu dem man vom Devils Garden Trailhead startet, der am Ende der 18 mi langen Fahrstraße in den Park hinein liegt, wo sich auch der Devils Garden Campground befindet (s. S. 265). Da die Temperaturen im Sommer bis auf 43 °C steigen, muss man auf diese Wanderung unbedingt ausreichend Trinkwasser mitnehmen. Der Landscape Arch ist mit 89 m Spannweite wahrscheinlich der längste Natursteinbogen der Welt. Er ist 32 m hoch und an seiner schmalsten Stelle nur 2 m dick. **Weitere interessante Bögen** an dieser Rundwanderstrecke sind Dark Angel, Navajo Arch, Partition Arch sowie Pine Tree Arch und Tunnel Arch.

Auf der Rückfahrt kann man am **Vista Point** die übrigen Bögen sehen: Skyline, Sand Dune und Broken Arch erreicht man auf kurzen

083us Abb.: la

◀ *Im Arches National Park gibt es zahlreiche große und kleine Steinbögen*

Wanderwegen. Den 12 km langen Abstecher durchs Salt Valley zu den **Klondike Bluffs** kann man mit dem Wohnmobil nicht machen, man würde in dem Sandweg einfach steckenbleiben – mit einem Geländewagen hätte man sicher keine Probleme.

Fiery Furnace Viewpoint und **Salt Valley Overlook** liegen wieder direkt an der Fahrstraße und sind deshalb sehr leicht zu erreichen. Von hier gibt es im Frühjahr und Sommer täglich zweistündige geführte Wanderungen durch das fantastische Labyrinth aus rosafarbenen Sandsteinfelsen, die sehr interessant und lehrreich sind (8/4 $).

Ein Abstecher von 5 km zum **Delicate Arch Viewpoint** gehört zum Pflichtprogramm, denn der Delicate Arch, ein Überbleibsel einer lange verwitterten Steinwand, gehört neben dem Landscape Arch zu den größten Attraktionen des Parks. Er steht in einer einzigartigen Landschaft, umgeben von Steinwänden und Slickrock-Kuppeln (slick rock = „glatter Felsen"), im Hintergrund die Schlucht des Colorado River und die schneebedeckten Gipfel der La-Sal-Berge. Eine ungeteerte, aber auch für Wohnmobile passierbare Straße führt bis auf 2,4 km an den Delicate Arch heran. Vom dortigen Parkplatz aus geht ein Fußweg weiter bis zum Bogen. Man kann auch auf der Südseite der Schlucht bis zum Delicate Arch Viewpoint weiterfahren und hat dann von hier aus einen Blick auf den Bogen in seiner großartigen Umgebung, benötigt aber für Großaufnahmen ein Teleobjektiv.

Dort, wo sich diese beiden Wege trennen, liegt die **Wolfe Ranch.** John Wesley Wolfe, ein Veteran des Bürgerkriegs, ließ sich zusammen mit seinem Sohn Fred im Jahre 1888 hier nieder. Eine verwitterte Blockhütte, ein Rübenkeller und ein Vieh-Pferch verbleiben als stumme Zeugen ihrer primitiven Ranch. Was sie von Ohio aus hierher verschlagen hat und wie sie in dieses zerklüftete Land gefunden haben, bleibt wohl für immer ein Geheimnis. Sie konnten sich aber über 20 Jahre lang mit einer kleinen Rinderzucht ernähren.

Auf der Hauptstraße 4 km südwärts kommt man an eine Abzweigung nach Osten zur **Window Section** (4 km). Vier große Bögen kann man hier von der Straße aus sehen, aber den **Window Arch** sollte man auch unbedingt aus der Nähe betrachten. Beherzte Fotografen fotografieren ihn – nach einer kurzen Kletterpartie – von der Rückseite. Das ist weniger gefährlich als es zunächst aussieht und der Blick von hinten durch den Bogen entschädigt für die kleine Mühe.

Auch der **Double Arch** und der **Turret Arch** sowie die Elephantenparade **(Parade of Elephants)** sind interessant. Zusätzlich gibt es noch viele kleine Bögen und es ist einfach eine Frage der zur Verfügung stehenden Zeit, wie viele man sich hier genauer ansehen möchte oder kann. Eines der eindrucksvollsten Gebilde im Park ist zwar kein Bogen, sondern ein schier unglaublicher Balanceakt eines riesigen Felsbrockens auf einem schlanken Sandsteinkegel: **Balanced Rock,** gleich links hinter der Einmündung auf die Hauptstraße.

Die nächsten 10 km in Richtung Parkausgang kann man ohne Zwischenhalt zurücklegen, sollte sich aber kurz vor dem Ausgang noch die Zeit nehmen, die riesigen Monolithe des **Courthouse Towers** anzusehen: ein Mekka für Fotografen!

Die Besichtigungsfahrt des Arches National Park endet dort, wo sie begonnen hat: am Besucherzentrum am Parkeingang gleich hinter der Abzweigung von der US191.

CANYONLANDS NATIONAL PARK **

(45 miles – mile 1070)

Der Canyonlands National Park befindet sich auf der anderen Seite der US191 und liegt dem Arches National Park direkt gegenüber. In Moab geht es zunächst etwa 8 mi auf der US191 nach Norden, dann zweigt links die SR313 ab, die direkt in den Nationalpark führt und dort auch endet.

Es gibt zwei Fahrstraßen in den Park hinein: die SR313, die von Norden her in das Gebiet Island in the Sky führt, und die SR211, die einen weiter südlich in das Gebiet Needles leitet. Der nördliche Teil, **Island in the Sky,** ist einfacher zu besuchen, im Abschnitt **Needles** muss man viel wandern, mit dem Kanu fahren, klettern oder Touren mit Vierradantrieb unternehmen.

▼ *Der Colorado River fließt durch den Canyonlands National Park*

085us Abb.: ns

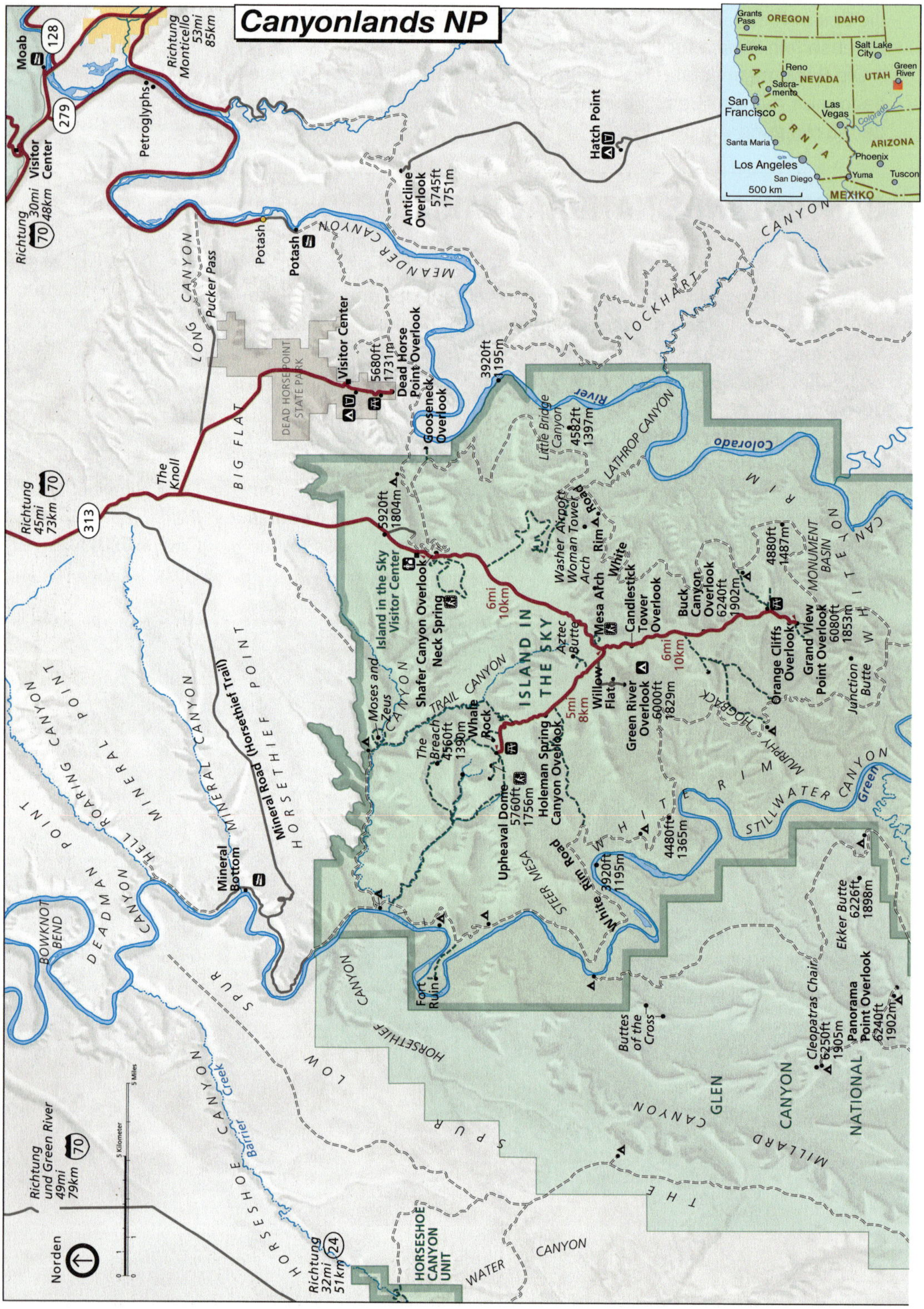
Canyonlands NP
Moab
128
279
Richtung Monticello 53mi 85km
Petroglyphs
Visitor Center
Richtung 70 30mi 48km
Potash
Pucker Pass
LONG CANYON
MEANDER CANYON
Anticline Overlook 5745ft 1751m
Hatch Point
Dead Horse Point State Park
Visitor Center
5680ft 1731m
Dead Horse Point Overlook
Gooseneck Overlook
3920ft 1195m
BIG FLAT
The Knoll
Richtung 70 45mi 73km
313
5920ft 1804m
Island in the Sky Visitor Center
Shafer Canyon Overlook
Neck Spring
6mi 10km
ISLAND IN THE SKY
Little Bridge Canyon 4582ft 1397m
River
Colorado
LATHROP CANYON
LOCKHART CANYON
Washer Woman Arch
Airport Tower
Rim Road
White
Aztec Butte
Mesa Arch
Candlestick Tower Overlook
Buck Canyon Overlook 6240ft 1902m
4880ft 1487m
MONUMENT BASIN
WHITE RIM
WHITE CANYON
Moses and Zeus
TRAIL CANYON
The Breach 4560ft 1390m
Whale Rock
Holeman Spring Canyon Overlook
5mi 8km
Willow Flat
Green River Overlook 6000ft 1829m
6mi 10km
HOGBACK
Orange Cliffs Overlook
Grand View Point Overlook 6080ft 1853m
Junction Butte
MURPHY
Upheaval Dome 5760ft 1756m
STEER MESA
White Rim Road
3920ft 1195m
4480ft 1365m
STILLWATER CANYON
Green
Mineral Bottom
Mineral Road (Horsethief Trail)
HORSETHIEF POINT
MINERAL CANYON
HELL ROARING CANYON
POINT
DEADMAN CANYON
BOWKNOT BEND
Fort Ruin
HORSETHIEF CANYON
LOW SPUR
Buttes of the Cross
Ekker Butte 6226ft 1898m
Cleopatras Chair 6250ft 1905m
Panorama Point Overlook 6240ft 1902m
GLEN CANYON NATIONAL
THE MILLARD CANYON
SPUR
HORSESHOE CANYON
Barrier Creek
Richtung und Green River 70 49mi 79km
Norden
5 Kilometer
5 Miles
Richtung 24 32mi 51km
HORSESHOE CANYON UNIT
WATER CANYON
Grants Pass
OREGON
IDAHO
Eureka
Salt Lake City
Reno
NEVADA
UTAH
Green River
CALIFORNIA
Sacramento
San Francisco
Las Vegas
Colorado
Santa Maria
ARIZONA
Phoenix
Los Angeles
San Diego
Yuma
Tuscon
500 km
MEXIKO

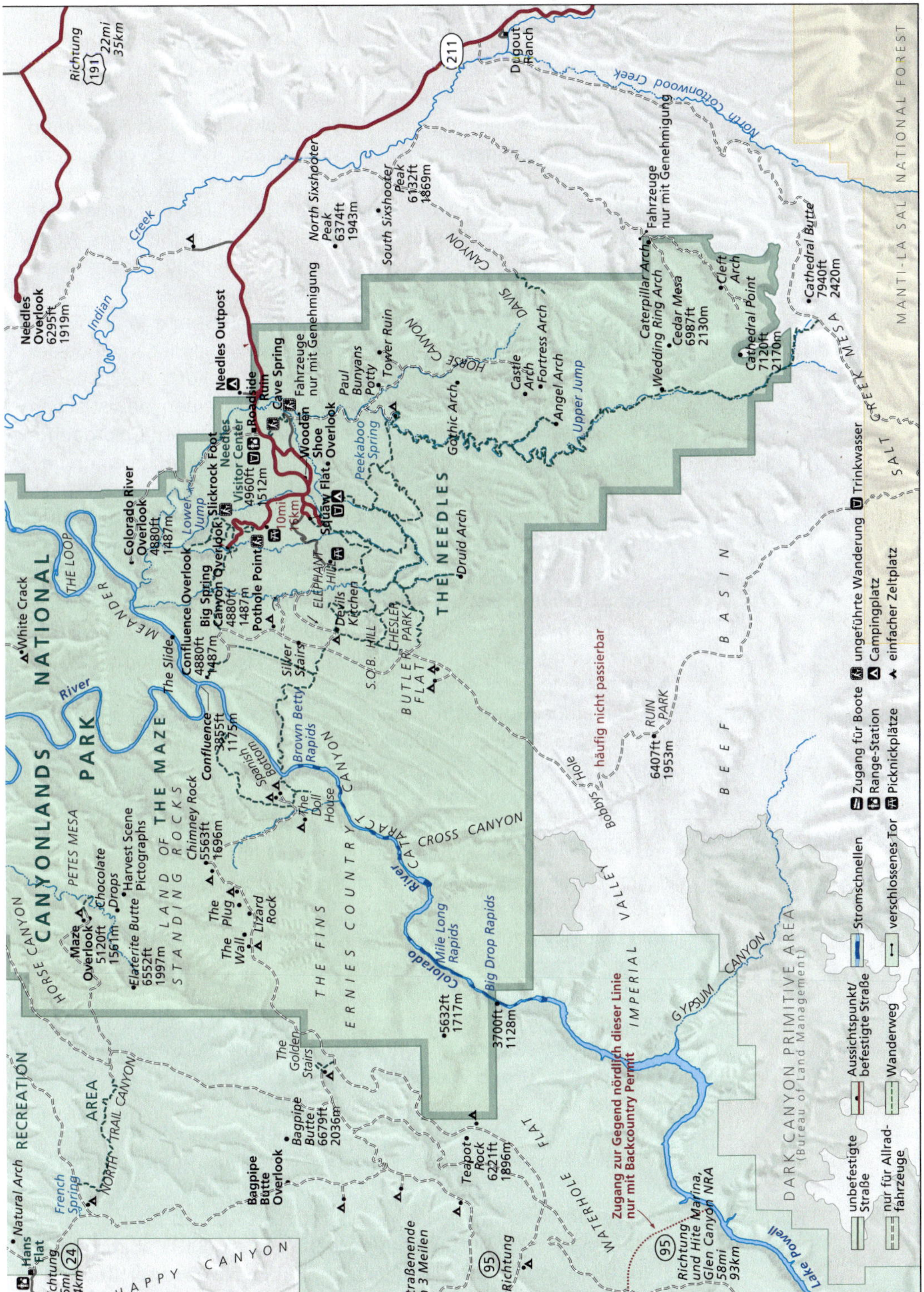

CANYONLANDS NATIONAL PARK
THE MAZE
LAND OF STANDING ROCKS
THE NEEDLES
THE FINS
ERNIES COUNTRY
GLEN CANYON NATIONAL RECREATION AREA
DARK CANYON PRIMITIVE AREA
(Bureau of Land Management)
MANTI-LA SAL NATIONAL FOREST
BEEF BASIN
SALT CREEK MESA
Colorado River
Lake Powell
Indian Creek
North Cottonwood Creek
Needles Overlook
6295ft
1919m
Needles Outpost
Needles Visitor Center
4960ft
1512m
Squaw Flat
Wooden Shoe Overlook
Cave Spring
Roadside Ruin
Slickrock Foot
Pothole Point
Big Spring Canyon Overlook
4880ft
1487m
Confluence Overlook
4880ft
1487m
Colorado River Overlook
4880ft
1487m
Elephant Hill
Devils Kitchen
Chesler Park
Druid Arch
Peekaboo Spring
Paul Bunyans Potty
Tower Ruin
Castle Arch
Fortress Arch
Angel Arch
Gothic Arch
Upper Jump
Lower Jump
Caterpillar Arch
Wedding Ring Arch
Cedar Mesa
6987ft
2130m
Cleft Arch
Cathedral Point
7120ft
2170m
Cathedral Butte
7940ft
2420m
North Sixshooter Peak
6374ft
1943m
South Sixshooter Peak
6132ft
1869m
Fahrzeuge nur mit Genehmigung
Dugout Ranch
211
Richtung
191
22mi
35km
Maze Overlook
5120ft
1561m
Chocolate Drops
Harvest Scene Pictographs
Elaterite Butte
6552ft
1997m
Petes Mesa
Chimney Rock
5563ft
1696m
The Plug
The Wall
Lizard Rock
Doll House
Spanish Bottom
Brown Betty Rapids
Confluence
3855ft
1175m
The Slide
White Crack
Silver Stairs
Cataract Canyon
Mile Long Rapids
Big Drop Rapids
Cross Canyon
3700ft
1128m
5632ft
1717m
Bagpipe Butte Overlook
Bagpipe Butte
6679ft
2036m
Teapot Rock
6221ft
1896m
The Golden Stairs
Natural Arch
Hans Flat
French Spring
North Trail Canyon
Horse Canyon
Happy Canyon
Waterhole Flat
Imperial Valley
Gypsum Canyon
Bobbys Hole
häufig nicht passierbar
Ruin Park
6407ft
1953m
Butler Flat
S.O.B. Hill
Horse Canyon
Davis Canyon
Zugang zur Gegend nördlich dieser Linie nur mit Backcountry Permit
Straßenende in 3 Meilen
Richtung 24 46mi 74km
Richtung 95
Richtung 95 und Hite Marina, Glen Canyon NRA 58mi 93km
10mi 16km
unbefestigte Straße
nur für Allradfahrzeuge
Aussichtspunkt/befestigte Straße
Wanderweg
Stromschnellen
verschlossenes Tor
Zugang für Boote
Range-Station
Picknickplätze
ungeführte Wanderung
Campingplatz
einfacher Zeltplatz
Trinkwasser

Der Canyonlands National Park ist eine Hochebene (Mesa) in dem Dreieck, das der von Nordost kommende Colorado River und der von Nordwest kommende Green River bilden, bevor der Green River in der Südwestecke des Parks in den Colorado mündet. Der Park ist eine wilde und ursprüngliche Landschaft aus **Schluchten** und **Felsen** und von den Aussichtspunkten an der Straße kann man von oben atemberaubende Blicke in den Canyon werfen. So sieht man z. B. auf den **White Rim** – eine Sandsteinabbruchkante rund 360 m unterhalb des Plateaus – und die Flussläufe, weitere 300 m unterhalb des White Rim. Es gibt Leute, die diese Aussicht im Canyonland National Park noch grandioser finden als den Grand Canyon.

Nach 18 mi auf der SR313 zweigt links eine Straße in den Dead Horse State Park (7 $ Eintritt) mit einem Aussichtspunkt am Ende der Straße ab, den **Dead Horse Point Overlook.** Der kurze Abstecher zu diesem Aussichtspunkt lohnt sich, denn man hat einen fantastischen Blick auf den mehrere Hundert Meter tiefer fließenden Colorado River und auf weite Teile des Canyonland. Es gibt dort auch einen netten Picknickplatz und einen kleinen Campingplatz.

Zurück auf der SR313 gelangt man nach 5,6 mi zum **Visitor Center von Island in the Sky,** wo man das obligatorische Eintrittsgeld von 10 $ pro Auto (gültig für 7 Tage) entrichtet, dann geht es 7 mi weiter bis zum **Scenic Drive,** der den Park von Nordwest nach Südost durchläuft und an dem es einige herrliche Aussichtspunkte gibt.

Kurz vorher muss man unbedingt links anhalten, um den **Mesa Arch** zu bestaunen, einen riesigen Steinbogen mit (Durch-)Blick auf die Berge des Canyonland. Bei der Einmündung in den Scenic Drive liegt der **Green River Overlook** mit einem unbeschreiblich schönen Blick hinunter zu den Mäandern des Green River und dem weiten Plateau des Canyonlands National Park. Nach rechts, also nach Nordwest, endet die Straße nach 5 mi, dort wird das Wohnmobil geparkt und es beginnt ein leichter Aufstieg zum **Upheaval Dome** (hin und zurück 30 Minuten). Dabei handelt es sich um ein rundes, 400 m tiefes Loch mit einem Durchmesser von 2,5 km, das in grauer Vorzeit wahrscheinlich durch einen Meteorit oder Einsturz der Decke eines Salzsees entstanden ist. Auf jeden Fall lohnt der Ausblick auf diesen Kessel. Der erste Aussichtspunkt ist über eine Natursteintreppe nach 500 m erreicht, der zweite liegt 1,3 km entfernt, die Strecke rund um das „Loch" ist 13,3 km lang. Am südlichen Ende des Scenic Drive befindet sich der **Grand View Point Overlook,** von dem man ganz unten den Colorado River erkennt.

Needles, im Südosten des Parks, hat seinen Namen von den rot und weiß gemaserten Felszacken, die diese Gegend prägen und ist bei Aktivurlaubern besonders beliebt, da hier die meisten Aktivitäten angeboten werden. Man erreicht diesen Teil des Park über die SR211, die gut 30 mi südlich von Moab von der US191 abzweigt.

Auf der Fahrt in den Park gelangt man zu **Newspaper Rock,** einer Felswand voller Petroglyphen, also alter Indianerzeichnungen, an die man hier sehr bequem ganz dicht herankommt. 32 mi sind es dann bis zum Ende der Straße. Eine befestigte Straße führt zum schönen Squaw Flat Campground, der den Ausgangspunkt für ausgedehnte Wanderungen und Geländefahrten darstellt, letztere sind aber nichts für Wohnmobile! Der Campingplatz ist sehr einfach, aber wunderschön gelegen und leider im Sommer ab neun Uhr morgens schon voll!

57 *Squaw Flat Campground* *(s. S. 266)*

Visitor Center

Utah Highway 211, Canyonlands National Park, Moab, UT 84532, Tel. (435) 259-4711. Hier sind auch Geländewagentouren buchbar.

Wer nicht die Zeit hat, den südlichen Teil des Nationalparks zu besuchen, sollte aber auf gar keinen Fall versäumen, den fantastischen Aussichtspunkt **Needles Overlook** anzusteuern, den man über ein kleines Sträßchen etwas nördlich der SR211 erreicht. Es gibt dort einen Picknickplatz direkt an der Abbruchkante hoch über dem Colorado River mit Fernsicht über den ganzen Park bis hinüber zum Grand View Point von Island in the Sky.

Information

Canyonlands National Park, 2282 SW Resource Blvd, Moab, UT 84532, Tel. (435) 719-2313, Fax (435) 719-2300, www.nps.gov/cany

Zum Capitol Reef National Park umfährt man das Gebiet des Canyonlands-Nationalparks am besten weiträumig, zunächst auf der US191 124 mi südwärts, dann biegt man rechts auf die SR95 ab, überquert bei Hite den Colorado River und stößt dann auf die SR24, die in den Park führt. Es ist eine **landschaftlich sehr schöne Strecke,** für die man sich Zeit lassen sollte.

Unterwegs kann man an der SR95 noch vor der Überquerung des Colorado etwa auf der halben Strecke einen Stopp am **Natural Bridge National Monument** machen. Das Gestein in dieser Region besteht aus 225 Mio. Jahre altem, mehrschichtigem Sandstein- der Cedar-Mesa-Formation. Drei natürliche Steinbrücken - Sipapu, Kachina und Owachomo - wurden im Laufe der Zeit aus dem Sandstein herausgearbeitet. Im Jahre 1883 wurden sie durch den Goldsucher Cass Hite entdeckt. Ein Wanderweg verbindet die Brücken über einen insgesamt 14 km langen Loop Trail. Es gibt einen schönen, einfachen Campingplatz. Dieser kostet 10 $, hat nur 13 Stellplätze und ist im Sommer bereits am frühen Vormittag voll. Nur für Frühaufsteher!

Information

Natural Bridges National Monument, Lake Powell, UT 84533, N37.61056° W109.97694°, Tel. (435) 692-1234, www.nps.gov/nabr, auch Kontaktadresse für den Campingplatz

CAPITOL REEF NATIONAL PARK ★★

(276 miles – mile 1346)

Information

National Park Service, 52 Scenic Drive, Torrey, UT 84775, N38.29901° W111.40272°, Tel. (435) 425-3791, care@nps.gov, www.nps.gov/care, Parkeintritt 5 $, gültig für 7 Tage

Die SR24 führt durch den Capitol Reef National Park hindurch. Kernstück des Parks ist die **Waterpocket Fold,** eine über 150 km lange geologische Faltung, die sich in Nord-Süd-Richtung erstreckt. Die daraus entstandene Landschaft ist durch markante Trennlinien zwischen den verschiedenen geologischen Gesteinsschichten sowie farbenprächtige und stark erodierte Felswände aus Sedimentgestein gekennzeichnet. Diese beeindruckende Wildnis aus **Sandsteingebilden** und **turmhohen Felsen** macht den Park aus. Steinbögen, Türme, Canyons und Dome leuchten in Farbtönen von Rot über Braun bis Blassgelb.

Der Capitol Reef National Park liegt in der oberen Sonora-Wüste und ist deshalb besonders im Sommer heiß und trocken. Zu den beliebtesten Aktivitäten der Besucher gehören Wanderungen und „Jeeping" durch das Parkgelände. Im abgelegenen nördlichen Teil des Parks, der nur über eine dirt road erreichbar ist, die wegen einer Flussdurchquerung und eines Steilstücks ein hochbeiniges Fahrzeug mit Allradantrieb erfordert, liegt das **Cathedral Valley.** Es ist sehr farbenfroh, bizarr und bei tief stehender Sonne von unglaublicher Schönheit – allerdings, wie gesagt, nur mit dem Off-Roader zu er-

▶ *Die Fruita Barn vor eindrucksvoller Kulisse im Capitol Reef National Park*

086us Abb.: ut

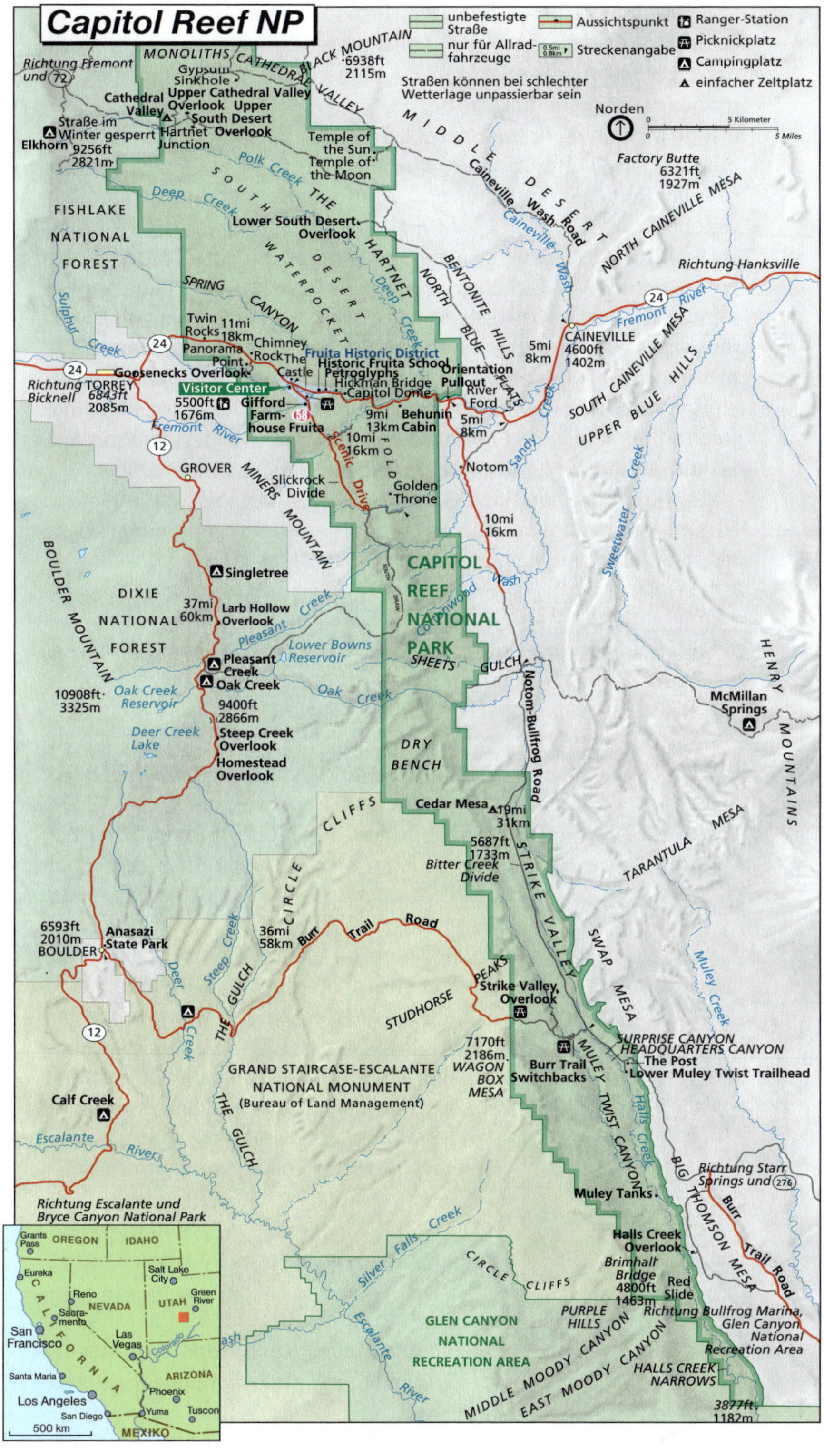
Capitol Reef NP
unbefestigte Straße
nur für Allradfahrzeuge
Aussichtspunkt
Streckenangabe
Ranger-Station
Picknickplatz
Campingplatz
einfacher Zeltplatz
Straßen können bei schlechter Wetterlage unpassierbar sein
Norden
5 Kilometer
5 Miles
Richtung Fremont und 72
MONOLITHS
CATHEDRAL VALLEY
BLACK MOUNTAIN
6938ft
2115m
Gypsum Sinkhole
Cathedral Valley
Upper Cathedral Valley Overlook
Upper South Desert Overlook
Straße im Winter gesperrt
Elkhorn
Hartnet Junction
9256ft
2821m
Temple of the Sun
Temple of the Moon
MIDDLE DESERT
Caineville Wash Road
Factory Butte
6321ft
1927m
Polk Creek
SOUTH DESERT
THE HARTNET
Deep Creek
FISHLAKE NATIONAL FOREST
Lower South Desert Overlook
Caineville Wash
NORTH CAINEVILLE MESA
Richtung Hanksville
WATERPOCKET
BENTONITE HILLS
NORTH BLUE FLATS
SPRING CANYON
Sulphur Creek
Twin Rocks
11mi
18km
Chimney Rock
Panorama Point
The Castle
Fruita Historic District
Historic Fruita School
Petroglyphs
Hickman Bridge
Capitol Dome
Orientation Pullout
River Ford
5mi
8km
CAINEVILLE
4600ft
1402m
24
Fremont River
SOUTH CAINEVILLE MESA
UPPER BLUE HILLS
Goosenecks Overlook
Richtung Bicknell
TORREY
6843ft
2085m
Visitor Center
5500ft
1676m
Gifford Farmhouse
Fruita
9mi
13km
Behunin Cabin
5mi
8km
Sandy Creek
Fremont River
12
10mi
16km
Scenic Drive
FOLD
Notom
GROVER
MINERS MOUNTAIN
Slickrock Divide
Golden Throne
10mi
16km
Sweetwater Creek
BOULDER MOUNTAIN
Singletree
CAPITOL REEF NATIONAL PARK
Cottonwood Wash
DIXIE NATIONAL FOREST
37mi
60km
Larb Hollow Overlook
Pleasant Creek
Lower Bowns Reservoir
Pleasant Creek
SHEETS GULCH
HENRY MOUNTAINS
Oak Creek
10908ft
3325m
Oak Creek Reservoir
Oak Creek
9400ft
2866m
McMillan Springs
Deer Creek Lake
Steep Creek Overlook
Homestead Overlook
Notom-Bullfrog Road
DRY BENCH
CIRCLE CLIFFS
Cedar Mesa
19mi
31km
TARANTULA MESA
5687ft
1733m
Bitter Creek Divide
STRIKE VALLEY
6593ft
2010m
BOULDER
Anasazi State Park
36mi
58km
Burr Trail Road
Deer Creek
Steep Creek
THE GULCH
SWAP MESA
Muley Creek
PEAKS
Strike Valley Overlook
STUDHORSE
12
7170ft
2186m
SURPRISE CANYON
HEADQUARTERS CANYON
The Post
Lower Muley Twist Trailhead
GRAND STAIRCASE-ESCALANTE NATIONAL MONUMENT (Bureau of Land Management)
WAGON BOX MESA
Burr Trail Switchbacks
MULEY TWIST CANYON
Halls Creek
Calf Creek
Escalante River
BIG THOMSON MESA
Richtung Starr Springs und 276
Burr Trail Road
Richtung Escalante und Bryce Canyon National Park
Muley Tanks
Halls Creek Overlook
Brimhall Bridge
4800ft
1463m
Red Slide
Silver Falls Creek
CIRCLE CLIFFS
GLEN CANYON NATIONAL RECREATION AREA
PURPLE HILLS
Richtung Bullfrog Marina, Glen Canyon National Recreation Area
MIDDLE MOODY CANYON
EAST MOODY CANYON
HALLS CREEK NARROWS
Escalante River
3877ft
1182m
Grants Pass
OREGON
IDAHO
Eureka
Salt Lake City
Green River
Reno
NEVADA
UTAH
CALIFORNIA
Sacramento
San Francisco
Las Vegas
Colorado
ARIZONA
Santa Maria
Phoenix
Los Angeles
San Diego
Yuma
Tuscon
500 km
MEXIKO

▼ *Eine der vielen Felsnadeln im Bryce Canyon*

reichen! Aber auch auf der „Durchreise“ kann man einen guten Eindruck vom Park bekommen, wenn man am Besucherzentrum links in den **Scenic Drive** einbiegt (10 mi ebene Straße), der zu einigen der markanten Punkte führt.

58 Fruita Campground (s. S. 266)

Eine Meile hinter dem Besucherzentrum, am Fremont River, befindet sich der **Fruita Campground,** wie eine Oase am Fluss gelegen, mit dichtem Baumbestand und Obst zum Selbstpflücken (Juni bis Oktober).

Dann gibt es links eine kleine Stichstraße zum Cassidy Arch – bzw. zum Grand-Wash-Parkplatz, denn zum **Cassidy Arch** hinauf muss man sich dann selbst begeben. Zurück auf dem Scenic Drive fährt man diesen bis zu seinem Ende und kann dort auf einer Wanderung (hin und zurück 6 km) hinauf zum **Golden Throne Viewpoint** laufen, einem wahrlich lohnenden Aussichtspunkt mit Blick auf die bizarren und farbenprächtigen Formationen. Oder man wandert in den **Capitol Gorge Canyon** hinein, der sich bis auf wenige Meter verengt.

59 Thousand Lakes RV Park (s. S. 266)

Wer dem Park nur einen Blitzbesuch abstatten möchte, erlebt die Farbenpracht auf einer kurzen Wanderung vom Fruita-Campingplatz hinüber – und zunächst steil hinauf – zur SR24.

087us Abb.: la

BRYCE CANYON NATIONAL PARK ★★★★ (126 miles – mile 1472)

Vom Capitol Reef National Park bis zum Bryce Canyon National Park ist es nicht weit: 126 mi fährt man auf der SR12 auf landschaftlich sehr schöner Strecke durch die Städte Boulder, Escalante und Henrieville und über einen 2804 m hohen Pass.

Bryce Canyon ist eine fantastisch anmutende Landschaft aus rosa Kalkstein und eigentlich gar kein Canyon: Dem verblüfften Besucher erschließt sich von den Aussichtspunkten an der 32 km langen Asphaltstraße entlang der steilen Abbruchkante eine Aneinanderreihung von zwölf natürlichen **Amphitheatern,** jedes einzelne von unermesslicher Größe und Schönheit.

Die SR12 durchkreuzt den nördlichen, unwegsamen Teil des Parks und gleich dahinter zweigt links die Fahrstraße in den Nationalpark ab. Bis zum Visitor Center sind es 3,8 mi. Dort bezahlt man das Eintrittsgeld von 25 Dollar pro Fahrzeug (gültig für sieben Tage).

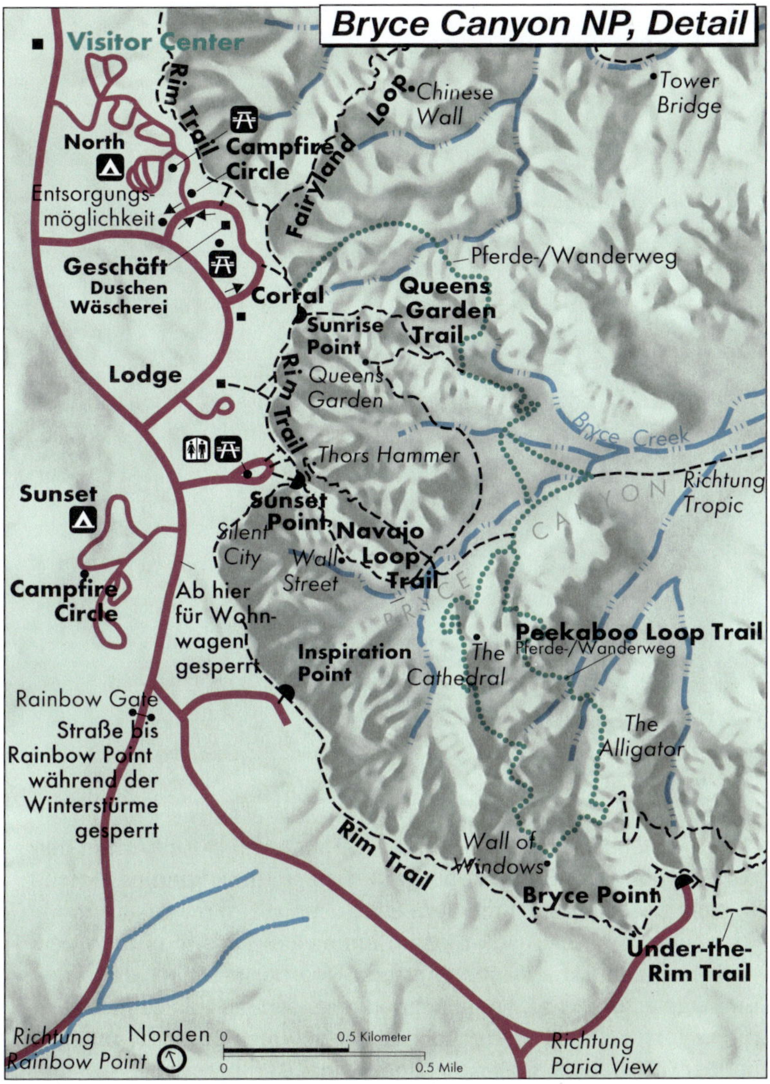

Um die erste Neugierde zu stillen, fährt man zunächst am Visitor Center vorbei auf den großen Parkplatz am **Sunset Point,** von dem es nur wenige Schritte bis zur Abbruchkante des Canyons sind. Noch ist alles ganz normal, der Parkplatz voller Autos, links hinten ein hübsches Wirtshaus, alles eingebettet in einen Kiefernhain – und dann stockt einem, nachdem man die letzten zehn Schritte bis an die schützende Holzbrüstung gemacht hat, der Atem: In einem gewaltigen und doch überschaubaren Halbrund fällt die Felskante steil ab und formt einen riesigen Kessel, der sich in weiter Ferne in eine grüne Ebene verläuft. Vorn aber erheben sich Tausende von rosaroten Felstürmen und Säulen, Kaskaden und Bastionen mit weißen Hütchen

60 ***Ruby's RV Park & Campground*** ***(s. S. 266)***

Visitor Center

Bryce Canyon National Park, P.O. Box 640201, Bryce Canyon, UT 84764, Tel. (435) 834-5322, www.nps.gov/brca, N37.64028° W112.1695°

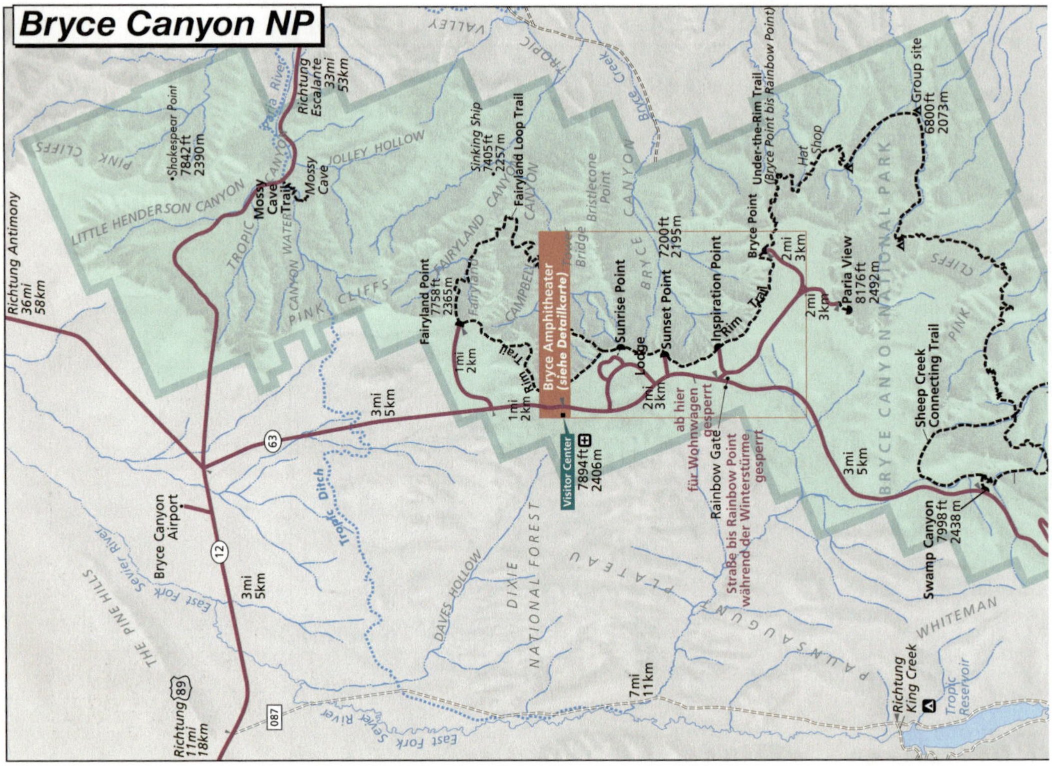

oder Zwischenschichten, bizarre Gebilde aus buntem Kalk, die in der Sonne schimmern. Bryce ist ein Fantasieland, man kann es eigentlich nicht beschreiben, man muss es erleben.

Nachdem man sich von diesem ersten umwerfenden Eindruck erholt hat, sollte man unbedingt erst Quartier machen, denn die Campingplätze sind hier natürlich morgens schnell voll. Es gibt zwei Campingplätze direkt an der Abbruchkante: **North Campground,** gegenüber vom Besucherzentrum, und **Sunset Campground,** 3 mi südlicher am Sunset Point.

61 ***North Campground (s. S. 267)***

Die Fahrstraße entlang der Abbruchkante des Canyons ist 32 km lang und bietet zahlreiche Aussichtspunkte und Wanderwege hinunter ins Tal. Man kann auch hier wieder nicht alles anschauen und unternehmen, muss aber unbedingt die wichtigsten Aussichtspunkte am Bryce Amphitheater, jenem mächtigen Halbrund von 5 km Durchmesser besuchen, das dem Besucherzentrum am nächsten liegt.

An den beiden Flanken liegen die Aussichtspunkte Fairyland Point im Norden und Bryce Point im Süden. **Fairyland Point** liegt 2365 m hoch und bietet einen Einblick in den Fairyland Canyon und auf die gegenüberliegende Boat Mesa. Hier beginnt auch der Fairyland Trail, ein beschwerlicher 13 km langer Rundweg mit einem Höhenunterschied von 229 m. Man sollte für eine Wanderung vier bis fünf Stun-

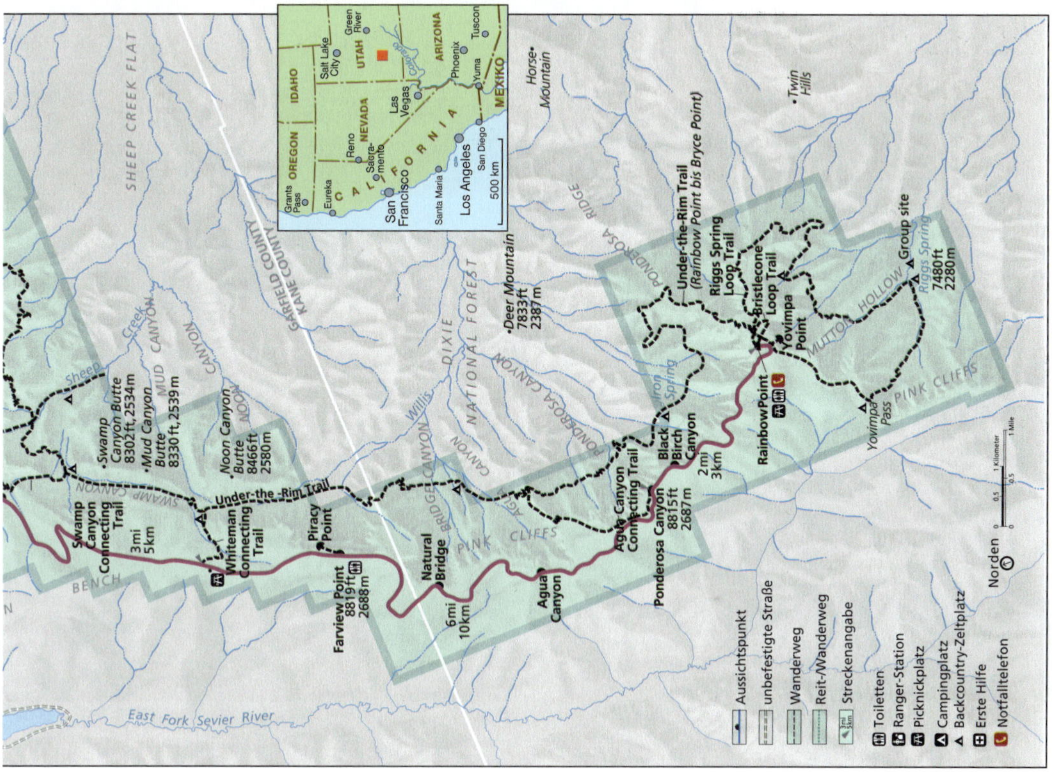

den einplanen und genügend Wasser mitnehmen. Fairyland Point erreicht man über eine Stichstraße, die Entfernung vom Besucherzentrum beträgt 1,8 mi.

Vom Besucherzentrum mit wenigen Schritten zu erreichen liegen die beiden schönsten Aussichtspunke des Parks, Sunrise Point und etwas südlicher Sunset Point. Beide Stellen bieten einen großartigen Ausblick in das rosa leuchtende Halbrund, das den Besucher schon in der ersten Sekunde überwältigt. Am **Sunrise Point** beginnt der Queens Garden Trail, ein schöner Wanderweg von 2,5 km Länge und nur 98 m Höhenunterschied, der den Wanderer hautnah an die gelb-orangefarbenen Felsnadeln heranführt.

Vom **Sunset Point** aus kann man 3,5 km auf dem Navajo Trail wandern (1,5 Std., 159 m Höhenunterschied) und noch weiter im Süden, am **Bryce Point,** kann man alle vorher besuchten Punkte sehen, besonders die rosafarbenen Pink Cliffs unterhalb des Fairyland Point. Von Bryce Point aus starten einige beschwerliche Wanderungen, bekannt ist der **Peekaboo Loop Trail** mit 9 km Länge, drei bis vier Stunden Wanderzeit und einem Höhenunterschied von 255 m. Auch dieser Weg ist ohne Wasservorräte nicht zu bewältigen. Bryce Point erreicht man über eine Stichstraße südlich vom Sunset Campground (2,1 mi).

088us Abb.: la

▲ *Der Weg ist steil und eng, aber die Pferde und Mulis tragen ihre Reiter sicher durchs Tal*

Auf dem Weg zum südlichsten Punkt der Fahrstraße, dem **Yovimpa Point,** gibt es noch zahlreiche weitere Aussichtspunkte und Wanderwege, die den vorhergehenden jedoch sehr ähneln, sodass der eilige Besucher im Bryce Amphitheater schon einen allumfassenden Eindruck bekommt.

Zwischen den beiden Campingplätzen gibt es ein Hotel (die Lodge), eine Tankstelle und gegenüber einen Pferdestall (corral). Von dort werden jeden Morgen um 9 Uhr **Ausritte** mit etwa 40 Pferden und Mulis ins Tal hinab angeboten, mitten durch das Gewirr der bunten Steinsäulen. Mitgenommen wird jeder, ob er reiten kann oder nicht, nur zu schwer darf er nicht sein: Die Gewichtsgrenze liegt bei 99,7 kg. Das zweistündige Abenteuer in Cowboysätteln bleibt den mutigen Reitern noch lange in Erinnerung. Der Weg ist steil, kurvig und sehr eng, aber die trittsicheren Pferde und Mulis kennen jeden Winkel und tragen ihren „Ballast“ sicher durch das Tal, denn wirklich reiten können hier meist nur wenige.

Ausritte

Canyon Trail Rides, P.O. Box 128, Tropic, UT 84776, Tel. (435) 679-8665, www.canyonrides.com. Zweistündige Tour: ab 7 Jahre, Gewichtslimit 99,7 kg, tägl. 9 und 14 Uhr, 50 $ pro Person. Dreieinhalbstündige Tour: ab 10 Jahre, Gewichtslimit 99,7 kg, tägl. 8 und 13 Uhr, 75 $/Pers. Startpunkt ist jeweils der „corral“ am Sunrise Point.

Die eigentümliche säulenartige Struktur des Bryce Canyon erinnert an die Sandburgen, die wir als Kinder am nassen Strand der Ostsee gebaut haben. Etwa 300 Millionen Jahre hat es gedauert, bis durch Überflutung, Ablagerung, Auffaltung und Erosion diese bizarre Landschaft entstanden ist. Die Farben der geschichteten Felsen und Türme kommen von den Ablagerungen verschieden gefärbter Eisenoxide, Hydrooxide, Carbonate und Silikate, deren Farbskala von braun über rot, rosa und gelb reicht, und Kalksedimente aus längst vergangenen Zeiten, in denen der Bryce Canyon ein großes Meer war, setzen heute vielen der Felstürme weiße Hütchen auf.

Der Mormonensiedler Ebenezer Bryce lebte hier für einige Jahre und gab dem Tal seinen Namen – Bryce Canyon.

ZION NATIONAL PARK ★★ (70 miles – mile 1542)

Auch die Entfernung vom Bryce Canyon zum Zion Canyon National Park ist nicht sehr weit. Auf der SR12 geht es zunächst über einen 2539 m hohen Pass 7 mi bis zur US89, auf dieser dann – wieder über einen Pass (2636 m) – 43 mi nach Süden bis zur Abzweigung der SR9 nach Springdale, auf der man durch den Südzipfel des Zion-Nationalparks fährt, diese Straße ist der Zion-Mt. Carmel Highway.

Am **Parkeingang** gegenüber der Checkerboard Mesa wird das Eintrittsgeld von 25 $ entrichtet und gegebenenfalls 15 $ zusätzlich für den **Konvoi:** Fahrzeuge von über 2,40 m Breite (7'10", einschließlich der Spiegel) und über 3,40 m Höhe (11'4") können nämlich zwei Tunnelröhren, durch die die SR9 führt, nur im Konvoi passieren und dies nur von 8 bis 20 Uhr. Vor dem Tunnel gibt es eine Parkmöglichkeit und die Möglichkeit zu einer ganz kurzen Wanderung zum Canyon

089us Abb.: la

◀ *Frech und aufdringlich, aber sehr putzig sind die kleinen Erdhörnchen*

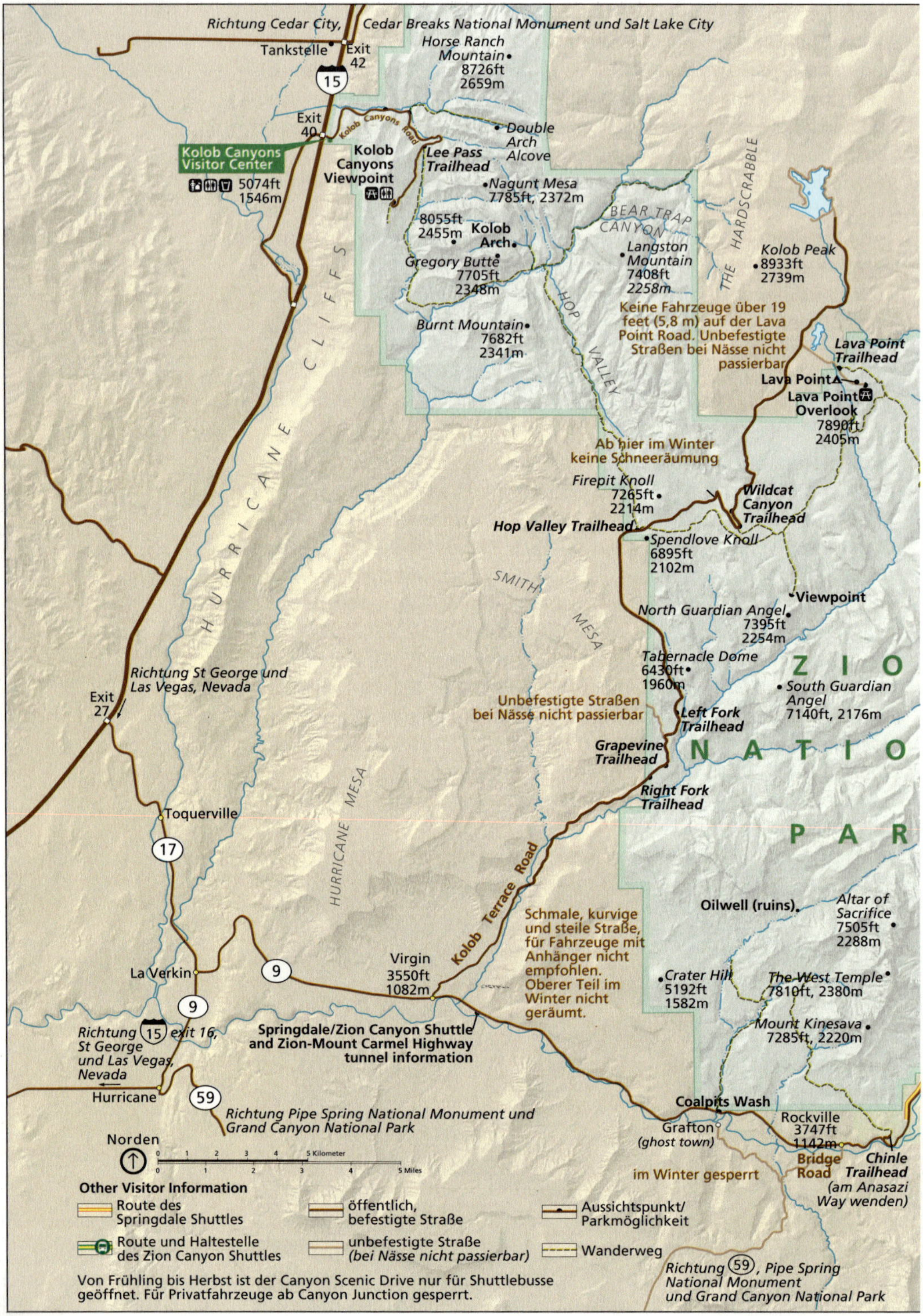
Richtung Cedar City, Cedar Breaks National Monument und Salt Lake City
Tankstelle
Exit 42
15
Horse Ranch Mountain 8726ft 2659m
Exit 40
Kolob Canyons Road
Kolob Canyons Visitor Center
5074ft 1546m
Kolob Canyons Viewpoint
Lee Pass Trailhead
Double Arch Alcove
Nagunt Mesa 7785ft, 2372m
8055ft 2455m
Kolob Arch
Gregory Butte 7705ft 2348m
Burnt Mountain 7682ft 2341m
BEAR TRAP CANYON
Langston Mountain 7408ft 2258m
THE HARDSCRABBLE
Kolob Peak 8933ft 2739m
HOP VALLEY
Keine Fahrzeuge über 19 feet (5,8 m) auf der Lava Point Road. Unbefestigte Straßen bei Nässe nicht passierbar
Lava Point Trailhead
Lava Point
Lava Point Overlook 7890ft 2405m
HURRICANE CLIFFS
Ab hier im Winter keine Schneeräumung
Firepit Knoll 7265ft 2214m
Wildcat Canyon Trailhead
Hop Valley Trailhead
Spendlove Knoll 6895ft 2102m
SMITH MESA
Viewpoint
North Guardian Angel 7395ft 2254m
Tabernacle Dome 6430ft 1960m
ZION NATIONAL PARK
South Guardian Angel 7140ft, 2176m
Richtung St George und Las Vegas, Nevada
Exit 27
Unbefestigte Straßen bei Nässe nicht passierbar
Left Fork Trailhead
Grapevine Trailhead
Right Fork Trailhead
Toquerville
17
HURRICANE MESA
Kolob Terrace Road
Schmale, kurvige und steile Straße, für Fahrzeuge mit Anhänger nicht empfohlen. Oberer Teil im Winter nicht geräumt.
Oilwell (ruins)
Altar of Sacrifice 7505ft 2288m
La Verkin
9
Virgin 3550ft 1082m
Crater Hill 5192ft 1582m
The West Temple 7810ft, 2380m
Richtung 15 exit 16, St George und Las Vegas, Nevada
Springdale/Zion Canyon Shuttle and Zion-Mount Carmel Highway tunnel information
Mount Kinesava 7285ft, 2220m
Hurricane
59
Richtung Pipe Spring National Monument und Grand Canyon National Park
Coalpits Wash
Grafton (ghost town)
Rockville 3747ft 1142m
Bridge Road
Chinle Trailhead (am Anasazi Way wenden)
Norden
5 Kilometer
5 Miles
im Winter gesperrt
Other Visitor Information
Route des Springdale Shuttles
öffentlich, befestigte Straße
Aussichtspunkt/ Parkmöglichkeit
Route und Haltestelle des Zion Canyon Shuttles
unbefestigte Straße (bei Nässe nicht passierbar)
Wanderweg
Von Frühling bis Herbst ist der Canyon Scenic Drive nur für Shuttlebusse geöffnet. Für Privatfahrzeuge ab Canyon Junction gesperrt.
Richtung 59, Pipe Spring National Monument und Grand Canyon National Park

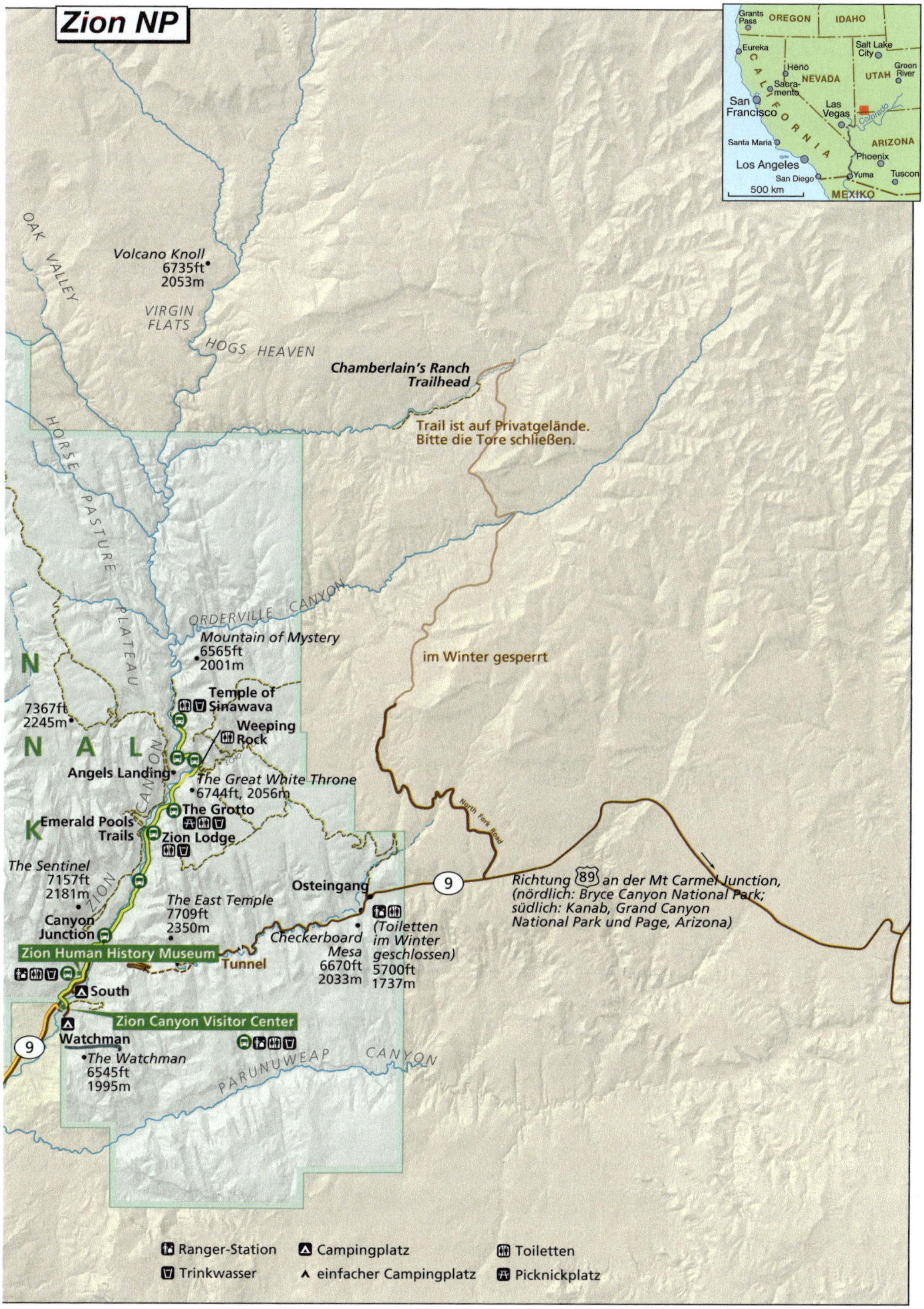
Zion NP
Grants Pass
OREGON
IDAHO
Eureka
Salt Lake City
Reno
Sacramento
NEVADA
UTAH
Green River
San Francisco
CALIFORNIA
Las Vegas
Colorado
Santa Maria
ARIZONA
Phoenix
Los Angeles
San Diego
Yuma
Tuscon
500 km
MEXIKO
OAK VALLEY
Volcano Knoll
6735ft
2053m
VIRGIN FLATS
HOGS HEAVEN
Chamberlain's Ranch Trailhead
Trail ist auf Privatgelände. Bitte die Tore schließen.
HORSE PASTURE PLATEAU
ORDERVILLE CANYON
Mountain of Mystery
6565ft
2001m
im Winter gesperrt
N
7367ft
2245m
Temple of Sinawava
Weeping Rock
N A L
K
Angels Landing
The Great White Throne
6744ft, 2056m
The Grotto
Emerald Pools Trails
Zion Lodge
ZION CANYON
North Fork Road
The Sentinel
7157ft
2181m
Osteingang
9
Richtung 89 an der Mt Carmel Junction,
(nördlich: Bryce Canyon National Park;
südlich: Kanab, Grand Canyon
National Park und Page, Arizona)
The East Temple
7709ft
2350m
Canyon Junction
(Toiletten im Winter geschlossen)
Checkerboard Mesa
6670ft
2033m
5700ft
1737m
Zion Human History Museum
Tunnel
South
Zion Canyon Visitor Center
9
Watchman
The Watchman
6545ft
1995m
PARUNUWEAP CANYON
Ranger-Station
Campingplatz
Toiletten
Trinkwasser
einfacher Campingplatz
Picknickplatz

Overlook mit Blick auf den **Great Arch,** der sich weit über das Land spannt, und die Checkerboard Mesa gegenüber.

Die **Checkerboard Mesa** ist ein abgehobelter Tafelberg, der aus der Ferne wie ein gewaltiger Elefant mit schachbrettartigen vertikalen und horizontalen Furchen aussieht. Die horizontalen Furchen entstammen der Jurazeit, als der Wind den Sand von den damals existierenden Dünen blies und sich Rillen längs der unterschiedlichen Sedimentationsschichten bildeten. Die vertikalen Rillen entstanden später und sind nur an der Nordseite zu sehen, sie entstanden durch das ständige Abtauen und Gefrieren der abschmelzenden Schneemassen.

090us Abb.: la

▶ *Die Checkerboard Mesa – Schachbrett-Sandstein im Zion National Park*

Werke der Natur und der Menschen können am **Zion-Mt. Carmel Highway** bewundert werden. Als diese Ost-West-Straße 1930 fertiggestellt wurde, betrachtete man sie als ein fast unmögliches Projekt und sie galt als Bauwunder ihrer Zeit. Sie verbindet die tiefen Regionen des Zion Canyon mit den Hochebenen im Osten und musste daher über wildes, unwegsames Gelände gebaut werden. Zwei enge **Tunnel** – einer davon 1,8 km lang – wurden durch die Felsen getrieben, um die Straße fertigzustellen. Wenn man von der einen Seite zur anderen fährt, bemerkt man, dass die Landschaft sich völlig verändert. Auf der einen Seite ist der **Zion Canyon** mit seinen massiven Felswänden. Die Tiefe der Schlucht beeindruckt ebenso wie der **Great Arch of Zion,** ein Steinbogen, der in einer steilen Felswand entstanden ist. Auf der anderen Seite des Tunnels kommt man ins Gebiet der glatten Felsen **(Slickrock).** Hier sieht man blendend weiße Felsen, aber auch orangefarbene und rote in wundersamen Gebilden, in die Wind und Wetter im Laufe der Zeit Ritzen und Spalten eingegraben haben. Der Sandsteinberg der Checkerboard Mesa gilt als das auffallendste Beispiel dieser von der Natur skulpierten Felsengebilde.

Der Zion-Mt. Carmel Highway windet sich mühsam durch enge Felsspalten, die beiden Tunnel und vorbei an schwindelnden Abgründen. Hinter dem langen Tunnel geht es in Haarnadelkurven steil abwärts, bis man unten im Tal auf den Virgin River und das Besucherzentrum stößt, das sich 500 m südlich befindet.

Zion, der Name des Parks bezieht sich auf ein altes hebräisches Wort, das so viel wie „Zufluchtsort" oder „Heiligtum" bedeutet, wurde oft von den mormonischen Siedlern in Utah als Zufluchtsort benutzt. Innerhalb des Parks befindet sich eine schluchtenreiche Landschaft mit zahlreichen Canyons, die auf etlichen Wanderwegen, mit dem Auto bzw. dem Fahrrad oder während einer geführten Tour erkundet werden kann.

Mit zu den schönsten Wanderwegen aller Nationalparks gehört der Aufstieg zum **Angels Landing** (1765 m). Nun ist es allerdings nicht jedermanns Sache, bei 40 °C eine vier- bis fünfstündige Wanderung mit einem Höhenunterschied von 453 m zu machen. Der Weg ist teilweise mit Ketten abgesichert. Überhaupt unterscheidet sich dieser Park völlig vom Bryce Canyon National Park: Ist Bryce von waagerecht gegliederten, farbigen Schichten und senkrechten Felstürmen geprägt, so besteht der Zion National Park aus gewaltigen rundbuckeligen und ungeschlachten Bergklötzen.

Steile Felswände in lebhaften Farben erheben sich auf beiden Seiten des **Zion Canyon Scenic Drive,** der Hauptbesichtigungsroute durch den Zion Canyon, die von Nord nach Süd durch den Grund des Canyons führt, für Privatfahrzeuge allerdings gesperrt ist. Ein kostenloser Bus fährt im Sieben-Minuten-Takt vom Besucherzentrum bis zum Ende der Straße am Temple of Sinawava. Er hält an neun Stellen, sodass man auf diese Weise den Canyon in seiner ganzen Pracht bequem erleben kann.

Vor langer Zeit flößte die Schlucht im Herzen des Parks den **Paiute-Indianern** Angst ein und sie weigerten sich, dort die Nacht zu verbringen. Die ersten Besucher hingegen wurden von Ehrfurcht ergriffen, unter ihnen der Methodistenpfarrer **Frederick Vining Fisher,** der vielen der Wände und Formationen ihren Namen gab, wie zum Beispiel The Great White Throne, Angels Landing und andere.

In der Schlucht fließt der **Virgin River** (der „jungfräuliche" Fluss), der aussieht wie ein Bach, aber die Kraft eines Stromes vom Kaliber des Colorado hat. Der kleine Fluss hat praktisch ganz allein die tiefe Schlucht des Zion Canyon ausgehöhlt. Begonnen hat er damit vor über 13 Millionen Jahren und er führt die Arbeit bis heute weiter. Die Macht dieses Flusses zeigt sich besonders bei einer Sturzflut, wenn er mit wilder Gewalt Baumstämme und Felsblöcke mitreißt, als ob es sich um Zweige und Kiesel handelt.

Im Zion Park gibt es Wege für kurze **Wanderungen** von 10 Minuten, aber auch solche, für die man zwei Tage benötigt. Die meisten Wege sind recht lang und gehen steil bergauf. Die extreme Sommerhitze macht jede Wanderung zudem schwieriger und erschöpfender. Frühmorgens, am späten Nachmittag und abends sind die besten Zeiten für Wanderungen, außer wenn man im Frühjahr oder Herbst kommt, wenn es bedeutend kühler ist. Um auf einer Wanderung zu übernachten, braucht man eine kostenlos erhältliche Erlaubnis, die man im Besucherzentrum bekommt. Die **Narrows** von Zion Canyon z. B. bilden eine der beliebtesten und anstrengendsten Wanderungen des Parks. Sie ist 26 km lang, dauert mindestens einen ganzen Tag und über eine große Strecke watet man dabei durch den Virgin River, daher ist der Weg manchmal wegen Sturzfluten geschlossen. Für diese Wanderung muss man sich vorher im Besucherzentrum anmelden und sich eine Genehmigung geben lassen. Sie beginnt am Temple of Sinawava am Ende des Scenic Drive.

Die andere „berühmte" Wanderung ist der Aufstieg vom Picknickplatz Grotto zu **Angels Landing.** Diese Wanderung ist, wie anfangs schon erwähnt, sehr anstrengend und mühsam und im Hochsommer nur für Leute mit ausgezeichneter Kondition zu empfehlen. Diese werden oben, 453 m über dem Picknickplatz, dann allerdings mit einem unvergesslichen Ausblick belohnt, denn der Aufstieg endet auf der Bergspitze hoch über dem Zion Canyon. Weitere sehr schöne Wanderungen führen zu den **Emerald Pools** (ab Grotto oder Zion Lodge, eine Stunde) oder in den **Hidden Canyon** (ab Weeping Rock, zwei Stunden).

Die Kolob Canyons Road dringt von der Interstate 15 in das Herz des **nordwestlichen Teils des Nationalparks** mit den roten Felsen und den steilen Finger Canyons vor, wo Flüsse am Rande der Kolob Terrace beeindruckende Schluchten ausgehöhlt haben. Die Kolob Terrasse Road bietet einen Überblick über die weißen und lachsfarbenen Felswände der **Left and Right Forks of North Creek.** Dieser nördliche Teil des Parks hat an der I15 ein eigenes Visitor Center.

Kolob Canyons Visitor Center

Zion National Park, direkt am Exit 40 der I15, Tel. (435) 586-9548

091us Abb.: la

◀ *Häufig in der Mojave-Wüste vertreten – Opuntia-Bigelovii-Kakteen*

Zurück im Zion Canyon befindet sich gleich südlich vom Zion Canyon Visitor Center an der SR9 der Südausgang des Nationalparks, der wiederum nur wenige Meilen nördlich der Ortschaft Springdale liegt. Dort befindet sich auch der **Watchman Campground.** Wer dort einen Stellplatz ergattert hat, kann mit dem Shuttlebus den ganzen Park erkunden. Wer von außerhalb kommt, z. B. vom McArthur's-Campingplatz, muss sein Fahrzeug in Springdale auf einem der Parkplätze entlang der SR9 abstellen und mit dem Springdale-Shuttle bis zum Besucherzentrum fahren und dort in den Canyon-Shuttle umsteigen, alles kostenlos bzw. im Eintrittspreis für den Nationalpark enthalten.

62 *Watchman Campground* ***(s. S. 267)***

63 *McArthur's Temple View RV Resort* ***(s. S. 267)***

Visitor Information

Zion National Park, Springdale, UT 84767, Tel. (435) 772-3256, Fax (435) 772-3426, 1 mi nördlich von Springdale an der SR9, N37.20957° W112.97963°

GRAND CANYON SKYWALK ★★★★

(270 miles – mile 1812)

Zum Abschluss der Rundfahrt durch Amerikas Canyonland geht es noch einmal zurück zum Grand Canyon, diesmal zum westlichen Teil ganz in der Nähe von Las Vegas und dem Grand Canyon Skywalk.

Die **Zufahrt** zu Grand Canyon West gestaltet sich **für Wohnmobilfahrer etwas schwierig:** Vom Zion National Park geht es zunächst 19 mi auf der SR9 nach Westen, dann folgen 126 mi auf der I15 in Richtung Süden bis kurz vor Las Vegas. Es folgen 76 mi auf der US93 nach Süden in Richtung Phoenix, wobei kurz hinter Boulder City der Hoover Dam überquert wird. Dann darf man die links abzweigende Pierce Ferry Road nicht verpassen und nach 28 mi rechts die Diamond Bar Road, ein landschaftlich ganz herrliches Straßenstück, das

▸ *Auf dem Skywalk in Schwindel erregender Höhe über dem Grand Canyon*

098us Abb.: dg

Bustransfer

Der Transfer zum Eingang von Grand Canyon West kostet 10 $ pro Person (beim Fahrer bar zu bezahlen) und es ist eine Reservierung notwendig: Tel. (877) 716-9378 oder (702) 878-9378, reservations@destinationgrandcanyon.com

21 mi bis zum Flugplatz Grand Canyon West führt, der gleichzeitig der Eingang zum Park ist. Leider sind die letzten 14 mi dieser Straße eine dirt road, die für Wohnmobile und Motorräder nicht befahrbar und deren Befahren für Miet-Wohnmobile auch verboten ist (eine Teerstraße ist aber geplant). Mit einem **Geländewagen** kann man bis ans Ende der Straße fahren, das Parken dort kostet 20 $. Wohnmobilfahrer müssen den Shuttlebus ab dem Park-and-Ride-Platz am Grand Canyon West Welcome Center in Dolan Springs, Arizona, benutzen.

Das **Grand Canyon West Welcome Center** liegt an der Pierce Ferry Road, eine Meile hinter der Abzweigung der Diamond Bar Road, kurz vor Mead View. Der **Grand Canyon Skywalk** ist eine frei schwebende Plattform auf einem Plateau, die 22 m weit in den Canyon hineinragt. Das Geländer und der Fußboden sind aus Glas, sodass der Besucher den Eindruck erhält, frei über dem Canyon zu schweben – in einer Höhe von 1200 m über dem Grund. Wer sich auf die hufeisenförmige **Glasplattform** hinausbegibt, sollte möglichst keine Höhenangst haben.

Der Skywalk wurde am 20. März 2007 nach dreijähriger Bauzeit eröffnet. Die Besucher sind nur durch eine 70 mm dicke Scheibe aus durchsichtigem **Sicherheitsglas** vom Abgrund getrennt. Diese Scheiben sind made in Germany und stammen von der Firma Kinon aus Köln-Porz und das Glas der Brüstung von der Firma Glas Döring aus Berlin. Das stählerne, fest im Fels verankerte Hufeisen wiegt 482 t und ist so konstruiert, dass es ein Gewicht von 70 t tragen kann, Sturmböen von 160 km/h aushält und auch ein Erdbeben der Stärke 8 in 90 km Entfernung unbeschadet übersteht – sagen jedenfalls die Planer aus Las Vegas und die Auftraggeber und Eigentümer der gigantischen Plattform, die **Hualapai-Indianer,** die die Plattform in ihrem Reservat haben bauen lassen. Das Land, in dem sie leben, ist karg und außer für den Tourismus zu nicht viel zu gebrauchen. Von dieser 30 Millionen teuren Attraktion verspricht man sich also kräftige **Einnahmen.** 120 Personen dürfen die Plattform gleichzeitig betreten und es gibt immer Warteschlangen am Eingang.

Die Plattform ist von 7 bis 20 Uhr geöffnet (im Winter von 8 bis 16.30 Uhr) und seit 2008 gibt es auch einen Zugang für Rollstuhlfahrer. Kinder dürfen nur auf die Plattform, wenn sie selbst laufen können, d. h., sie dürfen nicht getragen werden (damit sie nicht über die Brüstung fallen können). Fotoapparate und Filmkameras sind auf der Plattform nicht erlaubt, ein Hualapai-Indianer fotografiert die Besucher, die Bilder kann man erwerben – für 20 $ pro Stück! Es gibt in dieser Einsamkeit übrigens keinen Handyempfang!

Grand Canyon West ist kein National- oder State Park, sondern **Privatgelände der Hualapai-Indianer.** Um es zu betreten, muss man ein **Ticket** („The Hualapai Legacy") für 29,95 $ plus 7 % VAT (Umsatzsteuer) plus 3 $ Benzinpauschale plus 8 $ personal impact fee (was immer das genau sein soll) kaufen und da man die lange Reise sicher nicht gemacht hat, um nicht auf den Skywalk zu gehen, benötigt man dann noch ein weiteres Ticket: 29,95 $ pro Person für den Skywalk. Eintritt in den Park und Skywalk zusammen werden als „Hualapai Legacy Tour Package" angeboten und kosten stolze **75,10 $ pro Person!**

Information

Grand Canyon Skywalk, Diamond Bar Road, Grand Canyon West, AZ 86023, Tel. (877) 716-9378, reservations@destination-grandcanyon.com, www.grandcanyonskywalk.com, N36.01212° W113.81112°

Im Park selbst gibt es dann einen kostenfreien **Shuttlebus** zu den drei Besucherattraktionen: der **Hualapai Ranch** (eine kleine Westernstadt), dem **Guano Point** (ein Aussichtspunkt mit Picknickplatz) und dem **Eagle Point** mit dem **Skywalk.** Bei letztem ist ein geräumiges, dreistöckiges Besucherzentrum mit Museum und Restaurants in Bau. Wenn man noch Geld in der Geldbörse hat, kann man hier in dem eilig errichteten, vorläufigen Bistro für 11,95 $ recht ordentlich essen.

64 Hilltop Ranch RV Park ***(s. S. 267)***

Um nach Las Vegas (s. S. 151), dem Ende der Route, zu kommen, fährt man zunächst die Diamond Bar Road 21 mi zurück und dann links auf die Pierce Ferry Road, auf der man nach 28 mi die US93 erreicht. Auf dieser führt der Weg über den Hoover Dam (40 mi) direkt nach Las Vegas, der größten Stadt in Nevada (weitere 32 mi).

Routenende

Die Route endet in Las Vegas (121 miles – mile 1933).

Vielleicht hat man ja noch einen Abend Zeit, um diese erlebnisreiche Reise in einem oder mehreren der prunkvollen Kasinos abzuschließen und mit den letzten Dollars die einarmigen Banditen zu füttern. Ich wünsche dabei viel Glück!

STELLPLÄTZE ENTLANG DER ROUTE

Stellplatz

44 Distant Drum RV Resort

N34.61385° W111.86388°

Schattenloser, aber angenehmer Platz mitten in der Wüste. **Lage/Anfahrt:** Montezuma Castle Road North, unter der I17 hinweg, dann liegt es links an der Straße; **Platzanzahl:** 158; **Ver-/Entsorgung:** full hook-up; **Preise:** 33 $/Fahrz.; **Geöffnet:** ganzjährig; **Kontakt:** 583 W Middle Verde Road, Camp Verde, AZ 86322, Tel. (928) 554-8000, Fax (928) 554-0445, info@distantdrumsrvresort.com, www.distantdrumsrvresort.com

Stellplatz

45 *Flagstaff KOA*

N35.23423° W111.57652°

Vom Swimmingpool bis zum freundlichen Personal alles vorhanden und dazu schattenspendende Ponderosa Pines (Gelbkiefern). **Ver-/Entsorgung:** full hook-up; **Preise:** 39 $/Fahrz.; **Geöffnet:** ganzjährig; **Kontakt:** 5803 North US Highway 89, Flagstaff, AZ 86004, Tel. (928) 526-9926, Fax (928) 527-8356, isatkoaflag@aol.com, www.koa.com/where/az/

Stellplatz

46 *Grand Canyon Trailer Village*

N36.05267° W112.11492°

Ganz im Zentrum von Grand Canyon Village liegt dieser Campingplatz ideal für Besuche der Sehenswürdigkeiten. Haltestelle für den Rim Drive Shuttle Bus. **Lage/Anfahrt:** Im Zentrum von Grand Canyon Village, gut ausgeschildert; **Platzanzahl:** nur 84 Plätze (!); **Ver-/Entsorgung:** full hook-up; **Preise:** 31 $/Fahrz.; **Max. Stand:** 7 Nächte; **Geöffnet:** ganzjährig; **Kontakt:** Merket Plaza Road, Grand Canyon Village, AZ 86023, Tel. (888) 297-2757 (für rechtzeitige Reservierung), Tel. (928) 638-2631 (für „same day"-Reservierung), www.xanterra.com

Stellplatz

47 *Mather Campground*

N36.04907° W112.11823°

Ebenfalls im Zentrum von Grand Canyon Village. Haltestelle für Rim Drive Shuttle Bus. **Lage/Anfahrt:** Gegenüber vom Trailer Village; **Platzanzahl:** 317; **Ver-/Entsorgung:** Trinkwasser, Abwasser, kein full hook-up; **Preise:** 15 $/Fahrz.; **Max. Stand:** 7 Nächte; **Geöffnet:** ganzjährig; **Kontakt:** Market Plaza Road, Grand Canyon, AZ 86023, Reservierung über unter Tel. (877) 444-6777 oder www.recreation.gov

Stellplatz

48 *Crater Lake RV Park*

N35.04597° W110.69857°

Schöner Platz direkt am Crater Lake mit Spielplatz, Tankstelle und tollem Blick auf die San Francisco Peaks. Für Besuche aller sehenswerten Dinge in der Umgebung strategisch gut gelegen. **Lage/Anfahrt:** beim Meteor Crater; die I40 beim Exit 233 verlassen; **Platzanzahl:** 71; **Ver-/Entsorgung:** Strom, Trinkwasser, Abwasser, kein full hook-up; **Preise:** 28 $/Fahrz.; **Geöffnet:** ganzjährig; **Kontakt:** I40/Meteor Crater Road, Winslow, AZ 86047, Tel. (928) 289-4002, Fax (928) 289-2598, info@meteorcrater.com, www.meteorcrater.com

Stellplatz

49 *Holbrook/Petrified Forest KOA*

N34.9236° W110.14405°

Ein sehr schöner KOA-Platz mit leichten Geräuschen vom recht nahen Freeway. **Lage/Anfahrt:** 20 mi westlich des Petrified Forest über die I40 am Exit 289 auf die SR77, dann 1,4 mi bis zum Hermosa Drive; **Ver-/Entsorgung:** full hook-up; **Preise:** 37,77 $/Fahrz.; **Geöffnet:** ganzjährig; **Kontakt:** 102 Hermosa Drive, Holbrook, AZ 86025, Tel. (928) 524-6689, www.koa.com/where/az/03103

Stellplatz

50 Spider Rock Campground

N36.07193° W109.4095°

Ein unvergessliches Naturerlebnis am Rand des Canyons. Einfach, aber schön. **Lage/Anfahrt:** Am Ende der South Rim Road; **Platzanzahl:** 30; **Ver-/Entsorgung:** Trinkwasser, Abwasser, kein Strom (!); **Preise:** 15 $/Fahrz.; **Kontakt:** Canyon de Chelly National Monument, Chinle, AZ 86503, Tel. (928) 674-8261, info@spiderrockcampground.com, www.spiderrockcampground.com; **Sonstiges:** Es werden keine Kreditkarten angenommen.

Stellplatz

51 Gouldings Good Sam Park

N 37.00587° W110.21632°

Nicht ganz so nahe an den Steinkolossen, aber dennoch wunderschön und mit beheiztem Hallenbad. **Lage/Anfahrt:** Gegenüber der Gouldings Lodge (1000 Main Street); **Platzanzahl:** 66; **Ver-/Entsorgung:** full hook-up; **Preise:** 42 $/Fahrz.; **Kontakt:** Rock Door Canyon, Gouldings Hospital Road, Monument Valley, UT 84536, Tel. (435) 727-3235, www.gouldings.com

Stellplatz

52 Mitten View Campground

N36.98213° W110.11345°

Hier gibt es zwar keinen Strom, aber einen fantastischen Blick. **Lage/Anfahrt:** Am Besucherzentrum, Monument Valley Road; **Platzanzahl:** 99; **Ver-/Entsorgung:** Trinkwasser, Abwasser, kein Strom, kein full hook-up; **Preise:** 10 $/Fahrz.; **Geöffnet:** ganzjährig; **Sonstiges:** First come, first served.

Stellplatz

53 Morfield Campground

N37.30163° W108.41817°

Mitten im Mesa Verde National Park liegt dieser schöne Campingplatz. **Lage/Anfahrt:** An der Zufahrtsstraße zum Visitor Center; **Platzanzahl:** 435; **Ver-/Entsorgung:** Trinkwasser, Abwasser, 15 full hook-ups; **Preise:** 25 $/Fahrz.; **Geöffnet:** Anfang Mai bis Anfang Oktober; **Kontakt:** Mesa Verde National Park, CO 81330, Tel. (800) 449-2288 oder (602) 331-5210, www.visitmesaverde.com

Stellplatz

54 Cortez/Mesa Verde KOA

N37.35048° W108.54638°

Wer Blumen liebt, sollte hier einkehren – der ganze Platz ist ein einziges Blumenmeer! 15 Minuten entfernt von „Four Corners", wo sich Colorado, New Mexico, Arizona and Utah treffen. **Lage/Anfahrt:** 8 mi westlich vom National Park, an der US160; **Platzanzahl:** 100; **Ver-/Entsorgung:** full hook-up; **Preise:** 39,92 $/Fahrz.; **Geöffnet:** 1.4. bis 15.10.; **Kontakt:** 27432 E Highway 160, Cortez, CO 81321, Tel. (800) 562-3901 oder (970) 565-9301, Fax (970) 565-2107, cortezkoa@fone.net, www.koa.com/where/co/06107

Stellplatz

55 Devils Garden Campground

N38.77638° W109.58885°

Es gibt nur diesen einen Campingplatz innerhalb des Arches National Park und er ist sehr viel besser als sein Name! **Lage/Anfahrt:** Am Ende der 18 mi langen Fahrstraße in den Park hinein; **Platzanzahl:** 52; **Ver-/Entsorgung:**

nur Trinkwasser; **Preise:** 20 $/Fahrz.; **Geöffnet:** ganzjährig, im Winter kein Wasser; **Kontakt:** Reservierung bei www.recreation.gov oder telefonisch (877) 444-6777 oder (518) 885-3639; **Kommentar:** Vergabe der Plätze im Besucherzentrum von 7.30-8 Uhr, danach ist der Platz voll!

Stellplatz

56 *Moab KOA*

N38.52412° W109.4968°

Komfortabler Ferienplatz mit Swimmingpool und schönem Blick auf die umliegenden Berge. **Lage/Anfahrt:** 4 mi südlich von Moab; **Ver-/Entsorgung:** full hook-up; **Preise:** 34,50 $/Fahrz.; **Geöffnet:** ganzjährig; **Kontakt:** 3225 S Highway 191, Moab, UT 84532, Tel. (435) 259-6682, Fax (435) 259-8703, info@moabkoa.com, www.moabkoa.com

Stellplatz

57 *Squaw Flat Campground*

N38.14813° W109.802°

Kleiner, einfacher Platz in 1750 m Höhe im Canyonland. **Lage/Anfahrt:** 38 mi westlich vom US191 am Ende der SR211; **Platzanzahl:** 26; **Ver-/Entsorgung:** nur Trinkwasser; **Preise:** 10 $/Fahrz.; **Max. Stand:** 7 Nächte; **Geöffnet:** ganzjährig; **Kontakt:** Canyonlands National Park, 35 mi westlich des Highway 191 am Highway 211, Monroe, UT, canyres@nps.go; **Kommentar:** Nur für Fahrzeuge bis 21 feet (7 m)

Stellplatz

58 *Fruita Campground* X

N38.28278° W111.24778°

Eine Oase am Fluss, mit Obst zum Selbstpflücken. **Lage/Anfahrt:** Am Highway 24, 11 mi östlich von Torrey; **Ver-/Entsorgung:** Wasser, aber keine Duschen, kein Strom, kein full hook-up, aber dump station; **Preise:** 10 $ pauschal; **Geöffnet:** ganzjährig; **Kontakt:** www.nps.gov/care/planyourvisit/fruitacampground.htm

Stellplatz

59 *Thousand Lakes RV Park* Y

N38.3016° W111.44513°

Sehr beliebter Platz, auf dem es jeden Morgen leckere selbst gebackene Muffins gibt. **Lage/Anfahrt:** 6 mi westlich vom Nationalpark; **Ver-/Entsorgung:** full hook-up; **Preise:** 24,50 $/Fahrz.; **Geöffnet:** 25. März-25. Oktober; **Kontakt:** 1050 W Highway 24, Torrey, UT 84775, Tel. (800) 355-8995, Fax (435) 425-3510, www.thousandlakesrvpark.com; **Kommentar:** Allradfahrzeuge zu vermieten, beheizter Swimmingpool

Stellplatz

60 *Ruby's RV Park & Campground*

N37.67512° W112.15565°

Auf diesem vom AAA empfohlenen Campingplatz am Eingang zum Bryce Canyon gibt es über 200 schattige Plätze. **Lage/Anfahrt:** Am Parkeingang; **Ver-/Entsorgung:** full hook-up; **Preise:** 48 $ Fahrz.; **Geöffnet:** 1. April-30. Okt.; **Kontakt:** 1280 S State Highway 63, Bryce Canyon, UT 84764, Tel. (435) 834-5301 oder 1-866-866-6616, www.brycecanyoncampgrounds.com; **Kommentar:** Kostenloser Shuttlebus bis Bryce Point

Stellplatz

61 *North Campground*

N37.62223° W112.17327°

Direkt an der Scenic Road gibt es einen Campingplatz, der für einen Besuch des Bryce Canyon ideal gelegen ist. **Lage/Anfahrt:** An der Scenic Road nahe dem Besucherzentrum; **Platzanzahl:** 100; **Ver-/Entsorgung:** Trinkwasser, Abwasser, kein full hook-up; **Preise:** 15 $/Fahrz.; **Max. Stand:** 14 Nächte; **Geöffnet:** ganzjährig, aber Mai-Sept. nur mit Reservierung; **Kontakt:** für Reservierung Tel. (877) 444-6777 oder www.reservausa.com; **Sonstiges:** Wenn der Platz voll ist, kann man sein Glück ganz in der Nähe auf dem Sunset Campground (geöffnet Mai-Okt.) versuchen. Hier gilt: „first come, first served", keine Reservierung.

Stellplatz

62 *Watchman Campground* X

N37.19642° W112.98855°

Lage/Anfahrt: Am Südeingang des Nationalparks 700 m nördlich von Springdale; **Platzanzahl:** 164, davon 95 mit Strom; **Ver-/Entsorgung:** 95 hook-ups; **Preise:** 20 $/Fahrz.; **Max. Stand:** 14 Nächte; **Geöffnet:** ganzjährig; **Kontakt:** Reservierung unter www.recreation.gov oder Tel. (877) 444-6777; **Kommentar:** Oktober bis April first-come, first served.

Stellplatz

63 *McArthur's Temple View RV Resort*

N37.09155° W113.58258°

Großzügiger, toller Platz mit Swimmingpool. **Lage/Anfahrt:** 40 mi südwest vom Zion National Park; **Ver-/Entsorgung:** full hook-up; **Preise:** 43 $/Fahrz.; **Geöffnet:** ganzjährig; **Kontakt:** 975 South Main Street, St. George, UT 84770, Tel. (435) 673-6400 oder (800) 776-6410, Fax (435) 673-6419, mcarthur@templeviewrv.com, www.templeviewrv.com

Stellplatz

64 *Hilltop Ranch RV Park*

N35.67605° W114.1919°

Ein kleiner, einfacher Platz, der sich mit dem Skywalk-Tourismus wohl noch entwickeln wird. **Lage/Anfahrt:** An der Pierce Ferry Road; **Ver-/Entsorgung:** nur Trinkwasser; **Kontakt:** 16021 N Pierce Ferry Road, Dolan Springs, AZ 86441, Tel. (928) 767-3111, campground@getrv.com, www.getrv.com

094us Abb.: la

093us Abb.: la

ANHANG

ÜBERSICHT DER CAMPINGPLÄTZE

GPS-Koordinaten der im Buch beschriebenen Campingplätze (Kartendatum WGS84)
Die aufgeführten Campingplätze können als Waypoint-Liste auf der Produktseite dieses Buches unter www.reise-know-how.de kostenlos heruntergeladen werden.

Route 1

Nr.	Name, Ort	Koordinaten	Seite
1	Dockweiler Beach RV Park	N33.92877° W118.43463°	80
2	Los Angeles North KOA	N34.4388° W118.27555°	80
3	Anaheim Harbor RV Park	N33.82° W117.9158°	80
4	El Capitan State Park	N34.46° W120.024°	80
5	Morro Dunes Travel Trailer Park & Resort Campground	N33.37797° W120.86222°	80
6	Santa Margarita KOA	N35.37943° W120.56172°	81
7	Big Sur Campground & Cabins	N36.11932° W121.63122°	81
8	New Brighton State Beach Campground	N36.98° W121.93635°	81
9	Santa Cruz/Monterey Bay KOA	N36.92623° W121.84517°	81
10	Camping Butano State Park	N37.232° W122.35917°	81

Route 2

Nr.	Name, Ort	Koordinaten	Seite
11	San Francisco RV Resort	N37.64613° W122.48993°	116
12	Candelstick RV Park	N37.71612° W122.38373°	117
13	Pomo RV Park & Campground	N39.40605° W123.80515°	117
14	Elk Prairie Campground	N41.35987° W124.02932°	117
15	Crescent City Redwoods KOA	N41.84425° W124.13373°	117
16	Grayback Campground	N42.15813° W123.55355°	117
17	Diamond Lake RV Park	N43.14105° W 122.13535°	117
18	Indian Well Campground	N41.71443° W121.51043°	118
19	Mount Shasta City KOA	N41.31882° W122.31838°	118
20	Lassen Volcanic Summit Lake Campground	N40.49142° W121.42255°	118
21	Volcano Country Camping & RV Park	N40.3479° W121.59595°	118
22	South Lake Tahoe KOA	N38.84578° W120.02927°	118
23	Sacramento West/Old Town KOA	N38.5741° W121.57537°	119
24	Petaluma KOA	N38.27163° W122.67738°	119

Route 3

Nr.	Name, Ort	Koordinaten	Seite
25	49er RV Ranch	N38.04598° W120.3943°	158
26	Tuolumne Meadows Campground	N37.87193° W119.36123°	158
27	Upper Pines Yosemite National Park	N37.74095° W119.57728°	158
28	High Sierra RV & Mobile Park Camping	N37.33252° W119.64703°	158
29	Lodgepole Campground	N36.60515° W118.72648°	159
30	Lake Isabella KOA	N35.6532° W118.34977°	159
31	Furnace Creek Campground	N36.46315° W116.86875°	159
32	Stovepipe Wells RV Campground	N36.60685° W117.14672°	159
33	Circus Circus KOA	N36.1363° W115.16272°	159

Route 4

Nr.	Name, Ort	Koordinaten	Seite
34	Emerald Desert RV Camping	N33.77358° W116.34015°	197
35	Jumbo Rock Campground	N33.99082° W116.0587°	197
36	Mecca Beach Campground	N33.49718° W115.90373°	198
37	Blythe Colorado River KOA	N33.60418° W114.53488°	198
38	Twin Peaks Campground	N31.94278° W112.8113°	198
39	Mission View RV Park	N32.11948° W110.96853°	198
40	Wells Fargo RV Park	N31.7144° W110.06873°	198
41	Prince Of Tucson RV Park	N32.2701° W111.00998°	198
42	Indian Skies RV Resort	N32.96775° W111.54068°	199
43	Mesa Apache Junction KOA	N33.40133° W111.52883°	199

Route 5

Nr.	Name, Ort	Koordinaten	Seite
44	Distant Drum RV Resort	N34.61385° W111.86388°	263
45	Flagstaff KOA	N35.23423° W111.57652°	264
46	Grand Canyon Trailer Village	N36.05267° W112.11492°	264
47	Mather Campground	N36.04907° W112.11823°	264
48	Crater Lake RV Park	N35.04597° W110.69857°	264
49	Holbrook/Petrified Forest KOA	N34.9236° W110.14405°	264

50	Spider Rock Campground	N36.07193° W109.4095°	265
51	Gouldings Good Sam Park	N 37.00587° W110.21632°	265
52	Mitten View Campground	N36.98213° W110.11345°	265
53	Morfield Campground	N37.30163° W108.41817°	265
54	Cortez/Mesa Verde KOA	N37.35048° W108.54638°	265
55	Devils Garden Campground	N38.77638° W109.58885°	265
56	Moab KOA	N38.52412° W109.4968°	266
57	Squaw Flat Campground	N38.14813° W109.802°	266
58	Fruita Campground	N38.28278° W111.24778°	266
59	Thousand Lakes RV Park	N38.3016° W111.44513°	266
60	Ruby's RV Park & Campground	N37.67512° W112.15565°	266
61	North Campground	N37.62223° W112.17327°	267
62	Watchman Campground	N37.19642° W112.98855°	267
63	McArthur's Temple View RV Resort	N37.09155° W113.58258°	267
64	Hilltop Ranch RV Park	N35.67605° W114.1919°	267

WOMO-WÖRTERLISTE DEUTSCH–ENGLISCH

Abblendlicht	*low beam*
Abflug	*departure*
abschleppen (ein Auto)	*tow (a car)*
Abschmierdienst	*lube service*
Abschleppwagen	*tow truck*
abstellen/parken	*parking*
Abwasser	*waste*
Achse	*axle*
Alarmanlage	*alarm system*
(Verkehrs-)Ampel	*traffic lights*
Anlasser	*starter*
Anschluss/Adapter	*adapter*
Apotheke	*pharmacy*
Armaturenbrett	*dashboard*
Arzt	*medical doctor, physician*
Auspuff	*muffler/exhaust*
Auto	*car*
Bäckerei	*bakery*
Batterie	*battery*
Batterie laden	*charge the battery*
Beamter (Polizist, Parkranger)	*officer*
Bedienung an der Tankstelle	*full service*
Benzin	*gasoline/fuel*
Benzinpumpe	*fuel pump*
Berg	*hill, mountain*
beschädigt	*broken*
Besucherzentrum	*visitor center*
bleifrei	*lead free, unleaded*
Blinker	*turn signal*
Bordkarte	*boarding pass*
Breite	*width*
Bremsbelag	*brake pad*
Bremse	*brake*
Bremsflüssigkeit	*brake fluid*
Bucht	*bay*
Abfertigungsschalter	*check-in*
Campingplatz	*campground, RV-park*
Chemie-Toilette	*chemical toilet*
Damentoilette	*ladies' room*
defekt	*defect*
Dichtung	*gasket, sealing (techn.)*

Dieselkraftstoff	*diesel fuel*
Dorf	*village*
Durchgang verboten	*no trespassing*
Ebene	*plain, lowlands*
Einspritzpumpe	*fuel injection pump*
Eintrittsgeld	*entrance fee*
eng, schmal	*narrow*
entleeren/entsorgen	*dump*
Entsorgungsstation	*dump station*
erlaubt	*permitted*
Ersatzteil	*spare part*
Fahrzeugbrief	*title, registration*
Feder	*spring*
Fernlicht	*high beam*
Feuerlöscher	*fire-extinguisher*
Fluss	*river*
Frostschutzmittel	*antifreeze*
Führerschein	*driver's license*
Gang	*gear*
Gasflasche	*gas bottle*
Gebirge	*mountains/range*
gebrochen/kaputt	*broken*
Gemischtwarenladen	*general store*
geöffnet	*open*
Gepäck	*baggage/luggage*
Geschwindigkeit	*speed*
Getriebe	*transmission*
Gewicht	*weight*
Glühbirne	*(light-)bulb*
Grauwasser	*gray water*
Haarnadelkurve	*hairpin bend*
Hafen	*harbor*
Haftpflichtversicherung	*liability insurance*
Handbremse	*emergency brake, e-brake*
Heizung	*heating system, radiator*
Herrentoilette	*men's room*
Hilfe	*help*
(Erste Hilfe)	*(first aid)*
Hochebene	*plateau*
Höhe	*height*
Hupe	*horn*
Insel	*isle/island*
Kabel	*cable, wire*
(Benzin-)Kanister	*gas can*
Kardanwelle (Antriebswelle)	*cardan shaft*
Karosserie	*car body*
Keilriemen	*fan belt, v-belt*
Kirche	*church*
Kofferraum	*trunk*
Kolben	*piston*
Kreditkarte	*credit card*
Kugellager	*ball bearing*
Kühler	*radiator*
Kühlschrank	*refrigerator*
Kupplung	*clutch*
Kurve	*bend, curve*
Kurzschluss	*short-circuit*
Länge	*length*
Lastwagen	*truck*
Lebensmittelgeschäft	*food mart, supermarket*
leer	*empty, vacant*
Leihwagen-Rückgabe	*car drop-off*
Lenkrad	*steering wheel*
Licht ein-/ausschalten	*turn a light on/off*
Lichtmaschine	*generator*
Luftfilter	*air filter*
Lüftung	*ventilation*
Motor	*engine*
Motorhaube	*hood*
Motoröl	*engine oil*
Mutter (techn.)	*nut*
Nabe	*hub*
nichts zu verzollen	*nothing to declare*
Nummernschild	*license plate*
niedrig	*low*
Ölwechsel	*lube change*
Panne	*break-down*
Parkplatz	*parking lot*
Parkverbot	*no parking*
Passkontrolle	*immigration*
Platz	*plaza, square*
Pommes Frites	*french fries*
Propangas	*propan*
Rad	*wheel*
Rastplatz	*rest area*
(Auto-)Reifen	*tire*
Reifendruck	*tire pressure*
reparieren	*repair*

Reserverad	*spare tire*
Rücklicht	*tail lamp/light*
Rückspiegel	*rear-view mirror*
Scheibenwischer	*wiper*
Scheinwerfer	*headlight*
Schlauch	*hose*
Schlucht	*canyon*
Schlüssel	*key*
Schmutzwasser	*gray water*
Schneeketten	*snow chains*
Schraubenzieher	*screw driver*
See	*lake*
Servolenkung	*power steering*
Sicherheitsgurt	*seat belt*
Sicherung	*fuse*
Stadt	*city*
Steckdose	*socket*
Stecker	*plug*
steil	*steep*
Stellplatz (Camping)	*campsite*
Stoßdämpfer	*shock absorber*
Stoßstange	*bumper*
Strand	*beach*
Straße	*street*
Straßenkarte	*highway map, road map*
Strom (elektr.)	*electricity*
Strom-, Wasser- und Abwasseranschluss	*full hook-up*
Tal	*valley*
(Benzin-)Tank	*(gas) tank*
tanken	*refuel (fill up = auftanken)*
Tankstelle	*gas/fuel station*
Teich	*pool, pond*
Tempolimit	*speed limit*
Toilette	*restroom*
Trinkgeld	*gratuity, tip*
Trinkwasser	*drinking water, potable water*
Turm	*tower*
überdachtes Einkaufszentrum	*(shopping) mall*
übernachten	*stay overnight*
Umsatzsteuer	*sales tax*
undicht	*leaky*
Unfall	*accident*
Ventil	*valve*
Ventilator	*cooling fan*
Versorgung	*supply*
verboten	*prohibited*
Vergaser	*carburetor*
verletzt	*injured, hurt*
Versicherung	*insurance*
Vollkaskoversicherung	*collision damage waiver (CDW)*
volltanken	*fill up*
Vorfahrt	*right of way*
Wagenheber	*car jack*
Wanderweg	*trail*
Wasserpumpe (Auto)	*coolant pump*
Wassertank	*water tank*
Werkstatt	*garage*
Werkzeug	*tools*
Windschutzscheibe	*windshield*
Wohnmobil	*motorhome, RV*
Zoll	*customs*
Zündkerze	*spark plug*
Zündschlüssel	*(ignition) key*
Zündung	*ignition*
Zylinder	*cylinder*
Zylinderkopf	*cylinder head*

sound))trip®
Neu bei
REISE KNOW-HOW
REISE KNOW-HOW
NorthernAfrica
The Andes
Argentina
Australia
The Balkans
Barbados
Belly Dance
Northeast Brazil
China
Cuba
Finland
Iceland
India
Ireland
Japan
Mexico
Russia,
St. Petersburg
Scotland
South Africa
Switzerland
Turkey
Die Compilations der CD-Reihe sound))trip stellen die aktuelle, typische Musik eines Landes oder einer Region vor.
Jede CD 50–60 Minuten.
22- und 46-seitiges Booklet.
Im Buchhandel erhältlich.
Unverbindl. Preisempf.:
15,90 € [D]
Kostenlose Hörprobe im Internet.
in cooperation with
((piranha))
www.reise-know-how.de

Praxis-Ratgeber für Wohnmobilisten

Rainer Höh

Clever reisen mit dem Wohnmobil

Kauf, Ausbau oder Miete? Welches Reisemobil? Einrichtung und Beladen. Reiseplanung. Fahrtechnik. Mobile Küche. Sicherheit. Reisen mit Kindern. Die schönsten Reiseländer und Routen. Wintercamping.

Frank-Peter Herbst

Routenbuch Nordkap

Informationen zur Reisevorbereitung, praktische Reisetipps, Routenvorschläge durch Finnland, Norwegen und Schweden, detaillierte Streckenpläne, schöne Campingplätze und Stellplätze am Wegesrand sowie lohnende Abstecher und City-Kurztrips.

Rainer Höh

Handbuch Wohnmobil-Ausrüstung

Tipps und Ratschläge, um das richtige Wohnmobil und die passende Ausrüstung zu finden. Alle Fragen rund um die Ausstattung und Installationen. Hilfe bei Störungen. Optimieren des Fahrzeugs.

Hans Gerd Scholz

Expeditionsmobil aufbauen und ausrüsten

Vorüberlegungen und Kauftipps. Das passende Basisfahrzeug beschaffen. Ein fernreisetaugliches Reisemobil günstig aufbauen. Winterbetrieb, Selbstbergungsmittel, Innenausbau, Räder, Gas- und Wasseranlage, Elektrik, TÜV, Zulassung.

Martin Zimmer

Wohnwagen Handbuch

Wege zum Wohnwagen. Wohnwagen oder Wohnmobil? Wohnwagen-Grundrisse. Auswahl und Anschaffung. Technik im Wohnwagen. Fahren im Gespann. Tipps zum Camperleben. Dauer- und Wintercamping. Ausrüstung und Pflege.

Alle Titel: 8,90 Euro, ca. 160 Seiten, viele farbige Abbildungen, kompaktes Taschenformat, robuste Ausstattung, Register, textbegleitendes Glossar

REISE KNOW-HOW Verlag, Bielefeld

REGISTER

S

T

U

V

W

Y

Z

DER AUTOR

100us Abb.: fh

Werner K. Lahmann wurde am 20. Oktober 1936 in Stettin geboren. Das Kriegsende verschlug seine Familie nach Greifswald, wo die obligatorische Schulausbildung mit Abschluss Abitur erfolgte. Danach absolvierte er eine Lehre als Fotograf und dann ein Physikstudium an der Universität Greifswald. Als Hobby und zum Gelderwerb spielte Werner K. Lahmann während dieser Zeit als Klarinettist und Saxofonist in einer Studentenband. Das Examen zum Diplomphysiker bestand er im Juli 1961, heiratete danach und übersiedelte im August nach Westdeutschland – und zwar am historischen 13. August 1961. Es folgten viele Jahre als Entwickler und später als Chef der Gesamtentwicklung in einer amerikanischen Firma am Bodensee sowie drei Jahre Aufenthalt in den USA. Auf vielen Privat- und Geschäftsreisen z. B. nach Tokyo, Singapur, China, Neuseeland, Südafrika, Norwegen, Russland, Kanada und in die USA lernte der Autor die Welt kennen. Seit 1990 ist Werner K. Lahmann Reisebuchautor mit Schwerpunkt Wohnmobilreisen. Ebenfalls im Reise Know-How Verlag in der Reihe Wohnmobil-Tourguides erschienen ist sein Buch „Die schönsten Routen durch Südnorwegen".

Bildnachweis

Die Kürzel an den Abbildungen stehen für folgende Fotografen, Firmen und Einrichtungen. Wir bedanken uns für die freundliche Abdruckgenehmigung.

br	*Bob Rink*
dg	*Destination Grand Canyon*
fh	*Foto-Hahn, Überlingen*
jg	*Joel Grimes Photography*
kd	*Kristin Dunlap*
la	*Werner K. Lahmann (Autor)*
lf	*Larry D. Fellows*
ns	*National Park Service*
ut	*Utah Office of Tourism*

0
100 km
Pazifischer Ozean
OREGON
CALIFORNIA
NEVADA
Albany
Florence
Eugene
Detroit
Warm Springs
Heppner
Condon
Ukiah
Reedsport
Curtin
Mc Kenzie Bridge
Madras
Prineville
Mitchell
Bend
Oakridge
Myrtle Point
Port Orford
Wolf Creek
Roseburg
La Pine
Brothers
John Day
Seneca
Gold Beach
Grants Pass
Crater Lake Nat. Park
Chemult
Crater Lake
Silver Lake
Riley
Burns
Smith River
Oregon Caves Nat. Mon.
Medford
Upper Klamath Lake
Wagontire
Harney Lake
Malheur Lake
Crane
Crescent City
Redwood Nat. Park
Happy Camp
Paisley
Beatty
Klamath Falls
Yreka
Valley Falls
Macdoel
Lakeview
Arcata
Willow Creek
Weed
Lava Beds Nat. Mon.
Goose Lake
Burns Jct.
Eureka
Trinity Center
Fields
Ferndale
Cedarville
Pepperwood
Trinity Lake
Burney
Adin
Alturas
Denio
Honeydew
Humboldt Redwoods St. Park
Phillipsville
Redding
Mc Dermitt
Viola
Madeline
Leggett
Red Bluff
Lassen Volcanic Nat. Park
Ft. Bragg
Susanville
Buntingville
Gerlach
Mendocino
Chico
Twain
Quincy
Humboldt
Winnemucca
Ukiah
Doyle
Clearlake Oaks
Manchester
Beckwourth
Pyramid Lake
Lovelock
Gualala
Cloverdale
Marysville
Nevada City
Reno
Nixon
Bodega Bay
St. Helena
Lake Tahoe
Tahoe City
Virginia City
Auburn
Fallon
Sonoma
Napa
Carson City
Sacramento
Placerville
South L. Tahoe
Austin
San Francisco
Oakland
Jackson
Walter Lake
Stockton
Hawthorne
Columbia
Bridgeport
Sonora
Luning
Modesto
Groveland
Yosemite Nat. Park
San Jose
El Portal
Mono Lake
Santa Cruz
Merced
Yosemite Village
Lee Vining
Coaldale
Tonopah
Oakhurst
Monterey
Salinas
Madera
Mammoth Lakes
Benton
Warm Springs
Carmel
Bishop
S.288

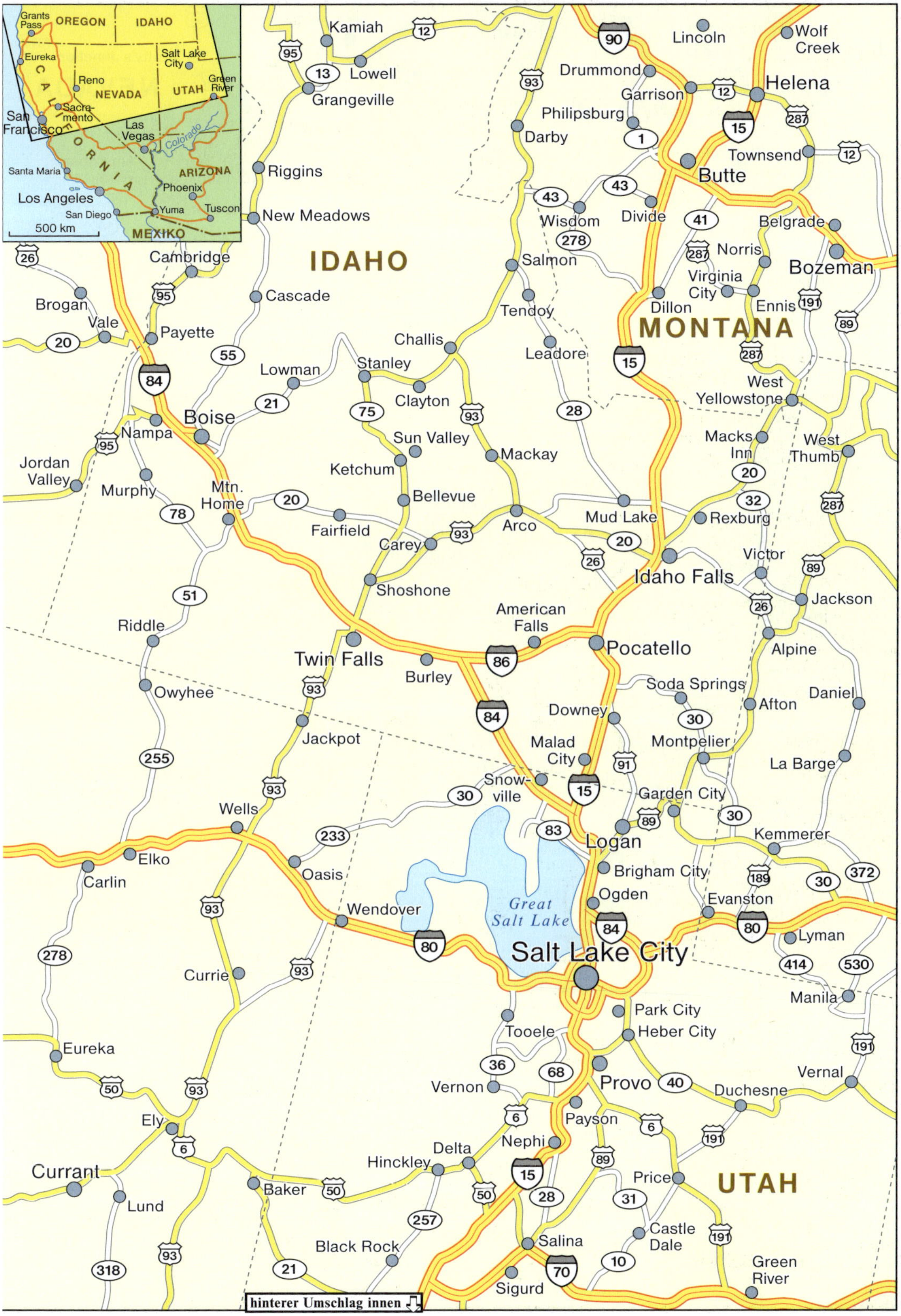

hinterer Umschlag innen

S.286
Soledad
Big Sur
San Lucas
Coalinga
Avenal
San Simeon
Pasco Robles
Morro Bay
San Luis Obispo
Pismo Beach
Santa Maria
Lompoc
Solvang
Santa Barbara
Mendota
Fresno
Wilsonia
Kingsburg
Visalia
Sequoia Nat. Park
Wasco
Taft
Bakersfield
Gorman
CALIFORNIA
Lake Isabella
Bishop
Big Pine
Lone Pine
Olancha
Ridge-crest
Westend
Cantil
Mojave
Johannesburg
Barstow
Scotty's Junction
NEVADA
Scotty's Castle
Beatty
Furnace Creek Ranch
Amargosa Valley
Indian Springs
Death Valley Junction
Pahrump
Shoshone
Death Valley Nat. Park
Baker
Nipton
Victorville
Ludlow
Amboy
Pasadena
Los Angeles
San Bernardino
Anaheim
Riverside
Long Beach
Joshua Tree
Twentynine Palms
Joshua Tree Nat. Park
Perris
Palm Springs
Indio
Laguna Beach
San Clemente
Desert Center
Blythe
Escondido
Julian
Descanso
San Diego
Palo Verde
Brawley
El Centro
Tijuana
Yuma
Mexicali
Pazifischer Ozean
0
100 km
Ensenada
San Luis Rio Colorado
BAJA CALIFORNIA
San Vicente
El Chinero
Camalú
San Felipe
Golf von Kali-fornien
Rosario de Arriba
Grants Pass
OREGON
IDAHO
Eureka
Salt Lake City
Reno
NEVADA
UTAH
Green River
Sacra-mento
San Francisco
Las Vegas
Colorado
CALIFORNIA
Santa Maria
ARIZONA
Phoenix
Los Angeles
San Diego
Yuma
Tuscon
500 km
MEXIKO